Das Problem des Ich in der Phänomenologie Husserls

PHAENOMENOLOGICA

COLLECTION PUBLIÉE SOUS LE PATRONAGE DES CENTRES D'ARCHIVES-HUSSERL

59

EDUARD MARBACH

Das Problem des Ich
in der Phänomenologie Husserls

EDUARD MARBACH

Das Problem des Ich
in der Phänomenologie Husserls

MARTINUS NIJHOFF / DEN HAAG / 1974

ISBN 90 247 1587 3

PRINTED IN THE NETHERLANDS

Meinen Eltern

INHALTSÜBERSICHT

VORWORT

„Allerdings, das ist eine grosse Frage,
der ich zu sehr ausgewichen bin,
die Evidenz des Ich als ein Identisches,
das also doch nicht in dem Bündel bestehen kann."
(Husserl, 1907)

Bekanntlich verwirft Husserl in den *Logischen Untersuchungen* die Auffassung, „dass die Beziehung auf das Ich etwas zum wesentlichen Bestande des intentionalen Erlebnisses selbst Gehöriges sei",[1] und bildet um 1907, nach Einführung der phänomenologischen Reduktion, „die Beziehung auf das Ich zu unterlassen, oder von ihr zu abstrahieren" geradezu die Bedingung, ein „reines Phänomen im Sinne der Phänomenologie" [2] zu gewinnen. Und bekanntlich heisst es demgegenüber in den *Ideen* von 1913: „Unter den allgemeinen Wesenseigentümlichkeiten des transzendental gereinigten Erlebnisgebietes gebührt eigentlich die erste Stelle der Beziehung auf das ‚reine' Ich",[3] und revidiert Husserl in der zweiten Auflage der *Logischen Untersuchungen* von 1913 seine Stellungnahme zur Frage des reinen Ich.[4]

Weniger bekannt ist bisher, wie Husserl auf seinem Denkweg von der einen zur anderen Stellungnahme zum Problem des Ich gekommen ist. Was bewegte ihn, das „Ich" in die phänomenologische Problematik einzubeziehen? Zu vermuten war, dem Wandel in der Stellung zum Problem des Ich liege ein Wandel im Verständnis der Phänomenologie selbst zugrunde. Welche Phänomene motivierten, auf dem phänomenologischen Boden selbst, die Einbeziehung des Ich? Vor allem dieser Frage gehen wir, unter Berücksichtigung des Nachlassmaterials des Husserl-Archivs (Leuven), in unserer Studie nach.

Der Gesichtspunkt des wirklichen Ganges von Husserls Denken in der Frage des Ich, also der chronologische, erwies sich, Husserls

[1] V. LU, § 12, S. 357.
[2] cf. Hu II, *Die Idee der Phänomenologie* (1907), S. 44.
[3] *Ideen I* (1913), § 80, S. 159.
[4] LU II/1, v.a.S. 363.

analytischem Denkstil entsprechend, für das rechte Sachver-
ständnis als besonders ergiebig. Wir wurden, uns mit Husserl an
die fortschreitende Analyse der Phänomene haltend, auf eine
doppelte Motivation der Ichproblematik aufmerksam. Die Einbeziehung des Ich fand in der Tat in zwei ganz verschiedenen
Zusammenhängen der Bewusstseinsanalyse statt, woraus sich
eine Zweideutigkeit des Husserlschen Ichbegriffs ergibt, welche
Husserl selbst nie aufgehoben und wohl auch nicht als solche
erkannt hat (1.–6. Kapitel). Den Anstoss, die vorliegenden
Untersuchungen mit besonderer Rücksicht auf die Zweideutigkeit
von Husserls Ichbegriff zu führen, gab mir die Lektüre der vor
der Veröffentlichung stehenden Studie „Idee und Methode der
Philosophie. Leitgedanken für eine Theorie der Vernunft" von
Iso Kern. Er stellt diese Zweideutigkeit in dem von Husserl seit
den *Ideen I* (1913) gebrauchten Ichbegriff heraus und unterzieht
sie von seinem Gesichtspunkt der prinzipiellen Unterscheidung
zwischen Vernunft und Sinnlichkeit (mittelbarem, vergegenwärtigendem, und unmittelbarem, gegenwärtigendem, Bewusstsein) einer tiefgründigen Kritik (a.a.O., bes. § 35d). Kerns Ausführungen halfen mir in entscheidendem Masse, die Fülle der
Husserlschen Manuskripte hinsichtlich des Problems des Ich in
sachlich einsichtige Zusammenhänge zu stellen.

Die zunächst ausschliesslich an Husserls Schriften und unver-
öffentlichte Manuskripte sich haltenden Ausführungen über die
Motivation der Einbeziehung des reinen Ich in die Phänomenologie ergänzen wir mit einer Darstellung seiner Auseinandersetzung
mit zeitgenössischen Psychologen, in der Absicht, deren Einfluss
auf Husserls Stellung zum Problem des Ich zu bestimmen (7. Kapitel). Husserls Bezugnahmen auf Kants „Ich der transzendentalen Apperzeption" in der Zeit der *Logischen Untersuchungen*
bis zu den *Ideen* wenden wir uns in einem weiteren Kapitel zu
(8. Kapitel). Sie sind von besonderem Interesse, weil sich in ihnen
Husserls Wandel in der Stellungnahme zum Problem des Ich
spiegelt und weil Husserl in den zwanziger Jahren in vertiefter
Weise sich wiederum mit Kants Problematik des Ich der transzendentalen Apperzeption auseinandersetzte. Im abschliessenden 9. Kapitel weisen wir in einem Ausblick auf Husserls spätere
Stellung zum Problem des Ich summarisch die Kontinuität der
im Gang seines Denkens von der Zeit der *Logischen Untersuchun-*

gen bis in die ersten Jahre nach den *Ideen* aufgespürten Motive der Ichproblematik nach und versuchen, uns ein vorläufiges Bild der Vertiefung und Ausgestaltung seines Denkens über das Ich zu machen. Dieser Ausblick lehrt, dass Husserl sich der Schwierigkeit, in reiner Bewusstseinsbetrachtung zu bestimmen, was im eigentlichen Sinne „Ich" zu nennen ist, stets bewusst blieb. Wir tun gut daran, die selbst in der Reife der Spätzeit seines Denkens zum Ausdruck kommende Bescheidung bezüglich des Problems des Ich uns zu eigen zu machen: „Das sind alles sehr schwierige und immer wieder zu überlegende Dinge".[5]

Es liegt mir daran, hier kurz auf die *Grenzen* vorliegender Studie aufmerksam zu machen. Zwar glaube ich, was die Zeit von den *Logischen Untersuchungen* bis in die Jahre der *Ideen* betrifft, insofern eine „umfassende" Darstellung der Entfaltung der phänomenologischen Ichproblematik zu geben, als sich in Husserls Nachlass kaum mehr die angeführten Motive *wesentlich* ergänzende bzw. modifizierende Aufzeichnungen finden lassen. Keinesfalls hingegen darf ich für den Ausblick auf Husserls späteres Denken über das Problem des Ich irgendwelche Vollständigkeit in Anspruch nehmen (vgl. unten, § 41). Unsere Studie mag auch angesichts der neuerdings gepflegten sprachanalytischen Betrachtungsweise philosophischer Probleme und insbesondere angesichts der von S. Freud sich herschreibenden, heutzutage so bestimmend gewordenen psychoanalytischen Betrachtungsweise der Probleme des Ich ahnungslos erscheinen. Indessen, wenn vorliegende Arbeit in ihrer *Beschränkung* auf Husserls Phänomenologie den Gesichtspunkt, von dem aus Husserl sich dem Problem des Ich stellte, deutlicher als zuvor zur Geltung bringt, mag sie wenigstens Auseinandersetzungen über phänomenologische bzw. sprach- und psychoanalytische Betrachtung dessen, was unter dem Titel „Ich" zu verstehen sei, förderlich sein.

Die vorliegende Arbeit wurde im Dezember 1972 vom *Institut Supérieur de Philosophie* de l'Université de Louvain (Belgien) als Dissertation angenommen. Für die Drucklegung wurden vereinzelte kleine Veränderungen vorgenommen.

Es ist mir ein Bedürfnis und eine Freude, an dieser Stelle schliesslich einige Worte des Dankes auszusprechen. Zuerst danke

---

[5] Hu XV, *Intersubjektivität III*, Nr. 32 (Mai 1933), S. 579.

ich herzlich dem Direktor des Husserl-Archivs, Herrn Professor H. L. Van Breda, der die Arbeit leitete, für seine Förderung und stete Anteilnahme und die grosszügig gewährte Erlaubnis, aus dem von ihm verwalteten Husserl-Nachlass ausführlich zitieren zu dürfen. Dankbar erinnere ich mich der Gespräche, die ich mit Herrn Dr. Guido de Almeida (jetzt in Rio de Janeiro) über die ersten fünf Kapitel dieser Studie führen durfte; seine kritischen Bemerkungen und Fragen trugen viel zu einer verbesserten Neufassung des Gedankenganges dieser Kapitel bei. Mein herzlicher Dank gehört auch Herrn Rudolf Bernet (Löwen), der mir zum ganzen Manuskript eine Reihe wichtiger und konkreter Vorschläge zur klareren Darstellung machte. Unentbehrlich war mir die Hilfe und ermutigende Anteilnahme von Herrn Dr. Iso Kern (Heidelberg). In stetem Gedankenaustausch mit ihm, der mich vor manchen Irrtümern bewahrte und oft genug Klarheit in meine Gedanken brachte, durfte ich diese Untersuchungen ausarbeiten. Ihm gilt mein grösster und herzlichst empfundener Dank. Schliesslich danke ich aufrichtig dem Verlag Martinus Nijhoff für das grosszügige Entgegenkommen in allen Fragen der Drucklegung.

Leuven und Willisau (Schweiz), im April 1973

HUSSERLS STELLUNGNAHME ZUR FRAGE DES ICH IN DEN *LOGISCHEN UNTERSUCHUNGEN* VON 1900–1901

Um uns der Husserls reiner Phänomenologie eigenen Stellung zur Frage des Ich zu versichern, wollen wir zu Anfang unserer Studie eine Uebersicht über seine erste Bezugnahme auf diese Frage in den *Logischen Untersuchungen* gewinnen. Zu diesem Zwecke zeichnen wir zunächst ganz knapp den Gedankenzusammenhang im Gesamtwerk der *Logischen Untersuchungen* nach, in welchem Husserl in der V. Untersuchung bei der Erörterung einer allgemeinen phänomenologischen Theorie des Bewusstseins auch auf die Frage des Ich zu sprechen kommt (unten, § 1). Danach legen wir Husserls Stellungnahme zur Frage des Ich in der V. Untersuchung in Grundzügen dar (unten, § 2). Und schliesslich stellen wir die Ansätze zur Etablierung der reinen Phänomenologie in den *Logischen Untersuchungen* heraus und deuten das daraus erwachsende *Problem* des Ich an (unten, § 3).

§ 1. *Der Zusammenhang der Stellungnahme zur Frage des Ich in der Fünften Logischen Untersuchung*

Die den *Logischen Untersuchungen*[1] von Husserl gestellte Aufgabe der „Neubegründung der reinen Logik und Erkenntnistheorie" (LU I, S. VII) weise uns zur Darstellung des Zusammenhangs von Husserls Stellungnahme zur Frage des Ich in der V.

---

[1] Zitiert wird, wenn nicht anders vermerkt, stets die *erste* Auflage von 1900–1901, und zwar: LU I, S. ... = *Logische Untersuchungen, Erster Teil: Prolegomena zur reinen Logik* (1900). LU II, Einleitung, § ..., S. ... = *Logische Untersuchungen, Zweiter Teil: Untersuchungen zur Phänomenologie und Theorie der Erkenntnis* (1901), Einleitung; bzw. V. LU, § ..., S. ... = Zweiter Teil, V. Untersuchung etc. – Die Zitate sind der heute üblichen Schreibweise angepasst; Sperrungen (hier kursiv gedruckt) werden nicht alle beibehalten, eigene Hervorhebungen als solche vermerkt: m.H. = meine Hervorhebung.

Untersuchung den Weg.[2] In Abwehr der Psychologisierung der irrealen Bedeutungen sichert Husserl ,,mit der Verteidigung der Eigenberechtigung der spezifischen (oder idealen) Gegenstände'', in deren Sinngehalt selbst nichts von den psychischen Akten vorkommt, ,,das Hauptfundament für die reine Logik und Erkenntnistheorie''. Er etabliert in der ,,Form'' eines ,,Idealismus'' eine Erkenntnistheorie, ,,welche das Ideale als Bedingung der Möglichkeit objektiver Erkenntnis überhaupt anerkennt und nicht psychologistisch wegdeutet'' (cf. II. LU, S. 107f.). Alles apriorische Logische indessen, ,,wofern es als Forschungsobjekt unser eigen werden und die Evidenz der in ihm gründenden apriorischen Gesetze ermöglichen soll, muss in subjektiver Realisation gegeben sein''. Dieses Gegebensein muss ,,zu erkenntnistheoretischer Klarheit und Deutlichkeit'' gebracht werden. ,,Und hier setzt die phänomenologische Analyse ein'' (cf. LU II, Einleitung, § 2, S. 6f.).

So gehen die der phänomenologischen Fundierung der reinen Logik und Erkenntnistheorie gewidmeten Untersuchungen des Zweiten Teils der *Logischen Untersuchungen* als einem ihrer Hauptziele der Aufklärung der Bedeutungen, die die Domäne der reinen Logik bilden (cf. II. LU, S. 107), durch Rückgang auf die bedeutenden *Akte* nach. Denn ,, ,Akte' sollen die Erlebnisse des Bedeutens sein, und das Bedeutungsmässige im jeweiligen Einzelakte soll gerade im Aktcharakter und nicht im Gegenstand liegen'', ,,den Bedeutungen in specie entsprechen die Akte des Bedeutens, und jene sind nichts anderes als die ideal gefassten Aktcharaktere dieser'' (cf. V. LU, S. 322f.). Dieser Rückgang auf die logischen Akte, in denen wir Spezifisches meinen und in denen sich spezifische Vorstellungen intuitiv erfüllen (cf. II. LU, S. 108), muss aber sinngemäss ein Rückgang nicht auf ein empirisch zufälliges, menschliches, sondern auf ein selber rein apriorisch genommenes Bewusstsein sein, wenn anders die phänomenologische Fundierung nicht in den Widersinn einer μετάβασις εἰς ἄλλο γένος (nämlich als Fundierung einer Idealwissenschaft in einer Realwissenschaft) verfallen soll (cf. LU I, S. 6, 60ff., 178; und VI. LU, § 65, S. 671ff.). ,,Die rein logischen Gesetze als Gesetze jedes und nicht bloss des menschlichen Verstandes über-

---

[2] Die eindringlichsten Interpretationen der *Logischen Untersuchungen* geben Theodor de Boer (1966) und Ernst Tugendhat (1967). Beiden Büchern verdanke ich manche Anregung und wertvolle Hinweise.

haupt" sind nämlich nicht abhängig von den „empirischen Zufälligkeiten des Bewusstseinsverlaufs, auch nicht ⟨von⟩ denjenigen unserer intellektuellen und sei es auch allgemein-menschl-
ichen Organisation. ⟨ . . . ⟩ Die Gesetze gründen ⟨ . . . ⟩ in dem
rein Spezifischen gewisser Akte; darin liegt: sie betreffen die Akte
nicht bloss insofern, als diese sich gerade in einer menschlichen
Organisation zusammenfinden; sie gehören vielmehr zu allen
möglichen Organisationen überhaupt, welche aus so gearteten
Akten zu erbauen sind. ⟨ . . . ⟩ Die Beziehung auf ‚unsere' psychische Organisation oder auf das ‚Bewusstsein überhaupt' (verstanden als das allgemein Menschliche des Bewusstseins), definiert
nicht das reine und echte, sondern ein gröblich verfälschtes
Apriori. ⟨ . . . ⟩ Das *echte logische Apriori* betrifft all das, was zum
idealen Wesen des Verstandes überhaupt gehört, zu den Essenzen
seiner Aktarten und Aktformen ⟨ . . . ⟩" (cf. VI. LU, § 64, S.
668ff., m.H.).[3]

In der Tat versteht Husserl denn auch im Zweiten Teil der
Logischen Untersuchungen die sich „auf rein phänomenologischem
Grunde" vollziehende erkenntnistheoretische Untersuchung als
eine „vor aller empirischen Theorie" liegende (cf. LU II., Einleitung, § 7, S. 19ff.), er versteht die zur Fundierung der reinen,
apriorischen Logik erforderte Phänomenologie selbst als reine,
apriorische Phänomenologie der Akte der Bedeutung.[4] Husserl
sagt, die phänomenologische Analyse vollziehe sich „in der wider-
natürlichen Anschauungs- und Denkrichtung" des „Reflektie-
rens" auf die „konkreten psychischen Erlebnisse", in denen die
„Objekte", auf deren Erforschung man es abgesehen hat, „gegeben" sind (cf. LU II, Einleitung, §§ 2 und 3), und er bezeichnet
die „Phänomenologie" als „deskriptive Psychologie" (§ 6, S. 18).
Er fügt aber alsbald hinzu, dass wir „gut daran tun, anstatt von
deskriptiver Psychologie vielmehr von *Phänomenologie* zu
sprechen", da diese „von der eigentlich psychologischen, auf
empirische Erklärung und Genesis abzielenden Forschung zu

---

[3] Zu der hier implizite hervortretenden Kritik an Kant vgl. unten, 8. Kapitel, § 36.
[4] Der Titel „*reine* Phänomenologie" in den *Logischen Untersuchungen* (cf. z.B. LU
II, Einleitung, S. 4) ist allerdings nur im Sinne der *Apriorität* zu verstehen (wie etwa
auch von „reiner Mathematik", d.i. nicht-empirischer, apriorischer gesprochen wird),
und noch nicht in dem durch die phänomenologische Reduktion prägnant bestimmten
Sinne (cf. unten, 2. Kapitel, bes. § 6). Vgl. Husserls Selbstinterpretation der methodischen Hauptgedanken der *Logischen Untersuchungen* am Anfang seiner Vorlesungen
über „Phänomenologische Psychologie" von 1925 (Hu IX, § 3, S. 20ff.).

sondern" sei (cf. § 6, S. 18f.). Die Phänomenologie „will nicht die Erkenntnis, das zeitliche Ereignis, in psychologischem und psychophysischem Sinn erklären, sondern die Idee der Erkenntnis nach ihren konstitutiven Elementen, bzw. Gesetzen aufklären. ⟨ . . . ⟩ Diese Aufklärung erfordert ⟨ . . . ⟩ eine Phänomenologie der Erkenntniserlebnisse und der Anschauungs- und Denkerlebnisse *überhaupt* ⟨ . . . ⟩" (LU II, Einleitung, § 7, S. 21, m.H.). Die phänomenologische Analyse muss sich aber, „soll sie kein blosses Meinen ergeben, sondern wie es hier strenge Forderung ist, einsichtiges Wissen, ⟨ . . . ⟩ rein auf dem Grunde *gegebener* Denk- und Erkenntniserlebnisse vollziehen". Das jeweils Gemeinte muss sich „rein auf Grund des *Erlebnisses selbst* klären und feststellen lassen" (cf. § 7, S. 19f., m.H.).

Wir sehen, dass die phänomenologische Neubegründung der reinen Logik und Erkenntnistheorie im Rückgang auf die gegebenen Denk- und Erkenntniserlebnisse im Grunde eine allgemeinere phänomenologische Theorie der Bewusstseinserlebnisse, genauer, der intentionalen Erlebnisse überhaupt impliziert. Als „Vorbedingung" für die „Beantwortung der Frage nach dem Ursprung des Begriffs Bedeutung" wendet sich Husserl nun in der V. Untersuchung in „einer sehr viel allgemeineren phänomenologischen Untersuchung" der Klärung des Akt-Begriffes zu (cf. V. LU, S. 322f.). Weil in der deskriptiven Psychologie keine Rede bestrittener sei als die von „Akten", welche man bald als „Betätigungen des Bewusstseins", bald als „Beziehungen des Bewusstseins auf einen Inhalt (Gegenstand)" bezeichne, bzw. weil man mitunter „ ‚Bewusstsein' geradezu als einen zusammenfassenden Ausdruck für psychische Akte jeder Art" definiere, knüpft Husserl den Anfang der Untersuchung, die „den Begriff des psychischen Aktes passend zu umgrenzen" hat (S. 324f.), „nicht unpassend an die Unterscheidung mehrerer ineinander fliessender Begriffe von Bewusstsein" (V. LU, S. 323f., m.H.). Dem prägnant umgrenzten Begriff des intentionalen Erlebnisses ordnet er dann die als psychische Akte eingeführten Bedeutungserlebnisse ein (cf. V. LU, S. 323). Und eben im Zusammenhang der den allgemeinen bewusstseinstheoretischen Problemen eigens gewidmeten V. Untersuchung, welche der Sache nach eine apriorische Phänomenologie des Bewusstseins bietet (cf. V. LU, bes. 2. u. 3. Kapitel), erörtert Husserl auch die Frage des Ich.

§ 2. *Husserls Stellungnahme zur Frage des Ich in der Fünften Logischen Untersuchung*

Husserl geht, wie vorgedeutet, zu Beginn der V. Untersuchung
der Vieldeutigkeit des Terminus Bewusstsein nach und erörtert,
als für seine Interessen in Betracht kommend, drei Begriffe von
Bewusstsein (V. LU § 1, S. 324f.), worunter er schliesslich, terminologisch streng, den ersten Begriff festhält (cf. § 11, S. 354f.),
der die richtige ,,Umgrenzung der psychologischen Domäne" bezeichnet (cf. § 1, S. 325, § 6, S. 336).

Dieser erste Begriff kommt für *unsere* Interessen insbesondere
in Betracht; denn er ist unmittelbar an den Begriff des Ich gebunden. In der Ueberschrift des 1. Kapitels lautet seine Um-
schreibung: ,,*Bewusstsein* als *phänomenologischer Bestand des
Ich*" (V. LU, S. 324, m.H.). Alsbald kennzeichnet Husserl ihn
näher wie folgt: ,,1. Bewusstsein als der gesamte phänomenologische Bestand des geistigen Ich. (Bewusstsein = das phänomenologische Ich, als ,*Bündel*' oder Verwebung der psychischen
Erlebnisse.)" (S. 325, m.H.). Er bestimmt ihn auch folgendermassen: Bewusstsein als phänomenologische *Einheit der Icherlebnisse* (S. 326, m.H.) und Bewusstsein im Sinne der *Einheit
der Bewusstseinsinhalte* (phänomenologisches Ich) (S. 328, m.H.).
Husserl selbst versteht diesen Bewusstseinsbegriff einerseits als
Erweiterung eines ,,engeren", zweiten, aber ,,an sich früheren"
Begriffs von Bewusstsein, dem ,,inneren Bewusstsein", der ,,inne-
ren Wahrnehmung" von eigenen psychischen Erlebnissen (§§ 5
und 6);[5] andererseits ordnen sich ihm, wie wir zu zeigen haben,
die intentionalen Erlebnisse (3. Bewusstseinsbegriff) ein, unter
welche die Bedeutungserlebnisse gehören, die den Anlass zu einer
allgemeineren Analyse des ,,Bewusstseins" boten (oben. S. 4).

Es ist für das rechte Verständnis von Husserls Stellungnahme
zur Frage des Ich in der phänomenologischen Analyse der *Logischen Untersuchungen* entscheidend, zu beachten, dass Husserl
die Bestimmung des Bewusstseinsbegriffes, um welche es ihm in
den eben gegebenen Zitaten geht, *in Abhängigkeit vom Begriff des
empirischen Ich* vollzieht. Mit anderen Worten, er fasst Bewusstsein in den *Logischen Untersuchungen* in Beziehung auf das em-

---

[5] Wir kommen auf diesen zweiten Bewusstseinsbegriff im § 3 zurück.

pirische Ich, d.i. *in empirischer Apperzeption*. Hier liegt der Schlüssel zum Verständnis seiner Ablehnung des „reinen Ich" in den *Logischen Untersuchungen* und, wie wir in den folgenden Kapiteln nachzuweisen versuchen, seiner anfänglich „ichlosen" reinen Phänomenologie nach Einführung der phänomenologischen Reduktion. Sehen wir uns diese Zusammenhänge in Husserls Texten des näheren an.

In einer von Husserl selbst auf „1898?" datierten Ausarbeitung „über Wahrnehmung", die unter dem Titel „ ‚Keine Wahrnehmung ohne wahrnehmendes Subjekt' " [6] steht, ist deutlich sein Ausgang beim empirischen Ich, wie er in den *Logischen Untersuchungen* massgebend ist, vorgezeichnet. Husserl schreibt dort, dass bei der Rede der Beziehung der Wahrnehmung etc. auf das Ich „unter Ich das empirische Ich, die menschliche Persönlichkeit gemeint ist. Ihr zentraler Kern, an den sich alles sonst zu ihr Gehörige knüpft, ist der Leib. In ihm erscheinen alle ‚seelischen', ‚inneren' Erlebnisse lokalisiert, die Wünsche in die Brust, die Schmerzen in die verschiedenen Glieder und Organe usw. Nun kommt sehr nachträglich der Philosoph und bildet, indem er den Leib nur als äusseres, physisches Objekt gelten lässt, den Begriff der reinen Bewusstseinseinheit, den des rein geistigen Ich. ⟨ ... ⟩ Entschieden leugnen muss ich nun, dass dieses rein geistige Ich im wirklichen anschaulichen Vorstellen die geringste Rolle spiele, dass *dieses* Ich also den phänomenalen Beziehungspunkt für irgendeine Wahrnehmung ⟨ausmache⟩. Und ebenso muss ich die philosophische Fiktion des reinen Ich bekämpfen, die rein aus der Wortanalyse von ‚Bewusstsein' erwachsen ist".[7]

In der V. Logischen Untersuchung kommt dann im § 4 des näheren zur Ausführung, wie Husserl selbst die Bestimmung des

---

[6] Ms. A VI 11 I, 185–186. Diese beiden Folioblätter liegen zusammen mit sieben anderen „über Erinnerung". Husserl notierte auf einem der Blätter: „Silvaplana, 1909: Zwei zusammenhängende Ausarbeitungen vor den *Logischen Untersuchungen*. Durchgesehen und sehr zu beachten!" (S. 185). – Neben dem Titel vermerkte Husserl: „Ebenso für jeden psychischen Akt. Die ganze Betrachtung gilt für psychische Akte überhaupt im Verhältnis zum Ich" (S. 186).

[7] Ms. A VI 11 I, 185, 186. – Husserl denkt hier wohl bereits an Natorps Bestimmung in *Einleitung in die Psychologie* (1888), § 4: „ ‚Bewusstsein' ⟨ ... ⟩ Dieser infinitivische Ausdruck besagt doch in concreto jedenfalls die Tatsache, dass ich oder ein Anderer sich irgendeines Inhalts, welcher es auch sei, bewusst ist. Die reflexivische Ausdrucksweise ‚ich bin mir bewusst' weist schon darauf hin, dass zum Bewusstsein unerlässlich das ‚Subjekt' gehört, dem Etwas bewusst ist. Ohne die reflexive Beziehung auf das, was wir ‚Ich' nennen, hat das Bewusstsein keine angebbare Bedeutung mehr. Bewusstsein heisst Sich-bewusst-sein" (S. 12).

Begriffs des Bewusstseins als phänomenologischen Bestand
(„reine Bewusstseinseinheit") des empirischen Ich versteht. Er
setzt wiederum bei der *Gegebenheit des empirischen Ich* an und
bringt Bewusstsein als *dessen* Bestandteil auf den Begriff. Das
empirische Ich (das phänomenale Subjekt, das Ich als empirische
Person (S. 328), das Ich im Sinne der gewöhnlichen Rede, S. 331),
führt er aus, sei „ein empirischer Gegenstand, das *eigene Ich*
⟨ . . . ⟩ ebensogut wie das *fremde*, und jedwedes Ich ebenso wie
ein beliebiges physisches Ding, wie ein Haus oder Baum usw."
(§ 4, S. 331, m.H.). Das Ich ist und bleibt, trotz aller wissenschaftlichen Bearbeitung, „ein individueller Gegenstand" (S. 331).
Das Ich wird auch so gut wahrgenommen wie ein äusseres Ding;
und ganz, wie für dieses gilt, dass nicht alle seine Eigenschaften
zumal „in die Wahrnehmung fallen", gilt auch von den Vorstellungen, Gefühlen, Wünschen, leiblichen Betätigungen u.dgl., dass
bald diese, bald jene in die wechselnden Akte der Selbstwahrnehmung fallen (cf. § 8, S. 343 und LU II, Beilage, S. 694).

Die *phänomenologische Analyse des empirischen Ich* vollzieht
sich dann dergestalt, dass vom empirischen Ich vorerst der Ich-
leib, der als physisches Ding erscheint wie irgendein anderes,
abgeschieden wird. Zurück bleibt das rein psychische Ich, das
empirisch an den Ichkörper gebundene, als zu ihm gehörig erscheinende geistige Ich (cf. § 4, S. 331 und § 8, S. 342). Dieses rein
psychische oder geistige Ich wird dann auf seinen phänomenologischen Gehalt beschränkt, und „so reduziert es sich auf die
Bewusstseinseinheit, also auf die reale Erlebniskomplexion, die
wir (d.h. *jeder für sein Ich*) zu einem Teile mit Evidenz als in uns
vorhanden finden und zum ergänzenden Teile mit guten Gründen
annehmen. Es ist selbstverständlich, dass das Ich nichts Eigenartiges ist, das über den mannigfaltigen Erlebnissen schwebte,
sondern dass es einfach mit ihrer eigenen Verknüpfungseinheit
identisch ist" (§ 4, S. 331, m.H.). So ist der erste Bewusstseinsbegriff im Rückgang vom vollen empirischen Ich gewonnen:
„Bewusstsein als der gesamte phänomenologische Bestand des
geistigen Ich", welches selber einen Teil des leiblich-geistigen,
empirischen Ich ausmacht: „*Bewusstsein = das phänomenologische Ich*, als ‚Bündel' oder Verwebung der psychischen Erlebnisse" (§ 1, S. 325, m.H.).
Es ist deutlich zu sehen, dass der Begriff „phänomenologisches

Ich" vorerst kein Begriff des „Ich", sondern ein Begriff für das Bewusstsein ist; der *Ich*begriff der *Logischen Untersuchungen* ist der des *empirischen* Ich. In Absonderung vom nicht-phänomenologischen Bestand des Ich, d.i. vor allem vom Ich-Körper, wird das Bewusstsein als *phänomenologischer* Bestand *des* (empirischen) Ich, d.i. als „phänomenologisches Ich" angesprochen. Das „phänomenologische Ich" ist das individuelle, empirische Ich unter dem Gesichtspunkt des phänomenologisch Gegebenen betrachtet, d.i. die empirisch aufgefasste reelle Erlebniskomplexion, das, was Husserl später Bewusstseinsfluss, Bewusstseinsstrom nennen wird.[8]

Die Einheit dieser Erlebniskomplexion (des phänomenologischen Ich), nach der phänomenologischen Seite betrachtet, beruht des näheren analysiert auf gewissen Verknüpfungsformen, die in der *Natur der Inhalte* (Erlebnisse) und in den Gesetzen, denen sie unterstehen, gründen. Die Rede von Inhalten und deren Gesetzen weist uns zurück auf die III. Untersuchung, die selbst allerdings eine vorphänomenologische ist, wenn auch „für alle phänomenologischen Untersuchungen von grosser Wichtigkeit" (III. LU, S. 222). Diese Untersuchung bringt Ausführungen „Zur Lehre von den Ganzen und Teilen" (LU II, S. 222ff.). Husserl fasst den Begriff Inhalt (Bewusstseinsinhalt) als „relativen": „er weist ganz allgemein auf eine umfassende Einheit hin, die in dem Inbegriff der zugehörigen Teile ihren Inhalt besitzt. Was immer an einem Ganzen sich als Teil auffassen lässt und es in Wahrheit mitkonstituiert, gehört zum Inhalt des Ganzen" (cf. V. LU, § 3, S. 330). Genau dies findet sich beim Verhältnis eines einzelnen Erlebnisses (Bewusstseinsinhaltes) zur Erlebniskomplexion (d.i. zur Einheit der Bewusstseinsinhalte, zum phänomenologischen Ich): „In der üblichen psychologischen Rede von Inhalten ist der

---

[8] Husserl sagt in der 2. Auflage der *Logischen Untersuchungen* (1913): „In der ersten Auflage war überhaupt der Bewusstseinsstrom als ‚phänomenologisches Ich' bezeichnet" (LU, 2. Auflage, II–1, S. 353, Anm. 1). – Gewisse Formulierungen der 1. Auflage der LU legen übrigens nahe, dass Husserl zunächst mit dem Titel „phänomenologisches Ich" nicht den ganzen Bewusstseinsstrom, sondern nur die „aktuelle Phase", das adäquat Gegebene, im Auge hatte. Vgl. die mehrmals wiederkehrende Rede vom „jeweiligen" Ich oder Bewusstsein oder vom Ich „im betreffenden Augenblick" (cf. z.B. V. LU, § 3, S. 331, § 4, S. 332, § 6, S. 335). Er spricht auch von der Reduktion „auf das aktuell Gegebene", welche die Erlebniskomplexion liefere (§ 8, S. 342). Im § 4 macht er ausdrücklich den Unterschied zwischen dem „phänomenologischen Ich des Augenblicks, dem phänomenologischen Ich in der ausgedehnten Zeit ⟨= Bewusstseinsstrom⟩ und dem Ich als verharrendem Gegenstand" (S. 332).

verschwiegene Beziehungspunkt, d.h. das entsprechende Ganze, die reelle Bewusstseinseinheit" (V. LU, § 3, S. 330; cf. § 2, S. 328).[9] Die Erlebnisse als Bewusstseinsinhalte bilden Einheiten der Koexistenz, die Verknüpfungsformen laufen von Inhaltskomplexion zu Inhaltskomplexion, d.h. die Einheiten der Koexistenz gehen von Zeitpunkt zu Zeitpunkt stetig ineinander über, sie konstituieren eine Einheit der Veränderung, eine einheitliche, in sich geschlossene Inhaltsgesamtheit, die in zeitlicher Fortentwicklung begriffen ist und ,,die nichts anderes ist, als das Ich selbst", ,,die Einheit des konkreten Ganzen". Für die Einheit des Ganzen konstitutiv ist ,,vor allem auch *das subjektive Zeitbewusstsein*, als Abschattung der ,Zeitempfindungen' verstanden, welches ⟨ . . . ⟩ eine allübergreifende Form des Bewusstseinsaugenblicks ⟨ . . . ⟩ darstellt" (cf. §§ 4 und 6, m.H.). ,,Die Inhalte haben eben, so wie reale Inhalte überhaupt, ihre gesetzlich bestimmten Weisen miteinander zusammenzugehen, zu umfassenderen Einheiten zu verschmelzen, und indem sie so eins werden und eins sind, hat sich schon das Ich oder die Bewusstseinseinheit konstituiert, ohne dass es darüber hinaus eines eigenen, alle Inhalte tragenden, sie alle noch einmal einigenden Ichprinzips bedürfte" (§ 4, S. 331f.).[10]

Insofern also, als es der Analyse ,,nur auf das Phänomenologische" ankommt (cf. V. LU, § 4, S. 332), erscheint ,,das phänomenologisch reduzierte Ich, also das Ich nach seinem von Moment zu Moment sich fortentwickelnden Bestand an Erlebnis-

---

[9] Vgl. zu den knappen Andeutungen der V. Untersuchung vor allem die §§ 21ff. der III. Untersuchung. Hier näher darauf einzugehen, würde uns zu weit führen, es sei aber vermerkt, dass vermutlich zum formalen Verständnis von Husserls Bestimmungen des Bewusstseinsstromes (Ganzes) und der Erlebnisse (Teile) viel zu gewinnen wäre aus der III. Untersuchung. Dies gilt übrigens auch für ein rechtes Verständnis der ,,Absolutheit" des reinen Bewusstseins und des Verweises auf Descartes' Substanzdefinition – vgl. *Ideen I*, § 49; III. LU, § 12 (nur 1. Auflage!) – und für Husserls Gedanken der ,,Weltvernichtung" (cf. III. LU, bes. § 5). In Th. de Boer (1966) finde ich eine Bestätigung dieser Hinweise (cf. a.a.O., S. 392ff.; bzw. deutsche Zusammenfassung, S. 591f.).

[10] Da die Einheit des Bewusstseins im Sinne der ein *Ganzes* ausmachenden Einheit verstanden ist, sei zum Vergleich die Definition der prägnanten Begriffe Ganzes und Teil mittels des Begriffs der Fundierung aus der III. Untersuchung angeführt: ,,Unter einem Ganzen verstehen wir einen Inbegriff von Inhalten, welche durch eine einheitliche Fundierung, und zwar ohne Sukkurs weiterer Inhalte umspannt werden. Die Inhalte eines solchen Inbegriffs nennen wir Teile. Die Rede von der Einheitlichkeit der Fundierung soll besagen, dass jeder Inhalt mit jedem, sei es direkt oder indirekt durch Fundierung zusammenhängt" (§ 21, S. 268f.). Zum Begriff der Fundierung vgl. III. Untersuchung, §§ 14ff.

sen", als das „*Ich selbst*" (S. 331), welches „seine Einheit in sich
selbst trägt, mag es in der kausalen Betrachtung als ein Ding
gelten oder nicht" (S. 332). Die kontinuierlich-einheitliche Erlebniskomplexion (die Bewusstseinseinheit) wird hier also, als dasjenige, worauf es in der phänomenologischen Analyse des empirischen Ich allein ankommt, geradezu als „Ich" bezeichnet.[11]
Das heisst aber nichts anderes, als dass Husserl *in* der phänomenologischen Analyse als „Ichbegriff" nur die aufgrund der Analyse des empirischen Ich gewonnene Erlebniskomplexion anerkennt und sich für seine Interessen (oben, S. 5) damit zufrieden gibt.[12]

Ausdrücklich bestätigt dies seine ablehnende Stellungnahme
zum „reinen Ich" und seine Auffassung der „Bewusstheit" (Beziehung auf das Ich), die er im § 8 der V. Untersuchung insbesondere gegen Natorp vorträgt und die bereits in der Ausarbeitung
„über Wahrnehmung" von 1898 anklang (oben, S. 6).[13]

Was zunächst das reine Ich betrifft, sagt Husserl, nachdem er
Natorps Ausführungen referierte, abschliessend: „Nun muss ich
freilich gestehen, dass ich dieses primitive ⟨d.i. reine⟩ Ich als
notwendiges Beziehungszentrum schlechterdings nicht zu finden
vermag. Was ich *allein* ⟨zu⟩ bemerken, also wahrzunehmen im-
stande bin, ist *das empirische Ich* und seine empirische Beziehung
zu denjenigen eigenen Erlebnissen oder äusseren Objekten, die
ihm im gegebenen Augenblick gerade zu Gegenständen besonde-

---

[11] In seinem Exemplar von Natorps *Allgemeine Psychologie* (1912) schreibt Husserl
(im § 6, „Der Inhalt allein Problem. Auseinandersetzung mit Husserl", S. 33ff.) am
Rande: „Ich hatte in den LU *Ich = Bewusstseinsstrom* gesetzt (‚erlebt' heisst in den
LU Glied des Stromes sein) und ein reines Ich geleugnet. Aber was ich da sagte, ist
freilich falsch" (S. 34, m.H.).

[12] In einem engeren Sinne mag in der Tat für die phänomenologische Problematik
der *logischen* Untersuchungen die „Stellungnahme zur Frage des reinen Ich ⟨ . . . ⟩
irrelevant" bleiben, „so wichtig diese Frage sonst und auch als rein phänomenologische ist", wie Husserl selbst 1913 in einem „Zusatz zur 2. Auflage" der LU am Ende
von § 8 der fünften Untersuchung sagt; denn es „können höchst umfassende Problem-
sphären der Phänomenologie, welche in einer gewissen Allgemeinheit den reellen
Gehalt der intentionalen Erlebnisse und ihre Wechselbeziehung zu intentionalen
Objekten betreffen, einer systematischen Durchforschung unterzogen werden, ohne
dass man zu der Ichfrage überhaupt Stellung nimmt. Ausschliesslich auf solche
Sphären beschränken sich aber die vorliegenden ⟨Logischen⟩ Untersuchungen" (LU,
2. Auflage, II–1, S. 363).

[13] Auf die sich in § 4 schon anzeigende und in § 8 der V. Untersuchung ausdrücklich
durchgeführte Natorp-Kritik möchten wir aber als solche hier nicht eingehen.
Husserls Verhältnis zu Natorp ist historisch und systematisch ausgezeichnet dargestellt bei Iso Kern (1964). Historisch: 1. Teil, §§ 3–7; systematisch: 2. Teil, § 26 und
vor allem II. Abteilung, 1. Abschnitt, §§ 32, 33 besonders zur Ichproblematik.

rer ‚Zuwendung' [14] geworden sind, während ‚aussen' wie ‚innen'
vielerlei übrig bleibt, was dieser Beziehung auf das Ich ermangelt.
Ich kann hier keinen anderen Weg zur Klärung der Sachlage
finden, als das empirische Ich mit seiner empirischen Beziehung
auf Objekte einer phänomenologischen Analyse zu unterwerfen,
und dann ergibt sich notwendig die oben vertretene Auffassung"
(§ 8, S. 342, m.H.). Das *reine* Ich „als das subjektive Beziehungszentrum zu allen mir bewussten Inhalten" [15] muss Husserl seiner
oben erläuterten empirischen Auffassung des Bewusstseins gemäss ablehnen, weil für ihn bereits das *empirische Ich* die Funktion des einheitlichen Beziehungszentrums aller „mir" (bzw. für
jedes empirische Ich „seiner") bewussten Inhalte innehat. „Jeder
für sein Ich" (cf. § 4, S. 331) findet in sich dann nur noch die (in
apperzeptiver Beziehung auf das empirische Ich gefasste) Erlebnis-
niskomplexion, welche, phänomenologisch gesprochen, als „Ich"
bezeichnet wird: das phänomenologisch reduzierte Ich. Infolge
des apperzeptiven Rückbezugs auf das empirische Ich ist ihm
die Leistung eines eigenen, die Inhalte, die ihrer eigenen Gesetzlichkeit gemäss eins werden, noch einmal einigenden – nämlich
sie als „meine" gegenüber Anderer Inhalte abgrenzenden – Ichprinzips „unverständlich" (cf. V. LU, § 4, S. 332). Es ist eben
vorphänomenologisch, aus empirischen Einsichten schon klar,
was überhaupt in die Einheit *eines* Bewusstseins fallen kann –
nämlich all die auf dasselbe empirische Ich, das einer phänomenologischen Analyse unterworfen wird, apperzeptiv bezogenen Bewusstseinsinhalte. Und so können, ohne ausdrücklichen Rückbezug auf ein Ich, die Inhalte – die eben schon immer Inhalte
dieses empirischen Ich sind – für sich selbst genommen phäno-
nologisch auf ihnen eigene Formen einheitlicher Verknüpfung hin
untersucht werden. Unausdrücklich bleibt dabei das wie immer
näher zu bestimmende empirische Ich das einheitliche „Beziehungszentrum" der Bewusstseinsinhalte. Dieses zentrierende
Moment der Einheit des Bewusstseins, das die phänomenologische Erlebniskomplexion als Ganzes, Einheitlich-Abgeschlossenes
und solcherart auch gegenüber anderen Bewusstseinseinheiten

---

[14] Im 6. Kapitel werden wir dem Phänomen der „Zuwendung" als einem Motiv
der Einbeziehung des (reinen) Ich in die reine Phänomenologie begegnen (unten, bes.
§§ 22 und 24f.).
[15] Vgl. V. LU, § 8, S. 340; bzw. Natorp, *Einleitung in die Psychologie* (1888), § 4,
S. 13.

Abgegrenztes zu bestimmen ermöglicht, ist in den *Logischen Untersuchungen* nicht in der phänomenologischen Analyse gewonnen; vielmehr baut diese auf dem durch die empirische Apperzeption des Bewusstseins bereits geklärten Problem der *Zugehörigkeit* der Bewusstseinsinhalte zu den verschiedenen Ich auf. Die Bestimmung der phänomenologischen *Bewusstseinseinheit* ist in den *Logischen Untersuchungen* auf das vorausgesetzte empirische Ich und die Ichvielheit („jeder für sein Ich") bezogen und nur im Rückbezug darauf einsichtig zu machen.[16]

Was dann Husserls Verständnis der „Bewusstheit" (Natorp), der Beziehung des Bewusstseinsinhalts auf das Ich[17] bei den intentionalen Erlebnissen (Husserls 3. Bewusstseinsbegriff) betrifft, haben wir noch zu zeigen, wie hier besonders deutlich wird, dass Husserl in der phänomenologischen Analyse der *Logischen Untersuchungen* als „Ich" die *Erlebniskomplexion* anspricht und das identische reine Ich, das sich bei der Rede der Beziehung auf das Ich als Beziehungspunkt aufdrängen möchte (cf. V. LU, § 12, S. 355), ablehnt. Die Beziehung des Bewusstseinsinhalts auf das Ich als „Beziehungspunkt" legt er als solche des Erlebnisses zur Erlebniskomplexion aus, und diese Beziehung bestimmt er nach den Gesetzlichkeiten von Teil und Ganzem (cf. oben, S. 8f.). Er schreibt im Hinblick auf Natorp im § 8 der V. Untersuchung: „Die bewusste intentionale Beziehung des Ich auf seine Gegenstände kann ich nicht anders verstehen, als dass zur Komplexion der Erlebnisse eben auch intentionale gehören, und dass solche intentionale Erlebnisse den wesentlichen phänomenologischen Kern des phänomenalen ‚Ich' ausmachen" (S. 342,). Ein guter Sinn der Rede von der „Beziehung auf das Ich" bei den intentionalen Erlebnissen kommt nach Husserl also durch die Einordnung der intentionalen Erlebnisse in die ganze Erlebniskomplexion (in das phänomenologische Ich) zur Geltung.[18] So

---

[16] Einen Ausdruck dieses Bezugs dürfen wir übrigens wohl im Terminus „phänomenologisches *Ich*" im Sinn der „phänomenologischen Einheit der *Ich*erlebnisse" (V. LU, § 2, S. 326) erkennen; gemeint ist eben die jedem (empirischen) Ich für sich zukommende Einheit des Bewusstseins, die „Einheit der Bewusstseinsinhalte", welche Inhalte dieses oder jenes Ich sind.

[17] cf. V. LU, § 8, S. 340, bzw. Natorp, *Einleitung in die Psychologie*, § 4, S. 11.

[18] Husserls Kritik an Natorps Lehre von der Ununterschiedenheit der Beziehung des Ich auf die Gegenstände (der überall gleichen „Bewusstheit") orientiert sich denn auch einerseits gar nicht an Natorps eigenem, sondern an seinem eigenen (des phänomenologisch reduzierten Ich als Erlebniskomplexion). Von diesem Gesichtspunkt Husserls ist allerdings die Ununterschiedenheit der Beziehung nicht einzu-

betrachtet, führt Husserl im § 12 näherhin aus, ist es „*richtig*, dass sich das Ich in jedem Akte auf einen Gegenstand intentional bezieht" (S. 356, m.H.). Dies ist einfach zu verstehen gemäss den die Beziehungen von Ganzem (phänomenologisches Ich) und Teil (intentionales Erlebnis) bestimmenden Gesetzlichkeiten. Die Beziehung des Ich (Ganzes) in jedem intentionalen Akt (Teil) auf einen Gegenstand ist „eine pure Selbstverständlichkeit, wofern uns das Ich als nichts weiter gilt, denn als die ‚Bewusstseins-einheit‘, als das jeweilige ‚Bündel‘ der Erlebnisse, oder besser noch als die kontinuierliche, dingliche Einheit, welche sich in den zu dem Einen ‚Ich‘ gehörigen Erlebnissen konstituiert, weil sie durch die spezifische und kausale Besonderheit dieser Erlebnisse gesetzlich gefordert ist. Zu dieser Einheit gehört als ein solcher konstitutiver *Teil* auch das betreffende intentionale Erlebnis ⟨ . . . ⟩ Ist ein Erlebnis von der und der Intention darin präsent, so hat eo ipso *das Ich, als das umfassende Ganze*, diese Intention, so wie das psychische ⟨physische?⟩ Ding die Beschaffenheiten hat, die es als Teilinhalte konstituieren. Wird der Teil auf das einheit-liche Ganze bezogen, so resultiert die Beziehung des Habens: das Ganze ‚hat‘ den Teil; und so ‚hat‘ auch das Ich die intentionale Beziehung, es ist das vorstellende, urteilende Ich usw." (§ 12, S. 356; m.H.).[19] Die Rede von der Beziehung des Ich auf einen Gegenstand des intentionalen Aktes bedeutet also nach dem Gesagten: „⟨ . . . ⟩ dem Ich, dieser konkreten Komplexion von Erlebnissen, ist ein gewisses, nach seiner spezifischen Eigentüm-lichkeit ‚Vorstellen des bezüglichen Gegenstandes‘ benanntes Erlebnis reell gegenwärtig".

Alle diese die Einordnung der intentionalen Erlebnisse in die Erlebniskomplexion betreffenden Aussagen sind aber Beschrei-bungen aufgrund einer „objektivierenden Reflexion". In der

---

sehen, da, „so wie bei der Einfügung von Teilen in Ganze überhaupt", die Weise der Einfügung eines Inhalts (Erlebnisses) in die Erlebniseinheit von der Besonderheit der Inhalte abhänge (cf. § 8, S. 343). Natorp meint aber gar nicht ein solches Verhältnis von Teil und Ganzem. Andererseits kritisiert Husserl dieselbe Lehre Natorps in treffender Weise durch seine von Brentano sich herschreibende Lehre der „wesent-lichen spezifischen Verschiedenheiten der intentionalen Beziehung" (cf. V. LU, § 10, S. 347; auch § 8, S. 343).

[19] Cf. auch § 3, S. 330 und, evtl. historisch aufschlussreich: Schuppe, *Grundriss der Erkenntnistheorie und Logik*, 1894, S. 120: „Die Aussage des Teiles vom Ganzen bedarf gewöhnlich des Verbums Haben". Husserl hat diesen Satz in seinem Exemplar von Schuppes Werk mit „NB" versehen. Cf. Husserls Privatbibliothek im Husserl-Archiv Leuven, Katalognummer BQ 426.

Beschreibung „verknüpft sich die Reflexion auf das Ich mit der Reflexion auf das Akterlebnis zu einem beziehenden Akte, in dem das Ich selbst als sich mittelst seines Aktes auf dessen Gegenstand Beziehendes erscheint" (S. 356f.). „Aber leben wir sozusagen im betreffenden Akte, gehen wir z.B. in einem wahrnehmenden Betrachten eines erscheinenden Vorganges auf, oder im Spiele der Phantasie, in der Lektüre eines Märchens, im Vollzuge eines mathematischen Beweises u.dgl., so ist von dem Ich als Beziehungspunkt der vollzogenen Akte nichts zu merken" (§ 12, S. 355). Im wirklichen Erleben findet kein Sich-beziehen des Ich statt, „das jeweilige Erlebnis selbst besteht nicht in einer Komplexion, welche die Ichvorstellung als Teilerlebnis enthielte. ⟨ . . . ⟩ Das Missverständnis muss also fern bleiben und ist durch die vollzogene Erwägung nun auch ausgeschlossen, dass die Beziehung auf das Ich etwas zum *wesentlichen* Bestande des intentionalen *Erlebnisses selbst* Gehöriges sei" (cf. S. 356f.; m.H.). Verdeutlichen wir uns abschliessend, welche Beziehung Husserl dem intentionalen Erlebnis selbst *in* seinem Vollzug abspricht.

Ein Rückblick auf die bereits zitierte Ausarbeitung „über Wahrnehmung" (wohl von 1898) verhilft uns zu einer besseren Einsicht in die Voraussetzung, unter welcher Husserl im § 12 der V. Untersuchung das Missverständnis einer wesentlichen Beziehung der intentionalen Erlebnisse auf das Ich ausschliesst. Husserls Frage in der älteren Aufzeichnung lautet: „Gilt es a priori, als einsichtige Notwendigkeit, dass keine Wahrnehmung möglich ist ohne das (mit der Wahrnehmung nicht identische) Ich?" [20] Wir lasen, dass nach Husserls Auffassung das vom Philosophen begrifflich gebildete rein geistige Ich (die reine Bewusstseinseinheit) im wirklichen anschaulichen Vorstellen nicht die geringste Rolle spielt und dass dieses Ich (in den *Logischen Untersuchungen* das phänomenologisch reduzierte Ich) nicht den phänomenalen Beziehungspunkt für irgendeine Wahrnehmung und einen psychischen Akt überhaupt ausmacht (oben S. 6). Im § 12 der V. Untersuchung entspricht dem die Aussage, im lebendigen Vollzug eines Aktes sei „von dem Ich als Beziehungspunkt der vollzogenen Akte nichts zu merken" (S. 355). Im Text vor den *Logischen Untersuchungen* begründet Husserl seine Auf-

---

[20] Ms. A VI 11 I, S. 186.

fassung, indem er den Ichbegriff der Philosophen selber aufnimmt und anzeigt, weshalb dieses Ich im anschaulichen Vorstellen keine Rolle spiele. Er schreibt im Anschluss an die Ver-
werfung des „reinen Ich": „Doch wie immer, fixieren wir den
Begriff des Ich als den der reinen Bewusstseinseinheit, nämlich
als der Einheit der Erlebnisse eines Individuums ⟨ . . . ⟩; dann
hiesse die Behauptung: ‚Keine Wahrnehmung ohne wahrnehmendes Ich' soviel wie: Keine Wahrnehmung ist denkbar ohne
eine umfassendere Einheit von psychischen Erlebnissen ⟨ . . . ⟩,
mit denen sie[21] in der Weise zeitlich eins ist, die wir als Bewusstseinseinheit bezeichnen. Eine solche Evidenz kann ich aber nicht
finden. Es handelt sich um eine blosse allgemeine Tatsache der
Reflexion".[22] Dem wiederum entspricht im § 12 der V. Untersuchung Husserls Satz, die Beziehung auf das Ich (auf die umfassendere Einheit von psychischen Erlebnissen) sei nichts zum
wesentlichen Bestande des intentionalen Erlebnisses selbst
Gehöriges (S. 357), nur in der objektivierenden Reflexion trete
die Beziehung auf das erlebende Ich in den Blick (S. 356). In
Frage ist also bei der Rede von der „Beziehung auf das Ich" das
„Ich" als „reine Bewusstseinseinheit" der übrigens apperzeptiv
auf das empirische Ich als Beziehungspunkt bezogenen Erlebnisse
(cf. „nämlich als die Einheit der Erlebnisse eines Individuums"),
bzw. als das phänomenologisch reduzierte Ich, die reelle Erlebniskomplexion. Somit entspricht die im § 12 vertretene Zurück-
weisung der Beziehung der intentionalen Erlebnisse auf das Ich
der Sache nach der Auffassung, zum intentionalen Erlebnis selbst
im Vollzuge gehöre keine intentionale (zeitliche) Beziehung auf
die umfassendere Erlebniskomplexion,[23] bzw. eine Beziehung des
Erlebnisses (Teil) zur Erlebniskomplexion (Ganzes) sei nur aufgrund einer eigenen reflexiven Vorstellung gegeben. An der bloss
in der Reflexion, aber nicht im wirklichen anschaulichen Vorstellen gegebenen Beziehung von Erlebnis und Erlebniseinheit
(Bewusstseinsstrom) wird Husserl auch späterhin festhalten;

[21] Im Ms. steht statt „sie" wohl irrtümlich „es".
[22] Ms. A VI 11 I, S. 185.
[23] In seinem Exemplar von Natorps *Allgemeine Psychologie* (1912) notierte Husserl
am Rande der Ausführungen über die „Ichbeziehung nach ihrer konkreten, in
Husserls Sinne ‚phänomenologischen' Bedeutung": „Ich hatte den Unterschied vor
Augen 1) zwischen Bewusstseinsstrom und einzelnen Erlebnissen, die darin schwim-
men, 2) Bewusstseinserlebnis und sein ‚Inhalt', sein Intentionales. Beides mengt
aber Natorp ineinander. Doch ist auch meine alte Auffassung unhaltbar" (S. 34).

hingegen wird er aufgrund seiner Analysen über das innere Zeitbewusstsein zur Einsicht in die *intentionale* Bezogenheit eines
Erlebnisses zur Erlebniskomplexion, in den inneren zeitlichen
Zusammenhang der Erlebnisse im Erleben selbst (Längsinten-
tionalität)[24] gelangen. Die Beziehung auf das Ich (als phänom-
nologisches Ich=Bewusstseinsstrom) wird dann als etwas zum
wesentlichen Bestande des intentionalen Erlebnisses selbst Gehöriges verstanden werden;[25] bzw. die Rede von der ,,Beziehung
auf das Ich'' wird einen *neuen,* durch die formalen Verhältnisse
von Ganzem und Teil nicht mehr erfassbaren Sinn erhalten dadurch, dass Husserl die Erlebniskomplexion, in die sich die intentionalen Erlebnisse einordnen, später nicht einfach mit dem
,,Ich'' identifiziert, sondern die Erlebniskomplexion selbst (den
Bewusstseinsstrom) vom (reinen) Ich unterscheidet. Das Ganze
selbst (die Komplexion der Erlebnisse) und dessen Teile (z.B.
intentionale Erlebnisse) sind auf das reine Ich bezogen, aber das
Ich selbst ist dabei weder das Ganze noch ein Teil.

§ 3. *Die Ansätze zur reinen Phänomenologie in den* Logischen Untersuchungen *und das Problem des Ich*

Wir fanden, dass Bewusstsein in den allgemeinen bewusstseins-
theoretischen Darlegungen der V. Untersuchung in apperzeptiver
Beziehung auf das empirische Ich eingeführt wird. Auffallend
ist aber auch, dass in der auf das Phänomenologische gerichteten
Betrachtungsweise der *Logischen Untersuchungen* die empirische
Apperzeption *de facto* kaum in Kraft bleibt. Durch näheres
Zusehen, wie Husserl vom zweiten, ,,ursprünglicheren'' Bewusst-

---

[24] Vgl. Hu X, *Zeitbewusstsein,* z.B. § 39 (wohl nicht vor 1911, cf. a.a.O., S. 73,
Anm. 4); Beilage VIII; Nr. 45 (zwischen 1907 und 1909; cf. a.a.O., S. 465); Nr. 54
(wohl nicht vor 1911; cf. a.a.O., S. 73, Anm. 4). – Bezüglich dieser Frage der Beziehung auf das Ich (Erlebniskomplexion) sei an die oben, S. 8, in der Anmerkung
erwähnte Einschränkung der Erlebniskomplexion auf den ,,Augenblick'' erinnert;
da in den *Logischen Untersuchungen* auch das subjektive Zeitbewusstsein als eine
,,allübergreifende Form des Bewusstseins*augenblicks,* also eine Form der in einem
objektiven Zeitpunkt *koexistenten* Erlebnisse'' angesprochen wird, erscheint die
Leugnung des ,,Zeitlich-eins-Seins'' einer Wahrnehmung mit der umgreifenderen
Erlebniskomplexion besonders merkwürdig.
[25] Darauf macht Husserl übrigens 1909 in einer kritischen Bemerkung zur Ablehnung der Evidenz der zeitlichen Einheit von Wahrnehmung und Erlebniskomplexion in der alten Ausarbeitung von 1898 aufmerksam: ,,Da kann ich nicht mit.
Mir scheint doch, dass jede Wahrnehmung, das Wort im vollen Sinn, ein heraus-
greifender Akt ist und als solcher einen Bewusstseinszusammenhang a priori voraussetzt'' (Ms. A VI 11 I, S. 185).

seinsbegriff handelt, von welchem er den Begriff des „phänomenologischen Ich" als „Erweiterung" ableitet, verdeutlicht sich
uns die Spannung der bald empirischen, bald phänomenologisch
reinen Bestimmung des Bewusstseins in den *Logischen Untersuchungen*. Da wir diese Bestimmung bisher engstens mit dem
Begriff des (empirischen) Ich verknüpft fanden, ist von der genaueren Aufklärung des Schrittes zur phänomenologisch *reinen*
Betrachtung des Bewusstseins entscheidender Aufschluss für die
spätere Stellung zur Frage des Ich zu erwarten. Ansätze dieses
Schrittes sind in den *Logischen Untersuchungen* aufzeigbar. Wir
achten im folgenden vornehmlich auf den *erkenntnistheoretischen
Gesichtspunkt* des zweiten Bewusstseinsbegriffs, den Husserl betont und von dem her ein wesentliches Motiv zur „Reinigung",
die den Bewusstseinsanalysen „den ‚rein‘ phänomenologischen
Wert verleiht",[26] in die Sicht kommt. Von der „reinen" Fassung
dieses Begriffs des inneren Bewusstseins als innerer Wahrnehmung (cf. V. LU, § 5, S. 333; § 6, S. 336) hängt die phänomenologisch reine Fassung des erweiterten Begriffs der Erlebniskomplexion (phänomenologisches Ich) ab. Aufschluss darüber
erhalten wir aus den Paragraphen 5 und 6 der V. Untersuchung
sowie aus der Beilage „Aeussere und innere Wahrnehmung.
Physische und psychische Phänomene" am Ende des Zweiten
Teils der *Logischen Untersuchungen* (LU II, S. 694–715).

Bei der Ableitung des ersten vom „ursprünglicheren" Bewusstseinsbegriff des „inneren" Bewusstseins fällt vorerst wiederum
die apperzeptive Bezogenheit des Bewusstseins auf das empirische
Ich auf. Hypothetisch von der Evidenz des *sum* (ich bin) als
einer solchen, „die allen Zweifeln gegenüber ihre Geltung behaup-
ten dürfe", ausgehend, erklärt Husserl, dass „selbstverständlich
hierbei als Ich nicht das volle empirische Ich passieren kann"
(cf. V. LU, § 6, S. 334). Gemeint ist, dass nicht alles, was die empirische Ichvorstellung ausmacht, seine körperliche Erscheinung,
seine vergangenen und gegenwärtigen Erlebnisse, die eigene empirische Persönlichkeit, zumal „in die Wahrnehmung falle" (cf.
LU II, Beilage, S. 694 und S. 704), sondern dass die Evidenz des
Satzes *ich bin* „an einem gewissen, in begrifflicher Schärfe nicht

---

[26] Vgl. LU, 2. Auflage (1913), II–1, V. Untersuchung, S. 347f. und S. 350, Anm. 1.
Auch Ms. B II 1, S. 27a (wohl 1908), zitiert in der Einleitung des Hrsg., Walter
Biemel, in Hu II, *Die Idee der Phänomenologie*, S. IXf.

umgrenzten Kern der empirischen Ichvorstellung" hänge (cf.
V. LU, § 6, S. 334f.). Dieser Kern kommt in den „Urteilen der
inneren (= adäquaten) Wahrnehmung" zum Bewusstsein, zur
Gegebenheit. „Das adäquat Wahrgenommene ⟨ . . . ⟩ macht nun
den erkenntnistheoretisch ersten und absolut sicheren Bereich
dessen aus, was im betreffenden Augenblick zum Ich gehört".
Und umgekehrt gelte wohl, „dass im Urteil *ich bin* unter dem Ich
das adäquat Wahrgenommene eben den die Evidenz ermöglichenden und begründenden Kern ausmacht" (S. 335).

Gegenüber dem schiefen erkenntnistheoretischen Gegensatz
zwischen innerer und äusserer Wahrnehmung prägt Husserl „den
erkenntnistheoretisch fundamentalen Gegensatz ⟨ . . . ⟩ zwischen
adäquater Wahrnehmung ⟨ . . . ⟩ und der bloss vermeintlichen,
inadäquaten Wahrnehmung".[27] Dieser Gegensatz ist der fundamentale, weil man mit ihm „erkenntnistheoretisch möglichst un-
verbindlich ⟨ . . . ⟩ nicht transzendente Realitäten ⟨ . . . ⟩ in der
Weise selbstverständlicher Gegebenheiten" behandelt, nämlich
nicht „auf Grund des vorausgenommenen Unterschiedes zwischen
körperlichen und geistigen Dingen" den Unterschied der Wahrnehmungen statuiert (S. 696), sondern im „Charakter der Evidenz", „der *mit dem Wahrnehmungserlebnis selbst gegeben* ist,
bzw. fehlt", „ein deskriptives Merkmal" erkennt, „welches die
einen und anderen Wahrnehmungen unterscheidet und aller
Voraussetzungen über metaphysische Realitäten ledig ist" (S.
697, m.H.). Auch im Blick auf die Phänomene dieser Wahrnehmungen ist, „rein deskriptiv betrachtet, unter Absehen von aller
Transzendenz, ⟨ . . . ⟩ ein unüberbrückbarer Unterschied zu kon-
statieren" (S. 698). Man hat sich an den „wahrhaften Gegebenheiten der Erscheinung", nicht an den „vermeintlichen Gegebenheiten der transzendenten Welt" zu orientieren (S. 699).

Husserl gewinnt den Begriff der adäquaten Wahrnehmung,
„deren wahrnehmende Intention ausschliesslich auf ihren präsen-
ten Inhalt gerichtet ist", in Anknüpfung an die „Cartesianische
Zweifelsbetrachtung" (cf. LU II, Beilage, S. 697 u. 711). In ihr
tritt die „erkenntnistheoretische Differenz, die man zwischen der
inneren und äusseren Wahrnehmung gesucht hat", zutage. „An
der adäquaten Wahrnehmung kann ich ⟨ . . . ⟩ nicht zweifeln,

---

[27] LU II, Beilage, S. 711; m.H. Vgl. V. LU, § 5, S. 333 und VI. LU, bes. 5. Kapitel.

eben weil in ihr kein Rest von Intention übrig ist, der erst nach Erfüllung langen müsste ⟨ . . . ⟩: das Objekt ist in der Wahrnehmung nicht bloss als daseiend vermeint, sondern zugleich auch in ihr *selbst gegeben* und genau als das, als was es vermeint ist" (S. 711).[28]

Wir sehen, wie klar Husserl sich bei der Bestimmung der adäquaten Wahrnehmung, „unter Absehen von aller Transzendenz" (S. 698), an den rein deskriptiven, erkenntnistheoretischen Sinn hält (cf. S. 696ff.). Vom Standpunkt der *Logischen Untersuchungen* ist dann aber doch nicht klar einsichtig, was Husserl unmittelbar nach dem zuletzt zitierten Satz (S. 711) sagt: „Gehört es zum Wesen adäquater Wahrnehmung, dass ihr das angeschaute Objekt selbst wahr und wirklich einwohnt, so ist es nur ein anderer Ausdruck zu sagen: unzweifelhaft, evident ist nur die Wahrnehmung der *eigenen* wirklichen Erlebnisse" (m.H.; cf. auch V. LU, § 5, S. 333).[29] Denn, würde wirklich von aller Transzendenz abgesehen, dann müsste auch das empirische Ich, an das das Bewusstsein apperzeptiv als „eigenes" („mir" eigenes) gebunden ist, ausgeschaltet werden. Wie kann dann aber der Sinn von „eigenen" Erlebnissen ausgewiesen werden, wenn kein „reines" Ich anerkannt wird? In diesem Zusammenhang sehr beachtenswert ist ein Passus aus dem § 7 der V. Untersuchung,[30] wo Husserl schreibt: „Den empirischen Ich stehen gegenüber die

[28] Auf Husserls Anknüpfung an Descartes hier aufmerksam zu machen, ist hinsichtlich des Wandels in seiner Stellungnahme zur „Cartesianischen Zweifelsbetrachtung" von Interesse; denn sie ist Ausdruck des Problembewusstseins in der Frage des Ich. In den *Logischen Untersuchungen* gibt Husserl die Evidenz des „sum" zu; er geht dabei vom Ich als empirischen aus. Nach Einführung der phänomenologischen Reduktion, um 1906, anerkennt er in der Phänomenologie nur die Evidenz der cogitatio, ausdrücklich nicht die des *cogito*, des „sum" (unten, § 7). Mit der Wende zur Anerkennung des „reinen" Ich (zur Zeit der *Ideen*) wandelt sich erneut die Interpretation des „cogito, ergo sum"; das cogito wird beibehalten, das jetzt fragliche Ich ist das „reine" (unten, § 17 und § 24).

[29] E. Tugendhat (1967) meint wohl insbesondere diesen Passus, wenn er, mit Verweis auf die Beilage, „unverkennbare Ansätze" zur „Position der ‚transzendentalen' Phänomenologie ⟨ . . . ⟩ bereits in der 1. Auflage der LU" erkennt (a.a.O., S. 18). Was die Ansätze betrifft, möchte ich beistimmen, glaube aber Anlass zu haben, einige Akzente anders setzen zu müssen bezüglich des von Tugendhat dargestellten Weges, der Husserl von den LU her „mit innerer Notwendigkeit über die eidetische Phänomenologie schliesslich zu der subjektiv absolutistischen Position der ‚transzendentalen' Phänomenologie" geführt hat (cf. a.a.O., S. 18 und den 2. Abschnitt; unten, 2. Kapitel und 3. Kapitel, § 10, S. 48, Anm. 12).

[30] Der § 7 handelt von der „Wechselseitigen Abgrenzung der Psychologie und Naturwissenschaft" (S. 336ff.). In der 2. Auflage hat Husserl diesen Paragraphen weggelassen. Vgl. seine Bemerkung darüber in LU I (2. Auflage, 1913), Vorwort, S. XVI.

empirischen physischen Dinge, die Nicht-ich, ebenfalls Einheiten
der Koexistenz und Sukzession und mit dem Anspruch dinglicher
Existenz. Uns, die wir Ich sind, sind sie nur als intentionale Einheiten gegeben, das ist als in psychischen Erlebnissen vermeinte,
als vorgestellte oder beurteilte Einheiten. Darum sind sie aber
selbst nicht blosse Vorstellungen, so wenig als es die relativ zu
uns fremden Ich sind, von denen ja dasselbe gilt" (S. 337), nämlich nur als intentionale Einheiten gegeben zu sein. ,,Die physischen Dinge sind uns gegeben, sie stehen vor uns, sie sind Gegenstände – das heisst, wir haben gewisse Wahrnehmungen und
ihnen angepasste Urteile, welche ,auf diese Gegenstände gerichtet' sind" (S. 337). ,,Dasselbe" gilt aber auch gemäss § 4 der V.
Untersuchung vom eigenen Ich, das ein empirischer Gegenstand
ist ebensogut wie das fremde Ich und wie ein beliebiges physisches
Ding (cf. S. 331; oben, S. 7). Da ich das aber von mir selbst weiss
und aussage – welchem ,,Ich" bin ich (dieses empirisch-transzen-
dente Ich) dann ,,als intentionale Einheit gegeben", von wo aus
,,gerichtet" sind die Wahrnehmungen von diesem ,,Gegen-
stand"? Diesen Problemen geht Husserl in den *Logischen Untersuchungen* noch nicht nach. In seiner Aussage über die evidente
Wahrnehmung allein ,,der *eigenen* wirklichen Erlebnisse" ist
doch wieder ,,vorausgenommen" (cf. LU II, Beilage, S. 696), was
rein im Blick auf die Erlebnisse, so wie sie in sich selbst sind, im
strengen Sinne nicht gegeben ist; dass es sich um ,,meine"
,,eigenen", auf mein ,,vorgegebenes" (empirisches) Ich bezogenen
Erlebnisse handelt. Wir können eine Bemerkung Husserls aus
einem ebenfalls auf das Ich bezüglichen Zusammenhang treffend
auch auf die Aussage über die Evidenz eigener Erlebnisse beziehen: ,,So wie der Satz dasteht, ist er schief, aber es steckt eine
grosse Wahrheit darin".[31] Schief ist der Satz, weil er einen nicht
in phänomenologischer Analyse zur Gegebenheit gebrachten Ichbegriff voraussetzt; eine grosse Wahrheit steckt in ihm, weil er
durch die Kennzeichnung einer bestimmten Gegebenheitsweise
von Erlebnissen (adäquat wahrnehmbar zu sein) vorausweist auf
die phänomenologische Bestimmung von ,,eigen", ,,mein", auf
die Gewinnung des Ichbegriffs rein auf dem Grunde gegebener
Erlebnisse.[32]

---

[31] cf. Hu XIII, *Intersubjektivität I*, Nr. 1, S. 3, Anm. 1.
[32] cf. unten, 5. Kapitel, bes. §§ 16ff. – Vgl. Hu X, *Zeitbewusstsein*, S. 353 (1909):

Dass aber die reine Einstellung de facto, ohne methodische Klärung, schon in den *Logischen Untersuchungen* selbst durchbricht, lehrten auch jene Aussagen der Einleitung des Zweiten Teils, die davon sprachen, dass sich die phänomenologische Analyse „rein auf dem Grund gegebener Denk- und Erkenntniserlebnisse vollziehen", bzw. dass sich das Gemeinte „rein auf dem Grund des Erlebnisses selbst klären und feststellen lassen muss" (oben, S. 4). Wie also *die phänomenologische Intention eigentlich auf die Ausschaltung des empirischen Ich hindrängt*, macht aber die eben erläuterte Klarlegung der erkenntnistheoretischen Bedeutung des zweiten Bewusstseinsbegriffs besonders deutlich: Das adäquat Wahrgenommene darf nicht aufgefasst werden, insofern es zu „eigenen" (empirisch apperzipierten) Erlebnissen, sondern nur insofern es zu Erlebnissen, so wie sie *in sich selbst* sind, gehört; d.h. „phänomenologische Wahrnehmung" und „innere Wahrnehmung" sind streng auseinanderzuhalten, da es eben „erkenntnistheoretisch von ganz einzigartiger Bedeutung ist, die rein deskriptive Erforschung der Erkenntniserlebnisse von der psychologischen zu sondern" (cf. LU II, S. 18).

Im Masse Husserl die Phänomenologie als reine Phänomenologie auffasst und konsequent durchführt (unten, 2. Kapitel), wird sich aber gerade bezüglich der Frage des Ich ein Problembestand einstellen, den wir aufgrund unserer vorangegangenen Ausführungen als Konsequenz von Husserls Stellungnahme zum Ich in den *Logischen Untersuchungen* werden verstehen können. Das wollen wir zum Anschluss dieses ersten Kapitels und als Vorblick auf die Richtung der folgenden Untersuchungen noch kurz anzeigen.

Die phänomenologisch bewusstseinstheoretischen Darlegungen in der V. Untersuchung bieten, wie wir gesehen haben, keine „Theorie des Ich". Auf dem Boden der phänomenologischen Analyse der *Logischen Untersuchungen* hat Husserl keinen Anlass, die Frage zu stellen, „wessen" Erlebnisse (Bewusstseinsinhalte) zur Untersuchung stehen und der Einheit *einer* Komplexion zugehören; denn Bewusstsein ist apperzeptiv auf dieses oder jenes

---

„Das cogito ist ein absoluter Ausgangspunkt, nicht weil es sich um unsere eigenen psychischen Erlebnisse handelt, sondern weil wir von diesen cogitationes, wie Descartes sagt, clarae et distinctae perceptiones haben ⟨ . . . ⟩".

empirische Ich als „Subjekt" bezogen. „Dessen" Erlebnisse sind
innerlich wahrnehmbar und schliessen sich zur Einheit einer
Komplexion zusammen. Die phänomenologische Bestimmung
der Bewusstseinseinheit (phänomenologisches Ich) stützt sich
bloss noch auf Formen und Gesetzlichkeiten der Erlebnisse selbst.
Im Blick rein auf das Phänomenologische wird dieses einheitliche phänomenologische Ich (das „phänomenologisch reduzierte
Ich") auch als „Ich selbst" angesprochen (oben, S. 9f.). Durch
die Etablierung der *reinen* Phänomenologie unterbindet Husserl
dann vor allen Dingen die apperzeptive Beziehung des Bewusstseins auf das empirische Ich. Zurück bleiben allein die reinen
Erlebnisse bzw. die reine Erlebniskomplexion (das „phänomenologische Ich" als „Ich selbst"). Infolge der Ausschaltung des
empirischen Ich tritt nun als *Problem*bestand auf, was in den
Logischen Untersuchungen aufgrund der Funktion des empirischen
Ich geklärt war: die Fragen der „Zugehörigkeit" der Erlebnisse
zu einem „Subjekt" und der Bestimmung der Einheit des Bewusstseins (als „meines") und die Frage der rein phänomenologischen Scheidung „eigener" und „fremder" Erlebnisse, bzw.
die Frage der phänomenologischen Etablierung einer Vielheit von
Bewusstseinseinheiten. Husserl selbst wird der Probleme auf dem
Boden der reinen Phänomenologie erst allmählich bewusst. Es
ist zwar sogleich deutlich, was in der reinen Phänomenologie
keinen Platz mehr hat: all die vorkritischen Objektivierungen
der Erlebnisse, die in den *Logischen Untersuchungen* noch spielen;
nicht aber auch, dass durch deren Ausschaltung gewisse Evidenzen nicht mehr bestehen, sofern sie nicht selbst auf Grund der
phänomenologischen Gegebenheiten aufgewiesen werden. Also
Husserls Schwierigkeit wird die sein, „zu sagen, *was das Phänomenologische des ‚Ich' ausmacht*";[33] denn entgegen der phänomenologischen Analyse der *Logischen Untersuchungen*, wo das (empirische) Ich die unbefragte Voraussetzung der Bewusstseinsanalyse bildet, wird der reinen Phänomenologie das Ich zum
Problem.

---

[11] Vgl. Hu X, *Zeitbewusstsein*, Nr. 35 (Seefeld, 1905), S. 253, m.H.

2. KAPITEL

DER WEG ZUR REINEN PHÄNOMENOLOGIE
– DIE AUSSCHALTUNG DES EMPIRISCHEN ICH

Wir wollen uns in diesem Kapitel in Grundzügen ein klares Verständnis des Weges zur reinen Phänomenologie, welche durch die phänomenologische Reduktion ihre methodische Ausgestaltung erfährt, zu verschaffen suchen.[1] Hier liegen nämlich, wie wir vordeuteten, die Grundlagen für das Verständnis der Stellungnahme zur Ichproblematik auf dem Boden der reinen Phänomenologie.

Als Leitfaden unserer Ausführungen stehe ein Text aus 1907, in dem wir den abschliessenden Ausdruck des Gedankenganges vorgezeichnet sehen, den wir in diesem Kapitel anhand von Texten aus der Zeit der *Logischen Untersuchungen* bis zum Jahre 1907 in einzelnen Schritten nachzeichnen wollen. Im Gegensatz zu den *Logischen Untersuchungen* sagt Husserl 1907: „⟨ . . . ⟩ das Ich ist ja selbst ein Dingliches, nur im intentionalen Zusammenhang und seinen wesentlichen Formen sich Konstituierendes und nur dadurch sich Ausweisendes. Welches Recht es hat, die Bewusstseinsgestaltungen auf ein Ich zu beziehen, auf die oder jene Person, das ist durch objektivierendes Denken und durch seine Logik erst zu begründen; und dieses Recht weist seinen Sinn aus in der phänomenologischen Analyse. Das Denken aber, von dem sie spricht, ist *niemandes* Denken. Wir abstrahieren nicht bloss vom Ich, als ob das Ich doch darin stehe ⟨stecke?⟩ und nur nicht darauf hingewiesen würde, sondern *wir schalten die transzendente*

---

[1] Vgl. zu Hauptpunkten der Klarlegung des Sinnes der Phänomenologie v.a. auch: E. Fink (1939, bzw. 1966), zur Reduktion. – I. Kern (1964), allgemein § 16, zur Erkenntnistheorie § 10, zur Reduktion § 18, zur transzendental-philosophischen Methode § 11. – R. Boehm (1965, bzw. 1968) zur phänomenologischen Reduktion. – Th. de Boer (1966), v.a. deel II, hoofdstuk II, S. 246ff., Intermezzo, S. 355ff., deel III. hoofdstuk II, S. 454ff. und hoofdstuk III § 1 und § 2. – E. Tugendhat (1967), bes. 2, Abschnitt.

Setzung des Ich aus und halten uns an *das Absolute,* an das *Bewusstsein im reinen Sinn*".[2]

Dieser Stellungnahme zum Ich liegt das gegenüber den *Logischen Untersuchungen* radikal verwandelte Verständnis von „Bewusstsein" zugrunde: „Bewusstsein im *reinen* Sinn" kennen die *Logischen Untersuchungen* nicht eigentlich. Wir sagten vorweg, der Schritt zur reinen Phänomenologie geschehe gerade auf Grund der Ausschaltung des empirischen Ich, bzw. der empirischen Apperzeption des Bewusstseins, die in den *Logischen Untersuchungen* in Geltung war. Wir können auch sagen, er geschehe durch die radikale Abgrenzung gegenüber jedweder psychologischen Betrachtung des Bewusstseins, für die, wie für jede *natürliche* Betrachtung, es charakteristisch ist, Bewusstsein empirisch zu apperzipieren. Seit den *Logischen Untersuchungen* drängt der „eigentümliche Sinn der angewandten Methode"[3] (der phänomenologischen Analyse der Erlebnisse) zur radikalen Abgrenzung der phänomenologischen gegen die psychologische Analyse der Erlebnisse; denn es liegt in den „Forderungen der Sachen", nämlich der reinen Logik und Erkenntnistheorie, für welche Husserl eine phänomenologische Neubegründung suchte, dass sie durch keine Psychologie aufzuklären sind, auch nicht durch eine apriorische (rationale).[4] Mit der reinen Phänomenologie, deren Methode durch die phänomenologische Reduktion geprägt wird, „verlassen wir endgültig den Boden der Psychologie".[5]

Suchen wir nun in den Texten bis 1907 Aufschluss über die verwandelte Betrachtung des Bewusstseins, durch welche Husserl

---

[2] Hu XVI, *Ding und Raum,* Vorlesungen 1907, § 13, S. 40f., m.H.

[3] Vgl. „Entwurf einer ‚Vorrede' zu den ‚Logischen Untersuchungen' ", hrsg. von Eugen Fink in *Tijdschrift voor Filosofie.* I, 1939 (S. 106–133 u. 319–339); das Zitat, S. 109.

[4] Der „Schritt" von der apriorischen, eidetischen, zur „transzendentalen" Phänomenologie dürfte mit dem im leeren Raum Schweben der eidetischen Phänomenologie (so Tugendhat (1967), S. 17f.) wenig zu tun gehabt haben. Vielmehr war entscheidend, dass auch eine eidetische Analyse der Erlebnisse, solange sie das Bewusstsein empirisch apperzipiert, noch „Psychologie" ist (wenn auch eines neuartigen Sinnes gegenüber der gängigen empirischen Psychologie der Zeit). In gewissem Sinne (wie unsere Ausführungen zeigen werden) schwebt eher die reine (transzendentale) Phänomenologie, wie sie um 1907 „erreicht" wird, im leeren Raum, mag sie übrigens eidetisch sein oder nicht. Tugendhat sieht wohl ein echtes Problem, die *transzendentale* Phänomenologie dürfte es in Husserls Sinn zunächst aber eher in aller Schärfe *stellen* als „lösen". – Vgl. auch die Anm. 12, unten S. 48f.

[5] cf. Hu II, *Die Idee der Phänomenologie* (1907), S. 7. Vgl. auch die Einleitung zu den *Ideen I,* S. 2f. (Jahrbuchpaginierung).

die reine Phänomenologie inszenierte. Wir finden uns dabei einem verwickelten Problembewusstsein gegenüber: frühe Texte (1903) scheinen schon deutlich, indem sie die ,,empirische Apperzeption" des Bewusstseins ausschalten, eine reine Phänomenologie aufzubauen, in anderen Texten wieder (noch um 1905–06) glaubt Husserl, ohne die ,,empirische Apperzeption" eigens auszuschalten, allein durch ,,Wesensanalyse der Bewusstseinserlebnisse" den Boden der Psychologie schon verlassen zu haben. So oder so bleibt aber seine Absicht, gegen die ,,bloss" psychologische Analyse eine neue Einstellung und Erforschungsweise des Bewusstseins zu etablieren, und diese interessiert uns im folgenden.

§ 4. Die Begründung der Möglichkeit der reinen Phänomenologie

Die *Logischen Untersuchungen* sprachen bereits vom ,,Ausschluss aller Annahmen, die nicht phänomenologisch voll und ganz realisiert werden können" (LU II, Einleitung, § 7, S. 19), so dass sich nahelegt, das Bewusstsein *überhaupt nur in sich selbst* zu betrachten und die apperzeptive Beziehung auf das Ichding (das empirische Ich), das ja nur in einer über das Phänomenologische hinausführenden kausalen Analyse voll und ganz zu bestimmen ist (V. LU, § 4, S. 332), zu unterlassen. In den ,,Vorlesungen über Erkenntnistheorie" vom Wintersemester 1902–03 sagt Husserl schon deutlicher: ,,Gewiss ist deskriptive Psychologie das Fundament der Erkenntnistheorie. Aber deskriptive Psychologie, das ist hier das blosse Feststellen erlebter Phänomene und ein Analysieren, das nie und nirgends über das Erlebnis selbst hinauszugehen hat".[6] Das sagt dann aber auch, dass die Bewusstseinsanalyse eben gar nicht ,,zunächst" auf ein empirisches Individuum (Ich) zurückgehen muss, das die Erlebnisse ,,hat" und von dem diese in ,,abstrahierender" phänomenologischer Analyse zu gewinnen wären, wenn anders über die Erlebnisse selbst nicht hinausgegangen werden soll. Gerade diese ,,Konsequenz" scheint Husserl in einem Brief an W. E. Hocking[7]

---

[6] Ms. F I 26, S. 78a (1902–03); m.H. – Später, wohl um 1906–07, änderte Husserl den ersten Satz wie folgt: ,,Ist deskriptive Psychologie das Fundament der Erkenntnistheorie?". Schon 1902–03 erscheint der Titel Psychologie unzulänglich und wird von Husserl ja alsbald ausdrücklich verworfen (1903; vgl. unten § 5), wie schon in den LU nur mit Bedacht eingeführt (oben, S. 3f.).

[7] Eine Photokopie dieses Briefes befindet sich im Husserl-Archiv in Leuven.

vom 7. September 1903 gezogen zu haben, wenn er schreibt: „Für ursprünglich und real halte ich nur die (miteinander innig verwobenen) intentionalen Erlebnisse (die wir aus empirisch-praktischen Motiven nachträglich als ‚Erlebnisse' apperzeptiv fassen und benennen, also auf das Ich beziehen, während ihnen *in sich selbst gar nichts eignet*, was sie als ‚Erlebnisse' besonders charakterisiert, und die ‚Beziehung auf das Ich' ist erst recht nichts ihnen reell Anhaftendes, sie reell auf etwas Beziehendes)" (m.H.).

Damit ist zwar noch nicht ausdrücklich die reine Phänomenologie etabliert, da Husserl nicht sagt, die Phänomenologie „müsse" (motiviert oder nicht eigens motiviert) die empirische Apperzeption der Erlebnisse durchschneiden. Er begründet aber die *Möglichkeit* der reinen Phänomenologie, indem er deren Bedingung, schärfer als in den *Logischen Untersuchungen*, in die These fasst: den intentionalen Erlebnissen in sich selbst, d.i. in ihrem Wesen, eignet gar nichts, was sie als „Erlebnisse" besonders charakterisiert; d.h., *zum Wesen der intentionalen Erlebnisse gehört es nicht, empirisch apperzipiert, auf das empirische Ich bezogen zu sein.* Also muss eine solche Apperzeption jederzeit ausgeschaltet werden können.[8] Wird die Apperzeption unterlassen, haben wir „reine" (nicht-empirische) Erlebnisse. Die Apperzeption der intentionalen Erlebnisse als „Erlebnisse eines Ich", einer Person, eines *animal* geschieht dagegen aus empirisch-praktischen Motiven und geht über den den Erlebnissen in sich selbst eignenden Bestand hinaus, transzendiert ihn, ist „Deutung".

---

[8] Dazu bedarf es nicht notwendig eines erkenntnistheoretisch-skeptischen Motivs. Das phänomenologische Interesse steht „nicht bloss im Dienste der erkenntniskritischen Probleme", die „Phänomenologie behält auch Sinn unabhängig von der Erkenntnistheorie", sagt Husserl in Vorlesungen von 1906–07 (Ms. F I 10, S. 83a). Die Apperzeption kann methodisch unterlassen werden in der Einstellung der Art etwa, die Husserl in den Vorlesungen „Grundprobleme der Phänomenologie" von 1910–11 einnimmt: „Der Phänomenologie braucht man gar keine Motive zu unterschieben, warum sie Erfahrungssetzung ausschaltet. Als Phänomenologie hat sie keine solchen Motive <...> Die Phänomenologie schaltet empirische Setzung aus und beschränkt sich auf das, was dann übrig bleibt. Die einzige Frage ist dann die, was es dann zu erforschen gibt, ob dann Raum bleibt für eine Wissenschaft" (Hu XIII, *Intersubjektivität I*, Nr. 6, § 21, S. 156f.; vgl. auch Ms. B II 19, S. 24a; Sommersemester 1912). So bisweilen ausdrücklich auch später. In seiner Freiburger Antrittsvorlesung von 1917 spricht Husserl die Möglichkeit eines Anschauens in der Einstellung *reiner*, gegenüber psychologisch-empirischer, Reflexion als „fundamentale Tatsache" an (cf. Ms. F II 6, S. 6b). Auch in der späteren Ueberarbeitung der „Grundprobleme" von 1910–11 hält er die oben wiedergegebene Einstellung aufrecht (cf. Hu XIII, Nr. 6, S. 157, Anm. 1, wohl 1924).

§ 5. *Die Etablierung der reinen Phänomenologie aus dem erkenntnistheoretischen Motiv*

Nachdem es Husserl klar geworden ist, dass die Beziehung auf das (empirische) Ich bloss etwas nachträglich zu den ursprünglich gegebenen intentionalen Erlebnissen Hinzukommendes ist (Brief an Hocking), erweist nun das *erkenntniskritische Motiv* mit seinem „Prinzip der Voraussetzungslosigkeit" (cf. LU II, Einleitung, § 7), das schon seit den *Logischen Untersuchungen* wirksam ist,[9] die *Ausschaltung* der empirischen Apperzeption als unumgänglich; denn gerade diese Apperzeption ist eine den rein phänomenologischen Grund transzendierende „Annahme". Verlangt aber die erkenntniskritische Absicht, dass „die phänomenologische Deskription auf das im strengsten Sinne Gegebene hinblickt, auf das Erlebnis, so wie es *in sich selbst* ist",[10] dann *muss* die empirische Apperzeption unterlassen werden.

In seinem mit dem zitierten Brief an Hocking wohl ziemlich gleichzeitig entstandenen III. „Bericht über deutsche Schriften zur Logik" (1903) bringt Husserl deutlicher zum Ausdruck, dass die seit den *Logischen Untersuchungen* intendierte Phänomenologie seines Sinnes in der Tat die empirische Apperzeption des Bewusstseins nicht mitmacht und *also* weder deskriptive noch apriorische Psychologie, sondern *reine Phänomenologie* ist.[11] Husserl

---

[9] Vgl. LU II, Einleitung, § 2, wo Husserl ausführt, dass die der Absicht der „Klärung der Idee der reinen Logik" entstammenden „Motive der phänomenologischen Analyse nicht wesentlich von denjenigen verschieden sind, welche aus den erkenntnistheoretischen Grundfragen entspringen" (S. 9). Vgl. auch LU I, Vorwort, S. VII und § 61. In den Vorlesungen „Einleitung in die Phänomenologie" vom Sommersemester 1912 bezeichnet Husserl die Einstellungsänderung auf das reine Bewusstsein als den Sinn der „Voraussetzungslosigkeit" der Vernunftkritik (Ms. B II 19, S. 79).

[10] „Bericht über deutsche Schriften zur Logik in den Jahren 1895–1899" in *Archiv für systematische Philosophie*, 9 (1903), S. 399; m.H. Der uns interessierende Text ist die Besprechung des Aufsatzes „Das Verhältnis der Logik zur Psychologie" (1896) von Elsenhans im 3. Heft der Berichte (S. 395–401), im folgenden zitiert als „III. Bericht".

[11] Husserl gebraucht den Terminus *reine* Phänomenologie in dem durch die phänomenologische Reduktion methodisch geprägten Sinn allerdings noch nicht 1903, soweit ich sehe; aber das tut nichts „zur Sache". – Vgl. auch den „Entwurf einer ‚Vorrede' zu den ‚LU' " von 1913 in *Tijdschrift voor Filosofie* (II, 1939), § 11, bes. S. 330. – Es dürfte nach dem Dargelegten übrigens klar sein, dass die „reine" Phänomenologie nicht etwa einfach zur „Lösung" der und der Schwierigkeiten (etwa erkenntnistheoretischer) „postuliert" wird. Vielmehr, weil die Einstellung auf das „Bewusstsein im reinen Sinn", vorgängig jeder Motivation, weshalb diese Einstellung eingenommen werden solle oder müsse, *möglich* ist, kann in den und den Fällen

führt aus, dass es „die Notwendigkeit der Verständigung" –
offenbar ein „empirisch-praktisches Motiv" (Brief an Hocking) –
mit sich bringe, „dass der Phänomenologe objektivierende Ausdrücke gebraucht, wie wenn er sagt: ‚Wir finden' im unmittelbaren ‚Erlebnis' dies und jenes vor" (III. Bericht), womit er die
ursprünglich gegebenen intentionalen Erlebnisse nachträglich als
„Erlebnisse" apperzeptiv fasst und benennt, also auf ein Ich
bezieht. „In Wahrheit sind das nur indirekt andeutende Reden;
alle naturwissenschaftlichen und metaphysischen Objektivationen bleiben völlig ausgeschieden. Daher ist die Phänomenologie nicht ohne weiteres als ‚deskriptive Psychologie' zu bezeichnen. Sie ist es nicht im strengen und eigentlichen Sinn" (III. Bericht, S. 399). Damit ist nicht eine Absage an die deskriptive Seite der Phänomenologie (Psychologie), etwa wegen des
Ungenügens der blossen Deskription, Apriorität zu verbürgen,
gemeint; denn Husserl fährt unmittelbar danach fort: „Ihre ⟨ sc.
jene der Phänomenologie⟩ Deskriptionen betreffen nicht Erlebnisse oder Erlebnisklassen von empirischen Personen;[12] denn
von Personen, von Ich und Anderen, von meinen und Anderer

(etwa der Erkenntnisproblematik) aus den und den Gründen (etwa Aufweis wider-
sinniger Konsequenzen jeder anderen Einstellung) die Unumgänglichkeit der Einstellung der reinen Phänomenologie erwiesen werden.

[12] Vgl. Einleitung zu *Ideen I* (*Jahrbuch*, Bd. I, 1913), S. 2, Anm. 2; Husserl bezieht
sich dort auf den III. Bericht und schliesst: „Ich könnte heute kein Wort anders
sagen". Vgl. auch das Vorwort zur 2. Auflage der LU (1913), LU I, S. XIIIf. – In
einem seiner Handexemplare des III. Berichts hat Husserl seine Ausführungen bei
späterer Lektüre (wohl zu zwei verschiedenen Zeiten) seinen vertieften Einsichten in
das Wesen der reinen Phänomenologie entsprechend ergänzt. Insbesondere für das
Problembewusstsein in der Frage des Ich aufschlussreich sind Ergänzungen, die mit
grosser Wahrscheinlichkeit um 1911–12 (vor den *Ideen*), evtl. im Zusammenhang mit
dem Artikel „Philosophie als strenge Wissenschaft" (in *Logos*, Bd. I, 1911), gemacht
wurden (Husserl notierte auf dem Umschlag eines Exemplares des III. Berichts:
„Gegen Elsenhans: zu benützende Ausführung über Psychologie, reine Logik und
Erkenntniskritik" und verweist im *Logos*-Artikel, S. 318, auf den III. Bericht). –
Im obigen Zitat ergänzt Husserl an der angezeigten Stelle: „Personen, die schlechthin gesetzte, als wirklich hingenommene Realitäten sind". Der oben wiedergegebene
Text fährt fort: „Sie ⟨sc. die phänomenologische Deskription⟩ analysiert z.B. die
dingliche Erscheinung, nicht das in ihr Erscheinende, und sie weist die Apperzeptionen
ab, vermöge deren Erscheinung und Erscheinendes in Korrelation treten zu dem* Ich,
dem da erscheint" (S. 399). An der mit * bezeichneten Stelle fügte Husserl später
„realen" ein. Diese Ergänzungen lassen auf einen Wandel in der Frage des Ich für
die reine Phänomenologie schliessen, wie er vom Stand der Problematik, den wir in
den Vorlesungen „Grundprobleme der Phänomenologie" von 1910–11 (unten, 5. Kap.,
bes. §§ 16f.) nachweisen werden, einleuchtend wird. (Die auf die Einbeziehung des
intentionalen Inhalts in die phänomenologische Sphäre bezüglichen Ergänzungen
im III. Bericht sind hier nicht eigens vermerkt.)

Erlebnissen weiss sie nichts; über dergleichen stellt sie keine Fragen, versucht sie keine Bestimmungen, macht sie keine Hypothesen" (III. Bericht). Daraus wird deutlich, dass Phänomenologie sehr wohl Deskription sein will, jedoch nicht „psychologische" Deskription, die das Bewusstsein empirisch als Bewusstsein von Personen apperzipiert. Die Intention der Phänomenologie geht dahin, Bewusstsein nicht empirisch zu apperzipieren, sondern es rein in sich selbst zu betrachten und zu analysieren, so, wie es im strengsten Sinn, ohne jede deutende Einlegung zu geben ist.

Solcherart ist die (reine) Phänomenologie geeignet, eine Aufklärung der Erkenntnis überhaupt zu leisten, da sie nicht „von der Welt im gewöhnlichen, vor aller Kritik liegenden Sinne" ausgeht und „vorgegebene Objektivierung" voraussetzt, „deren Sinn, deren Aufklärung ihrer Möglichkeit nach sie entbehren" könnte. Die Naturwissenschaft und die Psychologie hingegen (beides empirische Wissenschaften) nehmen diese voraussetzungsvolle Einstellung ein „mit ihren Scheidungen zwischen Ichs und Nicht-ichs, zwischen ‚eigenem' und ‚fremdem' Ich; mit ihren deutenden Einlegungen der unmittelbaren Bewusstseinsgegebenheiten als ‚psychischen Tätigkeiten und Zuständen' in das eigene Ich und ihren deutenden Hinausverlegungen von physischen Dingen und Zuständen, von ‚fremden' Personen, Erlebnissen usw. ausserhalb des Ichs" (III. Bericht, S. 398 f.). Für die Phänomenologie aber ist zu verstehen, dass die „unmittelbaren Bewusstseinsgegebenheiten" (S. 398) eben die intentionalen Erlebnisse, rein in sich selbst genommen, sind, ohne apperzeptive Zuordnung, d.i. deutende Einlegung in ein Ich, in das eigene oder fremde, als dessen „psychische Tätigkeiten und Zustände" (S. 398f.), und dass die Phänomenologie sich nur an diese unmittelbaren Bewusstseinsgegebenheiten ohne alle empirische Deutung zu halten hat. Die Deutungen im Sinne der Einlegungen der ursprünglich gegebenen intentionalen Erlebnisse in mein Ich oder in andere Ich sind, als nicht vom Wesen der Erlebnisse selbst gefordert, für eine „reine" Betrachtung der Bewusstseinsgegebenheiten Zufälligkeiten empirischer Herkunft. Husserl anerkennt zu jener Zeit aber noch kein „reines" Ich als Subjekt der reinen Erlebnisse; er schreibt ausdrücklich an Hocking im bereits zitierten Brief vom September 1903: „ein reines Ich als Beziehungspunkt,

Zentrum u.dgl. ist, wie schon gesagt, Fiktion".[13] Auch hier ist
sein eigentlicher „Ich"-Begriff der des empirischen Ich: er ist
aber nicht mehr der der Bewusstseinsbetrachtung zugrunde ge-
legte, vielmehr ein erst in nachträglicher Apperzeption gewonne-
ner. Husserl schreibt ebenfalls an Hocking: „Ich halte den Ichbegriff keineswegs ⟨ . . . ⟩ für ‚ursprünglich' und die Beziehung
auf das Ich keineswegs für einen Faktor alles Psychischen. Nachdem empirisch die Apperzeptionen: psychisch, physisch, Ich,
Andere, Icherlebnis, fremdes Erlebnis u.dgl. vollzogen und fest
geworden sind, wird alles, objektiv zu reden, Psychische als Ich-
besitz aufgefasst, auf das Ich als vorstellendes, urteilendes usw.
bezogen – das alles sind empirische Apperzeptionen, und das Ich
hierbei ist das gewöhnliche empirische Ich ⟨ . . . ⟩ Ich ist eine
objektive Einheit, wie Stiefel und Strumpf, nur kein ‚physisches
Ding', sondern eben ein Ich, eine Person, eine objektive Einheit
von ganz anderem apperzeptivem Gehalt".[14]

§ 6. Die Methode der phänomenologischen Reduktion als Aufhebung der apperzeptiven Beziehung des Bewusstseins auf das empirische Ich

Wir haben bisher dem eigentlich *methodischen* Aspekt der Ge-
winnung des Bodens der reinen Phänomenologie nicht genügend
Aufmerksamkeit geschenkt. Bei Husserl selbst bildet sich die
Grundlegung der reinen Phänomenologie in der Gestalt der
Methode der phänomenologischen Reduktion erst allmählich
aus.[15]

---

[13] In den Vorlesungen von 1904–05 über „Hauptstücke aus der Phänomenologie
und Theorie der Erkenntnis" sagt Husserl, ohne weiter Stellung zu nehmen: „Alle
psychischen Erlebnisse haben eine indefinible Beziehung zum reinen Ich, die aber
nicht etwas Vorfindliches ist in dem Sinn eines Inhalts. Manche streichen das reine
Ich noch weg und sagen einfach: Inhalt ist alles Vorfindliche" (Ms. F I 8, S. 8b).

[14] Vgl. unten, 8. Kapitel, § 34, wo wir auf diesen Brief an Hocking nochmals
zurückkommen.

[15] In einer späten Aufzeichnung (Ms. B I 5, „28.XI.1931 und Anfang Dezember"),
in der Husserl über „Die phänomenologische Reduktion als menschlich-psychologische
Tatsache" reflektiert, steht das historisch aufschlussreiche Beispiel: „Z.B. ich sage:
1905 habe ich ⟨in⟩ Göttingen zuerst die phänomenologische Reduktion ausgeführt".
Der Satz lautete ursprünglich: „Z.B. ich sage: 1907 habe ich ⟨in⟩ Göttingen zuerst
den Gedanken der phänomenologischen Reduktion in Vorlesungen ausgeführt, den
ich zuerst zwei Jahre früher gefasst hatte" (S. 156a). Wie die Vorlesungen „Einleitung
in die Logik und Erkenntnistheorie" von 1906–07 zeigen, hat Husserl schon ausführlich vor Weihnachten 1906 von der phänomenologischen Reduktion gehandelt. Die
vor allem bekannt gewordene „erste" Darstellung der phänomenologischen Reduktion in den „Fünf Vorlesungen" von 1907 (die Husserl selbst immer als sehr wichtig

Für unsere Frage nach Husserls Stellung zum Ichproblem ist eine Verständigung über den Sinn der phänomenologischen Reduktion von entscheidender Bedeutung. Denn wir wollen nachweisen, dass nichts anderes als die konsequente Aufhebung der Beziehung des Bewusstseins auf das (empirische) Ich als eine Transzendenz die Leistung der Methode der phänomenologischen Reduktion („phänomenologischen Apperzeption") ausmacht, wie Husserl sie als die „spezifisch philosophische Methode" [16] ursprünglich in seinem Philosophieren zur radikalen Abgrenzung gegen die psychologische Bewusstseinsanalyse durchführt. (Diesen Sinn haben wir in Husserls Bestimmungen der phänomenologischen Analyse schon als massgebend getroffen, bevor er, um 1906, den Terminus „phänomenologische Reduktion" für die ganz neuartige Einstellung auf das Bewusstsein eingeführt hat. Die methodische Grundlegung der reinen Phänomenologie

erachtete) dürfte in ihren recht knappen Ausführungen schon die Frucht eines bereits vollzogenen und „bekannten" Gedankenganges sein, der 1906 seiner Sache noch nicht so gewiss ist und sie, zumindest in Form von Einwänden der „naturalistischen Psychologen", selbst noch als irgendwie befremdend, gegen den natürlichen Zug des Denkens angehend, erfährt. In diesem Sinn ist das Ms. F I 10 zu den Vorlesungen von 1906–1907 sehr lehrreich, wie auch manche mehr oder weniger lose Blätter aus den Jahren 1905 bis etwa Ende 1906, welche Beilagen und Varianten zu Vorlesungen jener Jahre enthalten und welche Husserl, wahrscheinlich Ende 1906 (cf. Umschlag des Ms. F I 26: Drucksache vom 4.X.1906), zusammengestellt hat (in Ms. F I 26 bes. S. 2a–14a). In diesen Blättern reflektiert Husserl immer neu über die „Idee der Phänomenologie" und die „phänomenologische Methodik" und ist um Klarstellung der „phänomenologischen Apperzeption des Bewusstseins" gegenüber der psychologischen bemüht. Vgl. auch die allg. Einleitung der „Vorlesungen über das innere Zeitbewusstsein aus dem Jahre 1905" in der ursprünglichen Manuskript-Fassung, wie sie aus dem textkritischen Anhang ersichtlich wird (Hu X, bes. S. 396 zu S. 8–10). Es ist hier nicht unsere Aufgabe, allen Motiven nachzugehen, die Husserls Denken damals beherrschten. Eine genauere historisch-sachliche Aufklärung des „Schrittes" zur reinen Phänomenologie bzw. des ursprünglichen Sinnes der phänomenologischen Reduktion dürfte die angezeigten Manuskripte nicht umgehen. In allen ist deutlich, dass fundamental zum Sinn der reinen Phänomenologie die „Ausschaltung des empirischen Ich", und nicht etwa der blosse Uebergang zur Wesenslehre des Bewusstseins (wie Husserl es um 1905 zwar auch einmal anzunehmen scheint; nämlich in den Vorlesungen über „Urteilstheorie" (Ms. F I 27). Später bemerkte Husserl aber auf dem ersten Blatt des Vorlesungsmanuskripts: „Noch nicht transzendentale Reduktion. Hier ist Phänomenologie noch allgemeine Wesenslehre des Bewusstseins" (Ms. F I 27, S. 1a). Vgl. auch die Ergänzungen in Ms. F I 26).

Für unsere Darstellung halten wir uns in der Hauptsache an die genannten Vorlesungen „Einleitung in die Logik und Erkenntnistheorie" vom Wintersemester 1906–07. (Dazu gehören teils oder ganz folgende Manuskripte: Ms. F I 25, Ms. F I 16, Ms. F I 10, Ms. F I 42, Ms. F I 17, Ms. F I 7, Ms. A I 6, Ms. B II 1, Ms. B I 1 (Beilagen aus späterer Zeit). Ein Inhaltsverzeichnis von Husserls Hand befindet sich in Ms. F I 25 (vgl. Hu X, *Zeitbewusstsein*, S. 269, Anm. 2). Da das Vorlesungsstück, das ausführlich von der phänomenologischen Reduktion handelt, nicht transkribiert ist (Ms. F I 10), werde ich der Dokumentation halber teils längere Passagen zitieren.

[16] Ms. F. I 10, S. 96b; vgl. auch Hu II, *Die Idee der Phänomenologie*, S. 23.

(durch die phänomenologische Reduktion) dürfte als *Folge* der
Einsicht in die eigentliche wissenschaftliche Intention der Phänomenologie verstanden werden, als prinzipielle Klärung und
Rechtsausweis (de iure) der de facto schon reinen Phänomenologie.)

In den Vorlesungen ,,Einleitung in die Logik und Erkenntnistheorie" von 1906–07 nimmt Husserl nach Ausführungen über
die reine Logik zur allmählichen Abhebung und Etablierung der
reinen Phänomenologie gegenüber den ,,natürlichen Wissenschaften" den Ausgang beim erkenntnistheoretisch-skeptischen
Problem der Transzendenz oder des ,,An-sich-Seins des Gegenstandes gegenüber der Erkenntnis". Es ist ,,überall ⟨ . . . ⟩ die
Transzendenz der Gegenständlichkeit" (d.i. deren An-sich-Sein,
sei es reales, sei es ideales), ,,die als radikale Schwierigkeit es ver-
hindert, Wissenschaften und ihre Resultate erkenntnistheoretisch gelten zu lassen".[17] Diese Schwierigkeit erfordert als ,,das
erste und Grundstück der erkenntnistheoretischen Methode" die
,,skeptische Stellungnahme, diese absolute ἐποχή, die keine Vorgegebenheit anerkennt und aller natürlichen Erkenntnis ihr non
liquet als reine Urteilsenthaltung gegenübersetzt". Husserl fügt
bei: ,,Wer nur in einem Punkt ⟨ . . . ⟩ auf Vorgegebenheiten der
natürlichen Apperzeption sich stützt, hat dafür durch Widersinn
und Absurdität zu büssen".[18] Zunächst also ist alle Erkenntnis
ihrer Möglichkeit nach *fraglich*, ,,aber dann gehen wir weiter, wir
wollen[19] uns im Bereich der Erkenntnis (innerhalb der vor der
Kritik gleichmässig, aber in unbestimmter Weise fraglichen Ge-
samtsphäre der Erkenntnis) orientieren" (S. 64b). Nun zeichnet
sich in Husserls Gedankengang der Uebergang von der erkenntnistheoretischen Problematik der Transzendenz zur *reinen* Phänomenologie ab. Der Text fährt fort: ,,Wir wollen zusehen, ob
wir nicht Fälle der Erkenntnis vorfinden, die in bestimmter und
direkter Betrachtung als absolute Gegebenheiten und Fraglosig-
keiten dastehen" (S. 64b). Und schärfer: ,,Wenn ⟨ . . . ⟩ Tran-
szendent-sein, da es Problem ist, überall dahingestellt bleiben
muss, so ergibt sich die Frage, ob alle Erkenntnis überhaupt mit
der Schwierigkeit der Transzendenz behaftet ist, ob es keinen An-

---

[17] cf. Ms. F I 10, S. 68a (Randbemerkung) und S. 68b.
[18] Ms. F I 10, S. 59b und S. 60a.
[19] Im Ms. gestrichen: ,,fassen den Entschluss".

fang im Denken und Aussagen gibt, der alle Transzendenz prä-
okkupative ausschliesst" (S.68 b). Wir haben bereits in etwas
anderer Begrifflichkeit[20] den Uebergang von der erkenntnistheoretischen Problematik zur (reinen) Phänomenologie angezeigt, der sich jetzt deutlich dadurch rechtfertigt, dass die Betrachtung des Bewusstseins im reinen Sinn der Voraussetzung der
Transzendenz, welcher die Psychologie verhaftet bleibt, entgeht
und also ein Fundament für die Erkenntnistheorie abgeben kann.
Husserl antwortet nämlich auf die eben gestellte Frage: ,,Und
da kommen wir wieder auf die Aussage des *reinen Bewusstseins*',
auf die Aussagen, welche, rein auf die Sphäre der Cartesianischen
cogitatio bezogen, alle Transzendenz ausschliessen" (S. 68b;
m.H.).

Die entscheidende Abgrenzung gegen die psychologische Betrachtung des Bewusstseins liegt also in der Ausschaltung der
empirisch-transzendierenden Apperzeption. Die Psychologie ,,ist,
wie jede natürliche und objektive Wissenschaft, transzendierende
Wissenschaft". Wenn die Erkenntnistheorie auf die aktuellen
cogitationes zurückzugehen hat, indessen ,,hinsichtlich aller
Transzendenz absolute ἐποχή üben muss", ist es klar, dass ,,ihre
Bewusstseinsanalyse von all dem nicht handeln darf, wovon die
Psychologie handelt, ⟨ . . . ⟩ von psychischen Akten, vom Wahrnehmen, Vorstellen, Denken, Einsehen u.dgl. nicht in dem Sinn
handeln darf, wie es die Psychologie tut, nämlich in einem Sinn,
der überall mit transzendenten Vorgegebenheiten behaftet ist".[21]
Dem Psychologen ist ,,das Gegebene der inneren Erfahrung ein
Ich-Gegebenes, und das meint, Erlebnis einer erlebenden Person,
ein *Faktum der Natur*" (S. 75b; m.H.). Der Erkenntnistheoretiker
dagegen darf in Anspruch nehmen ,,nur das Bewusstsein, in dem
sich die Beziehung auf die Transzendenz konstituiert, nur das
absolute Phänomen, das nichts von Transzendenz in sich birgt,
und *darum* auch nichts mehr von dem an sich hat, was es als Tatsache der Psychologie charakterisiert" (S. 76a). Aus dem unmittelbaren Fortgang des Textes erkennen wir nun, dass durch
die ,,phänomenologische Reduktion" nicht ,,auf einmal" etwas

---

[20] ,,Vorkritische, vorgegebene Objektivierung"; ,,deutende Einlegung", ,,empiri-
sche, psychologische Apperzeption" für das Moment der Transzendenz; ,,unmittelbare
Bewusstseinsgegebenheiten", ,,ursprünglich reale intentionale Erlebnisse" für das
rein Phänomenologische (um 1903; cf. oben § 5, S. 27ff.).
[21] cf. Ms. F I 10, S. 71a und S. 71b.

radikal Neues in die Phänomenologie eingeführt wurde, vielmehr einem uns durch Husserls Denkweg nach den *Logischen Untersuchungen* schon vertrauten, allerdings gegenüber der natürlichen Betrachtung des Bewusstseins radikal verwandelten Gesichtspunkt auf die Bewusstseinsgegebenheiten terminologisch neuer Ausdruck verliehen wird; Husserl fährt nämlich fort: „Der Psychologe, *so können wir dasselbe auch ausdrücken*, vollzieht die empirische Objektivation oder die empirische Apperzeption und vollzieht empirische Urteile, und seine Forschung bewegt sich danach in der Sphäre der empirischen Objektivität. ⟨ . . . ⟩ Der Erkenntnistheoretiker dagegen, für welchen die empirische Apperzeption, wie jede transzendierende, problematisch ist, setzt jedem empirischen Urteil sein non liquet gegenüber. Anstelle der empirischen Apperzeption oder Objektivation vollzieht er die *phänomenologische*, in der die empirische Apperzeption und das in ihr vollzogene empirische Urteil zum blossen Phänomen degradiert und somit alle urteilsmässige Setzung von Transzendenz ausgeschieden ist. In bezug auf diese Ausscheidung und Phänomenierung pflege ich auch von *p h ä n o m e n o l o g i s c h e r R e d u kt i o n* zu sprechen" (S. 76a; m.H.). Genau das, was in den *Logischen Untersuchungen* schon angelegt war, bereitet der reinen Phänomenologie in der Gestalt der Methode der phänomenologischen Reduktion das Fundament: der *Wandel der Apperzeptionsweise des Bewusstseins*. Hinsichtlich des methodischen Zugangs zur reinen Phänomenologie betont Husserl im Fortgang der Vorlesungen: „Der naturgemässe methodische Ausgangspunkt, von dem aus der Standpunkt der phänomenologischen Apperzeption zu gewinnen ist, ist die psychologische, oder, was auf dasselbe hinauskommt, die empirisch-natürliche Apperzeption. Das πρότερον πρὸς ἡμᾶς ist das natürliche Bewusstsein". Die Aufgabe der phänomenologischen Erkenntnistheorie in der Methode der Reduktion, als der Methode zur Klärung der radikalen Erkenntnisproblematik, ist es dann, die neuartige „reine Apperzeptionsweise" in Kraft zu setzen: „Vom natürlichen Bewusstsein muss uns die Erkenntnistheorie, und das ist ihr Erstes, *zum philosophischen Bewusstsein*, vom empirischen zum phänomenologischen erheben" (S. 77a). Dies vollzieht sich nach Husserl nun nicht anders, als durch die *Ausschaltung der apperzeptiven Beziehung des Bewusstseins auf das empirische Ich*, bzw. als Gewinnung des

Bewusstseins im absoluten Sinn mittels der phänomenologischen Reduktion. Am weiteren Gang der Vorlesungen von 1906–07 lässt sich dieser ursprüngliche und grundlegende Sinn der phänomenologischen Reduktion sehr klar belegen.

Vom Gesichtspunkt des natürlichen Bewusstseins spricht man, führt Husserl aus, von ,,Erlebnissen", ,,ein Ausdruck, der also hinweist auf ein erlebendes Individuum, geistiges Individuum" (S. 77a); die ,,Erlebnisse" erscheinen gedanklich in Beziehung auf das Ich bestimmt. In der ,,Betrachtung der inneren Erfahrung" habe ich das Bewusstsein, es seien meine Erlebnisse, ich fasse sie in Beziehung zu mir, als meine psychischen Akte oder Zustände auf. ,,*Mein*: d.h. *das, was jedermann als sein Ich setzt*, die Person, die dann und dann geboren ist, die und die Eltern hat usw. – Nun vollziehen wir schrittweise *phänomenologische Reduktion. Dieses Ich gehört in die Sphäre* der Fraglichkeit, *der Transzendenz*. Ich lasse es dahingestellt ⟨ . . . ⟩ Ich habe dann das Ich-Phänomen. Natürlich bezieht sich die Suspension weiter auf die ganzen Natur-Verhältnisse des Ich, auf meine Geburt, auf meine Eltern, auf meine physische Umgebung, auf die ganze Welt mit der objektiven Zeit und dem objektiven Raum. Soweit mir dergleichen ins Bewusstsein kommt, immer vollziehe ich die Reduktion bzw. Suspension".[22] Wir sehen: Vermittelt durch die Ausschaltung der apperzeptiven Beziehung der Bewusstseinserlebnisse auf das empirische Ich, das als solches ein Faktum der Natur ist, wird die ganze ,,Sphäre der Natur",[23] die in ihm bewusste ist, als fragliche, als Transzendenz dahingestellt, nur mehr als Phänomen in Geltung gehalten. Husserl sagt, die Beschreibung des Reduzierens am Beispiel einer Wahrnehmung zu Ende führend: ,,Nun habe ich die Wahrnehmung, die mir in Beziehung auf das empirisch apperzipierte und empirisch gesetzte Ich dastand, nur als Bestandstück eines umfassenden Phänomens: des Phänomens ,Wahrnehmung des Ich'. Ich habe alle empirische Setzung nach seiten der *Ich*beziehung ausgeschieden" (S. 78a; m.H.). Und nach seiten der *Gegenstands*beziehung gilt von der Wahrneh-

---

[22] cf. Ms. F I 10, S. 77a ff.; m.H.
[23] cf. Ms. F I 10, 80b. Husserl schreibt zu diesem Text: ,,Beilage, nicht gelesen" (S. 80a). Diese gibt eine ,,zur Unterscheidung zwischen natürlicher und phänomenologischer Apperzeption herangezogene Klärung der Unterscheidung von äusserer und innerer Wahrnehmung" (cf. S. 80a). Husserl verweist zu Beginn auf den ,,Anhang zum 2. Band der LU" (vgl. dazu oben, § 3, S. 16 ff).

mung, dass sie, solange sie aktuelle natürliche Wahrnehmung ist, als Glaube den wahrnehmungsmässig erscheinenden Gegenstand „als wirklich daseienden und mir gegenwärtigen setzt. ⟨ ... ⟩ Diesen transzendenten Glauben reduziere ich wieder phänomenologisch ⟨ ... ⟩, die Wahrnehmung wird zum Phänomen ‚Wahrnehmung' (cf. S. 78a f.).

Aufgrund dieser Nachweise können wir als Ergebnis festhalten: Die phänomenologische Reduktion leistet die methodische Grundlegung der reinen Phänomenologie durch die konsequente Unterbindung der apperzeptiven Beziehung des Bewusstseins auf das empirische Ich und dadurch auf die Natur und Welt insgesamt.

§ 7. Der Vorwurf, Phänomenologie sei Psychologismus, und die Modifikation der Cartesianischen Evidenzbetrachtung

In denselben Vorlesungen von 1906–1907, denen wir im vorigen Paragraphen zur Erörterung des ursprünglichen Sinnes der phänomenologischen Reduktion folgten, berichtet Husserl, der Rückgang auf die aktuellen Erlebnisse habe ihm von seiten der „Neukantianer und Neufichteaner, die auf die transzendentale Methode schwören", den Vorwurf des Psychologismus eingetragen.[24] Der „Gefahr" ist sich Husserl wohl bewusst, und er geht denn auch zur nochmaligen Klarlegung des Sinnes der phänomenologischen Reduktion ausdrücklich auf den Einwand ein, de facto käme die Phänomenologie doch nicht über *psychologische* Erkenntnisse hinaus. Husserls Abwehr des Einwandes erhellt vollends seine Position von 1907, in welcher wir vorweg den abschliessenden Ausdruck des Denkweges sahen, der zur Ausschaltung des empirischen Ich führt (oben, S. 23f.).

Durch die phänomenologische Reduktion ist alle empirische Setzung nach seiten der Ichbeziehung ausgeschaltet, nur die absoluten Phänomene, die nichts von Transzendenz in sich bergen, sind in Anspruch genommen. Der Gedankengang der Vorlesungen, der nun den Einwand vorbereitet, ist der folgende: Husserl sagt, zwar habe er in der Beschreibung der Reduktion beständig von seinem Tun, von seinem Glauben, Suspendieren des Glaubens usw. gesprochen. Dieses Tun habe er hier, den Zuhörern gegen-

---

[24] cf. Ms. F I 10, S. 80a.

über, als sein Tun ausgesagt. „Natürlich all das in suspenso!".[25]
Das Sein der Erlebnisse, das Sein seines Ich und seines Tuns seien
bloss Phänomene. Dann fragt Husserl: „Und wenn ich nun diese
Phänomene untersuche, sei es für sich, sei es in ihren Verflech-
tungen miteinander, und ständig mich in der phänomenologischen Sphäre halte, nie und nirgends eine transzendente
Supposition zulasse, vielmehr eine jede unweigerlich mit dem
phänomenierenden Vorzeichen versehe: stehe ich dann noch in
der Psychologie?". Der Einwand, den Husserl an diese rhetori-
sche Fragestellung anschliesst, lautet: „Sie werden vielleicht
sagen: es *sind* doch de facto meine, des Erkenntnistheoretikers
Phänomene".[26] Denn jeder erkenntnistheoretische Forscher sei
ein psychisches Subjekt, in *seinem* Bewusstsein vollziehe sich die
Untersuchung, sein Bewusstsein liefere das Material, das also ein
psychologisches Material sei. Und wenn auch der betreffende
Untersuchende seine phänomenologischen Reduktionen anbringe,
so sei doch all das, was er selbst schaue, de facto sein individuelles
Erlebnis, auch die allgemeinen Erkenntnisse, die er darauf beziehe, seien nichts anderes als allgemein-psychologische Erkenntnisse. Ebenso sei sein Schauen selbst wieder ein individuelles
Erlebnis, und er selbst sei doch de facto ein Mensch. „Also, das
alles ist Psychisches, Psychophysisches".[27] Ebensogut gälte dann,
führt Husserl selbst den Einwand fort, dass sie, die sie da erkenntnistheoretisch forschen, de facto in Göttingen seien und de facto
Göttingen auf der Erde sei und de facto die ganze Natur sei und
all das sei, was die Naturwissenschaft darüber lehre – und darauf
entgegnet er: „*De facto! Das ist eben das ganze Problem!*"
(S. 82a).

Gemäss unseren Ausführungen bezüglich des Ueberganges von
der erkenntnistheoretischen Problematik der Transzendenz zur
Betrachtung des Bewusstseins im reinen Sinne, verstehen wir,
dass der Einwand nicht standhält. Vom erkenntnistheoretischen
Gesichtspunkt aus kann Husserl nämlich sagen, über dieses
Faktum wisse er jetzt nicht das Geringste, über die Möglichkeit,
es sei so etwas, wie „ein Faktum", zerbreche er sich den Kopf,

---

[25] cf. Ms. F I 10, S. 78b.
[26] Ms. F I 10, S. 78b.
[27] cf. Ms. F I 10, S. 78b und S. 81b (Textvariante).

gerade dies sei problematisch geworden.[28] ,,Etwas zum Problem machen, das ist eben, es ,in Frage stellen', darüber jedwedes Urteil, das die Frage präjudiziert, solange dahinzustellen, bis rechtmässige Entscheidung erfolgen kann. Somit habe ich gar kein ,*de facto*' ⟨ . . . ⟩ in der Erkenntnistheorie", und zwar gerade deshalb nicht, weil es ,,in ihr keine transzendente Gegebenheit, sondern nur das *reine Phänomen* der Gegebenheit gibt".[29] Dass das Bewusstsein faktisch meines, des Erkenntnistheoretikers, des Phänomenologen Bewusstsein ist, ist ,,objektiv" gesehen zwar richtig, es ist richtig, wenn Bewusstsein empirisch-objektivierend apperzipiert wird, aber diese psychologische Apperzeption und Setzung ist nach Husserl nur Möglichkeit und kommt für die Phänomenologie nicht in Frage. In sich selbst, in seinem Wesen, eignet dem Bewusstseinserlebnis gar keine Beziehung auf das Ich als empirisch faktischem Individuum. Wenn es als Erlebnis irgendwelcher empirischen Individuen angesehen und erforscht wird, dann gehört es in die Psychologie. ,,Aber als das", sagt Husserl zum Beschluss der Erörterung des Einwandes des ,,unverbesserlichen Naturalisten, der die erkenntniskritische Problemstellung nicht versteht und die tiefsten aller Rätsel der Erkenntnis nicht fasst", ,,wird es ⟨sc. das Erlebnis⟩ eben nicht erforscht in der Sphäre der phänomenologischen Reduktion. Es wird nicht als Naturtatsache, als Naturvorgang genommen. Dass es das ist, gilt nicht vom Standpunkt der phänomenologisch-erkenntnistheoretischen Betrachtung. Das Faktum, wie jedes Faktum, muss dahingestellt bleiben, es wird nicht vorausgesetzt und für wahr gesetzt und darf es nicht werden".[30]

Der Sinn des Rückganges auf die Erlebnisse bezüglich der erkenntniskritischen Probleme liegt, wie Husserl um 1905, noch

---

[28] Vgl. Ms. F I 10, S. 82a. – Es sei darauf nur hingewiesen, dass die hier fragliche ,,Ausschaltung" des Faktums eben eine aus Gründen der *Fraglichkeit*, des Problematischen des Faktums vom Gesichtspunkt der erkenntnistheoretisch-phänomenologischen Betrachtung aus ist und also mit der Erhebung des Faktums ins Exempel – das ist auch eine gewisse ,,Ausschaltung" des Faktums – bei der Wesensanalyse unmittelbar nichts zu tun hat. Die Wesensbetrachtung des Bewusstseins ist eine ,,nicht-empirische" aus Gründen der Apriorität (wie etwa die Mathematik oder reine Logik), nicht aber, weil etwa die apperzeptive Beziehung auf Empirisches ausgeschaltet würde. Vielmehr gilt, dass durch den Uebergang in die Wesensbetrachtung das Bewusstsein nicht auch schon im rein phänomenologischen (und darum nicht-empirischen) Sinne erforscht wird. – Vgl. Hu IX, *Phänomenologische Psychologie* (1925), § 3, bes. e), S. 35ff., und unten, § 9.
[29] cf. Ms. F I 10, S. 82b; m.H.
[30] cf. Ms. F I 10, S. 82a und S. 82b.

ohne den Terminus „phänomenologische Reduktion" zu gebrau-
chen, auch sagt, darin, dass wir „im Hinblick auf sie ⟨sc. die
Erlebnisse⟩ die *Cartesianische Evidenz,* die Evidenz der cogitatio"
haben. Dabei ist für ihn entscheidend, dass „die Erlebnisse evidente Gegebenheiten sind nicht als Erlebnisse eines so und so
bestimmten menschlichen Individuums, nicht als Tatsachen einer
psychischen und psychophysischen Natur. Vielmehr evidente
Gegebenheiten sind sie als blosse Dies".[31] Würden die Erlebnisse
empirisch apperzipiert, träten Ueberschüssigkeiten, Unerfüllt-
heiten der Intention auf, das bloss apperzeptiv Gemeinte wäre
sehr viel mehr und anderes, als das, was im Gegebenen selbst vorliegt,[32] und so wäre Zweifel nicht ausgeschlossen.[33] „Empirisch
aufgefasst sind sie ⟨sc. die Erlebnisse⟩ Fraglichkeiten, aber rein
intuitiv und mit Ausschluss aller empirisch-transzendierenden
Apperzeptionen gefasst sind sie absolut unfragliche, absolut
zweifellose Gegebenheiten".[34] Und so muss „immerfort ⟨ . . . ⟩
methodisch darauf geachtet ⟨werden⟩, dass von den empirischen
Apperzeptionen, in denen die Daten gegenständlich gedeutet
werden, ⟨ . . . ⟩ abstrahiert wird".[35] In diesem Sinne spricht
Husserl in den Vorlesungen von 1906–1907 im Hinblick auf
Descartes und offenbar auch auf seine eigene, an Descartes anknüpfende Position der *Logischen Untersuchungen* (oben, § 3, S.
18f.) von der „notwendigen Korrektion der Cartesianischen Evidenzbetrachtung", welche zugleich in den vollzogenen Ueberlegungen über die phänomenologische Reduktion liege.[36] Es ist
jetzt klar, da das empirische Ich als Transzendenz in die Sphäre
der Fraglichkeit gehört, dass „nicht die Evidenz der cogitatio als
meiner cogitatio, ⟨ . . . ⟩ nicht die Evidenz des ‚sum', die im
natürlichen, psychologischen Sinn meine Existenz feststellt", in
Anspruch genommen werden darf und dass auch „nicht von
Evidenz der inneren Wahrnehmung, der inneren Erfahrung darf
gesprochen werden, falls die Evidenz die absolut schlechthin
zweifellose Gewissheit bezeichnen soll, die keine erkenntnistheo-

---

[31] cf. Ms. F I 26, S. 7a (wohl um 1905). – Text einer „ergänzenden Bemerkung
über die phänomenologische Methodik".
[32] cf. Ms. F I 26, S. 8a.
[33] Vgl. LU II, Beilage, S. 711, bzw. oben, § 3, S. 18f.
[34] Ms. F I 26, S. 7a.
[35] Ms. F I 26, S. 8a.
[36] Ms. F I 10, S. 82b (1906–1907).

retische Fraglichkeit mehr einschliesst". Es darf vielmehr nur
,,von der Evidenz des in der strengsten phänomenologischen
Reduktion direkt Aufgewiesenen und auf diesem Fundament rein
immanent Erkennbaren" die Rede sein.[37] In einer Beilage[38] zu
den Vorlesungen kommt die vollzogene Wende der ,,Cartesiani-
schen Zweifelsbetrachtung" sehr deutlich zum Ausdruck: Husserl
setzt der natürlichen, empirischen Wahrnehmung, die er in äussere und psychologische (innere) Wahrnehmung unterteilt, gegenüber ,,die *phänomenologische* Wahrnehmung, ein Ausdruck, den
ich jetzt vorziehen möchte dem früher von mir gebrauchten
Ausdruck ,adäquate Wahrnehmung'. ⟨Husserl verweist ja zu
Beginn der Beilage auf den ,,Anhang zum 2. Band der LU".⟩
Das Wesentliche ist zunächst nicht die Adäquatheit, sondern die
phänomenologische Reduktion und Stellungnahme. Die phänomenologische Wahrnehmung bezieht sich auf das reine Phänomen
dieser Reduktion, das in ihr Wahrgenommene hat keine Stelle im
objektiven Raum, aber auch nicht in der objektiven Zeit. Nichts
von Transzendenz ist mitgesetzt: das reine Phänomen ist ein
reines schlechthinniges Dies, eine absolute Gegebenheit und Un-
fraglichkeit". Die innere Wahrnehmung dagegen trägt eine
,,apperzeptive Beziehung auf Ichkörper und sonstige ,äussere
Natur' ", sie verbleibt in der ,,Sphäre der Natürlichkeit".[39]

§ 8. Die Unnatürlichkeit der reinen Phänomenologie – Die Stellung zur Frage des Ich

Bekanntlich bezeichnet Husserl die phänomenologische Betrachtungsweise des Bewusstseins immer wieder als unnatürliche,
widernatürliche. Schon in den *Logischen Untersuchungen* war die
Rede vom ,,widernatürlichen Habitus der Reflexion und reflektiven Forschung" (LU II, Einleitung, S. 11). Die Ausführungen
dieses Kapitels über Husserls Weg zur reinen Phänomenologie
zeigen uns nun klar, dass die ihr eigentümliche Unnatürlichkeit
allererst mit dem *Ausschalten der empirischen Apperzeption*, der

---

[37] cf. Ms. F I 10, S. 82b. – Vgl. auch die parallelen Ausführungen in Hu II, *Die Idee der Phänomenologie* (1907), S. 43f.; im Ms. B II 1, S. 12ff. (September 1907) und im Ms. F I 17, S. 15b ff. (1909).

[38] Wir zitierten daraus bereits, oben S. 35. Der Text könnte evtl. nach 1906–1907 entstanden sein, um 1909 im Zusammenhang mit den Vorlesungen des Sommer-semesters. Husserl sagt von der Beilage, er habe sie ,,nicht gelesen", wobei nicht ein-deutig klar ist, auf welche Vorlesung er sich bezieht.

[39] Ms. F I 10, S. 80b.

Beziehung des Bewusstseins auf das empirische Ich und dadurch auf Natur und Welt überhaupt, zum Durchbruch kommt.[40] In einem Text aus 1905–1906, in dem Husserl sich über die ihn leitende „Idee einer Phänomenologie" Klarheit zu schaffen sucht, schreibt er denn auch: „Der ganze natürliche Zug des Denkens geht auf die empirische Apperzeption, während es eigener Schulung bedarf, um die Grenze reiner Gegebenheit innezuhalten", und er spricht ebendort von der „gewohnheitsmässigen Beziehung auf das empirische Ich", von der „empirisch-psychologischen Apperzeption", welche die Erlebnisse erfahren.[41] Durch die methodische Ausschaltung der empirischen Apperzeption in der phänomenologischen Reduktion hingegen hört Bewusstsein auf, „menschliches oder sonst ein empirisches Bewusstsein zu sein", das Wort Bewusstsein „verliert allen psychologischen Sinn, und schliesslich wird man auf ein *Absolutes* zurückgeführt, das weder physisches noch psychisches Sein im naturwissenschaftlichen Sinn ist. Das aber ist in der phänomenologischen Betrachtung überall das Feld der Gegebenheit. Mit dem aus dem natürlichen Denken stammenden, vermeintlich so selbstverständlichen Gedanken, dass alles Gegebene entweder Physisches oder Psychisches ist, muss man eben brechen".[42]

---

[40] „Reflexion" allein genügt nicht zur Kennzeichnung der Unnatürlichkeit; denn sie kann nach dem späteren Husserl durchaus auch innerhalb der „natürlichen Einstellung" mehr oder minder konsequent auftreten. Vgl. etwa Hu VIII, *Erste Philosophie II* (1923–1924), 45. Vorlesung, S. 120; Hu VII, *Erste Philosophie I*, Kant und die Idee der Transzendentalphilosophie (1924), S. 262ff.; Hu I, *Cartesianische Meditationen* (1929), § 15. Vgl. auch schon Hu XIII, *Intersubjektivität I*, „Grundprobleme der Phänomenologie" 1910–11, § 34, S. 177f. – Bei Asemissen (1957) findet sich bereits ein ähnlicher Hinweis auf die Widernatürlichkeit der phänomenologischen Einstellung (S. 20).

[41] cf. Ms. F I 26, S. 3a und S. 5a. Wir zitierten daraus, oben § 7, S. 39. Vgl. auch etwa Hu II, *Die Idee der Phänomenologie* (1907), S. 39.

Auf dem Hintergrund dieser Kennzeichnung der „natürlichen" Denk- und Urteilsweise, Bewusstsein empirisch zu apperzipieren, versteht sich übrigens Husserls Gedanke, allem vorwissenschaftlichen Denken und allen Wissenschaften insgesamt, als „natürlichen", die Phänomenologie (Philosophie) gegenüberzustellen, insofern sie eben, mittels der Methode der phänomenologischen Reduktion, „Bewusstsein im reinen Sinn" zu ihrem Forschungsgebiet erhebt. Der Gedanke dieser „Unnatürlichkeit" der reinen Phänomenologie, die methodische Einführung der phänomenologischen Reduktion und die Abhebung der Phänomenologie gegenüber jeder anderen Denkhaltung und Einstellung als „natürlicher" finden sich auch historisch als ziemlich gleichzeitig in Husserls Bewusstsein auftretend, zwischen 1905 und 1907. Vgl. z.B.: Ms. F I 26, S. 3ff. (wohl 1905); Hu X, *Zeitbewusstsein*, Nr. 35f. (Seefeld, 1905); Ms. F I 10, S. 37b, 50b, 60a, 68b, 69b, 71a, *75a ff.*, 80a, 83a, *96b* (1906–1907); Hu II, *Die Idee der Phänomenologie* (1907), S. 58.

[42] Ms. F I 10, S. 98b; m.H.; letzte Vorlesung „vor Weihnachten 1906" (Husserls Datierung); cf. auch S. 92b: „18.XII.1906".

Bezüglich der Stellung zur Frage des Ich lässt sich die durch die Einführung der phänomenologischen Reduktion methodisch geklärte reine Phänomenologie vorerst wie folgt kennzeichnen. Die in phänomenologischer Reduktion erforschbaren Erlebnisse sind „reine", von der apperzeptiven Beziehung auf das *empirische* Ich und die Natur „losgelöste", „absolute" Gegebenheiten. Diese Einsicht in das Bewusstsein im reinen Sinn, d.i. in die *Absolutheit des Bewusstseins*, das nicht mehr Teil des empirischen Konkretums (animal) ist, dem es vielmehr wesensäusserlich ist, in empirischem Verbande aufzutreten (mag es noch so sehr in unserer natürlichen Erfahrung in der Beziehung zum Leibe erfahren sein), ist im Prinzip schon um 1903 erreicht (oben, § 5). Auf dem bisher betrachteten Denkweg Husserls entdeckten wir nun aber nirgends Ueberlegungen, die auf die Anerkennung einer „inneren" Beziehung der reinen Erlebnisse selbst auf einen „Träger" (ein „reines" Ich als Beziehungspunkt) hindeuteten. Vielmehr lehnt Husserl dies in seinem Dingkolleg von 1907 ausdrücklich ab: „alle transzendente Gegenständlichkeit hat ihren Urgrund und Träger in der Gegenständlichkeit im weiteren Sinn, die wir Bewusstsein nennen. ⟨...⟩ Bewusstsein selbst aber ist absolutes Sein. ⟨...⟩ *das Bewusstsein selbst braucht keinen Träger"*.[43] Wir verstehen somit, dass die Erlebnisse *in* der phänomenologischen Analyse, die sich „an das Absolute, an das Bewusstsein im reinen Sinn" hält, „*niemandes*" Erlebnisse sind,[44] mögen sie auch de facto, d.i. „vor" der phänomenologischen Reduktion, „meine" sein.

Die Rede von „niemandes" Erlebnissen ist zum einen Ausdruck dafür, dass die Erlebnisse nicht mehr apperzipiert werden als „Erlebnisse" des empirischen „jemand", der ich bin, ich, der dann und dann Geborene, mit dem und dem Leib, den und den Charaktereigenschaften etc.; zum anderen dafür, dass den Erlebnissen auf dem Boden des phänomenologisch reduzierten Bewusstseins kein „Träger", dessen Erlebnisse sie wären, zugesprochen wird. Unmittelbar gegeben in der phänomenologischen Reduktion ist nach Husserl nur das reine Bewusstseinserlebnis, das Absolute, und dessen Beziehung auf Transzendenz, nicht aber die Transzendenz selbst: nicht das empirische, transzendente

---

[43] Hu XVI. *Ding und Raum*, Vorlesungen 1907, § 13, S. 40; m.H.
[44] Hu XVI, *Ding und Raum*, § 13, S. 41; m.H.; oben, S. 23.

Ich als Erlebnisträger, noch Natur und Welt überhaupt, aber auch nicht so etwas wie reines Ich im Bereich der Immanenz. Eine konsequent in phänomenologischer Reduktion aufzubauende Erforschung von reinen („niemandes") Erlebnissen scheint in konkrete Arbeit genommen werden zu können. Dabei träte die Frage des Ich, wenn überhaupt, nur als Problem der Konstitution des empirisch-dinglichen, transzendenten Ich in den reinen intentionalen Erlebnissen auf.[45] Für die reinen Erlebnisse als solche aber scheint die Frage des Ich völlig hinfällig geworden, sie schweben sozusagen im leeren Raum. Das ist aber eine durchaus merkwürdige, obzwar in der Konsequenz des nachgezeichneten Denkweges, der zur Ausschaltung des empirischen Ich führte, uns auch wiederum verständlich gewordene Position. Es ist im Grunde jene, die Husserl später in der Kritik an Hume scharf zurückweisen wird: „die Erlebnisse sind nicht in einem Nirgendheim. Ihr Sein ist wesensmässig Bewusstsein, und alle Erlebnisse, die die meinen sind, sind es in der allumspannenden Einheit meines Bewusstseins, und so sind sie für das Ich in Sonderreflexionen zugänglich".[46] Auch im Blick auf die absoluten Erlebnisse, auf das Bewusstsein im reinen Sinn, wie Husserl es um 1906–1907 systematisch zu untersuchen beginnt, ist die Frage, ob nicht doch eine Beziehung der Erlebnisse auf ein Ich, das freilich nicht als empirisches zu verstehen wäre, anzunehmen sei.

Sehen wir im folgenden näher zu, wie denn die Etablierung einer Phänomenologie als Wissenschaft vom reinenBewusstsein auf der Grundlage der phänomenologischen Reduktion von Husserl in Gang gebracht und welche Problematik auf ihrem Boden reinen Bewusstseins verfolgt wird.

---

[45] Cf. Hu XVI, *Ding und Raum*, § 13, S. 40f.
[46] Hu VII, *Erste Philosophie I*, S. 166 (1923–1924).

3. Kapitel

PHÄNOMENOLOGISCHE WESENSANALYSE
DES REINEN BEWUSSTSEINS UND
TRANSZENDENTALE PHÄNOMENOLOGIE
DES KONSTITUIERENDEN BEWUSSTSEINS

Wir wollen uns vorerst eine allgemeine Uebersicht über die beginnende reine Phänomenologie verschaffen, auf deren Boden Husserl an das Problem des Ich herangeführt wird. Zum einen legen wir dar, dass die reine Phänomenologie nur als Wesensanalyse (Eidetik) eine Wissenschaft vom Bewusstsein leisten kann (unten, § 9); zum anderen wollen wir anzeigen, wie auf dem eigenen Boden der phänomenologischen Wesensanalyse des reinen Bewusstseins als intentionalen das in Husserls Verstande spezifisch transzendentale Problem der Konstitution universal gestellt wird (unten, § 10). Wir deuten die grossen Probleme der Eidetik und der transzendentalen Phänomenologie der Konstitution aber nur soweit an, als eine Verständigung darüber für den rechten Zugang zu Husserls phänomenologischer Problematik im allgemeinen unerlässlich ist. Im folgenden Kapitel richten wir unsere Aufmerksamkeit dann wieder dem spezifischen phänomenologischen Problem des Ich zu.

§ 9. Wesensanalyse des Bewusstseins als Bedingung der Möglichkeit der Etablierung phänomenologischer Wissenschaft

Mit dem methodischen Vollzug der phänomenologischen Reduktion eröffnet sich ,,ein neues Feld möglicher wissenschaftlicher Forschung", das der Phänomenologie als der ,,universellen Wissenschaft vom reinen Bewusstsein".[1] Indessen, die *Möglichkeit* einer solchen Wissenschaft macht Schwierigkeiten. Sie ist von Anfang an in Frage gestellt, weil durch die phänomenologische Reduktion die Anknüpfung der Bewusstseinserlebnisse an das empirische, in Natur und Welt eingeordnete Ich ausgeschieden und in der ,,Sphäre des direkten Schauens", in welcher sich die reine Phänomenologie bewegt, von Husserl anfänglich nur das

---

[1] cf. Ms. F I 10, S. 83a und S. 84b (1906–1907).

adäquat Wahrnehmbare in Betracht gezogen wird. Vergangenes, in der aktuellen Erinnerung wieder zur Gegebenheit Gebrachtes, darf nicht als unfragliche Gegebenheit in Anspruch genommen werden. Unfraglich, absolut gegeben sind die reinen Erlebnisse als blosse ,,dies'' im aktuellen Jetzt. Die Hauptschwierigkeit für eine wissenschaftliche Erforschung dieser aktuell gegebenen, aber in keine objektiv-naturale Zeitordnung mehr eingeordneten Phänomene liegt nun darin, dass sie ,,*immerfort in Fluss*, immerfort in Kommen und Gehen'' begriffen sind.[2] Dies sieht Husserl in den Vorlesungen ,,Einleitung in die Logik und Erkenntnistheorie'' von 1906–1907, und er legt eindringlich die Schwierigkeit dar, die reine Phänomenologie, die ,,überhaupt gerichtet und als unmöglich erwiesen'' zu sein scheint, als *Wissenschaft* vom Bewusstsein zu etablieren.[3]

Phänomenologie treibend, führt Husserl hier aus, blicke ich ,,bloss auf die Wahrnehmung als solche hin, sie nicht einmal als meine Wahrnehmung in Anspruch nehmend''. Nach Vollzug der phänomenologischen Reduktion ist ,,das Sein dieser Wahrnehmung ⟨...⟩ das einzige Unfragliche'' (S. 85a). In Hinsicht auf dieses Phänomen kann ich sagen ,,dies!''. ,,Ich kann mit dem Dies oder ,Dies ist' eine absolute Setzung ausdrücken, eine Setzung aller Transzendenz bar. ⟨...⟩ Aber was lässt sich damit machen? Doch so gut wie nichts. Die Phänomene kommen und gehen. Das gehört zu ihnen mit''. Auf die reinen Phänomene hinblickend und im reinen Schauen sie betrachtend, finden wir an ihnen etwas vor, was den Worten ,,Anfangen und Aufhören, Dauern und Sich-verändern, sich schneller oder langsamer Verändern, diskontinuierlich sich Wandeln u.dgl., mögen sie alle auch der Beziehung auf eine objektive Zeit beraubt werden'' (S. 85b), entspricht. ,,Immerfort schauend folgen wir diesem Fluss der Phänomene in der phänomenologischen oder präempirischen Zeit'' (S. 86a). Das Phänomen ist eine ,,absolute Individualität'', und von dieser gilt, dass sie zwar ,,nach ihrem sie konstituieren-

---

[2] Ms. F I 10, S. 86a (1906–1907).
[3] Ms. F I 10, S. 88a; vgl. auch die Vorlesungsmanuskripte von 1909 (,,Einführung in die Phänomenologie der Erkenntnis''; vgl. das in Hu X, *Zeitbewusstsein*, als Nr. 51 veröffentlichte Stück dieser Vorlesungen, bes. S. 337f.) und 1910–1911 (,,Grundprobleme der Phänomenologie'' in Hu XIII, *Intersubjektivität I*, Nr. 6), die einen ähnlichen Gesamtgedankengang aufweisen, wie der von uns herangezogene Teil der Vorlesungen von 1906–1907 (Ms. F I 10) ihn bietet.

den Inhalt" begrifflich bestimmbar, aber als Individualität „nur im Schauen zu fassen ist" (cf. S. 86b). Die begrifflichen Bestimmungen drücken „die Artung" der Inhaltsmomente aus. Indessen, fährt Husserl fort, mögen sie die Artung noch so genau ausprägen, „der Rekurs auf die Arten, also die Bestimmung durch allgemeine Begriffe, liefert nie ein Aequivalent für die Individualität" (S. 87a). Das Phänomen ist ein „absolut Einmaliges", etwas, das nur als ein „dies" aufgezeigt, im phänomenologischen Schauen geschaut, aber nicht durch eine Bestimmung wissenschaftlich objektiviert werden kann (cf. S. 87a).[4] In der phänomenologischen Sphäre finden sich eben keine „standhaltenden Individuen", die sich in mannigfaltiger und sich wiederholender Konstatierung phänomenologisch als identische Individuen ausweisen (cf. S. 87b), analog solchen in der *empirischen* Sphäre vorfindlichen „Festpunkten, empirischen Individualitäten" – vorgegebene Sternindividuen, vorgegebene Zeiten, wie historische Ereignisse etc. (cf. S. 87a) –, relativ auf welche andere Individuen gemäss dem Bild vom Koordinatensystem nach festen Punkten und Achsen zu ordnen und relativ zu bestimmen sind. Eine zweite phänomenologische Wahrnehmung hat „vielleicht ein gleiches, aber kein als identisch in Anspruch zu nehmendes Phänomen" (cf. S. 87b). „Es ist danach völlig klar", beschliesst Husserl den Gedankengang, „*wissenschaftliche Feststellungen* in Beziehung auf die Phänomene sind *nach der phänomenologischen Reduktion* nicht zu machen, nota bene, wenn wir diese Phänomene als absolute Einzelheiten und Einmaligkeiten fixieren und begrifflich bestimmen wollen. Nur wenn wir in die empirische Sphäre gehen, wenn wir die Phänomene als Erlebnisse eines erlebenden Ich, das im Zusammenhang einer Natur steht, betrachten, können wir solche Fixierung vollziehen, in der Art, wie jeder Psychologe es im experimentellen Verfahren tut" (S. 87b–88a). In der reinen Phänomenologie fällt durch die Ausschaltung der apperzeptiven Beziehung der Phänomene auf erlebendes Ich und Natur die Möglichkeit einer auf die objektive Natur- und Zeitordnung bezüglichen „fixierenden" Bestimmung der Einzelphänomene dahin; denn die Phänomene werden nicht als Tatsachen aufgefasst und bestimmt und als solche Tatsachen in den Zusammenhang der

---

[4] Vgl. auch entsprechende Ausführungen in *Ideen I*, § 75, S. 139ff. (Jahrbuchpaginierung).

physischen oder psychischen Natur eingeordnet. Aber auch in der phänomenologischen Sphäre selbst sind keine standhaltenden Individuen antreffbar, die als „Festpunkte" für die wissenschaftliche Bestimmung dienen könnten. So kann Husserl sagen: „Eine deskriptiv festlegende und bestimmende Erkenntnis einer phänomenologischen ‚Welt', wie wir eine solche Erkenntnis hinsichtlich der Natur haben, ist völlig ausgeschlossen".[5] Sie ist ausgeschlossen, eben weil kein Festpunkt, „vielmehr ein ewiger Heraklitischer Fluss von Phänomenen" [6] vorfindlich ist.

Könnte aber der Schwierigkeit, dass alles Phänomenologische in den Fluss der Zeit unwiederbringlich hinabzusinken scheint, begegnet werden, wäre damit auch die *Bedingung*, unter welcher die in Frage gestellte Etablierung einer reinen Bewusstseinswissenschaft möglich ist, angezeigt. Als solche Bedingung bringt Husserl nun im unmittelbaren Anschluss an den vollzogenen aporetischen Gedankengang die *Wesenserkenntnis* zur Geltung.[7] Er sagt: „Aber in die Sphäre der reinen Intuition und absoluten Gegebenheit fallen nicht nur die cogitationes als individuelle Existenzen, als absolute Dies, als seiende absolute Einmaligkeiten, sondern auch ihre Gattungen und Artungen ⟨ . . . ⟩ Diese Artungen können wir in immanenter Betrachtung und Evidenz zu Gegenständlichkeiten für sich machen und ihre spezifischen Zusammenhänge erforschen".[8] Es kann sich überhaupt gegenüber der individuellen, auf das einmalige Dies bezüglichen Betrachtung eine „*generelle*" etablieren, „welche das zum *Wesen der Phänomene überhaupt* oder zum Wesen der oder jener Inhaltsartung Bezügliche in immanenter und präempirischer Weise erforscht" (S. 88a; m.H.). In der Wesensanalyse erfasse ich die Phänomene nicht als singuläre dahinfliessende Dies, sondern „als Phänomene überhaupt", ich erfasse deren Bestimmungen „als Spezies, als mit sich identisches Allgemeines". „Diese Allgemeinheiten will ich fixie-

---

[5] Ms. F I 10, S. 88a.

[6] Hu II, *Die Idee der Phänomenologie* (1907), S. 47.

[7] Vgl. noch in der *Krisis* (1936) die Erörterung der „dritten Schwierigkeit" für eine reine Phänomenologie (Hu VI, § 52, S. 181). Siehe auch E. Tugendhat (1967), S. 205f., der auf den Zusammenhang von „Heraklitischem Fluss" des Bewusstseins und Nötigung zur Eidetik eingeht, allerdings in einem mir nicht recht verständlichen Rückgang auf die „Selbstgegebenheit des transzendentalen Bewusstseins als einer *faktischen*" (a.a.O., S. 205).

[8] Ms. F I 10, S. 88a. Vgl. auch Hu II, *Die Idee der Phänomenologie* (1907), S. 7ff., 51, 56.

ren, vergleichen, ihre Verhältnisse und Gesetze bestimmen. Mögen die einzelnen Phänomene kommen und gehen, mögen sie in unfixierbarer Einmaligkeit im Strom des Bewusstseins verfliessen: ihre Existenz und individuelle Eigenart lasse ich bestimmungslos. Darüber urteile ich nicht" (S. 88b). Die Gegebenheiten „als diese" interessieren gar nicht,[9] „sie sind nur Unterlagen für das sich auf ihrem Grund konstituierende Bewusstsein ‚Phänomen überhaupt'" (cf. S. 89a).[10] Diese Hinweise müssen hier genügen, anzuzeigen, wie Husserl auf dem Wege der Wesenserkenntnis in konkreten Analysen den Nachweis erbringen will, dass trotz des Heraklitischen Flusses des Bewusstseins die reine Phänomenologie „nicht überhaupt gerichtet und als unmöglich erwiesen" ist.[11]

§ 10. *Die Phänomenologie der Konstitution als transzendentale Phänomenologie*

Als die eigentliche Aufgabe, die Husserl der phänomenologischen Wissenschaft auf dem Boden der reinen Immanenzsphäre stellt, ist die Aufklärung des universalen Konstitutionsproblems zu bezeichnen. Der Schritt zur Phänomenologie der „Konstitution" geschieht durch die Einbeziehung des „Inhaltes des Transzendenten" in die Gegebenheiten der Immanenz der reinen cogitationes. Wichtig ist es, zu beachten, dass diese Konstitutionsproblematik innerhalb der Wesensanalyse der „Phänomene überhaupt" in die reine Phänomenologie eingeführt wird[12] und

---

[9] Darin liegt auch, dass „von ihrer wirklichen phänomenologischen Existenz kein Gebrauch" gemacht wird, also ebensogut „Phantasieanschauungen dieser Phänomene" benutzt und „an ihnen die Wesenseinsichten" gebildet werden können (cf. Ms. F I 10, S. 90a; Hu II (1907), S. 68).

[10] Vgl. Hu VI, *Krisis* (1936), § 52, S. 182: „Das Faktum ist hier als das seines Wesens und nur *durch* sein Wesen bestimmbar und in keiner Weise in analogem Sinne wie in der Objektivität durch eine induktive Empirie empirisch zu dokumentieren".

[11] cf. Ms. F I 10, S. 88a.

[12] Dies hat E. Tugendhat (1967), glaube ich, sehr schön herausgestellt (S. 173ff.). Allerdings verstehe ich nicht recht, dass „auf der Basis der transzendentalen Reduktion sich dann doch eine Konstitution im einzelnen Ich ergeben wird" (cf. S. 177). Fragwürdig erscheint mir (und das dürfte doch Tugendhats Meinung sein?), dass durch die „transzendentale Wendung" die „phänomenologische Dimension als eine *faktische*" anerkannt werde, das „transzendentale Medium" das der „*faktischen* Wahrheitsausweisung" sei (S. 194, m.H.). Tugendhat sagt: „ . . . was die *transzendentale Fundierung* gegenüber der bisherigen Phänomenologie neues bringt, ist doch gerade die *Rückbeziehung der apriorischen Thematik auf das einzelne konkrete Ich*" (cf. S. 199, m.H.). Lässt sich Tugendhat hier nicht zu sehr von dem Husserl unterlegten Vorbegriff der Idee absoluter Selbstverantwortung leiten, auf die hin er

also vorerst von einer Konstitution in einem „faktischen Ich" keine Rede ist.

Nach der Einführung der Wesensanalyse der reinen cogitationes zur Etablierung einer phänomenologischen Wissenschaft vom Bewusstsein kommt auch schon in den Vorlesungen von 1906–07 der Ansatz zur Stellung des Konstitutionsproblems zur Geltung. Husserl stellt fest: „Die wesensgesetzliche Untersuchung erstreckt sich eigentlich auf alles und jedes, also auch auf alles Transzendente". Wir betrachten den „Inhalt des Transzendenten, so wie er uns immanent im betreffenden Phänomen ‚intuitiv' gegeben und gemeint ist".[13] In die „Immanenzsphäre" gehört dann „nicht etwa bloss Wahrnehmung oder sonst ein objektivierender Akt ⟨ . . . ⟩, sondern auch in gewisser Weise jeder Gegenstand, trotz seiner Transzendenz. Allerdings das Sein des Gegenstandes lassen wir dahingestellt, ⟨ . . . ⟩ evident ist es zum Wesen der Wahrnehmung gehörig, dass sie etwas wahrnimmt, einen Gegenstand, und ich kann nun fragen, als was nimmt sie den Gegenstand für wahr" (S. 92a). Wir sehen aus diesen Sätzen, dass Husserl im Gegensatz zu den *Logischen Untersuchungen* nicht mehr bloss das „reell Immanente", sondern auch „das im intentionalen Sinn Immanente" in die phänomenologische Forschung einbezieht.[14] Die phänomenologische Wesensanalyse des Bewusstseins gestaltet sich alsdann zur Analyse der „Korrelationen" von Bewusstsein und Bewusstseinsgegenständlichkeit aus. Husserl umgrenzt die Aufgabe der Phänomenologie in der auf den 18. XII. 1906 datierten Vorlesung wie folgt: „Was zum Wesen des Be-

Husserls Rückgang auf das transzendentale Fundament als der faktischen Subjektivität und schliesslich Intersubjektivität als Instanz der Verantwortlichkeit interpretiert? (cf. dazu, a.a.O., S. 189ff. und § 9b). – Die *Ideen I* z.B. gelten doch auch als transzendentale Phänomenologie, das *faktische* Ich hat darin aber keine Stelle. Vielmehr betont Husserl später ausdrücklich, dass die „neue Phänomenologie von Anfang an" die „Aufgabe der Wesensforschung der expliziten Konstitution eines transzendentalen ego überhaupt" gestellt habe (Hu I, *Cartesianische Meditationen*, § 34, m.H.); er spricht vom „universalen Eidos transzendentales ego überhaupt, das alle reinen Möglichkeitsabwandlungen meines faktischen und *dieses selbst als Möglichkeit* in sich fasst" (§ 34, m.H.). Vgl. schon *Ideen I*, Einleitung, S. 3f. und Anmerkung zu § 62, S. 119 (Jahrbuchpaginierung).

[13] Ms. F I 10, S. 91b. - „also auch auf alles Transzendente" ist wohl spätere Einfügung über der Zeile; der Sache nach kommt aber das gleich Folgende auf dasselbe hinaus.

[14] cf. Hu II, *Die Idee der Phänomenologie*, S. 55. Frühestens scheint Husserl in einem Text vom 16. Juni 1904 (Ms. B II 1, S. 47), auf den I. Kern (1964) zuerst hinwies (S. 180f.), vom „intentionalen Inhalt" wohl im hier relevanten Sinn gesprochen zu haben.

wusstseins gehört, des Bewusstseins, sofern es Bewusstsein einer
gewissen Objektivität ist, und was zum Wesen jeder Art von
Bewusstsein, von Wahrnehmungsbewusstsein, Erinnerungsbe-
wusstsein, Urteilsbewusstsein usw. gehört und zur korrelaten
Gegenständlichkeit, so weit und so wie sie in diesem so gearteten
Bewusstsein bewusst ist, das wird in wesentlicher Allgemeinheit
erforscht, u.z. im rein schauenden Erfahren, immerfort in der
Sphäre der Intuition, die ⟨das⟩, worüber sie spricht, direkt vor
Augen hat ⟨ . . . ⟩".[15] Dieses „Schauen der Sachen" erweist sich
„bei näherer Analyse" als keineswegs „unterschiedsloses Schau-
en", die Sachen sind nicht einfach da, um nur geschaut zu werden,
vielmehr, da sind „gewisse Erlebnisse von spezifischer und wech-
selnder Struktur, als da ist Wahrnehmung, Phantasie, Erinnerung, Prädikation usw., und in ihnen sind nicht die Sachen etwa
wie in einer Hülse oder einem Gefäss, sondern in ihnen konstituieren sich die Sachen, die reell in ihnen gar nicht zu finden sind".
Ueberall zeigt sich „diese wunderbare Korrelation zwischen Er-
kenntnisphänomen und Erkenntnisobjekt".[16] Auf dem eigenen
Boden reinen Bewusstseins, das *als intentionales* durch und durch
Bewusstsein ‚von' etwas ist (sich intentional auf etwas bezieht,
so etwas wie einen „Sinn" hat), kommt die Phänomenologie – und
zwar, aus Gründen des Heraklitischen Flusses des Bewusstseins,
in der Wesensbetrachtung des Bewusstseins – zu den „Sinnesanalysen",[17] zur universalen Konstitutionsproblematik, zu den
„funktionellen Problemen ⟨ . . . ⟩ der ‚Konstitution der Bewusstseinsgegenständlichkeiten' ".[18]

Das Problem der „*Konstitution*", das die Phänomenologie für
alle Grundgestaltungen der Gegenständlichkeiten und korrelativ
der Grundgestaltungen der gebenden Akte zu erforschen hat,
kennzeichnet Husserl, wohl frühestens um 1908,[19] nun auch als

---

[15] Ms. F I 10, S. 92b.
[16] cf. Hu II, *Die Idee der Phänomenologie* (1907), S. 12.
[17] Vgl. den Anfang von Nr. 51 (1909) in Hu X, *Zeitbewusstsein*, S. 335ff.; bes.:
„Eine Wissenschaft von den Akten ⟨wie in den LU eingeführt⟩ führt nun von selbst
auf nicht nur reelle, sondern auch intentionale Analysen, also auf Sinnesanalysen"
(S. 337).
[18] cf. *Ideen I* (1913), § 86. Vgl. dazu etwa R. Boehm (1965, bzw. 1968), bes. S. 131f.
(1968). – Boehms Kennzeichnung des ursprünglichen Sinnes von „transzendental"
bei Husserl möchte ich unterstreichen; ich komme darauf gleich noch zurück. Vgl.
auch E. Tugendhat (1967), S. 173ff., bes. S. 175.
[19] Vgl. Iso Kern (1964), § 19, S. 239ff. – „Transzendental" bezeichnet für Husserl,
wie Kern ausführlich darlegte, „primär eine Problemstellung" (S. 243). Das Problem

das „*spezifisch transzendentale Problem*". Es ist das Problem der
„ ‚Aufklärung‘ der Möglichkeit einer objektiv gültigen Erkenntnis",[20] das „radikale Problem" des „Verhältnisses zwischen Erkenntnis und Gegenstand, aber in reduziertem Sinn, wonach
nicht von menschlicher Erkenntnis, sondern von Erkenntnis
überhaupt, ohne jede existentiale Mitsetzungsbeziehung, sei es
auf das empirische Ich oder auf eine reale Welt, die Rede ist".[21]
Entsprechend bezeichnet Husserl die Phänomenologie als „transzendentale": „Die *transzendentale* Phänomenologie ist Phänomenologie des konstituierenden Bewusstseins. ⟨ . . . ⟩ Das transzendentale Interesse, das Interesse der transzendentalen
Phänomenologie, geht ⟨ . . . ⟩ auf das Bewusstsein als Bewusstsein von Gegenständen ⟨ . . . ⟩ Und zwar transzendental, unter
Ausschluss aller empirischen Setzungen".[22]

„Transzendental" ist für Husserl eine Art „Relationsbegriff",
nämlich die Beziehung von Immanenz und Transzendenz betreffend.[23] Das Transzendente ist gegeben in der Immanenz der
Phänomene, nämlich als ein „sich so und so in solchen Phänomenen darstellen (vorgestellt sein). ⟨ . . . ⟩ die Sachen sind und sind
in der Erscheinung und vermöge der Erscheinung selbst gegeben".[24] Die Korrelationen zwischen reell Immanentem und intentional Immanentem (reell Transzendentem) jedweder Gegebenheit rein als solche der immanenten Gegebenheit in den absoluten

ist gerade das der *Konstitution* (cf. R. Boehm (1968), S. 119ff. bes. 131f.). Dies bestätigen auch die *Ideen I* (§ 86; cf. auch § 33 in der ursprünglichen Fassung, S. 60 im
Jahrbuch, und in der späteren Veränderung, Hu III, S. 73f.). Husserl verwendet die
Bezeichnungen „rein" oder „transzendental" ab etwa 1908 äquivalent; meistens
verweist dabei, etwas roh charakterisiert, die Bezeichnung „transzendental" mehr
auf die zentralen *Probleme* der Phänomenologie: „die funktionellen Probleme, bzw.
die der ‚Konstitution der Bewusstseinsgegenständlichkeiten‘ " (der Transzendenzen)
(*Ideen I*, § 86, S. 176, Jahrbuchpaginierung); die Bezeichnung „rein" mehr auf den
diesen Problemen eigentümlichen „*Boden* reinen Bewusstseins" (ibid., S. 177f.), wie
ihn die phänomenologische Reduktion bereitstellt. Die reine Phänomenologie *ist*
transzendentale, insofern sie eben das „reine" Bewusstsein als Bewusstsein von Gegenständlichkeiten, als konstituierendes (transzendentales) Bewusstsein erforscht.

[20] cf. Hu VII, *Erste Philosophie I*, Beilage XX ⟨wohl 1908⟩, S. 386; m.H.

[21] cf. Hu II, *Die Idee der Phänomenologie* (1907), S. 75. (Der Passus stammt evtl.
aus 1908; cf. Hu X, *Zeitbewusstsein*, S. XLII, Anm. 3.)

[22] Ms. B II 1, S. 27b (wohl 1908). (Zur Datierung siehe I. Kern (1964), S. 31. – Kern
ist indessen auch ein Versehen unterlaufen, da der Text aus September 1908, aus dem
er zitiert, in der Tat auch schon die Titel „transzendentales Bewusstsein", „transzendentale Subjektivität", „transzendentales ‚Ich‘ " aufweist. Cf. Ms. B II 1, 30b –
Kern, S. 243f.)

[23] Vgl. etwa auch die späten Ausführungen in Hu I, *Cartesianische Meditationen*
(1929), § 11, S. 65.

[24] Cf. Hu II (1907), S. 12.

cogitationes erforschen, ist „transzendentale" Forschung im ursprünglichen Husserlschen Sinn. Sie schliesst alle empirische Setzung aus, insofern sie sich eben nur an die Gegebenheiten der reinen („absoluten") cogitationes hält, innerhalb der reinen Immanenzsphäre verläuft.[25] Husserl überschreibt einen Text, aus dem wir bereits zitierten (oben, S. 51), wie folgt: „Transzendentale Phänomenologie. Wissenschaft von der transzendentalen Subjektivität und der Konstitution aller Objektivität der Erkenntnis und der Werte in ihr", und er beschliesst die wohl zu den frühesten Klarlegungen der Aufgabe der „transzendentalen" Phänomenologie gehörigen Ausführungen so: „Ueberall ist das Problem das der ‚Konstitution' der Objektivität jeder Art in der transzendentalen ‚Subjektivität', im transzendentalen Bewusstsein, transzendentalen ‚Ich' ".[26] Der Titel „transzendentales ‚Ich' " ist hier gleichbedeutend wie „transzendentale ‚Subjektivität' ", „transzendentales Bewusstsein" zu verstehen; er entspricht, in phänomenologischer Reduktion, dem Titel „phänomenologisches Ich" („phänomenologisch reduziertes Ich") der

---

[25] Von historischem Interesse dürfte folgender Hinweis sein: Besonders das Vorwort in Eduard v. Hartmann: *Kritische Grundlegung des transzendentalen Realismus* (Titel der 2., erweiterten Auflage von *Das Ding an sich und seine Beschaffenheiten;* Berlin 1875) weist in Husserls Exemplar viele Lesespuren auf. Es könnte sein, dass Husserl bei Hartmann auf die Begrifflichkeit von ‚immanent', ‚transzendent', ‚transzendental' aufmerksam wurde. Man lese etwa: „Die Erkenntnistheorie geht aus vom Bewusstsein, seiner Form und seinem Inhalt, als dem einzig und allein unmittelbar Gegebenen. Alles was von der Form des Bewusstseins als vorgestellter Inhalt umfasst wird, bleibt innerhalb dieser Sphäre des unmittelbar Gegebenen, ist *immanent*. ‚Immanent' in erkenntnistheoretischer Hinsicht bedeutet also nichts weiter als ‚bewusstseinsimmanent', und hat mit dem metaphysischen Begriff der Immanenz nichts zu tun. Für ‚immanent' wird häufig auch ‚subjektiv' gesetzt, insofern die Sphäre der Subjektivität mit der des Bewusstseins identifiziert wird" (a.a.O., S. XIII). S. XIV: „Der Gegensatz von ‚immanent' ist *transzendent* ". S. XV: „Das Immanente, insofern es auf ein Transzendentes *bezogen* gedacht wird, heisst nun *transzendental*'. Auch Kant braucht das Wort in dieser Bedeutung; er erkennt an, dass das Transzendentale etwas Subjektives (d.⟨h.⟩ Immanentes) sei z.B. II, S. 273 (Werke ed. Ros.)". Hartmann sagt vom Ausdruck „immanent", er sei „von neutralerer Beschaffenheit" als der Ausdruck „subjektiv"; „immanent" führe „gar keine metaphysischen Voraussetzungen" mit sich, indessen „ ‚subjektiv' im angegebenen Sinne die Annahme voraussetzt, dass das Bewusstsein Bewusstsein eines Subjektes sei (nicht subjektlos, d.h. trägerlos in der Luft schwebe)" (a.a.O., S. XIII–IV). – Wann Husserl Ed. v. Hartmann studierte, ist schwer zu entscheiden; die Lektüre dürfte aber schon vor die LU fallen. Andererseits erinnern aber gerade Texte aus 1906 bis 1908, wie wir sahen, recht stark an die Terminologie Hartmanns, freilich nicht an dessen ausgeführte Erkenntniskritik. – Auf Husserls Beziehung zu Ed. v. Hartmann machte bereits R. Boehm in der Einleitung d.Hrsg. von Hu VII, *Erste Philosophie I* aufmerksam (S. XVIII).

[26] Ms. B II 1, S. 27a und S. 30b (wohl 1908); vgl. z.B. auch Hu VII, *Erste Philosophie I*, Beilage XVI (1908), S. 361.

Logischen Untersuchungen (oben, § 2, S. 7f. und 9f.). Dieser Titel führt uns wieder zu unserer Fragestellung zurück, und wir wollen im folgenden Kapitel zusehen, wie Husserls Stellung zum Problem des Ich vom Gesichtspunkt der transzendentalen Phänomenologie aussieht. Was dieser zu Gesicht bringt, veranschaulicht Husserl zunächst meistens am Beispiel der Dingkonstitution.[27]

---

[27] Vgl. etwa folgende Texte jener Zeit: Dingkolleg von 1907 (veröffentlicht in Hu XVI, *Ding und Raum*, Vorlesungen 1907); Hu X, *Zeitbewusstsein*, Beilage X (1907); Nr. 40 (um 1908). Ms. B II 1, S. 27ff. ,,Transzendentale Phänomenologie . . .'' (wohl 1908); Ms. B II 1, S. 34ff. ,,Das Problem der Konstitution'' (September 1908), Ms. B IV 1, S. 100f. ,,Transzendentale Methode . . .'' (um 1908); Hu XIII, *Intersubjektivität I*, Beilagen IV, V (1908), Beilage VI (1909).

4. Kapitel

TRANSZENDENTALE PHÄNOMENOLOGIE UND FRAGE NACH DEM ICH BEI EIN- SCHRÄNKUNG AUF DAS EINZELBEWUSSTSEIN

Halten wir uns den im letzten Kapitel umrissenen Rahmen der phänomenologischen Problematik vergegenwärtigt und knüpfen wir nun am Ergebnis des 2. Kapitels wieder an (oben, § 8). Wir wollen nachweisen, dass die reine oder transzendentale Phänomenologie der Konstitution zunächst in ihrer Einschränkung auf die absolute Selbstgegebenheit (das adäquat Wahrnehmbare, oben S. 44f.) in einem neuartigen Solipsismus verläuft (unten, § 11); dass die Frage nach dem Ich sich dann zwar meldet, von Husserl aber nicht weiter erörtert wird, da sie ihn ,,in Verlegenheit'' setzt (unten, § 12); und schliesslich, dass der konstitutive Sinn der Gegenständlichkeit ,,Ding'' eine Vervielfältigung des konstituie- renden Bewusstseins erfordert, die Husserl um das Problem des Ich auf dem Boden der reinen Phänomenologie nicht mehr wird herumkommen lassen (unten, § 13).

§ 11. Der transzendental-solipsistische Boden der Konstitutions- problematik

Husserl glaubt zunächst, gerade durch die Methode der phäno- menologischen Reduktion der traditionellen Fragestellung des *Solipsismus*, wie ich ,,aus mir heraus'' und zu einer ,,Aussenwelt'' kommen kann, zu entgehen. Er sagt zu Beginn des Dingkollegs von 1907: ,,Das Ding ⟨ . . . ⟩ ist, was es ist, nur vermöge der Intention, der noch zu erforschenden Arten und Formen'', und er fügt bei, wer frage: ,,Ist also das Ding nur der Zusammenhang meiner psychischen Akte, meiner Vorstellungen, Wahrnehmun- gen, Urteile etc.?'', der habe ,,natürlich alles Verständnis ver- fehlt''; denn ,,die phänomenologische Reduktion ist ja nicht die solipsistische Reduktion, und das Ich ist ja selbst ein Dingliches, nur im intentionalen Zusammenhang und seinen wesentlichen

Formen sich Konstituierendes und nur dadurch sich Ausweisendes".[1] In einem Text aus ,,September 1908", in dem ,,Das Problem der Konstitution" am Beispiel der Dingwahrnehmung zum Thema wird, führt Husserl aus, es handle sich bei der Aufklärung der Dingkonstitution aus der Sphäre der absolut selbstgegebenen cogitationes darum, ,,Erfahrung im Kantischen Sinne, und zwar rein phänomenologisch genommen, zu zergliedern, und zwar *Erfahrung des ,Bewusstseins', nicht Erfahrung eines empirischen Individuums*, das im Raum, in der Zeit, in der Welt existiert".[2] Verstehen wollen, ,, ,wie ich dazu komme', Dinge, eine Welt, einen Raum, eine Zeit, andere Menschen etc. zu setzen", heisst dann ,,nicht, wie ich aus mir heraus kann, wie ich über den Solipsismus hinaus komme", sondern ich studiere die ,,absolute Sphäre" der cogitationes ,,nach Hinsicht der intellektiven Zusammenhänge, in denen das Denken überhaupt, das sein Recht ausweisende Denken und alle zu ihm wesentlich gehörigen absoluten Phänomene, besteht".[3] Dieses Denken, haben wir gesehen, ist in der phänomenologischen Analyse ,,niemandes Denken" (oben, S. 42f.). Ich erforsche, durchaus in dieser Sphäre der absolut selbstgegebenen cogitationes verbleibend, das Wesen derjenigen cogitationes, die rechtmässige Dingansetzung überhaupt leisten.[4] In diesen absolut selbstgegebenen cogitationes, im Bewusstsein, vollzieht sich alle Seinssetzung; d.h. im Bewusstsein erscheinen die Dinge, auch lebende, beseelte Dinge, andere Personen, Tiere; in ihm wird über die Dinge, über die Welt, Gott und Menschen geurteilt. Husserl sagt: ,,Diesem Bewusstsein ist nichts anderes absolut gegeben als seine cogitationes, und in seinen cogitationes allein vollzieht sich die Setzung von Welt und Menschen usw.".[5] Im Bewusstsein wird der ,,Rechtsausweis" aller Setzungen gesucht, und so können keine nicht-cogitative Existenzen (Dinge, empirisches Ich, andere Personen etc.) vorausgesetzt werden, ,,denn ich frage eben nur nach etwas, was im Bewusstsein ist, was vor diesem Forum absolut gegeben ist".[6]

---

[1] Hu XVI, *Ding und Raum*, Vorlesungen 1907, S. 4of. (vgl. den textkritischen Anhang dazu).
[2] Ms. B II 1, S. 34a–42b (,,September 1908"); cf. S. 42a; m.H.
[3] Ms. B II 1, S. 42a.
[4] cf. Ms. B II 1, S. 42a f.
[5] Ms. B II 1, S. 37b.
[6] Ms. B II 1, S. 42b.

Wir stehen auf dem transzendentalen Boden der absoluten („niemandes") cogitationes und betreiben Phänomenologie des konstituierenden Bewusstseins als Bewusstseins von Gegenständen.

Es ist nun allerdings richtig, dass die phänomenologisch reine Problemstellung sich von vornherein jenseits des traditionellen, auf einen Solipsismus führenden Problems der „Transzendentalphilosophie" befindet, welches Husserl schon in den „Vorlesungen über Erkenntnistheorie" vom Winter 1902–03[7] der umfassenderen phänomenologischen Aufklärung der Erkenntnis überhaupt gegenüber wie folgt umgrenzt: „Gewöhnlich versteht man unter Erkenntnistheorie von vornherein nicht die Theorie der Erkenntnis überhaupt, sondern *Transzendentalphilosophie*: die Theorie der Transzendenz, der individuelles Bewusstsein überschreitenden Erkenntnis von Realem. Die Frage geht hier auf Sinn und Berechtigung der Annahme einer ,Aussenwelt'. Was liegt im Sinn eines auf äussere Dinge bezogenen Erkennens, welches sind die verschiedenen, solche transzendente Erkenntnis liefernden Erkenntnisquellen und welches die Grenzen ihrer Leistung?".[8] Bewusstsein ist hierbei empirisch als Bewusstsein von Personen aufgefasst. Gegen diese psychologistisch-solipsistische Fragestellung ist die reine Phänomenologie durch die phänomenologische Reduktion gefeit; denn ihr geht es nicht um die Beziehung etwa „meiner" Erlebnisse, „meines", dieses Menschen Bewusstseins auf die Aussenwelt, auf „ein Sein an sich, etwa draussen ausser mir", vielmehr geht es ihr um die „reine Grundfrage" [9] der Erkenntnismöglichkeit, die auf das Bewusstsein überhaupt, auf das transzendentale Bewusstsein und die rechtmässige Konstitution jedweder Gegenständlichkeit in diesem zielt. Dass die dabei herauszustellenden reinen Bewusstseinsgestaltungen auf ein empirisches Ich, auf eine Person bezogen

---

[7] Ms. F I 26, S. 32ff.; cf. auch S. 1a. Zu Erkenntnistheorie und Transzendentalphilosophie bes. S. 84a ff.

[8] Ms. F I 26, S. 84b. Husserls kritische Ausführungen über die traditionelle Transzendentalphilosophie als „Theorie der Transzendenz" gegenüber der phänomenologischen Erkenntnistheorie in den Vorlesungen von 1902–03 sind übrigens aufschlussreich für seinen eigenen Gebrauch des Terminus transzendental, sobald er nicht mehr bloss den reell immanenten, sondern auch den reell *transzendenten* Bewusstseinsinhalt zum phänomenologischen Thema macht. Vgl. einige Hinweise dazu oben, § 10, S. 51f.

[9] cf. Hu II, *Die Idee der Phänomenologie* (1907), S. 7.

werden dürfen, muss selbst in seinem Rechte in der phänomenologischen Analyse ausgewiesen werden.[10]

Indessen, nichtsdestoweniger ist die *reine Phänomenologie* ihrerseits zu Beginn solipsistisch, und zwar *transzendental-solipsistisch.*
Wie das? Versetzen wir uns in die phänomenologisierende Einstellung: „Jeder für sich" hat Erlebnisse, die er in phänomenologischer Reduktion rein in sich selbst, in ihrer absoluten Selbstgegebenheit, erforscht, ohne sie auf sich selbst als deren „Träger"
apperzeptiv zurückzubeziehen. In der Gegenwart, im Jetzt des
reinen Schauens, unter Absehen von jedweder objektivierenden,
transzendierenden Apperzeption sind sie absolut gegeben –
„meine" Erlebnisse sind solcherart gegeben, nur, dass ich in der
phänomenologischen Reduktion die eigene Ichexistenz ausschalte
und die Phänomene als *reine* zurückbehalte. Die Erlebnisse eines
Anderen sind mir so, in reiner Unmittelbarkeit, nie gegeben,
sondern immer nur vermittelt durch die Einfühlung in körperliche Dinge als Leiber. Weil aber die leiblich-dingliche Existenz
des Anderen in der phänomenologischen Reduktion ausgeschaltet
wird, fällt für mich auch die Gegebenheit seiner Erlebnisse dahin.
In der Beschränkung auf die im reinen Schauen absolut selbstgegebenen cogitationes sind für mich Anderer Erlebnisse als
phänomenologische Gegebenheit jedenfalls ausgeschaltet.[11] Nun
sahen wir, dass Erlebnisse immerfort im Fluss sind und dass daher von den absoluten „dies", die nicht „als meine" gegeben sind
und also nicht in Beziehung auf mein empirisches Ich phänomenologischer Bestimmung unterworfen werden können, nur in
Wesensanalyse wissenschaftlich objektivierbare Aussagen gemacht werden können. So unabhängig von dem faktischen Fluss
der Einzelheiten, der fliessenden cogitationes, diese Wesensanalyse sich nun auch macht, sie verläuft trotzdem innerhalb der
reinen Erlebnisse „des" Phänomenologen, und dass dieser *in* der
phänomenologischen Analyse die reinen Erlebnisse nicht *als*
„seine" apperzipiert, verbürgt auch in der Wesensanalyse noch
nicht die Ueberwindung des *Solipsismus der Konstitution.* Es ist
doch so, dass Konstitution jeweils nur aus „einer" absolut gegebenen Bewusstseinseinheit aufgeklärt wird, unter Ausschluss

---

[10] Vgl. auch etwa Hu VII, *Erste Philosophie I*, Beilage XIX (wohl 1908), bes.
S. 378f.
[11] Vgl. Hu X, *Zeitbewusstsein*, Nr. 51 (1909), S. 350 und unten, § 12, S. 67.

möglicher konstitutiver Beiträge Anderer. Bei der Aufklärung
der reinen Grundfrage der Erkenntnismöglichkeit von Objektivität jeder Art wird das zu Konstituierende, bzw. das Konstituierte
so betrachtet, als gäbe es nur ,,ein'' Bewusstsein, als sei die konstituierende Subjektivität, würde die phänomenologische Reduktion aufgehoben, nur einem ,,Träger'' (Menschen) zugehörig. Mit
anderen Worten, das Konstituierte ist nicht aufgeklärt als
,,*dasselbe*'' für eine *Mehrheit* von Bewusstsein. Auch die Wesensanalyse (und nur in dieser verlaufen ja die fraglichen phänomenologischen Analysen) ändert daran nichts. Sie ermöglicht bloss,
apriorische Einsichten in die reinen Bewusstseinsgestaltungen
der Konstitution (z.B. des Dinges) zu gewinnen, nämlich z.B.
die Einsicht zu erwecken, dass das Ding nicht vom einzelnen
(singulären) Gegebenheitsbewusstsein, etwa von diesem meinem
jetzigen Wahrnehmen ,,abhängt'', sondern dass es ,,dem Wesen
nach'' von Bewusstsein unabtrennbar ist, sich im Bewusstsein
muss konstituieren und vom Bewusstsein aus muss ausweisen
können.[12] ,,Mein'' Einzelfall von Wahrnehmung, soll er rechtmässige Dingwahrnehmung sein können, muss als Einzelfall der
apriorischen Allgemeinheit (Dingwahrnehmung überhaupt) vollzogen werden. Und so für ,,jedermann'', der rechtmässig ein
Ding soll wahrnehmen können.[13] Was in einem Bewusstsein
idealiter möglich ist, das ist in jedem möglich.[14] Diese ,,Allge-
meingültigkeit'' der Wesenseinsicht ist aber keineswegs unver-
träglich mit dem Solipsismus der Konstitution. Das eine ist das
eine, das andere ist das andere. Das konstituierende Bewusstsein
ist als absolut selbstgegebenes zunächst ,,einzelnes'', wenn auch
nie als empirisches eines einzelnen Menschen gefasstes, und so ist
eben auch, was an Wesenseinsichten daraus gewonnen wird,
nicht in Beziehung auf eine mögliche Mehrheit von konstituierenden Bewusstsein zu verstehen. Also ist mit Fug von einem
,,*transzendentalen* Solipsismus'' in der ersten Durchführung der
transzendentalen Phänomenologie der Konstitution zu reden.[15]

---

[12] Vgl. etwa Hu II (1907), S. 12 und Ms. B IV 1, S. 101 (unten, § 13).
[13] Vgl. hierzu auch etwa Hu VII, *Erste Philosophie I*, Beilage XX (wohl 1908), bes.
S. 385.
[14] cf. Ms. B II 1, S. 35b (1908).
[15] Bekanntlich anerkennt Husserl später, in seiner ersten Einführung der phänomenologischen Reduktion einem ,,prinzipiellen, obschon nicht ganz leicht durch-
sichtig zu machenden Irrtum'' unterlegen zu sein. Vgl. Hu VIII, *Erste Philosophie II*,
Beilage XX: ,,Kritik zu den beiden Stufen, in denen ich 1907 und 1910 die Idee der

§ 12. *Die Verlegenheit über das „Ich"*

Texte aus der Zeit um 1908–1909 veranschaulichen sehr klar, wie Husserl in der Tat die transzendentale Phänomenologie in der Einschränkung auf die absolute Selbstgegebenheit als Analyse von *„niemandes"* Erlebnissen durchzuführen gedenkt, was die um 1907 aufgrund der phänomenologischen Reduktion erreichte Position voraussehen liess (oben, § 8, S. 42f.). Erlebnisse Anderer sind als phänomenologische Gegebenheit jedenfalls ausgeschlossen. Als Problem bleibt aber, wie es sich denn mit „mir", dem Ich, das die und die Erlebnisse hat, welche ich als Phänomenologe in phänomenologischer Reduktion auf ihre Wesensverfassung hin untersuche, verhalte. Diese Frage, die Husserl anfänglich auf dem Boden der reinen Phänomenologie gar nicht mehr im Horizont zu haben schien (oben, S. 43), setzt ihn doch alsbald in Verlegenheit. Sehen wir uns diese Verlegenheit anhand seiner Aufzeichnungen genauer an.

In einem Text über „Das Problem der Konstitution" [16] aus „September 1908", aus welchem wir bereits im vorigen Paragraphen zitierten, erörtert Husserl das Konstitutionsproblem am Beispiel der Dingwahrnehmung. Er kennzeichnet diese zu Beginn der Ausführungen in ihrer Inadäquatheit und also „Nicht-Zweifellosigkeit". Dinge seien in der Wahrnehmung immer nur gegeben „in der Weise der blossen ‚Darstellung' ", „nur partiell, einseitig, abgeschattet". „Dingdarstellung ist Dingabschattung". Keine Dingwahrnehmung „berechtigt so, dass das Nichtsein oder Nicht-so-sein des Dinges ausgeschlossen wäre"; kurz, sie ist immerzu inadäquat. Adäquate Wahrnehmung dagegen, wie sie in der phänomenologischen Reduktion von den cogitationes möglich ist, „ist kein Geben durch Abschattung" (cf. S. 37a). Die Gegebenheiten der adäquaten Wahrnehmung sind absolute, zweifellose Gegebenheiten – die reinen cogitationes. Diese spricht Husserl hier als „fundamentale Sphäre"[17] an,

<hr/>

Reduktion gewonnen hatte" (wohl 1924), bes. S. 433f. – Vgl. ebendort, S. 174, Anm. 2. Siehe zur Sache auch *Formale und Transzendentale Logik*, § 95. Vgl. I. Kern(1964), § 18, S. 205f.

[16] Ms. B II 1, S. 34a–42b.

[17] Vgl. unten § 15, wo wir auf eine selbstkritische Bemerkung Husserls darüber zurückkommen, welche über die hier der phänomenologischen Betrachtung vermeintlich gesteckten Grenzen der adäquaten Wahrnehmungsgegebenheit als jetzt-seiende hinausführen wird.

„sofern sich in ihr alle Seinssetzung vollzieht" (S. 37a). Er bestimmt die Gegebenheit dieser Sphäre genauer wie folgt: „Die
cogitationes sind nicht vereinzelt, sie sind miteinander innig ver-
woben, sie bilden *Einheit des Bewusstseins*, und der Begriff des
Bewusstseins bestimmt sich dadurch, dass es innere, zu den
cogitationes selbst gehörige Einheit von cogitationes ist, ‚erlebte‘
Einheit, d.i. absolut gegebene, wie die in sie verflochtenen einzelnen cogitationes" (S. 37a; m.H.).

Diese Bestimmung erinnert an den ersten Bewusstseinsbegriff
der *Logischen Untersuchungen* (cf. oben, § 2, S. 5), nur treten im
radikalen Gegensatz dazu die reduzierten, absoluten cogitationes
anstelle der psychischen Erlebnisse eines empirischen Ich in die
Verwebung. Doch, *welche* cogitationes bilden denn überhaupt die
reduzierte, absolut gegebene, „erlebte" Einheit? Husserl antwortet: „In ein Bewusstsein rechnen wir, was in solche Einheit
hineingehört, ausgehend von *irgendwelchen* absolut gegebenen
cogitationes" (S. 37a, m.H.). Klar ist in dieser Einschränkung auf
die absolute Gegebenheit, wie wir bereits wissen (oben, § 11) und
wie auch der weitere Text sogleich lehrt, dass die Existenz einer
anderen als dieser einen Bewusstseinseinheit nicht in Betracht
gezogen wird, „dahingestellt" bleibt, denn „ein zweites Bewusstsein gehörte nicht in die Einheit des ersten, sonst wäre es kein
zweites" (S. 37a).[18] „Irgendwelche" absolut gegebenen cogitationes als Ausgangsgegebenheiten meint also nur cogitationes
eines, konkret meines, des Phänomenologen Bewusstseins. Doch
ist diese apperzeptive Beziehung auf ein Ich, das cogitationes hat,
vom rein phänomenologischen Gesichtspunkt aus problematisch,
da das empirisch-leibliche Ich nicht wie die cogitationes eine
absolute Gegebenheit ist, sowenig wie irgendein Ding. Die Feststellung, „ausgehend von irgendwelchen absolut gegebenen cogitationes", bestimme der Phänomenologe, was in ein Bewusstsein

---

[18] Dieses „zweite Bewusstsein" muss vom Gesichtspunkt dieses, die Gegebenheiten
auf das adäquat Wahrnehmbare einschränkenden Textes noch nicht einmal das eines
Anderen sein, es könnte z.B. eine vergangene Einheitsphase desselben Bewusstseins
gemeint sein, die auch nur in der einen (jetzigen) „angenommen" würde. „Dieses
Annehmen", sagt Husserl, „ist selbst eine cogitatio im ersten ⟨jetzigen⟩, und jeder
Prozess der Rechtfertigung dieses Annehmens wiederum" (cf. S. 37a). – Es ist in
diesem Zusammenhang daran zu erinnern, dass schon manche Wendungen der
Logischen Untersuchungen nahelegten, Husserl schränke das „phänomenologische
Ich" (die Bewusstseinseinheit) auf die Einheit des Augenblicks (des Jetzt) ein; oben,
Anm. 8, S. 8.

hineingehört, ist nicht ohne Voraussetzungen und macht Schwierigkeiten. Husserl fährt in der Aufzeichnung fort: ,,Und nun *das Problem.* Sage ich ,*ich*‘, so setze ich damit etwas, was keine cogitatio ist. Aber ich schreibe mir als ,meine‘ zu diese und jene cogitationes, darunter diejenige, in der ich die Setzung: ,ich‘ vollziehe. Damit habe ich ein einheitliches Bewusstsein absolut gegeben. ⟨Und das sei nur der Weg, den ich vom empirischen Denken aus dazu leiten will. Denn⟩[19] Das Ich lasse ich jetzt dahingestellt. Dies da, diese cogitationes sind, und sie bestimmen eine Bewusstseinseinheit‘‘ (S. 37a). Deutlich ist, dass Husserl sich zur Bestimmung derjenigen cogitationes, die zum absolut gegebenen einheitlichen Bewusstsein sich überhaupt zusammenfügen können, auf das ,,Ich‘‘ verwiesen sieht, *dessen* cogitationes als ,,seine‘‘ sich der wie immer phänomenologisch näher zu bestimmenden Einheit einfügen. Doch hat er hier noch keinen phänomenologisch reinen Ichbegriff, sondern offenbar das in den reinen (aber doch ,,meinen‘‘!) cogitationes intentional gesetzte empirische Ich im Auge. Ein solcher Rückbezug auf das empirische Ich zur Bestimmung der Einheit des Bewusstseins in rein phänomenologischer Betrachtung ist aber unzulässig. Die Rede von einer ,,absoluten Gegebenheit‘‘ eines ,,einheitlichen Bewusstseins‘‘ hält sich nicht an die Grenzen des phänomenologisch Aufweisbaren, sowie sie sich auf Empirisches zurückbezieht. Dies mag Husserl gespürt haben, und er strich den Passus ,,und das sei nur der Weg, den ich vom empirischen Denken aus dazu leiten will‘‘ heraus; bzw. er fuhr fort: ,,Das Ich lasse ich jetzt dahingestellt. Dies da, diese cogitationes sind, und sie bestimmen eine Bewusstseinseinheit‘‘ (S. 37a). Das Problem der Ichbeziehung überhaupt ist mit der Dahinstellung des empirischen Ich aber nicht verschwunden. In Husserls Sätzen selbst klingt es vielmehr schon an; denn er müsste doch auch über dasjenige ,,Ich‘‘ etwas sagen, das ,,die Setzung: ,ich‘ ‘‘ vollzieht (cf. S. 37a). Die Beschränkung der Analyse auf ,,diese cogitationes‘‘, die absolut gegebenen, ist bezüglich des Ich eine ,,Verlegenheitslösung‘‘; diese absoluten cogitationes sind *in* der phänomenologischen Analyse nur vermeintlich ,,niemandes‘‘ cogitationes. Sie mögen zwar als cogitationes in sich selbst eine Bewusstseinseinheit bestimmen, die als

---

[19] Der in ⟨ . . . ⟩-Klammern wiedergegebene Text ist im Manuskript, vermutlich schon zur Zeit der Niederschrift des Textes, wieder herausgestrichen worden.

solche keines expliziten Rückbezugs auf ein „Ich" bedarf, dennoch sind es „diese" und „jene" cogitationes, die *ich mir* als „meine" zuschreibe, welche ich in phänomenologischer Reduktion auf ihre Wesenseigentümlichkeiten hin untersuche.[20]

Sehen wir uns noch einen weiteren Text aus etwa derselben Zeit (1908–1909) an, der das Problem des Ich, wie es sich auch in der Einschränkung auf das absolut Gegebene einstellt, eindringlicher zur Sprache bringt und andererseits auch andeutet, worauf die zu den cogitationes selbst gehörige Einheitsbildung beruht. Der Text[21] trägt zu Beginn die auf die ganze Untersuchung bezügliche Notiz: „Betreffend die Zweifel, wie ich von dem nicht-wahrgenommenen Bewusstsein in der Phänomenologie Aussagen machen darf" (S. 103a). Husserl fragt hier genauer als in der eben herangezogenen Aufzeichnung vom „September 1908" nach der phänomenologischen Gegebenheit des *Zusammenhangs* (der Einheit) *des gesamten aktuellen Bewusstseins*, das aus mannigfaltigen Erlebnissen besteht (z.B. Wahrnehmung eines Dinges im Zusammenhang anderer Dinge, Wunschregung, Sinnen nach Klarheit über die Ordnung meiner Untersuchungen, Freude, still und gesammelt nachdenken zu können, Druckempfindungen der Kleider usw.). Er stellt die Unterscheidung auf „zwischen Erlebnissen, die aufgemerkt sind, und Erlebnissen, die gehabt, aktuell sind, aber nicht aufgemerkt sind" (S. 103b). Die Zweifel betreffen dann die Rechtmässigkeit von phänomenologischen Aussagen über die nicht-wahrgenommenen, d.i. die *Hintergrund*erlebnisse, die wesentlich zur aktuellen Erlebniskomplexion gehören, mit den gegebenen Erlebnissen, den „wahrgenommenen im prägnanten Sinn", einen „Zusammenhang" bilden, „den wir durch den Ausdruck ‚Hintergrund' andeuten. Vordergrund und Hintergrund ist einig" (cf. S. 103b). Wie ist diese Einigkeit zu bestimmen, worin gründet sie? Husserl nimmt zunächst eine empirische Ueberlegung auf, welche die Gegebenheit des aktuellen Bewusstseinszusammenhanges verständlich machen soll, lässt sie aber gleich danach vom rein phänomenologischen Standpunkt

---

[20] Vgl. die Andeutung dieses Problems auch im Text der Beilage III in Hu XIII, *Intersubjektivität I*: „Also der absolute Bewusstseinsstrom, was ist das? 1) Der *mir* gegebene Strom, das direkt und absolut Gesetzte, dies da! – *mir*, aber noch nicht mir, dem Individuum im psychologischen Sinn" (S. 5; um 1908; m.H.).

[21] Ms. A VI 8 II, S. 103–105, wohl um 1908–1909.

fallen. Er schreibt: „Nun wird man weiter sagen: Sie sind *einig* in meinem Bewusstsein, in einem und demselben Ichbewusstsein. Da achten wir aber auf die Grenzen, die uns die Phänomenologie steckt: wir stellen nur fest, was ‚absolut gegeben ist' " (S. 103b; m.H.). Im Unterschied zum anderen Textstück (oben, S. 59ff.), wo Husserl selbst zur Erleichterung des Verständnisses erwog, die Bestimmung der Einheit des Bewusstseins auf das empirische Ich mit „seinen" Erlebnissen zurückzubeziehen, spricht er hier von solcher Rückbeziehung auf ein und dasselbe Ichbewusstsein von Anfang an nur „indirekt" („man" wird sagen). Denn in seinem Sinn fährt er fort: „Und wenn ich zu reflektieren beginne, schalte ich meine Ichexistenz aus, da sie nicht ein absolut Gegebenes, nicht ein direkt Fassbares und Schaubares ist. Und erst recht die Existenz anderer Ich" (S. 103b). Sonach habe ich es auch nach dieser Aufzeichnung in der phänomenologischen Betrachtung nur mit „meinen" Erlebnissen zu tun, bloss, dass „meine Ichexistenz" der Reduktion verfällt und ich die Erlebnisse rein in sich selbst und ohne gedankliche Beziehung auf mich, das empirische Ich, zu nehmen habe.

Weil die Einschränkung auf das absolut Gegebene aber nur vom „Sinn der phänomenologischen Reduktion" her klar ist, der „schon vorher erörtert" sein müsste (cf. S. 103b), geht Husserl vor der näheren Erörterung der phänomenologischen Gegebenheit des Zusammenhangs von Vordergrund- und Hintergrundbewusstsein zu einer allgemeineren Betrachtung des reduzierten „Erlebnisbegriffes" und der „Frage, wie ich es anfange, um ihn abzugrenzen", über, denn hier liegt „schon eine erste Schwierigkeit" (cf. S. 104a). Die Schwierigkeit, die Husserl im Blick hat, betrifft eben allgemein die Beziehung der absoluten Erlebnisgegebenheiten auf das „Ich". Wir lesen: „Ja, *ich erlebe.* Ich meine vielerlei, was mir nicht wahrhaft gegeben ist. Ich setze an, es sei etwas, aber ich sehe es nicht, und ich sehe es, aber so, dass das Gesehene vielleicht gar nicht ist. Aber das ist völlig unzweifelhaft, dass, wenn ich das Gesehene bezweifle, ich doch das Sehen ‚habe', das Sehen erlebe. Es gibt da eine Mannigfaltigkeit von ‚Phänomenen', von Gegebenheiten (wirklichen und möglichen Gegebenheiten) für mich, die nichts von ‚Transzendenz' enthalten ⟨...⟩. Ist das nicht ein gesunder Ausgang? *Und wie soll ich für das Ich sagen?*"(S. 104a; m.H.). Unzweifelhafte phänomenologische Gegebenheiten sind die absoluten cogitationes, von ihnen kann die Untersuchung den Ausgang nehmen. Sogleich meldet sich indessen auch die Beziehung der Erlebnisse auf das Ich, das also mit zur Gegebenheit zu gehören scheint, denn ständig ist ja vom Ich, das die Erlebnisse vollzieht, die Rede. Ist aber das Ich eine absolute Gegebenheit, die nichts von Transzendenz enthält? Im Anschluss an die Frage, wie er für das Ich sagen solle, schreibt Husserl: „*Ich* sehe, ich meine Nichtgegebenes, und das Meinen ist zweifellos, das Sehen, die Erscheinung. Der Zweifel etc. ist, aber immer sage ich Ich, mein Sehen, mein Zweifeln etc., ich finde es, darauf hinblickend. Nun wohl, *ich will von diesem ‚Ich‘ weiter keine Aussagen machen. Es setzt mich in Verlegenheit.* Es ist mir nicht so gegeben, wie die Erlebnisse, und was ist das Ich, nun ich, Edmund Husserl etc., und ist das nicht wieder ein Gemeintes und keineswegs ein so, wie es gemeint ist, Gegebenes? Und ist nicht wieder das Meinen dieses Nichtgegebenen? Nun, ich will kein Erfahrungsurteil über das Ich aussprechen und über seine Erlebnisse" (S. 104a; m.H.). Als Phänomenologe fälle ich kein empirisches Urteil über mein Ich und seine Erlebnisse, sondern ich wende es innerhalb der phänomenologischen Reduktion in ein „Wesensurteil", „ohne die Setzung des empirischen Ich vorzunehmen oder von ihr Gebrauch zu machen"; ich setze „Erlebnisse überhaupt als ‚Möglichkeiten‘, als gegebene Wesen" (cf. S. 104a). Es handelt sich dabei nicht um „jetzt oder ein andermal gehabte Erlebnisse", sondern um „ideale Möglichkeiten, die ich auf Grund meiner aktuellen Erlebnisse, unangesehen ihrer Existentialsetzung, erfasse" (cf. S. 104b). Ich schaue reflektierend die absolute Gegebenheit etwa einer Dingwahrnehmungserscheinung, „dies-da", „nicht als Wirklichkeit der wirklichen Welt" genommen, in „reiner Wahrnehmung im phänomenologischen Sinn"; oder ich konstatiere, dass solche Erlebnisse als absolute Gegebenheit auch möglich sind auf dem Grund der Erinnerung[22] und endlich in der Phantasie, „und *mag dabei das Ich selbst sein was*

---

[22] Husserl hat in diesem Text nicht etwa die phänomenologische Anerkennung der Erinnerungsgegebenheiten als solchen der Erinnerung im Auge (es geht ihm nicht um „ein andermal gehabte Erlebnisse"), sondern er meint die Wendung in die Wesensbetrachtung („ideale Möglichkeiten") der Erlebnisgegebenheiten, die, sogut wie von einer Wahrnehmung, auch von einer Erinnerung, in der „mir eine solche Gegebenheit vorschweben kann", oder von einer Phantasie, indem „ich mich in ein Wahrnehmen hineinphantasiere" (cf. S. 104b), ihren Ausgang nehmen kann.

immer, vielleicht gar nicht das, als was es da gilt" (cf. S. 104b; m.H.).[23]

Wir sehen, dass Husserl in der Wesensbetrachtung, die er aufgrund der ihm aktuell gegebenen Erlebnisse durchführen will, vom empirischen Ich, ,,Edmund Husserl etc.", absehen kann. Mag dieses selbst sein was immer, die Wesensaussagen implizieren es nicht als so und so beschaffenes und geltendes. Und doch ist immer die Rede vom ,,Ich" in den ,,auf dem Grund *meiner* aktuellen Erlebnisse" vollzogenen phänomenologischen Untersuchungen. Die eigentliche Ichfrage, die Husserl stellt, ist gerade die, zu wissen, was es mit *dem* Ich auf sich hat, das in der Rede vom ,,ich sehe", ,,ich meine Nichtgegebenes", von meinem Sehen, meinem Zweifeln etc. mit auftritt. Aber ,,von diesem ,Ich' " will Husserl weiter keine Aussagen machen, weil es ihn ,,in Verlegenheit" setzt (cf. S. 104a). Er beschränkt das phänomenologische Feld auf die absolut gegebenen cogitationes, und so wie die Erlebnisse ist das Ich nun einmal nicht gegeben. Er fragt hier nicht weiter nach einem möglichen rein phänomenologischen Sinn des Ich als Ich seiner reinen Erlebnisse. Vielmehr geht er bei der bestimmteren Frage nach dem, ,,*was* das Ich ist" (cf. S. 104a), gleich und ausschliesslich zum *empirischen* Ichbegriff über. Wenn aber bei der Rede vom Ich nur noch das empirische Ich in Betracht gezogen ist, ist es klar, dass die phänomenologische Analyse Erkenntnisse erreichen kann, ,,mag dabei das Ich selbst sein was immer" (cf. S. 104b); dabei weicht sie aber der Frage nach jenem anderen ,,Ich", das in Verlegenheit setzt, aus; demjenigen Ich nämlich, das auch das absolut gegebene ,,Meinen *dieses* Nichtgegebenen", d.i. das Meinen des empirischen Ich (cf. S.

---

[23] Vgl. auch etwa in den Vorlesungen ,,Einführung in die Phänomenologie der Erkenntnis" vom Sommersemester 1909, wo Husserl bezüglich der im reinen Schauen der phänomenologischen Reduktion vollzogenen Untersuchung sagt: ,,Freilich, wie da die Rede ging, war sie ja immerfort *Rede von einem Ich*, also wohl einem Menschen, einem Philosophen, der da überlegte, der da wahrnahm, urteilte, zweifelte, schauend auf den oder jenen vollzogenen Akt hinblickte usw. Aber das sollten *indirekte Hindeutungen auf eine Stellungnahme* sein, die keineswegs die Existenz von Menschen, von Philosophen usw. mitsetzten. Jeder von uns mag etwa wahrnehmend sein Wahrnehmen zum Zielpunkt des Schauens machen und, dieses darin fassend, sagen: das ist, es ist undenkbar, dass das nicht sei. Und sich zum Bewusstsein bringen, dass darin nichts anderes als zweifellose Gegebenheit gesetzt sei als eben dies da, dieses Wahrnehmen, und nicht etwa das Ich, die Person, die Zeit, die Umstände etc. Genau das, was der schauende Blick wirklich fasst und so wie er es da fasst, das soll gesetzt sein, und nicht mehr" (Ms. F I 17, 14a; m.H.).

104a; m.H., oben S. 64), die Setzung ‚Ich' (oben, S. 61) vollzieht.[24]

Nach diesen Klarlegungen über den absoluten Erlebnisbegriff
und die sich aufdrängende Rede vom Ich, die auf die Dahinstellung einer phänomenologischen Ichproblematik hinauslaufen,
kehrt Husserl zum Problem der phänomenologischen Gegebenheit des Zusammenhangs des aktuellen Bewusstseins zurück.
Er betrachtet jetzt die Zusammengehörigkeit von Vordergrund-
und Hintergrunderlebnissen in *einem* aktuellen Bewusstsein rein
phänomenologisch ohne Beziehung der Gegebenheiten auf das
vorfindende Ich, allein als *Zugehörigkeit zu dem einen Fluss der
Erlebnisse in der immanenten Zeit*: ,,Ebenso erfasse ich nun den
Unterschied zwischen aktuellem Erlebnis, das ‚gegeben' ist, und
solchem, das aktuell, aber nicht gegeben ist, nicht in Objekt-
stellung ⟨ . . . ⟩ Ich merke auf etwas, dann finde ich rückblickend,
dass dasselbe auch war, und nicht gemerkt war. Und es war, d.h.
es war Erlebnis. Ich erfasse reflektierend das in das Licht der
Deutlichkeit, in den Blickpunkt des Bemerkens Treten, und darin
eine Zeitstrecke vor diesem Punkt: eine Zeitstrecke aber nicht im
objektiven Sinn, sondern im Sinn des ‚Flusses' der Erlebnisse,
die ihr ‚vor und nach' haben" (S. 104b). Also aufgrund der Einsicht in die den Erlebnissen selbst zugehörige Einheit im Sinn des
Flusses der Erlebnisse, die auch dem ,,Begriff des Bewusstseins"
im zuerst besprochenen Text zugrunde zu legen ist (oben, S. 59ff.)
,,darf ich von dem nicht-wahrgenommenen Bewusstsein in der
Phänomenologie Aussagen machen" (oben, S. 62), und ich bedarf
keines Rückgangs auf ,,mein" Ich, auf ein und dasselbe Ich-

---

[24] Für Husserls Problembewusstsein in der Frage des Ich ist auch folgende kurze
Notiz, die um 1910 entstanden sein dürfte, aufschlussreich: ,,Problem der ‚Phänomene' der Psychologie. Sind es die immanenten Einheiten in der inneren Wahrnehmung, in der subjektiven, phänomenologischen Zeit? Aber das Abklingen? Alles was
zur Konstitution dieser Einheiten im absoluten Bewusstsein gehört? Bei der Objektivation zur realen Zeit muss ja dieses auch mitobjektiviert werden (es wird auch mit
eingefühlt). Der *Zeitfluss*, in dem sich zeitliches Sein konstituiert, *ist selbst ein Erlebnis
der Person*, der Fluss wird zu einer objektiven Veränderung des betreffenden Ich, in
ihm fliessen die Phasen ab, er ⟨sic⟩ ‚erfährt' fortdauernd Veränderungen seines
psychischen Zustandes. *Rätsel des Ich*. Ich – konstituierte Einheit: worin im Ich?"
(Ms. F IV 1, S. 79a. Evtl. ist zu lesen: ,,worin, im Ich?"). Im Ms. F IV 1 befinden sich
u.a. Exzerpte und Inhaltsangaben zu eigenen Manuskripten der Jahre 1907 und 1908,
die wenig danach, sicherlich vor den *Ideen I*, entstanden. Das eben gegebene Zitat
entstammt dem Exzerpt der ,,P-Blätter" (P = Phänomenologie) vom ,,September
1907" (Ms. B II 1, S. 11–23), und zwar der über ,,Psychologie und Erkenntnistheorie"
handelnden Abschnitte (Ms. B II 1, S. 22 und 23). Vgl. zu diesen Blättern unten,
§ 14, S. 75ff.

bewusstsein, in welchem die Erlebnisse als Erlebnisse dieses Ich Einigkeit hätten. Husserl beschliesst seine Ueberlegungen: „Mag ich meine Zweifel wie weit ausdehnen, das verbindet mich weiter nicht und verschreibt mich nicht dem Teufel des materialistisch-psychologistischen Widersinns, wenn ich annehme: Erlebnisse sind, und gegebene oder gespürte" (S. 104b). Seine Aufweisung der Erlebniseinheit aufgrund des ursprünglichen zeitkonstituie-renden Bewusstseins, die am Ende der Aufzeichnung anklingt, bringt die wesentliche Vertiefung der phänomenologischen Auf-klärung der miteinander innig verschmolzenen intentionalen Erlebnisse.[25] Husserl betrachtet in diesen reflexiven Analysen vorerst die absoluten Erlebnisse nur „gegenständlich" und sucht nach den Bedingungen, „sie gegenständlich in die Einheit eines Bewusstseins zu bringen".[26] Reine Erlebnisse (Bewusstsein über-haupt) sind ihm, wie er zu Beginn des Dingkollegs von 1907 sagt, eine „Gegenständlichkeit im weiteren Sinne".[27]

Die in diesem Paragraphen erörterten Texte zeigen aber, dass Husserl sich in der Einschränkung auf die absoluten Selbst-gegebenheiten der reinen Erlebnisse doch des Ich *als Problem* bewusst ist. Er schaltet die nähere Aufklärung der „Beziehung auf das Ich" aber vorerst aus und betrachtet die Erlebnisse rein in sich selbst nach ihrem reellen und intentionalen Gehalt. *In* der phänomenologischen Analyse werden die adäquat gegebenen Erlebnisse also noch betrachtet, als schwebten sie gleichsam im leeren Raum und wären „niemandes" Erlebnisse. In der Ein-schränkung auf die absolut selbstgegebenen Erlebnisse könnte auch die Zugehörigkeit der absolut gegebenen Erlebnisse zur einen und nicht zu einer anderen zeitlichen Bewusstseinseinheit gar nicht fraglich werden. Von vornherein habe ich es als Phäno-menologe nur mit „meinen" Erlebnissen zu tun, die ich aber nicht *als* „meine", sondern als reine, absolute apperzipiere, mag es mit der Beziehung auf das „Ich" phänomenologisch wie immer stehen. So ist verständlich, dass die transzendentale Phänomeno-logie auf dieser Stufe ihrer Problematik *ohne besonderes Interesse für die subjektive Richtung auf ein Ichsubjekt der reinen Erlebnisse*

---

[25] Vgl. dazu etwa Hu X, *Zeitbewusstsein*, Nr. 41, bes. S. 290ff. (um 1907–1909); Ms. B II 1, S. 22b und 23a, „aus 1907"; Nr. 39, in Hu X, S. 277f. (Zusatz aus 1909).
[26] Vgl. Hu XIII, *Intersubjektivität I*, Beilage VII („aus 1909"), S. 18, Anm. 1.
[27] Hu XVI, *Ding und Raum*, Vorlesungen 1907, § 13, S. 40.

auskommen kann. Das „Ich" mag zwar in Verlegenheit setzen, es
liegt aber auf dem Boden der phänomenologischen Reduktion auf
die adäquaten Selbstgegebenheiten des reinen Bewusstseins kein
„zwingendes" Motiv vor, dem sich meldenden Problem des Ich
auf den Grund zu gehen. In der reinen Phänomenologie können
weitreichende Bewusstseinsanalysen vollzogen werden, ohne ihm
weiter Raum geben zu müssen.

Indessen, im folgenden wollen wir zu zeigen versuchen, dass
die der reinen Phänomenologie zentrale Problematik der Konstitution der Gegenständlichkeiten im transzendentalen Bewusstsein schliesslich doch von den Sachen selbst her vor das Problem
führt, welches in Husserls Denkweg das entscheidende Motiv für
die Einbeziehung des Ich in die reine Phänomenologie beibringt
und die Leistung und Unumgänglichkeit eines solchen Ichprinzips
verständlich macht. Was zur Frage steht, hat Natorp prägnant
zum Ausdruck gebracht, wenn er in Hinsicht auf die V. Logische
Untersuchung im „§ 6. Der Inhalt allein Problem. Auseinandersetzung mit Husserl" in seinem Werk *Allgemeine Psychologie* von
1912 schreibt: „Es bleibt aber unzweifelhaft immer die Supposition des Bewusst-seins und zwar *Einem*-bewusst-seins, also auch
des *Ich*, dem der Inhalt, gleichviel ob Einzelinhalt oder verbundene Vielheit, bewusst, das selbst aber eben damit nicht Inhalt
(weder Einzelinhalt noch verbundene Vielheit) sei" (S. 35; m.H.).
Husserl anerkannte später, wie aus seinem Exemplar von Natorps
Werk hervorgeht, „die Kritik" als „richtig" und fügte bei: „nur
muss man für Inhalt ,Erlebnis' sagen".[28] In den *Logischen Untersuchungen* selbst wurde jene Supposition vom empirischen Ich
erfüllt (oben, § 2). Wenn dieses aber durch die phänomenologische
Reduktion ausgeschaltet und noch kein „reines" Ichprinzip in
dessen Funktion anerkannt ist, muss die transzendentale Phänomenologie auf der bisher betrachteten Stufe im Grunde genommen doch als *ichlose* Bewusstseinsanalyse angesprochen werden,
mag das „Ich" auch gelegentlich als Problem in Verlegenheit
setzen. So präzisiert sich, was das Ergebnis des 2. Kapitels voraussehen liess (oben, S. 42f.).

Wir deuteten bereits an, dass Husserl zu Beginn der transzendentalen Phänomenologie vorwiegend die Konstitution des

---

[28] Vgl. a.a.O., S. 35, Randbemerkung. Zu Husserls Lektüre von Natorps *Allgemeine
Psychologie*, siehe I. Kern (1964), S. 350, Anm. 4.

Dinges erforscht (oben, § 10, S. 53). Dieser Konstitution wollen wir nun noch einige Aufmerksamkeit schenken; wir werden dabei, mit Husserl, auf dem Boden der reinen Phänomenologie ,,von selbst" vor die zur Einbeziehung des reinen Ich motivierenden Phänomene geführt.

§ 13. Konstitution des Dinges in der Einheit des Einzelbewusstseins und Vervielfältigung des Bewusstseins

Zunächst erforscht Husserl die Konstitution des Dinges in der Sphäre des Einzelbewusstseins. Die ausführlichsten Analysen gibt bereits das Dingkolleg von 1907.[29] Von ihnen gilt, was Husserl später im Abschnitt über die ,,kinästhetischen Systeme" bezüglich der Erscheinungen der Ruhe und Bewegung des Dinges kritisch vermerkte: ,,Natürlich ist es anders, wenn wir Einfühlung dazunehmen. Wir sprechen hier nicht vom intersubjektiven Ding".[30]

Es sind nun aber gerade die Probleme der konstitutiven Aufklärung des Wesens von Dinglichkeit, die Husserl alsbald auch auf die Einbeziehung einer *Mehrheit von Bewusstseinseinheiten* verweisen. Schon um 1908 sieht Husserl deutlich die Bedeutung dessen, was er später ,,transzendentalen Leitfaden" (oder ,,Index") nennen wird, für die transzendentale Phänomenologie der Konstitution, nämlich die Möglichkeit, sich am ontologischen, objektiven Apriori zu orientieren, um das jedem ontologischen Apriori korrelativ zugehörige Apriori der transzendentalen, konstituierenden Subjektivität aufzuklären.[31] Wir lesen in einem bereits herangezogenen Text aus 1908, der die Ueberschrift ,,Transzendentale Phänomenologie" trägt: ,,Ausgehend von den verschiedenen Seienden können wir immer, umgekehrt, fragen: Wie ist ein solches Seiende gegeben, wie kann es als Seiendes solcher Kategorie gegeben sein? Und inwiefern ist es jeweils unvollkommener gegeben, wie kommt es zu vollerer Gegebenheit, und inwiefern ist absolute Gegebenheit eine unendliche Aufgabe?".[32] In dieser Hinsicht auf das ontologische, objektive

---

[29] Vgl. Hu XVI, *Ding und Raum*, Vorlesungen 1907.
[30] a.a.O., S. 154ff.; das Zitat, S. 158, Anm. 1. Vgl. auch Beilage I, S. 338, ad 31, 36ff.
[31] Vgl. dazu I. Kern (1964), § 18c: ,,Der Weg über die Ontologie", S. 218ff.; und § 17 ebendort.
[32] Ms. B II 1, S. 30a. Husserl vermerkt hierzu selbst später am Rande: ,,Transzendentaler Leitfaden".

Apriori des Seienden, z.B. auf die ontologischen Sätze über das, ohne was Dinge überhaupt nicht denkbar sind, und die somit als Normen für eine in den cogitationes sich vollziehende Dingansetzung gelten, indem sie, was zum „Sinn" von Dingen gehört, vorschreiben, in solcher Hinsicht wird sich das Ding (die Natur überhaupt) als „intersubjektive Einheit" [33] herausstellen, zu deren vollen konstitutiven Aufklärung das konstituierende Bewusstsein selber als intersubjektives aufzuweisen ist.

Der zu vollziehende Schritt hin auf die „Erweiterung" [34] des transzendentalen Feldes ist sehr schön am Beispiel der Dingkonstitution in einem Text (wohl um 1908) angezeigt, den wir zur Ueberleitung in die Problematik des nächsten Kapitels heranziehen. Der Text handelt über „*Transzendentale Methode. Bedingungen der Möglichkeit der Wissenschaft. Bedingungen der Möglichkeit der Erkenntnis von Gegenständlichkeit. Von was für Gegenständlichkeit. Was ist die Voraussetzung*".[35] Husserl knüpft an die Unterscheidung von objektiven und subjektiven Bedingungen der Möglichkeit der *Prolegomena*[36] an und fragt sich, inwiefern diese Unterscheidung in transzendentaler Methode fruchtbar zu machen sei. „Da liegt das Problem der Konstitution; in der ‚Erkenntnis', das gehört zu ihrem Wesen, liegt Beziehung auf Gegenständlichkeit. Was sind das, Beziehungen des ‚Bewusstseins' auf Gegenständlichkeit, und welche Wesensverhältnisse gehören dazu?" [37] Im Verlauf des Textes führt Husserl nun jene doppelte Hinsicht, „einmal rein objektive Haltung: Axiome für Gegenstände überhaupt ⟨ontologisches Apriori⟩; das andere Mal epistemologische Haltung ⟨Apriori der Konstitution⟩" (S. 100a) am Beispiel der Erfahrungsgegenständlichkeit *Ding* etwas näher aus.

Auf seiten des ontologischen, objektiven Apriori gilt: Zum Seinssinn der Gegenständlichkeit Ding gehört, dass es „ein Identisches ist, das ist, auch wenn es nicht wahrgenommen ist, wahrgenommen gewesen ist, und vielleicht niemals wahrgenommen

---

[33] cf. Hu XIII, *Intersubjektivität I*, Nr. 6, „Grundprobleme der Phänomenologie", Vorlesungen von 1910–1911, § 36.
[34] Zum Ausdruck „Erweiterung" cf. Hu VIII, *Erste Philosophie II*, Beilage XX, S. 433 und Hu XV, *Intersubjektivität III*, Nr. 1, S. 17.
[35] Ms. B IV 1, S. 100f.; vgl. S. 100a.
[36] LU I (1900), bes. §§ 65f.
[37] Ms. B IV 1, S. 100a.

sein wird", also, dass es sich nicht im „Perzipiertsein" erschöpft. Husserl hebt zum einen die *Unabhängigkeit des Dinges* vom „ ‚individuellen' Bewusstsein" im Sinne der „Unabhängigkeit vom konstituierenden Bewusstsein, vom gebenden, wahrnehmenden, erfahrenden Bewusstsein" heraus, zum anderen, mit Rücksicht auf den „Unterschied der wahrnehmenden Individuen", die Unabhängigkeit des Dinges auch „vom individuellen nicht wahrnehmenden, nicht intuitiven Setzen, vom Denken des Individuums". Der erste Gesichtspunkt der Unabhängigkeit versteht sich schon in Beschränkung auf das einzelne Bewusstsein und meint: „ein Ding muss sich konstituieren *können*, es muss vom Bewusstsein aus sich ausweisen können, im Fortgang möglichen Bewusstseins, aber es muss nicht wahrgenommen sein" (cf. S. 101a). Der zweite Gesichtspunkt der Unabhängigkeit setzt eine Mehrheit von wahrnehmenden Individuen voraus und meint, dass ein Ding dann nicht nur von der tatsächlich erfahrenden individuellen Wahrnehmung, Erinnerung etc., sondern auch von der urteilenden, denkenden Erfahrung, von der möglichen Wahrnehmung (vom Wahrnehmenkönnen) des Individuums unabhängig ist (cf. S. 101a). Durch den Ausfall eines wahrnehmenden, denkenden etc. Individuums wird der Seinssinn des Dinges nicht betroffen; es bleiben andere Individuen, in denen es zur Gegebenheit kommt und kommen kann.

Auf seiten des konstitutiven Apriori entspricht den beiden Gesichtspunkten dann „also a) Konstitution eines Dinges in der Einheit des ⟨gestrichen „singulären"⟩ Bewusstseins (aber noch vor der Bewusstseinsvielheit)" und „b) Vervielfältigung des Bewusstseins".[38] Uns interessiert hier vor allem noch der zweite Gesichtspunkt.

Husserl hat folgendes Phänomen, das zum Ansatz einer Mehrheit von Bewusstsein führt, im Auge: „*Einheit einer Zeit*, in der *dasselbe Ding zugleich mehrfach gegeben* ist, mehrere Wahrnehmungen, und dabei dasselbe Objekt, und zugleich . . .". Zum ontologischen Apriori des Dinges gehört es, dasselbe für eine Mehrfältigkeit von Wahrnehmungen sein zu können. Dies gilt

---

[38] cf. Ms. B IV 1, S. 101b. – Vgl. auch etwa den Text Hu X, *Zeitbewusstsein*, Nr. 40 (wohl zwischen 1907 und 1909), in dem Husserl die Dingkonstitution ebenfalls von den beiden Gesichtspunkten aus skizziert. – Ferner: Ms. B II 2, S. 18f. ⟨um 1907⟩; Hu XIII, *Intersubjektivität I*, Beilage V (wohl 1908) und Beilage XXXI ⟨um 1910⟩, bes. S.242.; Ms. A I 4, S. 7a/b („1908"); Ms. A I 8, S, 55 a/b (wohl 1908/09).

schon in der Einheit eines Bewusstseins, schon hier ,,überbrückt
die Dingkonstitution die Mehrfältigkeit des Wahrnehmens" (cf.
S. 101b), ich kann jetzt und ein andermal dasselbe Ding wahrnehmen. Es gehört aber zum Wesen des Dinges, der Welt insgesamt, auch die Möglichkeit, mehreren Wahrnehmungen *zugleich*
zugänglich zu sein. Nun können aber mehrere in der Einheit einer
Zeit zugleich vollzogene Wahrnehmungen nicht *einem* Bewusstsein allein zugeordnet werden, vielmehr müssen dementsprechend
verschiedene Bewusstsein angenommen werden.

,,Die sich konstituierende Welt, die im Wahrnehmen gegebene,
im Denken zu begründende eine und selbe, dabei aber verschiedene *konstituierende Bewusstseinssysteme*" (S. 101b). Diese Mehrheit von Bewusstsein stellt sich Husserl vorerst noch ohne Zusammenhang unter sich vor: ,,Denken wir uns überhaupt eine
Mehrheit von Bewusstseinen (mehrere Bewusstseinseinheiten),
so konstituieren sich in ihnen im allgemeinen ganz zusammen-
hangslos(e) Dinge und Welten. Die Welten relativ zu ihrem Bewusstsein; oder es ist zunächst ohne Sinn, dass das Konstituierte
dasselbe sein soll" (S. 101b). Soll das Konstituierte aber *als dasselbe* für eine Mehrheit von Bewusstsein rein phänomenologisch,
anschaulich aufgewiesen werden können, wie es seinem vollen
Wesen nach ausgewiesen werden können muss, so muss ein
intersubjektiver Zusammenhang der verschiedenen konstituierenden Bewusstsein selbst in Ansatz gebracht und phänomenologisch
anschaulich aufgewiesen werden. Der Text fährt unmittelbar
fort: ,,Ueberbrückung dieser Mehrheit, intersubjektive Bewusstseinseinheit überbrückend die mannigfaltigen subjektiven Bewusstseinseinheiten" (S. 101b).

Wenn solcherart die cogitationes, die die fundamentale Sphäre
aller Seinssetzung darstellen, zu verschiedenen, aber in Zusammenhang stehenden konstituierenden Bewusstseinssystemen gehören, die Problematik der Konstitution der Bewusstseinsgegenständlichkeiten im transzendentalen Bewusstsein also nicht mehr
innerhalb des Einzelbewusstseins aufgeklärt wird, dann wird
eine eindeutige anschauliche Bestimmung der Einheit *eines* Bewusstseins, ein prinzipielles Kriterium der Zugehörigkeit der
cogitationes zu einer und derselben Bewusstseinseinheit erforderlich. Bei diesem Problembestand, der den Rahmen der zweifellosen absoluten Selbstgegebenheiten überschreitet: mehrere in

Zusammenhang stehende und doch getrennte Bewusstseinsströme, in denen sich die eine und selbe Welt konstituiert, in rein
phänomenologischer Erfahrung aufzuweisen, erkennt Husserl das
Ungenügen der Rede von „niemandes" Erlebnissen, er kommt
um die rein phänomenologische Aufklärung der bislang als problematisch dahingestellten Supposition des „Einem-bewusst-
seins, also auch des Ich" (oben, S. 68), nicht mehr herum.

5. Kapitel

DER INTERSUBJEKTIVE ZUSAMMENHANG DES KONSTITUIERENDEN BEWUSSTSEINS – DIE IDEE DES REINEN ICH

Im folgenden möchten wir nachweisen, dass, sowie andere Bewusstsein in die phänomenologische Problematik der Konstitution miteinbezogen werden, das Problem der Bestimmung nicht nur der Einheit (des kontinuierlichen zeitlichen Zusammenhangs der Erlebnisse) eines Bewusstseins, sondern das Problem der Bestimmung der phänomenologischen Abgeschlossenheit einer (meiner) Bewusstseinseinheit gegenüber anderen Bewusstseinseinheiten auftritt und dass dann das Interesse für die subjektive Richtung auf das Ich zur prinzipiellen Klärung der phänomenologischen Gegebenheiten unumgänglich wird.

Aus etwa derselben Zeit, der die Texte entstammen, in denen eine Verlegenheit über das Ich zum Ausdruck kommt (oben, § 12), liegen auch Aufzeichnungen vor, in denen Husserl gerade im Hinblick auf den intersubjektiven Zusammenhang des konstituierenden Bewusstseins spürt, das Problem des Ich nicht mehr dahinstellen zu können. Diesen Aufzeichnungen gilt zunächst unser Augenmerk (unten, § 14). Danach wollen wir die phänomenologische Aufklärung des in diesen Texten im Vorblick herausgestellten Problembestandes in ihren prinzipiellen Schritten kennenlernen, zunächst die intersubjektive Erweiterung des phänomenologischen Feldes mittels der Phänomenologie der Vergegenwärtigungen und der doppelten Reduktion (unten, § 15). Hierauf werden wir das Prinzip der Konstruktion eines einheitlichen Bewusstseinsstromes, das Husserl in den Vorlesungen „Grundprobleme der Phänomenologie" von 1910–11 einführt, erörtern (unten, § 16) und zusehen, wie er dieses Prinzip alsbald in Richtung auf das reine Ich als subjektives Beziehungszentrum „seiner" Erlebnisse interpretiert (unten, § 17). Zur genaueren Bestimmung der gewonnenen Idee des reinen Ich wenden wir uns schliesslich einer Textgruppe von 1914 oder 1915 zu, in der wir den prinzipiellen Abschluss der nachgezeichnetenMotivationslinie sehen, welche auf das Ich als Prinzip der Einheit eines Bewusstseinsstromes führt (unten, § 18).

§ 14. *Aperçu der Ichproblematik in der transzendentalen Phäno-*
menologie

Sehen wir zuerst einen zwölf Blätter („P") umfassenden Text „Zur Idee der Phänomenologie" aus „September 1907" [1] an. Husserl versucht, anknüpfend am erkenntnistheoretischen Problem, sich Klarheit zu verschaffen über die „reine", „absolute" Phänomenologie (S. 19b) („mein Schmerzenskind", S. 14b), die aller empirischen Suppositionen sich enthält und der Erkenntnistheorie wie der Kritik der Vernunft überhaupt ein Fundament abgeben kann (cf. S. 19b). Nach den erkenntnistheoretischen Erörterungen, die ihn auf das „allgemeine. Zeitproblem" (S. 22a u.b.) führen, verlässt er den Gesichtspunkt der reinen Phänomenologie und geht in Hinsicht auf die Frage nach dem Ich, unter Einbeziehung einer Ichvielheit, „zur Psychologie über" (S. 22b). Voran betont Husserl, dass „nicht das absolute Bewusstsein, sondern die Wahrnehmungen, Erinnerungen, Erwartungen etc., das ‚innerlich Wahrnehmbare' " (cf. S. 22b), also die im absoluten, zeitkonstituierenden Bewusstsein konstituierten immanenten Einheiten der subjektiven Zeit, die empirisch-psychologische Objektivation als Erlebnisse von Subjekten erfahren. Dann heisst es: „Die Subjekte sind die empirischen Subjekte, und empirische Subjekte ‚haben' ihre Erscheinungen, ihre psychischen Erscheinungen. Die Wahrnehmungen etc. des einzelnen Ich bilden einen Zusammenhang, den Zusammenhang des phänomenologischen Bewusstseins, d.h. vom empirischen Ich als dem psychophysischen können wir absondern ein Ich der inneren Wahrnehmung, nämlich das Ich, das als Einheit von Wahrnehmungen, Vorstellungen, Urteilen etc. sich in der inneren Wahrnehmung findet" (S. 22b). Das ist die Erlebniskomplexion, das „phänomenologische Ich" der *Logischen Untersuchungen*, die zeitliche Einheit der Erleb-

---

[1] Ms. B II 1, S. 11–23; vgl. Umschlagaufschrift S. 1a. Husserl schreibt u.a. auf dem Binnenumschlagblatt (S. 10): „P. 1907 Phänomenologie. Ad *Ideen* zur Ausarbeitung gelesen. Sehr wichtig, noch nach dem *Ideen* interessant, besonders auch historisch". (Später verändert: „in der Hauptsache nur historisch".) Auf Seite 11a vermerkt er „gelesen 1912⟨und⟩ 1921". Ich zitiere den Text im ursprünglichen Wortlaut von 1907.

nisse, die „jeder für sein Ich" in sich vorfinden kann (oben, S. 7). Dieser wechselnden, kontinuierlich-fliessenden Einheit der Akte, die, auf das Phänomenologische achtend, zunächst allein im Blicke ist, steht aber gegenüber „das Ich, das im Fluss der subjektiven Zeit sein Leben hat in diesen Akten" (S. 22b) und also nicht einfach mit der Einheit der Erlebniskomplexion gleichgesetzt werden kann. Besonders bedeutsam ist nun die *Motivation*, aus der Husserl sich hier über das Problem des Ich besinnt, weil er hier dahin neigt, das Ich als phänomenologisch-evident anzuerkennen. Rückblickend auf die V. Logische Untersuchung, deren Ichskepsis, wie unsere vorangegangenen Ausführungen zeigten, auch in der beginnenden transzendentalen Phänomenologie noch nicht aufgeklärt wurde, schreibt Husserl im Anschluss an den zuletzt zitierten Passus: „(Allerdings, das ist eine grosse Frage, der ich zu sehr ausgewichen bin, die Evidenz des *Ich als eines Identischen*, das also doch nicht in dem Bündel *bestehen*kann. Müssen wir nicht anerkennen, dass ich ,mich' als absolut Gewisses vorfinde als die Akte habend, sich in den mannigfaltigen Akten auslebend, aber als eins und dasselbe? Ich ist kein Inhalt, nichts innerlich Wahrnehmbares, dann wäre es ja etwas Gehabtes vom Ich. Aber finde ich mich nicht, und finde ich mich nicht in der subjektiven Zeit? Bin ich also nicht Wahrnehmbares? Und handelt es sich da nicht doch um eine Apperzeption alles innerlich Wahrnehmbaren, und zwar ⟨um⟩ eine solche, die dasselbe als phänomenologisch-evident mitaufnimmt, aber eine *Apperzeption, die eben kontrastiert gegen Eingefühltes, gegen andere Ich.*)[2]

Um die Tragweite dieser selbstkritischen Besinnung richtig einzuschätzen, müssen wir uns das um 1907 erreichte Problembewusstsein in der Frage des Ich vergegenwärtigt halten (oben, § 8). Im Gegensatz zu den Texten, die im Blick auf die absoluten Selbstgegebenheiten die Frage des Ich stellten, um sie alsbald als etwas in Verlegenheit Setzendes dahinzustellen (oben, § 12), fragt sich Husserl in dieser Aufzeichnung vom „September 1907", ob nicht anzuerkennen sei, „dass ich ,mich' als absolut Gewisses vorfinde als die Akte habend, sich in den mannigfaltigen Akten aus-

---

[2] Ms. B II 1, S. 22b und 23a; m.H. Am Rande des Textstückes der Seite 23a bemerkte Husserl etwas nachträglich: „Cf. auch Pfänder Einleitung". Gemeint ist: A. Pfänder, *Einführung in die Psychologie*, 1904. Wir kommen auf diesen Verweis auf Pfänder im 7. Kapitel zurück (unten, § 31, S. 234ff.).

lebend, aber als eins und dasselbe". Als Gegebenheit anerkannte Husserl bisher in der phänomenologischen Reduktion bloss die absolut gegebene Bewusstseinseinheit, das „phänomenologische Ich" als Bündel der reinen („niemandes") Erlebnisse und das „Ichphänomen" des intentional so und so konstituierten empirischen Ich. Die unser Textstück von 1907 leitende Fragestellung setzt im Ausgang von der psychologischen Betrachtung bei der Gegebenheit des Unterschiedes meines und anderen Bewusstseins an. Die Motivation, die Husserl hier der Frage nach dem Ich als Identischen „seiner" mannigfaltigen Akte nicht ausweichen lässt, erwächst gerade auf dem Hintergrund der Abgrenzung meiner Bewusstseinserlebnisse (des „innerlich Wahrnehmbaren") gegen fremde Bewusstseinserlebnisse. Würden fremde Erlebnisse als mögliche Gegebenheit in der phänomenologischen Sphäre in Betracht gezogen, wären sie dem für „mich" „innerlich Wahrnehmbaren", den „eigenen" Erlebnissen gegenüber für „mich" bloss als „Eingefühltes", als nur einem *anderen* „Ich" als *dessen* „innerlich Wahrnehmbares" gegeben. Der Sinn der „Apperzeption alles innerlich Wahrnehmbaren" in Kontrast zum „Eingefühlten" drängt zur Anerkennung eines „phänomenologisch-evidenten" („reinen") Ich, dessen Erlebnisse eine apperzeptive Einheit des „innerlich Wahrnehmbaren" bilden. Der Text aus „September 1907" deutet diesen phänomenologischen Zugang zum Problem des Ich als Ich „seiner" Akte erst im Vorblick an. Die Mittel der phänomenologisch anschaulichen Bewusstseinsanalyse, die auf dem Boden der reinen Phänomenologie selbst zu der sich abzeichnenden Fragestellung führen und keine weitere Dahinstellung des Problems des Ich mehr zulassen, sind noch nicht bereitgestellt.

In einem Text aus 1908[3] redet Husserl nun vom Recht, in der absoluten, der phänomenologischen Bewusstseinsbetrachtung „von diesem und jenem Bewusstsein zu sprechen" (S. 19a), einem Unterschied, der doch „immerfort" bestehe (cf. S. 15a). Er überschreitet dabei das Feld des *aktuellen* absolut gegebenen Bewusstseins, das in der phänomenologischen Reduktion anfänglich allein

---

[3] Ms. B I 4, der uns interessierende Abschnitt S. 15a ff., bes. S. 18 und 19. Vgl. die Beilagen V und VI in Hu XIII, *Intersubjektivität I*, die aus demselben Konvolut B I 4 stammen; cf. die entsprechenden textkritischen Anmerkungen, a.a.O., S. 492. Später, frühestens 1916, bezeichnete Husserl die Aufzeichnungen dieses Konvolutes als „die ersten, ganz unreifen Reflexionen" (cf. Ms. B I 4, S. 1a).

als Gegebenheit der adäquaten Wahrnehmung anerkannt wurde. Für unsere Fragestellung liegt die besondere Bedeutung der Aufzeichnung darin, dass Husserl hier wiederum auf einen ,,Begriff des reinen Ich'' geführt wird, der eben aus dem zum Nachweis einer Vielheit von absoluten Bewusstsein vollzogenen Gedankengang ,,seinen Sinn'' gewinne (cf. S. 19a). Im engeren Zusammenhang des Textabschnittes, der uns interessiert, fragt Husserl in Gegenüberstellung zum nur intentionalen Sein der Dinge nach dem ,,Sein des konstituierenden Bewusstseins''. Er sagt zunächst: ,,Es ist kein reales Sein. Es ist kein Ich, keine Person, keine Seele. Es ist an keinen Leib gebunden, da der Leib sich in dem Bewusstsein Konstituierendes ist'' (S. 18a). Dieses ,,phänomenologische Sein'' ist auch in diesem Text vorerst das aktuelle der ,,adäquaten Wahrnehmung'' (S. 18b). Husserl zieht dann aber auch die ,,*indirekte* Setzung'' von Bewusstsein in Betracht, die sich ,,durch das Medium der empirischen Setzung von Leibern als Dingen der zum aktuellen Bewusstsein gehörigen Erfahrung'' vollzieht, und er sagt: ,,diese indirekte Setzung setzt ein Sein selbst, und ein absolutes Sein'' (S. 18b). ,,⟨ . . . ⟩ ein gewisser Grund im aktuellen Bewusstsein ⟨ . . . ⟩ fordert die Setzung von Bewusstsein, das nicht aktuelles Bewusstsein ist, und indirekt gesetzt damit ist ein absolutes Sein, das nicht aktuell gegebenes Sein ist und aktuell nicht zu gebendes in dem Zusammenhang dieses aktuellen Bewusstseins. Es ist also genau eine Setzung wie die, die vergangenes Bewusstsein (nicht in der objektiven Zeit, sondern im Fluss des aktuellen Bewusstseins) auf Gründe hin setzt, das kein aktuell erinnertes oder vielmehr kein aktuell wahrgenommenes und frisch erinnertes Bewusstsein ist''.[4] Nicht nur die Art und Weise der ,,mittelbaren Setzung'' der Wiedererinnerung und der Setzung fremden Bewusstseins ist nach Husserl hier die gleiche, sondern auch deren Rechtmässigkeit: ,,So ist auch das ,fremde' Bewusstsein ⟨ . . . ⟩ ein mit Recht absolut Gesetztes, so mit Recht wie das vergangene aktuelle Bewusstsein'' (S. 19a).[5] Das fremde Bewusstsein ist ,,in absoluter Rede nicht ein empirisch gefasstes Bewusstsein anderer Personen, sondern ein nicht aktuell gegebe-

---

[4] Ms. B I 4, S. 18b und 19a.

[5] Dieser Text macht wie der in § 12 erörterte aus ,,September 1908'' deutlich, dass in der Einschränkung auf den aktuellen Bewusstseinsfluss die Rede von einem ,,anderen'', einem ,,zweiten'' Bewusstsein nicht ohne weiteres schon als ,,fremdes'' Bewusstsein gedeutet werden muss (vgl. oben, S. 60, Anm. 18).

nes Bewusstsein, ein nicht aktueller, ein ‚anderer' Bewusstseinsfluss als dieser aktuelle und was im Fluss ihm in Vergangenheit
und Zukunft ⟨ . . . ⟩ einzuordnen ist" (S. 19a). Nach diesen Fest-
legungen schliesst Husserl: ,,Und so besteht ein Recht, von
diesem und jenem Bewusstsein zu sprechen, von vielem Bewusstsein (jedes Bewusstsein ein Zusammenhang des Flusses), das
nicht in ein Bewusstsein sich einordnet, aber seine Einheit hat
durch gesetzmässige Zusammenhänge, die von einem in das
andere hineingreifen" (S. 19a). An dieser Stelle des Gedankenganges, der eine *Mehrheit* absoluter Bewusstsein als Gegebenheit
in Anspruch nimmt, kommt Husserl nun ,,in absoluter Rede" auf
den Begriff des reinen Ich zu sprechen, und zwar nicht bloss, um
ihm als problematischem alsbald wieder auszuweichen, sondern
ihm auf dem Boden der absoluten Bewusstseinsbetrachtung einen
rechtmässigen Sinn zuerkennend. Von den ,,mit Recht" gesetzten
vielen Bewusstsein sagt Husserl: ,,Das sind nicht Seelen, das sind
nicht Personen" (S. 19a). Er begründet seine Meinung, indem er
darauf hinweist, dass durch solche Rede ,,das Absolute verding-
licht" würde, weil empirische Objektivationen vollzogen würden,
,,genauso wie wir es täten, wenn wir irgendeinen einzelnen Akt
oder ein einzelnes Datum des aktuellen Bewusstseins als ‚meinen
Zustand', ‚meine Tätigkeit' fassen" (S. 19a). Sah Husserl in der
Einschränkung auf das absolut, d.i. ohne empirische Objektivation betrachtete aktuelle Bewusstsein den Begriff des reinen Ich
nur ,,mit Verlegenheit" an, lesen wir jetzt unmittelbar nach dem
zuletzt zitierten Passus: ,,*So gewinnt der Begriff des reinen Ich
seinen Sinn.* Oder ein Ichbegriff, der auch in eine *Vielheit* sich
spaltet: viele Ich, die geeinigt sind in der Einheit des Absoluten,
die eine alle Ich umspannende Einheit ist. Es ist keine ‚reale Einheit', sondern eine Einheit absoluter Art, die mit keiner realen
zusammengeworfen werden darf" (S. 19a; teils m.H .) . Dieser
Begriff des reinen Ich nennt indessen, bei näherem Zusehen,
noch nicht etwa das von Husserl in der Kritik an Natorp in der
V. Logischen Untersuchung verworfene ,,subjektive Beziehungszentrum zu allen mir bewussten Inhalten" (Erlebnissen) (oben,
S. 11); vielmehr nennt hier der Begriff des reinen Ich unmittelbar den ,,Zusammenhang des Flusses", den ,,jedes Bewusstsein"
bildet, die Gesamtheit der Erlebnisse dieses oder jenes Bewusstseins (cf. S. 19a; oben S. 79). Diese ,,Gleichsetzung" geschieht
hier aber in einer Weise, die nicht bloss im Sinn des *einen* (,,solip-

sistischen") „phänomenologischen Ich" als Bündel der absoluten
(„niemandes") Erlebnisse zu verstehen ist. Der Zusammenhang
der Zitate macht vielmehr als Meinung spürbar, dass der Begriff
des reinen Ich „seinen Sinn" eigentlich gewinnt, weil auch „in
absoluter Rede" von „meinen" Bewusstseinserlebnissen (Tätigkeiten) bzw. von denen eines „anderen" Ich muss gesprochen
werden können, ohne dass zu dieser Unterscheidung eine Ver-
dinglichung des Absoluten, eine auf empirische Ich (Personen)
bezogene objektivierende Apperzeption des Bewusstseins zu vollziehen ist. Bei der Ansetzung einer Vielheit von absoluten Bewusstsein wird die „Supposition des Einem-bewusst-seins" besonders empfindlich, da die absoluten Erlebnisse offenbar Erlebnisse „dieses" oder „jenes" und nicht „niemandes" sind. So gewinnt ein Begriff des reinen Ich, der in eine Vielheit sich spaltet,
seinen Sinn.

Die „bewusstseinsverbindende, vom absoluten zum absoluten
Ich laufende Einheit" sieht Husserl im Fortgang des Textes „in
der zum Wesen jedes absoluten Ich ⟨ . . . ⟩ gehörigen Notwendigkeit: eine Welt logisch zu setzen ⟨ . . . ⟩ als eine Welt, welche allen
psychischen Individuen gemeinsam ist; darin liegt, dass alle
absoluten Ich so in Beziehung stehen, dass sie dieselbe Verbind-
lichkeit haben und dass sie nicht jeder eine andere Welt setzen
können, sondern *eine allen gemeinsame Welt*. Denn jedem gesetzten
psychischen Individuum entspricht in absoluter Betrachtung ein
absolutes Ich" (S. 19a und b; m.H.). Wir stehen damit genau vor
der am Schluss des letzten Kapitels (oben S. 72f.) angezeigten
intersubjektiven Problematik der Konstitution einer und derselben Welt für alle konstituierenden Subjekte.

So wie der eben erörterte Text aus 1908 lautet, wirkt er, monadologischen Betrachtungen jener Zeit verwandt,[6] eher „meta-
physisch" als phänomenologisch-analytisch die Bewusstseinsgegebenheiten aufdeckend. Der Grund hierfür liegt darin, dass
Husserl die phänomenologische Gegebenheit *anderen* als aktuell
gegebenen Bewusstseins eigentlich erst andeutend „behauptet",
aber noch nicht wirklich phänomenologisch anschaulich zeigt,
wie über das aktuell gegebene Bewusstsein hinauszukommen

---

[6] Vgl. Hu XIII, *Intersubjektivität I*, Beilage III ⟨um 1908⟩, S. 5ff., Beilage IV
(1908), S. 8f., sowie die anderen Texte des Ms. B II 2, dem diese Beilagen entstammen
(cf. textkritische Anmerkungen zu Beilage III in Hu XIII, S. 492).

und mit welchem Rechte das „indirekt" gesetzte Bewusstsein als phänomenologische Gegebenheit anzusetzen ist. Was aber an Problembewusstsein in der Frage des Ich in den herangezogenen Texten sich meldet, wird Husserl in der konkret durchgeführten phänomenologischen Bewusstseinsanalyse nicht mehr loslassen.

§ 15. *Die intersubjektive Erweiterung des phänomenologischen Feldes mittels der Phänomenologie der Vergegenwärtigungen und der doppelten Reduktion*

Bisher fanden wir, Husserl habe das Problem des Ich am deutlichsten beim Hinblick auf den intersubjektiven Zusammenhang des konstituierenden Bewusstseins vor Augen. Dieser intersubjektive Zusammenhang wurde für Husserl aber erst aufgrund der Phänomenologie der Vergegenwärtigungen und der doppelten phänomenologischen Reduktion zu einer phänomenologisch aufweisbaren Gegebenheit. Um uns ein anschauliches Verständnis der Ichproblematik der transzendentalen Phänomenologie zu verschaffen, wollen wir den für die ganze Konstitutionsproblematik fundamentalen Schritt der Erweiterung des phänomenologischen Feldes über das adäquat Wahrnehmbare hinaus in den Hauptlinien kennenlernen. Dass er über den auf das aktuelle, adäquat wahrnehmbare Bewusstsein eingeschränkten Boden in der Tat immer schon hinausging, sieht Husserl selber klar genug. Zum Beispiel bezüglich der „fundamentalen Sphäre" der cogitationes, die er im Text über „Das Problem der Konstitution" aus September 1908 (oben, S. 59) als unzweifelhafte Ausgangsgegebenheit ansprach, notiert er wenig später kritisch am Rande: „Eine fundamentale Sphäre! Ich setze damit aber als seiend gegenwärtige und vergangene cogitationes, einen fortlaufenden Fluss etc. Mit welchem Recht gehe ich über das immanente Sein, das mir in der adäquaten ‚inneren Wahrnehmung' absolut gegeben ist als jetzt seiende cogitatio, hinaus? Also da ist eine Lücke".[7] In den Vorlesungen „Grundprobleme der Phänomeno-

---

[7] Ms. B II 1, S. 37a, Randbemerkung. – Vgl. im selben Konvolut Blatt 46. Es enthält eine „unmittelbar nach den oder während der Vorlesungen ⟨1906–1907⟩ niedergeschriebene" kritische Selbstbesinnung „zur Methode der Phänomenologie und zum Sinn ihrer wissenschaftlichen Intentionen". Husserl ordnet sie „zu S. 163ff." (d.i. Ms. F I 10, S. 85ff. der Archivpaginierung) der Vorlesungen von 1906–1907 zu

logie" von 1910–1911[8] kommt die Auffüllung dieser Lücke in
Verbindung mit der uns besonders interessierenden Erweiterung
der Reduktion auf die Intersubjektivität ausführlich zur Darstellung.[9] An diesen Vorlesungen und in ihren Umkreis gehörigen
Texten können wir uns im folgenden orientieren.

In dem als Nr. 5 in Hu XIII, *Intersubjektivität I* wiedergegebenen Text ,,Vorbereitung zum Kolleg 1910–11" (S. 77ff.), der den
Anfang Oktober 1910 niedergeschriebenen ,,Entwurf der Hauptgedanken" (S. 77, Anm. 2) jener Vorlesungen enthält, führt
Husserl bereits deren Grundgedanken an: ,,So wie wir als Thema
haben nicht nur das eigene ⟨ . . . ⟩ Bewusstsein, das wir direkt in
der wahrnehmenden Reflexion erfassen, und nicht nur ⟨die⟩
Erinnerung an früheres eigenes Bewusstsein, sondern auch *das
erinnerte Bewusstsein selbst* und ⟨ . . . ⟩ das im Fluss der Bewusst-
seinsvorkommnisse indirekt zu supponierende ⟨ . . . ⟩ Bewusstsein, *so auch das in der Einfühlung gesetzte fremde Bewusstsein*"
(S. 85f., m.H.).[10] Dieses ,,fremde" Bewusstseinsleben macht einen
eigenen Bewusstseinsfluss aus, ,,ganz von derselben allgemeinen
Artung, wie es mein in Akten der Reflexion etc. ,direkt' gegebener
Bewusstseinsfluss ist, also mit Wahrnehmungen, mit Erinnerungen, mit antizipierenden Leermeinungen, mit Bestätigungen, mit
Evidenzen usw., die sind, aber *nicht die meinen* sind" (S. 87,
m.H.). Die Gegebenheit fremden Bewusstseins erfolgt aufgrund
von Akten der Einfühlung, die als ,,Wahrnehmung des Fremd-
leibes und als mein Supponieren eines fremden Bewusstseins
⟨ . . . ⟩ in den Zusammenhang meines Bewusstseins" gehören
(S. 84). ,,Ich bleibe also durchaus in meinem Feld, das sich aber

(vgl. oben, bes. § 9). Er fragt hier bereits, ob er ,,nicht Erlebnisse als ,existierend' annehme ⟨ . . . ⟩, die im Schauen nicht gegeben sind", ob er also ,,nicht doch auch einen
Zusammenhang ,individuell einzelner' Erlebnisse, sich verbindend zur Einheit des
,Bewusstseinsflusses' " setze, und er spricht in Andeutungen von der ,,phänomeno-
logischen Perzeption und Erinnerung", in der er ,,einen Fluss" erfasse, und von der
,,phänomenologischen Reflexion und Erinnerung", in der er ,,einen ,Hintergrund'
analysiere" (S. 46a).

[8] Hu XIII, *Intersubjektivität I*, Nr. 6, S. 111ff. – Da diese Vorlesungen in den folgenden Paragraphen sehr oft herangezogen werden, zitiere ich sie der Einfachheit
halber unter dem Sigel GPh (Grundprobleme der *Phä*nomenologie) mit Angabe von
Paragraph (Einteilung des Herausgebers) und-oder Seite (z.B. GPh, § 37, S. 184) im
fortlaufenden Text.

[9] Vgl. zu diesen Vorlesungen und ihrer Bedeutung in Husserls Denkweg die Einleitung des Herausgebers, Iso Kern, in Hu XIII, S. XXXIII ff.

[10] Ich zitiere die ,,Vorbereitung zum Kolleg 1910–11" sowie die Vorlesungen
,,Grundprobleme der Phänomenologie" selbst in der ursprünglichen Fassung, die mit
Hilfe des textkritischen Apparates gut rekonstruierbar ist.

durch Einfühlung erweitert hat zur Sphäre einer Mehrheit von geschlossenen Bewusstseinsflüssen (genannt Ichbewusstsein), welche mit dem ‚meinen' verknüpft sind durch die Motivationszusammenhänge der Einfühlung und auch untereinander so verbunden sind oder es sein können" (S. 87f.).

Diese Erweiterung des phänomenologischen Feldes, zunächst über den eigenen aktuellen Strom hinaus und dann über das „eigene" Bewusstsein hinaus auf „fremdes" Bewusstsein, wird ermöglicht durch die Anerkennung von nicht nur gegenwärtigenden, sondern auch *vergegenwärtigenden* Akten als phänomenologisch gebenden, wenn auch nicht absolut zweifellos gebenden. Husserl anerkennt in den „Grundproblemen der Phänomenologie" nicht nur die „phänomenologische Wahrnehmung, deren absoluter und dabei zweifelloser Charakter sich allerdings vertreten lässt", sondern auch „andere Gegebenheitsweisen, ⟨ . . . ⟩ (und zwar immer innerhalb der phänomenologischen Einstellung), deren absoluter Charakter sich nicht mehr durchaus in demselben Sinn vertreten lässt (nämlich als Zweifellosigkeit)" (cf. GPh, § 23, S. 159). In dieser Hinsicht erweitert er den „Begriff der phänomenologischen Erschauung", als welche bisher die Wahrnehmung als „Schauen absoluter Selbstgegebenheit" (S. 167) galt, solcherart, „dass er der empirischen Erfahrung parallel läuft, also gleichsam zur phänomenologischen Erfahrung wird: phänomenologische Gegenwärtigung und Vergegenwärtigung".[11]

Die Akte der Einfühlung, in denen fremdes Bewusstsein gesetzt wird, gehören nach Husserl zu „der weitesten Gruppe der Vergegenwärtigungen" (GPh, § 38, S. 188). Der Gedanke, dass das in der Einfühlung vergegenwärtigungsmässig gegebene fremde Bewusstsein so wie das eigene zur transzendental-konstitutiven Aufklärung der Bewusstseinsgegenständlichkeiten zugrunde gelegt werden kann, findet seinen phänomenologischen Aufweis in der *doppelten phänomenologischen Reduktion*, welche bei allen vergegenwärtigenden Akten möglich ist und durch welche der Nachweis erbracht wird, dass phänomenologische Forschung nicht bloss auf den jetzt aktuellen Bewusstseinsstrom eingeschränkt ist, sondern den vergangenen eigenen und eben auch fremde Be-

---

[11] Hu XIII, GPh, § 23, S. 159; vgl. dazu das ganze 4. Kapitel: Das Hinausgehen der Phänomenologie über den Bereich des absolut Gegebenen, S. 159ff.

wusstseinsströme umfasst.[12] Zur Gewinnung des ganzen phänomenologischen Feldes, und zwar immer „in der Interesseneinstel-
lung auf reines Bewusstsein" (S. 85) verbleibend, wird entscheidend, dass all das, wovon ein Erlebnis Erlebnis ist, als phänomenologische Gegebenheit anerkannt wird (cf. GPh, § 25, S. 162),
auch dann, wenn die Gegebenheitsweise keine absolut zweifellose
ist. Nicht absolut-gebende zu sein, ist gerade, im Gegensatz zur
phänomenologischen Wahrnehmung, der Charakter der phänomenologischen Vergegenwärtigungen (GPh, § 23, S. 159); bei
ihnen ist das, wovon sie Vergegenwärtigungen sind, nicht in dem
Sinne „Jetzt"-Gegebenheit, wie bei den phänomenologischen
Gegenwärtigungen. Dadurch, dass innerhalb der phänomenologischen Einstellung das Vergegenwärtigte anerkannt wird, und
zwar als vergegenwärtigtes Bewusstsein (und dessen Intentionales)
von vergegenwärtigendem Bewusstsein, also rein in der Betrachtung des Bewusstseins „für sich selbst", dadurch eröffnet sich
eine Universalität der phänomenologischen Erfahrung, die Husserl
in den „Grundproblemen der Phänomenologie" ankündigt: „So
eignen wir uns alle Erfahrung zu", nämlich rein auf die Erlebnisse selbst hinblickend, sie selbst und was sie uns in sich bieten
mögen zum Objekt machend (cf. § 15, S. 148).

In sich selbst verweisen vergegenwärtigende Akte jeder Art auf
„anderes" Bewusstsein als sie selbst sind, welches andere eben in
ihnen vergegenwärtigt ist. Die Möglichkeit der doppelten phänomenologischen Reduktion besteht dann darin, dass nicht nur das
jetzt aktuelle, vergegenwärtig*ende* Bewusstsein (z.B. eine Erinnerung, die ich jetzt als aktuelles Erlebnis habe), sondern auch das
in ihm vergegenwärtig*te* Bewusstsein und dessen Intentionales
(z.B. die in der Erinnerung erinnerte Wahrnehmung von dem
und dem Vorgang) zur phänomenologischen Gegebenheit gebracht werden kann (z.B. „als phänomenologische Gewesenheit"),
obschon „nicht mehr zur absoluten Gegebenheit, die jeden
Zweifel ausschliesst" (cf. GPh, § 29, S. 167f.). In sich selbst bietet
z.B. das Erlebnis „Wiedererinnerung" gewesene, vergangene
Erlebnisse und deren Intentionales. „Eine Reflexion ⟨ist mög-
lich⟩, die da sagt, das und das ist wahrgenommen gewesen, oder,

---

[12] Cf. Hu XIII, GPh, §§ 29, 34, 35, 39 und Beilage XXVI (1910) zu GPh. – Die
Theorie der doppelten phänomenologischen Reduktion stellt Husserl ausführlich in
seinen Vorlesungen 1923–24 (Hu VIII, *Erste Philosophie II*, S. 82ff., S. 132ff. (S.
157ff.)) dar, wobei er auf die Vorlesungen GPh von 1910–11 zurückgreift. Vgl. dazu
auch I. Kern (1964), S. 207ff.

Wahrnehmung *von* dem und dem ist gewesen" (§ 26, S. 164).
Verdeutlichend können wir sagen: Die Möglichkeit der doppelten
Reduktion beruht auf dem den Akten der Vergegenwärtigung
selbst eigentümlichen gleichsam „verdoppelten" Bewusstsein.
So kann ich, wie auf das vergegenwärtigende, jetzt aktuelle Bewusstsein, so auch auf das vergegenwärtigte „andere" (eigene
oder fremde) Bewusstsein reflektieren und es der phänomenologischen Reduktion unterziehen, d.h. es rein in sich selbst betrachten ohne jede empirische Apperzeption. Durch die doppelte
Reduktion wird ermöglicht, dass „eine unendliche Fülle von
phänomenologischen Gegebenheiten uns zuströmt" (GPh, § 29,
S. 167), schliesslich, unter Einbeziehung der Einfühlung, „die
unendliche Fülle von Phänomenen, die der Phänomenologe gehabt hat, und gar die alle anderen Menschen haben und gehabt
haben".[13] Denn die Einfühlung als Akt der Vergegenwärtigung
von „fremdem" Bewusstsein „ist nun jedenfalls eine Erfahrung,
die wir wie jede andere phänomenologisch reduzieren können.
Und auch hier die doppelte Art der phänomenologischen Reduktion: Fürs erste die Einfühlung in ⟨sich⟩ selbst, die wir schauend
in phänomenologischer Wahrnehmung gegeben haben ⟨ . . . ⟩.
Andererseits ist aber die Einfühlung Erfahrung von einem eingefühlten Bewusstsein, in dem wir auch phänomenologische
Reduktion üben können" (GPh, § 39, S. 188f.).

Husserl fasst „das Resultat dieser phänomenologischen Reduktion" (cf. GPh, § 35, S. 179ff.), die erlaubt, alle natürliche Erfahrung in phänomenologische umzuwenden, zusammen in der
Aussage, dass jede in natürlicher Erfahrung gesetzte „transzendente Einheit" zum „Index bestimmter reiner Bewusstseins-
zusammenhänge dient, die durch phänomenologische Reduktion
in diesen Erfahrungssetzungen nachweisbar sind" (cf. § 35, S. 179).
Er veranschaulicht dieses „Index"-Sein wiederum an der Ding-
erfahrung (S. 179ff.). Phänomenologisch gesehen ist nicht „das
erfahrene Ding" das Objekt der Untersuchung, vielmehr werden
„die Erfahrungen von dem Ding, die wirklichen und möglichen"
(S. 180), beurteilt. „Und da ist es eine Erkenntnis von ungeheurer
Wichtigkeit, dass jede natürliche Erfahrung als immanentes Sein

---

[13] Hu X, *Zeitbewusstsein*, Nr. 51 (1909), S. 349. Im dortigen Zusammenhang des
„absoluten Skeptizismus", den Husserl als „Fiktion" erweist (S. 343), heisst es
natürlich: „Nicht die unendliche Fülle von Phänomenen, . . .".

genommen eine Mannigfaltigkeit anderer natürlicher Erfahrungen und eine Mannigfaltigkeit von realen Möglichkeiten natürlicher Erfahrung motiviert und dass wir diese Motivationszusammenhänge, welche Zusammenhänge des reinen Bewusstseins sind, aufwickeln und auf sie unseren Blick richten können. Und dieser Blick hat den Charakter phänomenologischer Erfahrung. ⟨ . . . ⟩ *und erst dadurch gewinnen wir das Feld des reinen Bewusstseinsstromes* ⟨ . . . ⟩" (cf. § 35, S. 180; m.H.). Dinge, Natur insgesamt, wie auch der Bedeutungsgehalt der Wissenschaften, die als „Indizes" für Regelungen des Bewusstseins als reinen Bewusstseins verstanden werden, stellen sich ihrem ontologischen Apriori entsprechend (cf. oben, § 13, S. 70f.) als „*intersubjektive* Einheiten" (GPh, § 36, S. 183) heraus, und so führt die phänomenologische Aufwickelung der Motivationszusammenhänge der diesen Gegenständlichkeiten entsprechenden Erfahrungen über die Einheit eines Bewusstseinsstromes hinaus auf den „intersubjektiven Zusammenhang des Bewusstseins" (S. 184), in dem die Konstitution der „intersubjektiven Einheiten" sich vollzieht. Diese „Erweiterung" des phänomenologischen Feldes auch auf „fremde" Bewusstsein geschieht, wie wir skizziert haben, aufgrund der doppelten Reduktion an den Akten der Einfühlung. Danach ist verständlich, dass „in der phänomenologischen Reduktion jedes Ding auch für das eingefühlte Ich Index ihm zugehöriger und von mir ihm eingefühlter Erfahrungszusammenhänge und Erfahrungsmöglichkeiten ist, und so für jedes Ich" (cf. GPh, § 39, S. 190f.). Dergestalt wird die die mannigfaltigen subjektiven Bewusstseinseinheiten überbrückende „intersubjektive Bewusstseinseinheit" (oben, § 13, S. 72) begründet, in welcher sich die Konstitution der einen und selben Welt für alle vollzieht, die Konstitution „der Allnatur, *derselben*, die für mich auch ist, die auch ich wahrnehme und sonst erfahrungsmässig setze" (§ 39, S. 190; m.H.). „Also ist Natur ein Index für eine allumfassende Regelung, umfassend alle durch Einfühlung in Erfahrungsbeziehung zueinander stehenden Bewusstseinsströme ⟨ . . . ⟩" (§ 39, S. 191).

Husserl beschliesst die Betrachtungen über die Erweiterung der phänomenologischen Reduktion auf den ganzen Bewusstseinsstrom und auf die Intersubjektivität wie folgt: „Alles phänomenologische Sein reduziert sich dann auf *ein* ⟨später eingefügt:

,,auf ‚mein‘ ">" phänomenologisches Ich, das ausgezeichnet ist als wahrnehmendes und erinnerndes, einfühlendes Ich und als dabei phänomenologisch reduzierendes, und auf *andere*, in der Einfühlung gesetzte, und als schauende, erinnernde, evtl. einfühlende Ich gesetzte Ich" (GPh, § 39, S. 190). Die ,, ‚Erweiterung‘ der phänomenologischen Reduktion auf die monadische Intersubjektivität" [14] ist das wichtigste Ergebnis von Husserls Vorlesungen ,,Grundprobleme der Phänomenologie" von 1910–11. Diese Vorlesungen ,,wiederholen" in konsequenter Abfolge die sachliche Problematik, die wir in den vorangegangenen Kapiteln auseinanderlegten. In eins verschärfen sie aber gerade auch das Problembewusstsein in der Frage des Ich; denn ihre Anfänge anschaulicher Aufklärung des intersubjektiven Bewusstseinszusammenhangs mittels der phänomenologischen Analyse der vergegenwärtigenden Erfahrung machen den Begriff des reinen Ich als phänomenologisch-evidenten fassbar.

§ 16. Das Prinzip der Konstruktion eines einheitlichen Bewusstseinsstromes

Es bleibt uns jetzt zu zeigen, wie Husserl in den ,,Grundproblemen der Phänomenologie" von 1910–11 im Horizont des intersubjektiven konstituierenden Bewusstseins nach einer prinzipiellen Bestimmung *eines* phänomenologischen Ich, eines einheitlichen Bewusstseinsstromes in seiner Abgeschlossenheit gegenüber fremden Bewusstseinsströmen fragt und wie diese Problematik ihn an die Idee des reinen Ich leiten wird. Er notiert später auf einem Umschlag zu den Vorlesungs-Blättern von 1910–11: ,,Besonders wichtig: Wesen des einheitlichen phänomenologischen Ich: wie sich mein Bewusstseinsstrom gegenüber jedem anderen phänomenologisch abschliesst. Prinzip der Einheit. 44."[15]

Bevor wir uns der Analyse dieses, die phänomenologische Ichproblematik wesentlich motivierenden Prinzips zuwenden, ist eine Verständigung über den Textbestand, auf den wir uns stützen, erforderlich. Die Seitenzahl ,,44" im eben gegebenen Zitat bezieht sich auf Husserls ursprüngliche Paginierung des Vorlesungsmanuskriptes ,,Grundprobleme der Phänomenologie". Das bezeichnete Textstück dieses Blattes ,,44" bildet die zen-

---

[14] Hu VIII, *Erste Philosophie II*, Beilage XX (wohl 1924), S. 433.
[15] Ms. F I 43, S. 40a; vgl. Hu XIII, GPh, S. 111, Anm. 1. Vgl. auch Husserls spätere Inhaltsangabe zu dem uns interessierenden Teil der Vorlesungen im letzten Absatz der Beilage XXIV in Hu XIII, S. 213 (wohl aus 1924).

trale Ueberlegung des § 37 in der vom Herausgeber besorgten Gliederung des Vorlesungsmanuskriptes in Hu XIII, *Intersubjektivität I*, Nr. 6, S. 185f. Unmittelbar dem Text des § 37 (Vorlesungsblatt „44"), der das Prinzip des einheitlichen Bewusstseinsstromes umgrenzt, ist dann zuzuordnen die Beilage XXVI in Hu XIII, *Intersubjektivität I*: „Erinnerung, Bewusstseinsstrom und Einfühlung. Selbstreflexion über die Leitgedanken" (S. 219ff. – Vgl. die textkritischen Anmerkungen dazu in Hu XIII, S. 517ff.). Die Blätter dieser Beilage sind von Husserl, offenbar zur klareren Darstellung, zum Vorlesungsblatt „44" hinzugelegt worden (vgl.: „Die Ideen, die mich da leiten, werden klarer hervortreten durch folgende Ueberlegung", Hu XIII, S. 219). Diejenigen Blätter „ad 44", die uns im folgenden insbesondere interessieren, wurden „während der Vorlesungen ⟨November oder Dezember 1910⟩ niedergeschrieben" (S. 219). Die späteren Einfügungen, Ergänzungen etc. der Beilage XXVI sowie des Textes des § 37 selbst ändern am Wesentlichen des Gedankenganges, den wir zu verfolgen haben, nichts; sie akzentuieren ihn da und dort noch deutlicher in dem Sinn, den wir herauszustellen versuchen. Wir folgen hier aber doch der ursprünglichen Fassung von 1910 (ausser bei blossen stilistischen Veränderungen), weil hier Husserls Gedankengang, wie er historisch schon *vor* den *Ideen* aufgreifbar wird, nachgezeichnet werden soll.

Auf die genannten Blätter „44ff." der Vorlesungen „Grundprobleme der Phänomenologie" verweist Husserl ferner in einem von ihm auf Sommersemester 1911 datierten, drei Blätter umfassenden Text (Ms. A VI 8 I, S. 155 und 156; Ms. B I 9 I, S. 89), in dem er auf eine „Idee des ‚reinen Ich' " Bezug nimmt, welche er durch den Verweis auf die Vorlesungen 1910–11 in engste Verbindung mit dem Prinzip der Konstruktion eines einheitlichen Bewusstseinsstromes (GPh, § 37) bringt. An der die „Idee des reinen Ich" umgrenzenden Stelle dieses Manuskriptes merkt Husserl nämlich am Rande an: „Das bedarf aber der genaueren Bestimmung. Cf. Kolleg über natürlichen Weltbegriff 1910–11, 44ff." Zur Bezeichnung „Kolleg über natürlichen Weltbegriff" für die Vorlesungen „Grundprobleme der Phänomenologie" von 1910–11 vgl. die Einleitung des Hrsg., Iso Kern, in Hu XIII, S. XXXVIff. Der zitierte Verweis ist mit Rotstift am Rande geschrieben; mit demselben Rotstift wurde auch die Datierung „Sommersemester 1911" auf Blatt „1" (Ms. A VI 8 I, S. 155a) angebracht. Das Ms. weist viele Unterstreichungen und einige Einfügungen desselben Rotstiftes auf, auch Blauunterstreichungen und Bleistifteinfügungen und -ergänzungen. Es dürfte schwer zu entscheiden sein, ob die Datierung („S-S 1911") sich nachträglich auf die ursprüngliche Niederschrift des Manuskriptes oder auf eine offenbar genaue Lektüre und verdeutlichende Ueberarbeitung mit Bezug auf das Kolleg von 1910–11, die Husserl im „S-S 1911" gemacht hätte, bezieht. Solche „Lektüre-Datierungen"sind bei Husserl nicht selten, in unserem Falle fehlt allerdings eine präzisere Angabe der Art „gelesen", „vidi" o.ä. Für uns ist aber auch vielmehr von Interesse, dass Husserl auf die „Grundprobleme der Phänomenologie" von 1910–11 verweist und offenbar gleichzeitig mit diesem Verweis eine das *reine* Ich betreffende Einfügung (Ms. A VI 8 I, S. 156b) macht. Darauf kommen wir der Sache nach bei der Analyse des Textes von „S-S 1911" zurück (unten, § 17, S. 101ff.).

Ein weiterer Verweis auf dieselben Blätter „44ff." findet sich am Ende eines Ms., das um 1910 entstand und als Teil der Beilage XXXI in Hu XIII, *Intersubjektivität I*, abgedruckt ist (Ms. E I 3 I, S. 88; vgl. Hu XIII,

S. 243ff. „Selbst und Person der Gemeinschaft", und S. 245 die zugehörige
Anm. 1. Der Verweis „Dazu Vorlesungen über den natürlichen Weltbegriff 1910–11, S. 44ff." (= S. 185ff. in Hu XIII, GPh) scheint mit dem
gleichen Rotstift geschrieben, wie der Verweis auf dem Ms. aus „S-S 1911".
Wir kommen auf diesen Verweis bei der Darstellung von Husserls Bezugnahme auf Lipps im 7. Kapitel zurück (unten, § 30, S. 221ff.); Husserl verweist nämlich im selben Zusammenhang hier auch auf Th. Lipps (cf. Hu
XIII, S. 245, Anm. 1)

Verdeutlichen wir uns zuerst die Motivation der Frage nach
dem Prinzip der Konstruktion eines einheitlichen Bewusstseinsstromes. Nachdem Husserl in den „Grundproblemen der Phänomenologie" mittels der Phänomenologie der Vergegenwärtigungen und der doppelten Reduktion zeigte, wie die phänomenologische Erfahrung sich über den *ganzen* Bewusstseinsstrom erstreckt und das Bewusstsein „als einen einzigen *Zeitzusammenhang*" in den Blick bringt (GPh, § 33, S. 177, m.H.; cf. §§ 31–34),
stellt er angesichts der konstitutiv aufzuklärenden *intersubjektiven* Einheiten (Natur, Bedeutungsgehalte der Wissenschaften)
fest, „noch nicht von dem *intersubjektiven Zusammenhang* des
Bewusstseins, bzw. noch nicht von der von einem Ichbewusstsein
zu einem anderen Ichbewusstsein laufenden *Erfahrung* gesprochen" zu haben (cf. § 36, S. 183f.; m.H.). Soll die phänomenologische Reduktion nicht Reduktion auf den Bewusstseinsstrom,
d.i. „Einschränkung auf *die* Zusammenhänge reinen Bewusstseins,
die in empirisch-psychologischer Auffassung einem einzelnen empirischen Ich angehören" (S. 184, m.H.), bedeuten, also keinen
transzendentalen Solipsismus zur Folge haben, wie es de facto
bisher der Fall war (cf. oben, § 11, S. 57f.), so muss *in* phäno-
nologischer Erfahrung der intersubjektive Bewusstseinszusammenhang aufgewiesen werden können. Diese Erfahrung bietet die
Einfühlung in der doppelten phänomenologischen Reduktion
(oben, S. 85). Auf dem Hintergrund dieser „Erweiterung" des
phänomenologischen Feldes, die nicht nur cogitationes, die in
empirisch-psychologischer Auffassung einem einzigen Subjekt
angehören, sondern auch solche, die sich empirisch gesprochen
auf „andere" Subjekte „verteilen", als phänomenologische
Gegebenheit anerkennen wird, erhebt sich aber die Frage: Wie
charakterisiert sich ein Bewusstseinsstrom in rein phänomenologischer Betrachtung *als abgeschlossene Einheit*, d.h. als Einheit
derjenigen cogitationes, die in empirischer Auffassung ausschliess-

lich *einem* Ich angehören? ,,Wie charakterisiert sich *dies* reine Bewusstsein, das *reine Ich*bewusstsein?'' (GPh, § 36, S. 184; m.H.)

Husserl deutet zuerst an, dass diese Bestimmung der Einheit des Ichbewusstseins in empirischer Hinsicht kein Problem bietet. Er weist darauf hin, dass das empirische Ich Bewusstsein habe und dass zu seinem Bewusstsein eben jede singuläre cogitatio gehöre, die es hat, die es erlebt (cf. § 37, S. 184).[16] So ist durch die Beziehung der Erlebnisse auf dasselbe Ich eine Einheit gewähr- leistet, die Einheit dieses oder jenes Ichbewusstseins. Wie aber, wenn durch die phänomenologische Reduktion die apperzeptive Beziehung des Bewusstseins auf das Ich unterbunden ist und nun nicht nur cogitationes, die empirisch aufgefasst einem einzigen Ich angehörten, als Gegebenheit in Frage kommen? Kann, ohne empirische Erkenntnisse vorauszusetzen, reines Bewusstsein als reines Ichbewusstsein phänomenologisch einheitlich bestimmt werden? Husserl stellt vorweg fest: ,,Nun, wir sprachen schon von *einem Bewusstseinsstrom,* und in der Tat ist Einheit des phänome- nologischen Bewusstseinsstromes und Einheit des Bewusstseins, die ausschliesslich Bewusstsein eines *einzigen* Ich in der empiri- schen Auffassung ist oder aus dieser durch phänomenologische Reduktion hervorgeht, *ein und dasselbe*'' (§ 37, S. 184). Der ,,eine Bewusstseinsstrom'' nennt in phänomenologischer Betrachtungs- weise den einen Zeitzusammenhang, als welchen sich das Bewusst- sein in der phänomenologischen Erfahrung herausstellt, ohne Rücksicht auf die Frage, wessen Bewusstsein erforscht wird. *Motiviert* durch die zu vollziehende Erweiterung der phänomeno- logischen Reduktion auf die Intersubjektivität (GPh, § 36), stellt sich nun die Aufgabe, rein phänomenologisch auch zu zeigen, dass die zeitlich vereinheitlichten Erlebnisse *ausschliesslich* die Erleb- nisse eines *einzigen* ,,Erlebenden'' sind. Solange in der phänome- nologischen Reduktion nur eine ,,einzige'' Bewusstseinseinheit in Betracht gezogen war, bestand für diesen Nachweis kein ernst- liches Motiv, wohl hingegen besteht es jetzt, wenn *innerhalb* der phänomenologischen Reduktion auf das reine Bewusstsein der Unterschied ,,eigenen'' und ,,fremden'' Bewusstseins auftritt und als solcher muss ausgewiesen werden können. Zur Lösung der Aufgabe geht Husserl daran, ,,*das einzig entscheidende Prinzip*

---

[16] Vgl. auch ,,Vorbereitung zum Kolleg 1910–11'', Hu XIII, *Intersubjektivität I,* Nr. 5, S. 8of.

⟨ . . . ⟩, das die Einheit des Bewusstseinsstromes konstruiert"
(GPh, § 37, S. 186; m.H.), zu etablieren, „das Prinzip, das entscheidet, ob mehrere cogitationes zur Einheit eines phänomenologischen Ich gehören, und sozusagen aufweist, woran es zu erkennen ist, dass mehrere cogitationes, die, wie immer, in phänomenologischer Erfahrung gegeben sind, zu einem Bewusstseinsstrom gehören müssen, und das andererseits begründet, dass *ein*
Strom existieren muss, der sie in sich fasst ⟨ . . . ⟩" (§ 37, S. 186).
Wir stehen vor dem Problembestand, den die *Logischen Untersuchungen* beim Uebergang zur reinen Phänomenologie voraussehen liessen (cf. oben, S. 21f.), und wir stellen jetzt fest, dass
Husserl ihn rein phänomenologisch mittels dieses Prinzips der
Konstruktion eines einheitlichen, gegenüber anderen Bewusstseinseinheiten abgeschlossenen Bewusstseinsstromes aufzuklären
unternimmt.

Dies wollen wir nun an Husserls Texten von 1910–11 veranschaulichen. Zunächst ist an die wichtige Tatsache zu erinnern,
dass der Bewusstseinsstrom „nicht in seiner ganzen Breite und
Länge jeweils in das Licht der Anschauung fällt" (GPh, § 33,
S. 177), dass er als ganzer Bewusstseinsstrom „nicht gegeben" ist
(cf. § 37, S. 185), vielmehr „nur zur Gegebenheit zu bringen ist in
Form von Wiedererinnerungen und nachträglichen Reflexionen
in der Wiedererinnerung".[17] Es bedarf also schon deshalb eines
Prinzips, welches a priori zu entscheiden erlaubt, ob mehrere
cogitationes – z.B. zwei Erinnerungen (Husserls Ausgangsbeispiel) – zur Einheit eines phänomenologischen Ich gehören. Denn
„wir können doch nicht warten, ob eine Kette klarer Erinnerungen die beiden Erinnerungen zur Einheit wirklich bringt?" (§ 37,
S. 185). Dieses Prinzip der Einheit setzt „als zum Wesen der
Erfahrung überhaupt gehörig" fest, „dass zwei Erfahrungen, die
sich überhaupt zur *Einheit eines* sie *umspannenden* ⟨ . . . ⟩ *Bewusstseins* zusammenfügen, sich darin zusammenfügen zur Einheit einer Erfahrung und dass zur Einheit einer Erfahrung wieder
eine Zeiteinheit des Erfahrenen gehört" (§ 37, S. 186).

Der Text der Beilage XXVI, deren Ueberschrift „Erinnerung,

---

[17] Hu XIII, *Intersubjektivität I*, Beilage XXVI, S. 219. Da diese Beilage zum § 37
der GPh im folgenden oft herangezogen wird, zitiere ich sie, solange es der Eindeutig-
keit des Nachweises keinen Abbruch tut, der Einfachheit halber als „Beilage XXVI,
S. . .." im fortlaufenden Text. Vgl. die Hinweise über unsere Textunterlagen, oben
S. 87f. im Engdruck.

Bewusstseinsstrom, Einfühlung" genau die Problemtitel anzeigt, die zur Untersuchung stehen, bringt entscheidende Klärungen zu diesem Prinzip der Einheit eines Bewusstseinsstromes. Husserl zeigt dort nämlich sozusagen die a priori mögliche „Spannweite" eines umspannenden Bewusstseins, indem er die Gegebenheitsweise der cogitationes, die sich in *eine* Bewusstseinseinheit sollen zusammenfügen können, zu bestimmen sucht und sie gegen die andersartige Gegebenheitsweise derjenigen cogitationes, die sich nicht vom selben Bewusstsein unspannen lassen, abhebt.

Zur Bestimmung dessen, was in die Einheit eines Bewusstseins fallen kann, geht Husserl in der Beilage zum § 37 der Vorlesungen wiederum von der Erinnerung aus. Er begründet diesen Anfang mit dem Hinweis, „prinzipiell" sei der an irgendein aktuelles reduziertes Erlebnis sich fügende zeitliche Hof der Retention und Protention „hinsichtlich der Vergangenheit zu entfalten". „Ich komme ⟨ . . . ⟩ zu einem durch kontinuierliche Erinnerungen wieder vergegenwärtigten stetigen Bewusstseinsstrom", und „dieser Strom enthält in der Tat alles, was *mir* zugehört".[18] Er führt die Analyse der Erinnerung und der Gegebenheit des einheitlichen Bewusstseinsstromes dann wie folgt vom Standpunkt des Prinzips des einheitlichen Umspannenkönnens näher aus: „Wenn ich insbesondere in einem Bewusstseinsblick auf das erinnerte E hinsehe und dann übergehe zu E_1 und so in einer Einheit beide umspanne, dann habe ich die Einheit der beiden Bewusstseinsströme, auf die die erinnerten cogitationes beiderseits hinführen, im aktuellen Jetzt des Bewusstseinsblickes, verknüpft. Zwei solche Ströme sind aber nicht zwei gesonderte Linien, die in einem Punkt zusammentreffen; sondern sie sind ein Strom, eine erfüllte Zeitlichkeit, zu deren Wesen es gehört, dass von jedem ⟨ . . . ⟩ Punkt zu jedem ⟨ . . . ⟩ ein direkter Weg hinführt als direkte Wiedererinnerung" (Beilage XXVI, S. 220). Die Idee der „direkten" Gegebenheit gibt dem weiteren Gedankengang die Richtung.[19] Sie erlaubt, „eigene" cogitationes gegen „fremde" abzugrenzen und solcherart schliesslich das Prinzip der Einheit eines Bewusstseinsstromes zu „konstruieren". Husserl versucht nachzuweisen, dass cogita-

---

[18] Beilage XXVI, S. 219; m.H. Vgl. die ursprüngliche Textfassung im textkritischen Anhang, S. 518. – Vgl. auch GPh, § 37, S. 184f.

[19] Vgl. schon die „Vorbereitung zum Kolleg 1910–11" (Hu XIII, Nr. 5), wo Husserl die „direkte" der „einfühlenden" Erfahrung gegenübersetzt; auch oben, S. 82.

tiones, die sich überhaupt zur Einheit eines sie umspannenden Bewusstseinsblickes sollen zusammenfügen können, in *direkten* Erfahrungen müssen gegeben werden können. Die Charakterisierung des ,,direkt'' trifft ursprünglich auf die Gegebenheiten der phänomenologischen Wahrnehmung zu: in ihr haben wir aktuell jetzt gegebene cogitationes bewusst, solche, ,,die leibhaft selbst bewusst sind und ,jetzt' sind'' (S. 220f.). Anstelle von ,,direktem'' spricht Husserl auch von ,,eigentlichem'' Bewussthaben, von ,,eigentlicher'' Erfahrung (cf. S. 222), und unter ,,direkter'', ,,eigentlicher'' Erfahrung versteht er die ,,Erfahrung im prägnanten Sinn, die das ,Selbst' erfasst'' (cf. S. 222).

Unter diesem *Gesichtspunkt der direkten Gegebenheit* gibt Husserl zunächst eine erste Zusammenfassung der diesem entsprechenden Gegebenheiten: Neben dem direkten Wahrnehmungsbewusstsein ,,haben wir Bewusstseinsbeziehung auf nicht aktuell gegenwärtige, nicht aktuell jetzt seiende cogitationes: auf gewesene und künftige'', in direkter Retention und direkter Wiedererinnerung bzw. in direkter Protention und direkter Vorerwartung (cf. S. 220 f. u. S. 220, Anm. 4). ,,Sofern wir sie als wiedererinnerte (gleichsam wiederbewusste) oder vorbewusste gegenwärtig haben, gehören sie uns an. Wenn sie waren und sein werden, gehören sie in den Zeitzusammenhang ,meines' Bewusstseins'' (S. 221; m.H.).[20] Das Entscheidende dieser Zusammenfassung möglicher anderer als nur aktuell gegebener cogitationes liegt in der Charakterisierung durch das ,,direkt'', durch das ,,Selbst''. Diese Charakterisierung spricht Husserl alsbald nochmals hinsichtlich der Erinnerung, durch die der Bewusstseinsstrom zur Gegebenheit gebracht wird, aus: ,,In der Erinnerung sehe ich das Vergangene ,wieder', es selbst, nur nehme ich es nicht ⟨ . . . ⟩ wahr; es ist ja nicht ein Jetzt, es war'' (S. 221). Und daran knüpft er die Verallgemeinerung: ,,Wo immer ich etwas ,*selbst*' erfasse, da ergibt die phänomenologische Reduktion ein Selbst, das zu ,*meinem*' reinen Bewusstsein gehört, eine meiner cogitationes'' (S. 221; m.H.). Diese Umgrenzung ist nun aber auch, wie die soeben ,,übersprungenen'' Sätze des Textes lehren, auf dem Hintergrund des intersubjektiven Bewusstseinszusammenhangs als *Bestimmung der phänome-*

---

[20] Es fällt auf, dass hier die Phantasieerlebnisse nicht mitgerechnet sind. Wir kommen darauf der Sache nach noch zurück. Die Phantasievergegenwärtigungen werden eine wesentliche Hilfe zur Klärung bieten. Vgl. unten, § 18 und die spätere Textergänzung in Beilage XXVI, S. 222, Zeile 31ff.

nologischen Abgeschlossenheit „meines" reinen Bewusstseins gegenüber jedem anderen zu verstehen; denn unmittelbar an die unter dem Gesichtspunkt der „direkten" Gegebenheit vorgestellte Zusammenfassung der phänomenologischen Gegebenheiten anschliessend und vor der allgemeinen Umgrenzung dessen, was zu „meinem" reinen Bewusstsein gehört, sagt Husserl: „*Einfühlung* gehört aber *nicht* zu solchen ⟨ . . . ⟩ Bewusstseinsweisen, die ⟨ . . . ⟩ ,*eigene*' cogitationes vergegenwärtigen. Cogitationes können anschaulich bewusst werden, die, wenn sie sind (bzw. waren und sein werden), nicht meine cogitationes sind, nicht *meinem* reinen Ich angehören" (S. 221; m.H.).[21]

Der *Grund* der Nicht-Zugehörigkeit zu „meinem" reinen Bewusstsein liegt im Gegebenheitscharakter der in meinen *cogitationes* vergegenwärtigten cogitationes selbst: „Der Blick, *mein* Blick kann sich auf sie richten, trifft sie aber nicht in ihrem *Selbst*, sondern in einer ,*Analogisierung*' " (S. 221; teils m.H.). Die phänomenologisch genauere Klärung dessen, was an reinen Bewusstseinsgegebenheiten in die Einheit eines („meines") Bewusstseins sich zusammenschliessen kann, und was davon prinzipiell ausgeschlossen ist, vollzieht sich somit in näherer Analyse der Gegebenheitsweise des „Selbst". Mit dem „Selbst" meint Husserl „Originarität" (S. 221),[22] eine Ursprünglichkeit der Bewusstseinsgegebenheit. Die phänomenologische Erfahrungsanalyse lehrt, dass einerseits in den Akten der Vergegenwärtigung solche cogitationes vorfindbar sind, in deren Sinn *originäre* Erfahrbarkeit liegt, d.h. dass sie „eigene" cogitationes, zu „meinem" reinen Bewusstsein gehörige, „meine" cogitationes sind, und dass andererseits in den Vergegenwärtigungen von der Art der Einfühlung solche cogitationes anschaulich bewusst werden können, welche

---

[21] „Reines Ich" meint hier noch nicht ausdrücklich das „subjektive Beziehungszentrum" (Ichpol), sondern „ ,mein' reines Bewusstsein" (cf. S. 221), das „phänomenologische Ich" gegenüber einem *anderen* phänomenologischen Ich in der Einfühlung.

[22] Die spätere Aenderung in „primäre oder sekundäre Originalität" (S. 221, Anm. 2) stellt eine wichtige terminologische Klarstellung dar, da Husserl schliesslich auch die Einfühlung als *originäre* Erfahrung anspricht, eben als die originär, ursprünglich *fremdes* Bewusstsein gebende Erfahrung, welche dieses fremde Bewusstsein aber nie im Original, *originaliter*, in Originalität geben kann. Originale Gegebenheit gibt es nur innerhalb eines Bewusstseinsstromes, als primäre oder sekundäre Originalität, je nachdem es sich um gegenwärtige oder vergegenwärtigte Erfahrung handelt. Cf. etwa Hu XIV, *Intersubjektivität II*, Nr. 11 (um 1921), S. 233f., Nr. 19d) (zwischen 1925 und 1928), S. 389ff. Hu VIII, *Erste Philosophie II* (1923–24), S. 176. Hu XV, *Intersubjektivität III*, Beilage L (1934), S. 641.

dem der einfühlenden Vergegenwärtigung eigentümlichen Erfahrungssinn entsprechend nicht originär bewusst werden können, d.h. nicht als „eigene" cogitationes erfahrbar sind. So ist, was originär bewusst werden kann, bestimmend für die Einheit eines Bewusstseinsstromes, für alle „eigenen" Erlebnisse gegenüber nicht eigenen: „Was in der Einheit eines Bewusstseinsstromes je aufgetreten ist, das trat da *originär* auf als ⟨...⟩ selbst und jetzt, und wenn das Jetzt sich auch in Vergangen verwandelt, so ⟨...⟩ bleibt es ‚selbst' vergangen" (S. 221).

Es ergibt sich aus dem Sinn der phänomenologischen Erfahrungsanalyse der einzig entscheidende Gesichtspunkt der Einheit eines gegenüber anderen phänomenologisch abgeschlossenen Bewusstseinsstromes: *das originär Bewusste als Eigenes schliesst sich zur Einheit eines Bewusstseins zusammen*, und dazu gehört dann auch eine immanente Zeiteinheit. Was mein Blick nicht bloss und allein in einer „Analogisierung", wie Husserl um 1910–11 sagt, treffen kann, das „gehört zu ‚meinem' reinen Bewusstsein" (cf. S. 221). Mehrere cogitationes, die, wie immer, in phänomenologischer Erfahrung gegeben sind, gehören zur Einheit eines und desselben Bewusstseinsstromes, wenn sie als „originäre" auf dem Weg direkter Erfahrung zur Gegebenheit gebracht werden können; *daran ist zu erkennen*, dass sie zu einem Bewusstseinsstrom gehören müssen (cf. GPh § 37, S. 186). Die Möglichkeit der direkten Erfahrung besagt auch, wie Husserl exemplarisch an der Erinnerung aufweist (cf. § 37, S. 185f.; Beilage XXVI, S. 219f.), dass ein direkter Weg von jedem Erlebnis zu jedem führen kann, d.h. dass ein Weg der Kontinuität von jedem Erlebnis zu jedem möglich ist. Ein solcher Weg ist möglich innerhalb derjenigen Bewusstseinsweisen, die „eigene" cogitationes, „meinem reinen Ich" angehörige, vergegenwärtigen. Damit ist die mögliche „Spannweite" des umspannenden Bewusstseins (der Synthesis), des unter *eine Einheit* Bringens umschrieben, welche das Prinzip der Konstruktion eines einheitlichen, phänomenologisch abgeschlossenen Bewusstseinsstromes fordert. In der Einheit eines Bewusstseinsstromes besteht die ideale Möglichkeit, einen besonderen Blick der phänomenologischen Vergegenwärtigung auf die nicht aktuell jetzt seienden cogitationes zu werfen und sie in ihrem ‚Selbst' gleichsam zu durchleben (cf. S. 221), sie solcherart in einem Bewusstsein umspannend. Schliesslich hebt Husserl nochmals die prinzipielle phänomenologische *Abgeschlossenheit* hervor, die im Sinne des Prinzips der Konstruktion des einheitlichen Bewusstseinsstromes liegt: „Ein zweites Bewusstsein, ein zweiter Strom, kann niemals Erinnerung an etwas haben, das dem ersten angehört, und so überhaupt kein Bewusstsein, das ‚direktes‘ ist, Erfassen des ‚Selbst‘. Prinzipiell kann eines und das andere nur durch Einfühlung in Beziehung treten ⟨ . . . ⟩. Nur innerhalb eines Bewusstseins gibt es ‚eigentliches‘, direktes Sehen, Schauen ⟨ . . . ⟩" (cf. S. 221f.). In den Vorlesungen führt Husserl aus: Es gilt „das Gesetz, dass prinzipiell ein eingefühltes Datum und das zugehörige einfühlende Erfahren selbst nicht demselben Bewusstseinsstrom, also demselben phänomenologischen Ich, angehören können. Von dem eingefühlten Strom führt kein Kanal in denjenigen Strom, dem das Einfühlen selbst zugehört" (GPh, § 39, S. 189).

Bevor wir uns Husserls Interpretation dieses Prinzips der Konstruktion eines einheitlichen Bewusstseinsstromes zuwenden, welche die Idee des reinen Ich in Ansatz bringen wird (unten, § 17), ist einer abschliessenden Bemerkung zu den Darlegungen über das Prinzip der Einheit in der Beilage XXVI noch Aufmerksamkeit zu schenken. Husserl stellt fest: „Solche Erörterungen setzen aber überall schon phänomenologische Wesensanalysen voraus: Unterschiede zwischen ‚*direkter*‘ Erfahrung, zwischen Erfahrung im prägnanten Sinn, die das ‚Selbst‘ erfasst, und *einfühlender*, oder sonstwie ein Gegenständliches mittels eines anderen, ‚Selbst‘gegebenen verbildlichender, analogisierender etc. Setzung".[23] Husserl stellt also ein gewisses *Ungenügen* der Darlegungen über das Prinzip der Einheit fest. Soll dieses voll einsichtig werden, müssten die wesentlichen Unterschiede der verschiedenen Akte phänomenologischer Erfahrung im voraus klargelegt worden sein.

Zur Kennzeichnung „eigener" cogitationes sprach Husserl davon, ich könne sie „direkt", in ihrem Selbst antreffen, und zur Kennzeichnung der mir nicht eigenen cogitationes sagte er, sie seien mir in der Einfühlung „nicht in ihrem Selbst, sondern in einer ‚Analogisierung‘ " gegeben (Beilage XXVI, S. 221). Nun zeigt Husserl aber am Ende der Beilageblätter, die er zur Klärung

---

[23] cf. Beilage XXVI, S. 222; m.H.; ursprüngliche Textfassung im textkritischen Anhang, S. 519.

des in den Vorlesungen erörterten Prinzips der Einheit niederschrieb, Fälle phänomenologischer Erfahrung an, wo *ich* „ein
erfahrendes, auf Erfahrung gegründetes Vorstellen, Urteilen etc.
vollziehe, das aber *nicht direkte* Erfahrung, Erfassung, Erschauung von ‚Selbst' ist" (cf. S. 223; m.H.), und wo es sich doch um
mein (in meinen cogitationes zur Gegebenheit kommendes) Erfah-
renes handelt. Husserl deutet an, dass etwa schon die anschauliche Vergegenwärtigung einer unwahrgenommenen Gegenwart
(z.B. des Roons „als jetzt seienden"[24]) das Jetzt der Gegenwart
und das Gegenständliche im Jetzt keineswegs als direkt Gegebenes, als *Selbst*gegebenes setzt (cf. S. 223). In dieser Art Erfahrung
(Vergegenwärtigung eines abwesenden Gegenwärtigen[25]), die ein
Vergegenwärtigtes (das aber nicht ein Wiedererinnertes ist) mit
dem aktuellen Jetzt identifiziert, besteht nun aber Aehnlichkeit
mit der Gleichzeitig-Setzung, die ein einfühlender Akt bezüglich
des eingefühlten, als Jetzt gesetzten Aktes vollzieht. In beiden
Fällen ist das Jetzt „ein *ver*gegenwärtigtes und *nicht* ein *selbst*-
erschautes" (cf. GPh, § 39, S. 189; m.H.). Es handelt sich indessen
beim eingefühlten Jetzt um ein prinzipiell nicht *mir*, nicht meinem Bewusstseinsstrom Zugehöriges, während vom vergegenwärtigten Jetzt im Beispiel der Vergegenwärtigung einer unwahrgenommenen Gegenwart gilt, dass „ein Weg der Kontinuität von
dem einen zum anderen", „vom vergegenwärtigten Jetzt zum
aktuellen Jetzt" möglich ist (cf. GPh, § 39, S. 190), wie er eben
möglich ist bei „eigenen" Erlebnissen (oben, S. 95). Also „*ich*
‚kann' ⟨ ... ⟩ auf irgendeinem Wege hingehen und sehen, das
Ding noch finden, und kann dann wieder zurückgehen und in
wiederholten ‚möglichen' Erscheinungsreihen zu ihm hin mich
schauen".[26] Es ist in diesem Falle klar, wie Husserl später sagt,
dass es sich um „eine Art ‚Sich-vorstellig-machen gemäss' dem
Vergangenen (also im Modus Selbst gegebenen)" handelt. „Die
Aufklärung ist hier ziemlich kompliziert und sehr wichtig".[27]

---

[24] Der Roons ist ein Gasthaus in der Nähe Göttingens, welches Husserl in der
Göttinger Zeit oft als Beispiel zur Veranschaulichung der hier fraglichen Vergegenwärtigung gebraucht. Vgl. z.B. GPh, § 39, S. 189; Beilage XXVI, S. 223; Hu X,
Zeitbewusstsein, N. 45 (um 1908–09), S. 308ff.; zur Sache auch Nr. 46, S. 310f.
[25] Hu X, *Zeitbewusstsein*, Nr. 45, S. 309.
[26] Vgl. Hu X, *Zeitbewusstsein*, Nr. 45, S. 309; m.H. Siehe auch den § 29 in den Vorlesungen über das innere Zeitbewusstsein, S. 60f.
[27] Hu XIII, *Intersubjektivität I*, Beilage XXVI, S. 223, Anm. 3 aus 1924 oder
später.

Aus Husserls Andeutungen geht jedenfalls schon folgendes hervor: *Gegenüber* den cogitationes der ,,direkten'', ,,eigentlichen'' Erfahrung sind die ,,eigenen'' cogitationes auf seiten der ,,einfühlenden oder sonstwie ein Gegenständliches mittels eines anderen, ,Selbst'gegebenen verbildlichenden, analogisierenden etc. Setzung'' (S. 222; oben, S. 96) bald als solche vorfindbar, deren vergegenwärtigte cogitationes *meinem* reinen Bewusstsein zugehören, bald hingegen als solche, deren vergegenwärtigt gegebenen cogitationes *nicht* zu meinem reinen Bewusstsein gehören. Innerhalb der Gesamtheit der Vergegenwärtigungen muss also noch schärfer herausgestellt werden, welche vergegenwärtigten cogitationes ,,eigene'' sind und welche vergegenwärtigten cogitationes prinzipiell nicht eigene, nicht mir, meinem reinen Bewusstsein zugehörige sein können. ,,Also da bedarf es kardinal-phänomenologischer Analysen, die *vorangehen* müssen, und sie sind durchaus Wesensanalysen'' (Beilage XXVI, S. 223; m.H.; unten, § 18, S. 115f.).

§ 17. Die Idee des reinen Ich

Sehen wir jetzt zu, wie Husserl alsbald das im Spätherbst 1910 in den Vorlesungen ,,Grundprobleme der Phänomenologie''[28] umrissene Prinzip der Einheit eines Bewusstseinsstromes in Richtung auf das *reine Ich* als subjektives Beziehungszentrum ,,seiner'' Erlebnisse interpretiert.

Es ist bemerkenswert, dass Husserl in diesen Vorlesungen – nach der Darlegung der Möglichkeit der phänomenologischen Reduktion zur Grundlegung einer reinen Bewusstseinsbetrachtung – mit dem Blick für die entscheidende Frage, aber im Urteil noch unentschieden auf den ,,Einwand gegen die phänomenologische Ausschaltbarkeit des Ich'' [29] zu sprechen kommt. Er sagt: ,,Vielleicht wendet man ein: Die phänomenologische Reduktion, die das eigene Ich ausschalten will, ist etwas Undenkbares. Auf die blosse cogitatio in ⟨sich⟩ selbst soll reduziert werden, auf das ,reine' Bewusstsein; aber *wessen* cogitatio, wessen reines Bewusstsein? Die Beziehung auf das Ich ist der cogitatio wesentlich,

---

[28] Hu XIII, *Intersubjektivität I*, Nr. 6, S. 111ff.; vgl. S. 111, Anm. 1.
[29] GPh, § 19, S. 155. – Wir sind diesem Einwand bereits bei der ersten Einführung der phänomenologischen Reduktion in modifizierter Weise in den Vorlesungen von 1906–07 begegnet (oben, § 7).

und so ist das absolut Gegebene in der Tat, wie Descartes es
wollte, das cogito" (GPh, § 19, S. 155). Diesem Einwand stellt
Husserl die im Sinne der phänomenologischen Reduktion liegende unbestreitbare Möglichkeit der Ausschaltung aller empirischen
Transzendenz, also auch des eigenen empirischen Ich, entgegen.
„Der Einwand kann also nur meinen", überlegt er weiter, „dass
etwa gegenüber dem empirischen Ich noch ein *reines* Ich als etwas
von den cogitationes Unabtrennbares anzunehmen sei" (S. 155).
Auf dieser Stufe des Gedankenganges der Vorlesungen, wo er nur
ein einziges Bewusstsein im Blick hat, weicht Husserl aber noch,
ähnlich wie in früheren Texten, dem Problem eines reinen Ich
aus; er sagt: „Darüber haben wir jetzt keine Entscheidung zu
fällen". Noch werden die Erlebnisse also als „niemandes" absolute Erlebnisse betrachtet. Indessen fügt Husserl hier vorsichtig
hinzu: „Wir haben nur zu sagen, dass phänomenologische Forschung von allem sprechen kann und muss, was sie in ihrer Einstellung findet; findet sie, während die natürliche Welt mit
Dingen, Personen, mit Weltraum und Weltzeit in Klammern
steht, somit als Existenz für sie nicht da ist, dass *so etwas wie
reines Ich*, als[30] ⟨auch⟩ reine Zeit und was immer gegeben und zu
setzen sei, nun, dann ist es etwas Phänomenologisches" (S. 155,
m.H.).

Aus Husserls Erörterungen über das Prinzip der Einheit eines
Bewusstseinsstromes, worüber er in den „Grundproblemen der
Phänomenologie" aus Gründen der Erweiterung des phänomenologischen Feldes auf die Intersubjektivität schliesslich „sprechen
muss" (oben, §§ 15, 16), wird uns nun deutlich, dass „die immer

---

[30] Das „als" ist offenbar nicht als Identifikation von „reinem Ich" und „reiner
Zeit" zu verstehen, was auch die spätere Veränderung des „als" in „oder" bestätigt.
Schon in den Vorlesungen „Einleitung in die Phänomenologie" vom Sommersemester
1912, wo Husserl denselben Einwand wiederholt, formuliert er unmissverständlich:
„Genau so ⟨wie mit dem empirischen bzw. reinen Ich⟩, verhält es sich mit der objektiven Zeit ⟨ . . . ⟩. Schalten wir sie aus und bleibt dann noch Zeit übrig ⟨cf. GPh: „als
reine Zeit"⟩, dann ist es eben eine phänomenologische Feststellung, dass zum Wesen
jeder cogitatio eine Zeit ⟨ . . . ⟩ gehöre" (cf. Ms. B II 19, 29b). – Husserl scheint
überhaupt, soweit ich sehe, schlichtweg eine Identifikation von reinem Ich und reiner
Zeit, etwa im Gegensatz zu Heidegger, nie vertreten zu haben. Heidegger schreibt,
Kant interpretierend: „Die Zeit und das ‚ich denke' stehen sich nicht mehr unverein-
bar und ungleichartig gegenüber, sie sind dasselbe". Kant hat, nach Heidegger, diese
Selbigkeit freilich als solche selbst nicht ausdrücklich zu sehen vermocht. Heideggers
eigene Meinung ist: „dass das Ich so sehr ‚zeitlich' ist, dass es die Zeit selbst ist und
nur als sie selbst seinem eigensten Wesen nach möglich wird" (Vgl. *Kant und das
Problem der Metaphysik*, § 34, bes. S. 174f. – vermutlich auch in kritischer Wendung
gegen Natorps Kantinterpretation bezüglich Ich und Zeit).

und a priori mögliche Frage" [31]: *„wessen* cogitatio, wessen reines Bewusstsein" denn das durch die phänomenologische Reduktion gewonnene „reine Bewusstsein" sei, offenbar ihre volle Schärfe erhält, sobald *Vergegenwärtigungen von der Art der Einfühlung* in der phänomenologischen Einstellung als Erfahrungsgegebenheiten anerkannt werden; denn „Einfühlung gehört nicht zu solchen Bewusstseinsweisen, die ‚eigene' cogitationes vergegenwärtigen" (cf. oben, S. 94). Die Analyse phänomenologischer Erfahrung bringt einen kardinalen Unterschied zur Geltung: ich habe Bewusstseinserlebnisse, die ich als „eigene" bezeichne, und ich habe Bewusstseinserlebnisse *von* Bewusstseinserlebnissen, welche *nicht* „eigene", vielmehr „fremde" sind. Soll Klarheit herrschen, kann nicht mehr von „niemandes" Erlebnissen gesprochen werden. Innerhalb der phänomenologischen Reduktion ist denn auch de facto bei der Erörterung des einheitlich umspannenden Bewusstseinsblicks beständig von *mir* originär gegebenen „eigenen" cogitationes, von „meinem" reinen Bewusstsein, bzw. von mir in der Einfühlung gegebenen „nicht eigenen" cogitationes die Rede. Bei den Erinnerungen (allgemeiner, bei jeder „phänomenologischen Vergegenwärtigung erinnernder Art", GPh, § 39, S. 189) werden die vergegenwärtigten Erlebnisse „mir" zugerechnet. „Jede Erinnerung, *reduziert,* setzt eine vergangene cogitatio v, *und zwar ‚meine' ".*[32] *Ich* kann sie gleichsam noch einmal durchleben, die ideale Möglichkeit besteht, einen besonderen Blick der Wiedererinnerung darauf zu lenken und ihr „Selbst" gleichsam noch einmal zu durchleben. Bei den Einfühlungen ist solches prinzipiell ausgeschlossen. *Mein* Blick trifft die darin vergegenwärtigten Erlebnisse, aber *ich* kann auf sie nicht einen besonderen Blick werfen derart, dass *ich* sie gleichsam im „Selbst", „direkt" erleben könnte, und auch die ideale Möglichkeit dazu ist ausgeschlossen.[33]

Die sonach jedesmal implizierte „*Beziehung auf das Ich"*, „*dessen"* cogitationes in phänomenologischer Erfahrung gegeben sind, kann nicht mehr länger dahingestellt werden, da sie sich im Blick rein auf die Gegebenheiten phänomenologischer Erfahrung unumgänglich einstellt. Es liegt in den Forderungen der Sache, dass

---

[31] Ms. B II 19, S. 29b (Sommersemester 1912), cf. oben, S. 99, Anm. 30.
[32] Hu XIII, *Intersubjektivität I,* Beilage XXVI (1910), S. 219; m.H.
[33] cf. Hu XIII, Beilage XXVI, S. 221; oben, S. 96.

eine prinzipielle phänomenologische Aufklärung der Gegebenheiten des intersubjektiv vereinheitlichten reinen Bewusstseins sich der Frage, wessen reines Bewusstsein in der phänomenologischen Erfahrung originär bzw. nur in Analogisierung zur Gegebenheit komme, nicht mehr entziehen kann. So deuten die von Husserl gebrauchten Redewendungen bei der Beschreibung des Prinzips der Einheit eines Bewusstseinsstromes auf die zentrale Funktion des „Ich" hin. Wir stehen hier vor dem Sachverhalt, bei dem die phänomenologische Forschung „findet, dass so etwas wie reines Ich gegeben und zu setzen sei" (oben, S. 99), und dadurch wird ein ganz neuer Gesichtspunkt, der die Funktion eines „reinen Ich" innerhalb der reinen Phänomenologie anerkennt, in Kraft treten.

In diesem Sinne erwägt Husserl in einer Aufzeichnung vom Sommersemester 1911, unter Rückbezug auf die Ausführungen über das Prinzip der Einheit in den „Grundproblemen der Phänomenologie", die *Idee des reinen Ich* in die Phänomenologie einzuführen.[34] Der Text trägt die Ueberschrift: „*Der Blick-auf*". Wir geben ihn, soweit er uns im jetzigen Zusammenhang interessiert,[35] der Uebersichtlichkeit halber zuerst ausführlich im Wortlaut wieder: „⟨ . . . ⟩ Der Blick und die ‚Einheit der transzendentalen Apperzeption' Kants, das Ich denke, das alle meine Vorstellungen muss begleiten können. ⟨ . . . ⟩ Ausgang vom Dies-da, vom Phänomen, z.B. Phänomen des Gedankens, Phänomen einer Beweisführung, Phänomen eines Aussagens, Phänomen einer Wahrnehmung etwa jetzt, Phänomen des indirekten Sehens, Doppelbild etc., Phänomen des Hintergrundes, auf das ich ‚nachträglich' die ‚Aufmerksamkeit' lenke. Der Unterschied der Aufmerksamkeit, des Uebergangs von ‚Beachtung' des Phänomens und jenes Phänomens, und die zugehörige attentionale Modifikation usw.

Das Fundament: ein Blick der Schauung richtet sich auf ein Phänomen und richtet sich bald auf dies, bald auf jenes Phänomen in einem phänomenalen Zusammenhang, und der Blick richtet sich evtl. auch auf ⟨sich⟩ selbst, und richtet sich also

---

[34] Ms. A VI 8 I, S. 155 u. 156 und Ms. B I 9 I, S. 89. Vgl. die Uebersicht über die Textunterlagen unserer Darstellung der Problementwicklung, oben, § 16, S. 88.
[35] Im 6. Kapitel (unten, § 22) kommen wir im Zusammenhang der Theorie der Aufmerksamkeit auf die Aufzeichnung zurück. Im 8. Kapitel (unten, § 37) werden wir die Bezugnahme auf Kant, die im Text vorliegt, erörtern.

darauf, dass sich ein Blick auf dies und jenes gerichtet hat und noch richtet oder im Uebergang ist.

Soll man das zur Idee des ,reinen Ich' (,der reinen Apperzeption') *in Beziehung bringen* und sagen, wir unterscheiden hier einerseits verschiedene Blicke und andererseits sagen wir, *der* Blick geht von dem zu jenem über? Was an reduzierten Phänomenen in die Einheit eines Blickes, der von dem zu jenem übergeht und darin ein *Identisches* behält, das Identische, das das ,*ich'* blicke ausmacht, fällt, und was in die Einheit eines Ichblickes fallen kann, das macht eine Einheit des Ichbewusstseins aus, nämlich macht eine Einheit von Phänomenen aus, die zu demselben *reinen* Ich ,gehören' ''.[36]

Der Gedankengang dieses Textes kann nun doch so verstanden werden, dass Husserl das Phänomen des Blick-auf in Beziehung zu bringen erwägt zu einer Idee des ,,reinen Ich'', wie sie sich ihm aus der Problematik des Prinzips der Einheit meines reinen Ichbewusstseins in den ,,Grundproblemen der Phänomenologie'' ergeben konnte. Denn die die Idee des reinen Ich aufnehmende Bestimmung der Einheit des Ichbewusstseins (cf. ,,Was in die Einheit eines Blickes fällt und fallen kann, das macht eine Einheit des Ichbewusstseins aus'') im Text von 1911 bringt nichts anderes zum Ausdruck als das Prinzip der Konstruktion eines einheitlichen, phänomenologisch gegenüber jedem anderen abgeschlossenen Bewusstseinsstromes, welches, wie wir angedeutet haben, auf ,,so etwas wie reines Ich'' vorausweist. Dass die Bestimmung der Einheit des Ichbewusstseins im Text von 1911 nicht etwa bloss auf die jetzt aktuelle Einheit, sondern auf den ganzen Strom eines Bewusstseins zu beziehen ist, geht vollends aus dem Fortgang des Textes hervor, wo Husserl sagt: ,,Der Blick der Schauung, der identischer schauender Ichblick ist, oder in getrennten Akten doch ein Identisches ,enthält', ist genauer besehen gegenwärtigender, ,wahrnehmender' Blick, Blick in die Gegenwart, aber auch Blick in die Vergangenheit, Blick in die unmittelbar retentionale Vergangenheit oder Blick in die ,wiedererinnerte Vergangenheit', Blick in die Zukunft, Vorblick, der wieder anders ist''.[37] Diesen

---

[36] Ms. A VI 8 I, S. 155f. Bezüglich des letzten Absatzes (,,Soll man das zur Idee des ,reinen Ich' . . . in Beziehung bringen . . .'') notierte Husserl, wie gesagt (oben, S. 88), nachträglich am Rande: ,,das bedarf aber der genaueren Bestimmung. Cf. Kolleg über natürlichen Weltbegriff 1910–11, 44ff.'' (S. 156b).

[37] Ms. A VI 8 I, S. 156b und Ms. B I 9 I, S. 89a.

Blick bezeichnet er ebenda auch geradezu als ,, ‚Blick‘ des reinen Ich, der ‚reinen Apperzeption‘ “.[38] Es ist also zu verstehen, dass *jenem Prinzip der Konstruktion eines einheitlichen Bewusstseinsstromes eigentlich die ,,Idee des ‚reinen Ich‘ “ zugrunde zu legen* ist. Der das originär, direkt Erfahrbare einheitlich umspannende Bewusstseinsblick, wie es in der Beilage XXVI zu den ,,Grundproblemen der Phänomenologie“ hiess (oben, S. 95), *ist* der Blick des *reinen* Ich.

In Hinsicht auf den sachlichen Zusammenhang mit den ,,Grundproblemen der Phänomenologie“ liegt das Entscheidende dieser Idee des reinen Ich, wie sie im Text von 1911 in Ansatz gebracht wird, nicht im ,,Gleichnis vom Blick“,[39] vielmehr in der Aufdeckung einer sich innerhalb der Einheit eines umspannenden Bewusstseins durchhaltenden ,,*Identität des Ich*“, die sich im ,, ‚ich‘ blicke“ [40] ausdrückt. Die starke Hervorhebung einer sich durchhaltenden Identität im Ausdruck ,,ich blicke“ darf auch mit Fug auf dem Hintergrund der Abgrenzung der Einheit meines Bewusstseins gegenüber anderen Bewusstseinseinheiten verstanden werden: *ich* blicke, und eben nicht ein Anderer, mein Blick geht durch die Erlebnisse hindurch. So finden wir im Text ,,Blick-auf“ von 1911 die Idee des reinen Ich als Kern des Prinzips der Konstruktion eines einheitlichen Bewusstseinsstromes ohne vorangehende Wesensanalysen der verschiedenartigen Bewusstseinserlebnisse sozusagen einfach hingestellt. Die Aufzeichnung deutet darauf hin, dass es durchaus im Sinne der mit den ,,Grundproblemen der Phänomenologie“ aufgebrochenen Problematik liegt, das ,,Ich als ein Identisches“ aller Erlebnisse einer Bewusstseinseinheit als ,,phänomenologisch-evident“ in das phänomenologische Feld miteinzubeziehen (cf. oben, § 14, S. 76).

Zur ,,genaueren Bestimmung“ der durch die Idee des reinen Ich umgrenzten ,,Einheit des Ichbewusstseins“ verweist Husserl auf die Erörterungen über das Prinzip der Einheit in den ,,Grundproblemen der Phänomenologie“. Vermutlich doch deshalb, weil dort fundamentale Unterschiede in der Gegebenheitsweise der

---

[38] Ms. B I 9 I, S. 89a.
[39] Vgl. zu diesem Gleichnis unsere Ausführungen über das reine Ich im Zusammenhang der Theorie der Aufmerksamkeit (unten, 6. Kapitel, §§ 24f.).
[40] Im Manuskript hat Husserl dieses ,,ich“ doppelt rot unterstrichen, offenbar gleichzeitig mit dem Verweis auf die ,,Grundprobleme der Phänomenologie“ und der Einfügung ,,reinen“ vor ,,Ich“; vgl. oben, S. 88.

Erlebnisse, je nachdem es sich um ,,eigene" oder ,,fremde" handelt, im Blicke waren. Soll die Idee des reinen Ich als Prinzip der Einheit eines Bewusstseinsstromes sich bewähren können, müsste das Phänomen des Identischen, das das ,,*ich* blicke" ausmacht, mit den in den ,,Grundproblemen der Phänomenologie" erörterten Gegebenheiten phänomenologischer Erfahrung konfrontiert werden und sich dabei als unumgänglich erweisen lassen.

Wir wollen hier noch einige Hinweise auf das zur Zeit der Vorlesungen von 1910–11 wachsende Problembewusstsein in der Frage des Ich anfügen, die unserem Gedankengang keine neue Ausprägung verleihen, aber historisch von Interesse sind. – Zunächst ist bemerkenswert, dass Husserl nachträglich, vermutlich aber schon zur Zeit der Vorlesungen selbst, in das Manuskript ,,Vorbereitung zum Kolleg 1910–11" (Hu XIII, Nr. 5) einen *Ichbegriff* auch in das Feld des reinen Bewusstseins einzuführen andeutete. Im ursprünglichen Text handelt er von der ,,Ausschaltung des eigenen Ich" (S. 80), und er hält fest: ,,Das Ich, über das ich urteile, ist also nicht der Leib und das an den Leib gebundene Ich *als solches*, ist nicht das mit der Natur in psychophysischem Zusammenhang stehende Bewusstsein als solches, sondern dieser absolut gegebene Zusammenhang von Wahrnehmungen, Vorstellungen jedweder Art, Gefühlen, Begehrungen, Wollungen, genau so, wie er in dem direkten Schauen der Reflexion, der wahrnehmenden Reflexion, aber auch der Reflexion in der Erinnerung ⟨ . . . ⟩ vorliegt" (S. 82). Das ist also das ,,phänomenologische Ich", der reine Bewusstseinsstrom, abgesehen von der empirisch apperzeptiven Beziehung auf das Ich. Hier fügte Husserl dann aber ein: ,,(aber nicht bloss dieser Zusammenhang, sondern in ihm gegeben als sich in ihm entfaltend eben das *Ich, die Person*)" (S. 82, cf. auch Anm. 3 des Herausgebers). Diese Einfügung, im Kontext genommen, ist eher verwirrend als klärend, da durch den Zusatz ,,die Person" doch eher wieder kein ,,reiner" Ichbegriff in Frage kommt, wie Husserl jedenfalls in den Vorlesungen ,,Einleitung in die Phänomenologie" von 1912 zu verstehen gibt: ,,⟨ . . . ⟩ auch das Ich als Person ⟨ist⟩ nicht absolut gegeben". (Zum phänomenologischen Begriff des personalen Ich im Verhältnis zum reinen Ich vgl. unten, 9. Kapitel, § 43c, S. 314ff.). Wohl wenig nach 1910 schon hat Husserl denn auch die Einfügung in einem Sinne abgeändert, welcher der Stellungnahme von Sommersemester 1911 bzw. in den *Ideen* näher steht. Nun lautet der Zusatz: ,,aber nicht bloss dieser Zusammenhang, sondern in ihm gegeben als *sich* in ihm betätigend, in ihm lebend, eben das Ich, was ja untrennbar davon ist" (S. 82, Anm. 2).

Ferner ist in einem von Husserl nachträglich auf 1910 datierten Manuskript, das von der ,,Einteilung der Gegenstände in primäre und Reflexionsgegenstände" handelt, zu lesen: ,,Aber es fragt sich, ob nicht in der Beschränkung auf den reinen Reflexionsbestand, auf die dahinfliessenden Akte, auf den Fluss des meinenden oder verborgenen Bewusstseins, eine Einheit zu entnehmen ist (wie mir in der Tat scheinen möchte), eine Einheit, die also ein Identisches ist, das so weit reicht, als der Fluss des Bewusstseins zu verfolgen und in der Wiedererinnerung wieder zu verfolgen ist: dieses Identische wäre das reine Ich als ein im Reflexionsbestand vorfindliches reines Reflexionsobjekt: es hätte den Grundcharakter aller immanenten Objekte, adäquat gegeben zu sein, oder gegeben sein zu können'' (Ms. A VI 8 I, S. 149b. – Zur Datierung vgl. das Inhaltsverzeichnis von 1911, das die zitierte Aufzeichnung mitbefasst, S. 87a).

Schliesslich sei noch an die oben in § 5 bereits wiedergegebenen Zusätze Husserls aus der Zeit um 1911 in seinem III. Bericht über deutsche Schriften zur Logik erinnert (oben S. 28, Anm. 12).

Dass die im Zusammenhang der ,,Grundprobleme der Phänomenologie'' aufgedeckten Phänomene in der Tat nur unter Bezugnahme auf ,,so etwas wie reines Ich'' phänomenologisch klar verständlich gemacht werden können, wollen wir an einer Reihe von Texten über Vergegenwärtigungen aus 1914 oder 1915 darzutun versuchen. Es besteht, wie wir, an den bisherigen Ausführungen anschliessend, zeigen möchten, ein unmittelbarer sachlicher Zusammenhang zwischen den ,,Grundproblemen der Phänomenologie'' von 1910–11 und diesen Texten aus 1914 oder 1915, welcher es rechtfertigt, dass wir zur weiteren Klärung der Einbeziehung des reinen Ich in die Phänomenologie die *Ideen* (1912–13) zunächst ,,überspringen'', jedoch bei der Interpretation der Texte von 1914 oder 1915 wieder an den Vorlesungen von 1910–11 anknüpfen werden (unten, § 18). In den *Ideen* ist zwar unser Problembestand ebenfalls gegenwärtig und das reine Ich zu seiner Klärung eingesetzt. Diese Kontinuität in der Motivation für das Ich wird aber überschattet von neuen, bisher nicht wirksamen Motiven aus der Theorie der Aufmerksamkeit, die Husserl veranlassen, das reine Ich im phänomenologischen Feld als Subjekt jedes Bewusstseinserlebnisses der Form ,,cogito'' anzuerkennen. So bieten die *Ideen* ein komplexes Bild von Husserls Stellung zum Problem des Ich, das sich in unseren bisherigen Gedankengang nicht bruchlos einfügen liesse. Wir wollen ihr eine eigene Darstellung im nächsten Kapitel widmen.

§ 18. Das reine Ich als Prinzip der Einheit eines Bewusstseinsstromes

Der Gesichtspunkt unserer Darlegungen über Husserls Stellung zum Problem des Ich ist im folgenden, wie gesagt, in erster Linie ein *sachlicher*. Wir lassen die *Ideen* vorerst beiseite und wenden uns Texten über Vergegenwärtigungen aus 1914 oder 1915 zu.[41]

---

[41] Hu XIII, *Intersubjektivität I*, Nr. 10, S. 288–313 und Nr. 11, S. 316–320. Ueber die Zusammengehörigkeit dieser Texte und deren Datierung, vgl. die Einleitung des Hrsg., Iso Kern, S. XLff. und die entsprechenden textkritischen Anmerkungen. Wenn

In ihnen können wir nämlich, was die Einbeziehung des reinen Ich im Zusammenhang der Bestimmung der Einheit eines Bewusstseinsstromes betrifft, eine im Prinzipiellen „abschliessende Theorie" sehen. Mit ihr können wir dann auf den Problembestand der „Grundprobleme der Phänomenologie" „zurückgehen", und wir werden erkennen, wie die Einbeziehung des Ich in die Phänomenologie als dessen „durchgeführte Konsequenz" verständlich wird. Insofern wir dabei auf keine „evidenten Unverträglichkeiten" mit dem Ausgang bei den „Grundproblemen der Phänomenologie" stossen, dürfte dann der Nachweis erbracht sein, dass die in jenen Vorlesungen von 1910–11 eingeschlagene Bahn keine „falsche", vielmehr eine von der Sache her unumgängliche war.[42]

Dadurch, dass wir vorläufig von der Erörterung der Stellungnahme der *Ideen* absehen, wird sich allerdings in den das Ich betreffenden Zitaten aus den Texten von 1914 oder 1915 eine gewisse Unklarheit bemerkbar machen; denn in diesen Texten kommt auch der in den *Ideen I* (1913) entwickelte, jedem Bewusstseinserlebnis der Form cogito zugeordnete Begriff des Ich als Zentrum der Aufmerksamkeit, Orientierung etc. zur Geltung, den wir bisher noch nicht behandelten. Dieser Ichbegriff der *Ideen* zeigt sich in Husserls Analysen der Vergegenwärtigungen in der Rede vom aktuellen Ich des vergegenwärtigenden und vom Korrelat-Ich des vergegenwärtigten Aktes an. Auf diesen (im 6. Kapitel zu erörternden und zu kritisierenden)[43] Ichbegriff kommt es uns indessen im folgenden nicht an, vielmehr möchten wir zuerst den Begriff des identischen reinen Ich, der uns im Zusammenhang der Frage nach dem Prinzip der Einheit eines Bewusstseinsstromes in Husserls Rede vom Identischen, das das „*ich* blicke" ausmacht, entgegentrat (oben, S. 102f.), präziser zu fassen und die Notwendigkeit seiner Funktion herauszustellen suchen.

nicht anders vermerkt, beziehen sich in diesem § 18 die Seitenangaben bei den Zitaten stets auf die unter Nr. 10 und Nr. 11 wiedergegebenen Texte in Hu XIII. – In den Darlegungen dieser beiden Nummern kommt die uns interessierende Problematik am fasslichsten zum Ausdruck. Dieselben Gedankenmotive finden sich aber auch in manchem anderen Text jener Gruppe aus 1914 oder 1915 in Hu XIII.

[42] Vgl. zu diesem „Interpretationsvorgang" Husserl selbst in der II. Logischen Untersuchung, S. 206f. Er wendet ihn in umgekehrter Richtung und in „polemischer" Absicht zur Herausstellung „falscher Bahnen" in den wissenschaftlichen Strömungen an.

[43] Vgl. unten, §§ 22ff., S. 143ff., und auch im 9. Kapitel, § 42c: Die Zweideutigkeit in Husserls Ichbegriff, S. 298ff.

Die Dringlichkeit eines Prinzips der Einheit eines Bewusstseinsstromes kam um 1910–11 im Hinblick auf die Einbeziehung der Einfühlung zum Bewusstsein. In den Texten über Vergegenwärtigungen von 1914 oder 1915 ist nun gerade die Vergegenwärtigung von der Art der Einfühlung im Vordergrund des Interesses. So dürfen wir zum einen erwarten, dass Husserl hier in Arbeit nehme, was er bei der Erörterung des Prinzips der Einheit um 1910–11, es schliesslich selber kritisch vermerkend, nur ,,vorausgesetzt'' hatte: phänomenologische Wesensanalysen, welche die Unterschiede zwischen ,,direkter'', ,,eigentlicher'' Erfahrung, die das ,,Selbst'' erfasst, und einfühlender oder sonstwie verbildlichender, analogisierender Erfahrung gründlicher herausstellen (oben, S. 96ff.); zum anderen, dass Husserl die Idee des reinen Ich, die er mit dem Prinzip der Einheit in Verbindung brachte (oben, S. 101ff.), für diese Analysen der Vergegenwärtigungen fruchtbar mache. Auf diese Zusammenhänge weisen bereits die Ueberschriften der Texte aus 1914 oder 1915. Husserl fasst den Inhalt der in Nr. 10 in Hu XIII, *Intersubjektivität I* wiedergegebenen Aufzeichnungen wie folgt zusammen: ,,Studien über anschauliche *Vergegenwärtigungen,* Erinnerungen, Phantasien, Bildvergegenwärtigungen mit besonderer Rücksicht auf die *Frage des darin vergegenwärtigten Ich* und die Möglichkeit, sich Ich's vorstellig zu machen''. Er vermerkt gleichzeitig dazu: ,,Der Zweck dieser Studien war, für die besondere Weise der Vergegenwärtigung, die *Einfühlung* heisst, etwas zu lernen'' (S. 288, Titel und Anm. 1). Und im Text Nr. 11 fragt sich Husserl: ,,Ist die Einfühlung Analogisierung?'' (S. 316, Titel). Vergegenwärtigungen sind, wie Husserl hier ausführt, ,,mögliche Wahrnehmungen'' (S. 317). Mit den einfühlenden Vergegenwärtigungen, die als *meine* Erlebnisse in meinen Bewusstseinsstrom gehören, treten jedoch ,,mögliche Wahrnehmungen'' auf, die ,,für *mich,* in dem aktuellen Erlebnisstrom, zu dem meine Vergegenwärtigungen gehören, prinzipiell nicht möglich sind. Also die Situation ist da eine höchst merkwürdige und sie soll vom Grund auf verständlich werden'' (cf. S. 317). Gerade, wenn wir uns die Möglichkeit vor Augen halten, Vergegenwärtigungen zu vollziehen, die nicht für mich mögliche Wahrnehmungen, also *nicht* ,,*mir eigene*'' cogitationes vergegenwärtigen (Einfühlungen), zeigt sich die Tragweite des Interesses an, welches diese Studien für die Richtung auf das vergegenwärtigte Ich, auf das Subjekt der Erscheinungen, bekunden. Indem Husserl der Frage des in den Vergegenwärtigungen vergegenwärtigten Ich, d.i. der Frage des Dabeiseins des Ich in den Akten der Vergegenwärtigung besondere Aufmerksamkeit schenkt, gelingt „vom Grund auf" die phänomenologische Abgrenzung der vergegenwärtigten „eigenen" Erlebnisse (*meiner* möglichen Wahrnehmungen) von den in der Einfühlung vergegenwärtigten „fremden" Erlebnissen (für *mich* nicht möglichen Wahrnehmungen). Es wird sich erweisen, dass das Ungenügen der Bestimmung des Prinzips der Einheit eines Bewusstseinsstromes in den „Grundproblemen der Phänomenologie" darin gründet, dass Husserl diese Frage noch nicht eigens gestellt und Antwort darauf gesucht hat.[44]

Um uns diese Zusammenhänge zu veranschaulichen, sehen wir zunächst die Analysen von Akten der Vergegenwärtigung in den Texten von 1914 oder 1915 etwas näher an. Bezüglich des Dabeiseins des Ich in den Vergegenwärtigungen stellt Husserl eine „schwierige Antinomie" (S. 291) heraus, in deren Verfolg als unüberspringbarer subjektiver „Beziehungspunkt" der Erlebnisse eines Stromes das identische *reine* Ich zur Geltung kommt.

Einerseits ist es klar, führt Husserl aus, dass z.B. bei der Vergegenwärtigung einer Phantasiewelt das Ich „als dieses zufällige empirische Ich nicht dazugehört" (cf. S. 291). Er meint: dass es nicht als solches *in* die Phantasiewelt gehört; denn ich „als das fingierende Ich, jetzt und hier, mit diesem Leib in dieser faktischen Welt lebend, ich, diese empirische Person", bin allerdings dabei, „ich (dieses Ich), fingiere" (S. 290). Indessen, dieser Leib und das

---

[44] Es ist bemerkenswert, dass Husserls Analysen von Vergegenwärtigungen mit der Einbeziehung der Einfühlung wachsendes Gespür für das Problem des Ich bekommen zu haben scheinen. In sehr umfangreichen Analysen (insbesondere über Phantasie und Bildbewusstsein), die zwischen 1908 und Frühjahr 1910 entstanden, tritt, soweit ich sehe, die Frage des in den Vergegenwärtigungen vergegenwärtigten Ich gar nicht, oder doch nicht in relevanter Weise, auf (Ms. A VI 11 II, bes. S. 37–151). (In einer älteren Aufzeichnung, „Aporie", aus 1905–06, geht Husserl am Beispiel der Phantasie, und in Andeutungen auch der Erinnerung, der Frage des Ich in der Phantasie in empirisch eingestellter Analyse nach. Cf. Ms. A VI 11 I, S. 171-175.) In einer dieser Aufzeichnungen, wohl aus Winter 1910, findet sich ein für jene Zeit bezeichnender Hinweis auf die Vernachlässigung der Einfühlung (Ms. A VI 11 II, S.114–115a; vgl. dazu auch Hu X, *Zeitbewusstsein*, Nr. 45, S. 301 und 310; wohl um 1909). – In Texten aus Frühjahr 1912 (Ms. A VI 4, 53 Blätter), besonders wieder über Phantasie und Bildbewusstsein, finden wir gleichsam eine „Voranzeige" der Studien über Einfühlung von 1914 oder 1915. Husserl behandelt dort die Frage des Ich „vor" und „in" der Phantasie und notiert: „Den Fall der Einfühlungserlebnisse müssen wir überhaupt erst nachträglich und für sich behandeln" (Ms. A VI 4, S. 48a).

personale Ich könnten sich beliebig wandeln, ohne die Phantasie-welt in Mitleidenschaft zu ziehen (cf. S. 291). „⟨ ... ⟩ dass der Leib gerade so ist, wie mein Leib faktisch ist, und dass mein personales Ich gerade dieses ist, das da wirklich ist, mit diesen bestimmten Charaktereigenschaften, Kenntnissen, geistigen Fä-higkeiten etc." (S. 293), das ist für die phantasiemässig erschei-nende Welt nicht unabdingbar. Ich kann zwar, „in der Fiktion lebend, dieses selbe empirische Ich mit seinem Leib etc. *in* die Phantasiewelt hineinfingieren, ich brauche es aber nicht. Ich kann die Dinge fingieren, ohne mich (das empirische Ich) als Zuschauer hinzuzufingieren, oder überhaupt als Mitglied der fin-gierten Welt, in ihr lebend, handelnd etc." (S. 290). So scheint die Phantasiewelt als solche auch „ohne Ich" bestehen zu können.[45]

Andererseits, fährt Husserl aber fort, habe ich doch „*in* der Phantasie die betreffenden Dingerscheinungen, die Dinge sind quasi wahrgenommen in gewissen Orientierungen und in keinen anderen" (S. 290; m.H.). „Was durchaus notwendig ist, das sind die kinästhetischen Systeme und die von ihnen motiviert abhän-gigen Systeme von Apparenzen, und zwar visuell, taktuell etc. Sie sind für mich gebunden an meine typisch bestimmte Leibes-vorstellung" (cf. S. 293). Die Dingerscheinungen in der Phantasie weisen auf ein Hier, auf einen Nullpunkt der Orientierung hin. Also „bin *ich doch notwendig dabei*, als Zentrum der Orientierung, als Subjekt, auf das die Erscheinungen bezogen sind ⟨ ... ⟩ Und ich bin nicht nur dabei als der Fingierende" (S. 291; m.H.).

Es liegt „im Sinn der phänomenalen Welt", führt Husserl wei-ter aus, „dass jeder Punkt der Welt zu meinem Hier werden könnte, dass von jedem Hier aus Aspekte, und bestimmte, geord-nete, bestehen müssen als Wahrnehmungsmöglichkeiten" (S. 294). Da leuchtet ein, dass ich doch mit meinem *Leib* nicht immer dabei sein kann, etwa auf der Sonne, oder tausend Meter unter dem Meer. Idealiter zwar „kann ich mich überallhin bewegen oder bewegt denken", aber „realiter kann mein Leib nicht überall sein" (cf. S. 294). Das Subjekt des sich in der oder jener erdachten Möglichkeit bietenden Aspektes „ist das in motivierter Weise modifizierte Ich, das, wenn dieser Aspekt Wahrnehmung wäre

---

[45] Vgl. zur Frage des Dabeiseins des empirischen Ich als weitere Stellen etwa S. 300, 302, 303, 305, 306 und die Beilage XL, „Wirkliches Ich und Phantasie-Ich", S. 313f., ebenfalls aus 1914 oder 1915.

oder in geänderter Zeitstellung Wahrnehmung würde, sich mit
meinem jetzigen Ich identifizierte als: ich war es, der vorhin da
war und jetzt hier bin" (S. 295). Solches gilt nicht nur für die
,,unwirkliche Gegenwart", sondern auch für die unwirkliche Vergangenheit (und in analoger Weise für die Zukunft) (cf. S. 294,
295f., S. 318): ,,Ich hätte mich überallhin bewegen können etc."
(S. 296). Aspekte, die keine Erinnerungsaspekte sind, sind doch
in Erinnerungsaspekten motiviert, ,,und so ist das sie im Fall
einer Vergegenwärtigung tragende Ich kein anderes als das wirkliche Ich, nur entsprechend in motivierter Weise modifiziert"
(S. 296). Auch für die vorerinnerte Vergangenheit (d.i. die Zeit
vor meiner Geburt) kann ich sagen, ,,wenn ich damals gelebt
hätte"; es handelt sich um ,,eine in der aktuellen Erinnerung
motivierte Möglichkeit der Erinnerung" (cf. S. 296), aber als
Wirklichkeit ist sie ausgeschlossen, ähnlich wie die motivierte
Möglichkeit, ,,an einem beliebigen Ort im Raume zu sein, in der
Gegenwart", als Wirklichkeit etwa durch das Faktum meines
Leibes ausgeschlossen ist (cf. S. 296).

In diesen Beispielen bricht schon die Einsicht auf, dass das in
den Phantasievergegenwärtigungen vergegenwärtigte Subjekt,
das als Korrelat der phantasierten Erscheinungen notwendig zur
phantasierten Welt gehört (cf. S. 304), als *dasselbe* Ich wie das
aktuell fingierende zu verstehen ist, dass es dabei aber *nicht* auf
den Leib und auf die empirische Persönlichkeit ankommt.[46]
Husserl fragt im Anschluss an die erörterten Beispiele: ,,Kann
man diese Betrachtung dahin erweitern, dass nun gesagt werden
muss: Das als Korrelat reiner Phantasiegegebenheiten fungierende Ich sei identisch mit dem jeweilig phantasierenden Ich? Freilich nicht dem empirischen, mit dem und dem Leib und der und
der Gruppe bestimmter Persönlichkeitseigenschaften begabten
Subjekt (dem Menschen), aber mit dem *reinen* Ich?" (S. 296).
Wird nämlich die blosse Phantasie in eine Setzung verwandelt,
überlegt Husserl bezüglich der Identität weiter, ,,haben wir da
nicht ,*unser*' Ich, das sich freilich in unbestimmter Leiblichkeit
(oder gar keiner) und in unbestimmter Persönlichkeit oder als
pures, reines Ich da hineinversetzt in die Korrelatfunktion? *Ich*
durchlaufe doch, wenn ich mir die Möglichkeit des angesetzten

---

[46] Vgl. den gestrichenen Text im textkritischen Apparat, S. 527 zu S. 296, 31.

Fiktums klarmache, die Möglichkeit wirklicher Existenz, die Mannigfaltigkeiten von Aspekten von dem ‚dort' zum ‚hier' und umgekehrt ⟨ . . . ⟩" (cf. S. 296; m.H.). Bei den blossen Phantasievergegenwärtigungen handelt es sich allerdings nur um in der impressional gegebenen Wirklichkeit fundierte ideale Möglichkeiten, aber „immerhin, ist da nicht immerfort das Korrelat-Ich als reines Ich gesetzt, und als *dasselbe*, das aktuelles reines Ich ist?" (cf. S. 293; m.H.). Die Meinung der in den Texten von 1914 oder 1915 durchgeführten Analysen läuft eindeutig auf die Bejahung der fraglichen Identität des vergegenwärtigten und des aktuellen Ich hinaus. „⟨ . . . ⟩ dieses fingierte Ich ist *nicht etwa ein zweites Ich*. Denn die Verwandlung der qualitativen Modifikation der Setzung in die Setzung selbst führt das fingierte Ich in das Ich des Fingierens, in das aktuelle Ich über, und dann wird die Fiktion zur Erinnerung (Nacherinnerung) oder Vorerinnerung)" (S. 308; m.H.).[47] Es hält sich bei diesen Vergegenwärtigungen überall das Identische, das das „*ich* blicke" ausmacht (cf. oben, S. 102f.), durch; es handelt sich also hier, wo das vergegenwärtigte Ich identisch ist mit dem aktuellen vergegenwärtigenden, immerfort um „eigene" Erlebnisse.

Sehen wir nun auch den Fall der *Erinnerung* an. Analoges würde nach Husserl für die Erwartung gelten. Er spricht bei der Analyse der Erinnerung an meine Vergangenheit von einem „eigentümlichen Doppel-Ich". Beide Ich „decken sich" und bilden eine „*Einheit der Identität*". „Es ist dasselbe Ich, aber *in eins* das aktuell jetzige und das vergegenwärtigte vergangene: das Ich dauert, es ist jetzt, es war und wird sein. Aber so wunderbar ist das Ich, dass es nicht nur war, sondern im Jetzt sich eben in das ‚war' versetzen kann und seiner Identität in dieser *Verdoppelung* bewusst sein kann" (S. 318; m.H.).[48] In einer Aufzeichnung über

---

[47] In eins damit wird deutlich (aber darauf haben wir weiter nicht einzugehen), dass die Phantasie *nicht* genügt, „um schon eine Mehrheit von Ich, gegenüber dem wirklichen Ich vielerlei ‚andere' Ich vorstellig zu machen" (cf. S. 305). Die Phantasiemodifikationen meiner eigenen Erlebnisse führen immer „mein" Ich mit sich, und notwendig, als Subjekt der Phantasiewelt, ob selbst aufgemerkt, gegenständlich oder nicht (cf. S. 305f.). - Mit der Rede von der „qualitativen Modifikation der Setzung" nimmt Husserl übrigens die Terminologie der V. LU (cf. § 39f.) auf; ihr entspricht bekanntlich der Terminus „Neutralitätsmodifikation" in den *Ideen I* (cf. §§ 109ff., und Anm. zu § 112).

[48] Vgl. auch Hu XIII, *Intersubjektivität I*, Nr. 10, S. 303. - Zu der bei den Beispielen des Erinnerungserlebnisses besonders empfindlich werdenden Frage der Zeitlichkeit bzw. Ueberzeitlichkeit des gesuchten reinen Ichprinzips vgl. unten, § 28b, S. 211ff.

Einfühlung und Erinnerung, die in dem uns interessierenden Teil wohl 1914 oder 1915 überarbeitet wurde, führt Husserl über die „Erinnerung im weitesten Sinne" im Kontrast zu den Einfühlungen aus, dass eine jede „eine Vergegenwärtigung *eigener* Erlebnisse bietet".[49] Er sagt ebendort: „Hier bin *ich* also immer *dabei*, und das jetzige Ich ist ,*dasselbe*' wie das vergegenwärtigte: das sagt, eine phänomenologische Deckungseinheit ist da, ich kann mich von der Identität in der Reflexion überzeugen".[50] Im Text Nr. 10 wiederum ist bezüglich der Erinnerung zu lesen: „Wie sich zeitlich getrennte Erscheinungen decken im Bewusstsein desselben Erscheinenden jetzt und früher, so identifiziert sich dabei auch das empirische Subjekt der Erscheinungen, es kommen zur Deckung die Leibeserscheinungen, auf den Leib bezogen die sensuellen Felder, Erscheinungen etc." (S. 303). Wie bei den Phantasievergegenwärtigungen ist aber auch im Fall der Erinnerung klar, dass das Korrelat-Ich der in meiner aktuellen Erinnerung vergegenwärtigten Vergangenheit nicht *als* das „mit dem und dem Leib und der und der Gruppe bestimmter Persönlichkeitseigenschaften begabte Subjekt" (S. 296) mit dem aktuell jetzt vergegenwärtigenden der Erinnerung identisch ist. Für die Identität, die hier zugrunde liegt, kommt es auf das empirisch so und so bestimmte und sich wandelnde Ich nicht an. Erinnere ich mich etwa eines in meine Kindheit zurückzuversetzenden Ereignisses, so kann ich „mich", als wie ich jetzt bin mit meinem aktuellen Leib und meinen aktuellen Persönlichkeitseigenschaften etc., die ich damals noch gar nicht „so" hatte, wie ich sie jetzt habe, ja nicht mit dem Kind, als wie ich war mit meinem kindlichen Leib und meinen Eigenschaften etc. „identifizieren" – all diesem Empirischen, Personalen liegt auch hier, wie in der Phantasievergegenwärtigung, noch voraus das Ich, das sich „als pures, reines Ich da hineinversetzt in die Korrelatfunktion" (cf. S. 297). Und so kann ich unmittelbar sagen, dass es sich um „mein" Erleben handelte, dass „ich" dabei war, ohne dass ich erst die zeitliche Kontinuität vom Jetzt ins Damals anschaulich wiedererwecken müsste (was, wennschon prinzipiell lückenlos, de facto keineswegs in solcher Kontinuität möglich wäre). Husserl bringt diese Einsicht wie folgt zum Ausdruck: „Das oberste Subjekt,

---

[49] Hu XIII, *Intersubjektivität I*, Nr. 3, cf. S. 52.
[50] Hu XIII, Nr. 3, S. 52; m.H.

das die Deckung als Identifizierung vollzieht, ist das *reine Ich* (wobei aber wieder substruiert werden kann das empirische Ich, das sich zum Objekt macht etc.?)" (S. 303; m.H.). Das oberste Ich als aktuelles reines Ich ist „*in eins*" das vergegenwärtigte vergangene (cf. S. 318 u. S. 319), auch hier hält sich das Identische, das das „*ich* blicke" ausmacht, durch.

Bringen wir diese Betrachtungen über das in den Vergegenwärtigungen vergegenwärtigte Ich nun noch in Beziehung zu der Husserls Untersuchungen leitenden Frage nach der „Möglichkeit, sich Ich's vorstellig zu machen" (S. 288, oben S. 107). In Verbindung mit dieser Frage wird sich nämlich die Bedeutung des Interesses am Dabeisein des Ich in den Akten der Vergegenwärtigung für die Bestimmung der Einheit eines Bewusstseinsstromes vollends verdeutlichen. Weil sich das Phänomen der Identität von vergegenwärtigendem (aktuellem) Ich und Korrelat-Ich nicht nur in den Erinnerungen und analog in den Erwartungen, sondern auch in den Phantasiemodifikationen meiner eigenen Erlebnisse allüberall durchhält, wie die Analysen dem Phänomenologen zeigen, erhebt sich die Frage, wie ich denn überhaupt dazukomme, „einen Anderen zu setzen und zunächst vorzustellen" (cf. S. 289). Denn „gilt es nun nicht von *jeder* Vergegenwärtigung, dass *ich* in gewisser Weise dabei bin? Kann ich mir andere als ,eigene' Erlebnisse vergegenwärtigen? Und kann ich anderes als Eigenes überhaupt vorstellen?" (S. 298, m.H.). Eine *Phantasiemodifikation* meiner eigenen Erlebnisse, die „eben nicht ,mein' Ich mit sich führt", nach deren Möglichkeit Husserl zur Etablierung der „Scheidung von Ich und anderes Ich" zunächst fragt (cf. S. 289f.), ist offenbar nicht möglich. Dass „ich, der ich mir absolut gegeben bin, ein anderes Ich vorstellen und demnach gegeben haben kann", „muss in wesentlich anderer Weise geschehen", als die blosse Phantasie in der Sphäre meiner absolut gegebenen Subjektivität es ermöglicht (cf. S. 308). Wir wissen, dass es in der „Weise der Vergegenwärtigung, die *Einfühlung* heisst", zu geschehen hat; diese besser verstehen zu lernen, unternahm Husserl die Studien über anschauliche Vergegenwärtigungen (cf. oben, S. 107). Im Gegensatz zur Phantasie habe ich in der Einfühlung „Vergegenwärtigungen von Erlebnissen, denen ich nicht bloss Möglichkeit, sondern *Wirklichkeit* zumesse" (S. 297; m.H.).

Husserl erläutert das Beispiel einer Vergegenwärtigung der Wahrnehmung, die ein Anderer von einem Fenster hat, das ich nicht sehe (cf. S. 297f.). Das ist ein einfachstes Beispiel einer *Einfühlung*, die dadurch gekennzeichnet ist, dass in ihr Erlebnisse anschaulich vergegenwärtigt werden, die nicht meine Erlebnisse sind. ,,Ich habe die Vorstellung von dem Aspekte, der *seine* Impression ist, bei *mir* blosse Phantasievergegenwärtigung. Diese Vergegenwärtigung unterscheidet sich *in sich* doch nicht von jeder anderen. Es ist dieselbe, die *ich* haben würde, wenn ich mich dorthin bewegte (in das fremde Hier) und den Kopf passend drehte und dem Fenster zugewandt wäre" (S. 297; m.H.). Es bestehen hier ,,Motivationen des ,wenn und so' ", und ich setze ,,damit keine anderen Erlebnisse als welche *ich* gerade habe, keine anderen Erscheinungen – es sei denn als mögliche, in bestimmter Weise motivierte Erscheinungen" (S. 297; m.H.), also ich setze phantasierend jeweils ,,eigene". ,,Ich kann all das verstehen, mir all das in der Phantasie vorstellen, was der Andere impressional hat. Die Vergegenwärtigungen, die ,Vorstellungen' an sich und als pure Phantasievorstellungen (ohne Setzung) kann ich auch sonst haben oder kann sie in der Form haben, dass ich mich in die oder jene Raumstelle hineinfingiere, oder in irgendeine Zeitstelle" (S. 297f.).

Als wesentlichen Unterschied der blossen Phantasievergegenwärtigung und der mit Setzung verbundenen Einfühlungsvergegenwärtigung einer nicht gegebenen Erlebnisgegenwart stellt Husserl nun die an die *Leib*setzung gebundene ,,Forderung eines *aktuell gegenwärtigen Erlebens, das nicht das meine* ist", heraus (cf. S. 298; m.H.). ,,Setze ich nun Andere, so setze ich wirkliche Erscheinungen, die ich nicht habe, und ein Subjekt dieser Erscheinungen, das sie hat, während ich eben andere Erscheinungen habe" (S. 297). Im Falle der Einfühlung ist also das aktuelle vergegenwärtigende Ich *nicht in eins* das vergegenwärtigte, das notwendige Korrelat-Ich der vergegenwärtigten Aspekte, welches hier selber Subjekt eines aktuell gegenwärtigen Erlebens ist. Obwohl ich auch im Verstehen des Anderen ,,in gewisser Weise dabei bin", ist doch die Deckung der *Identität* hier nicht gefordert. ,,Genauso wie ich in meiner Vergangenheit oder in einer Fiktion dabei bin, so im Seelenleben des Anderen, das ich mir in der Einfühlung vergegenwärtige. *Dieses Dabeisein ist nun aber*

nicht verbunden mit der Forderung der Identifikation wie in der
Erinnerung an die Vergangenheit (und jeder Erinnerung) ⟨ ... ⟩
Was ich im Anderen setze, das ist *Ich* als Subjekt dieser und dieser
vergegenwärtigten cogitationes, und das Ich selbst ist vergegenwärtigtes Ich, es ist Ich, ich fühle mich darin, und *doch fremdes
Ich,* wie das vergegenwärtigte und rechtmässig gesetzte cogito
ausserhalb des Stromes des aktuellen Zeitbewusstseins steht und
einen ‚neuen', ‚anderen' Strom ausmacht" (S. 319f.; m.H.).

Erinnern wir uns nun der am Ende von § 16 (oben, S. 96ff.)
festgestellten Unzulänglichkeit der Unterscheidung vergegen-
wärtigter eigener bzw. fremder cogitationes, deren Aufklärung
dem Prinzip der Einheit eines Bewusstseinsstromes vorausgehen
müsse. Die in den „Grundproblemen der Phänomenologie" von
1910–11 eingeführte ungenügende Abgrenzung der *einfühlenden*
Vergegenwärtigung gegenüber anderen Formen der Vergegenwärtigung durch die Rede von der Gegebenheit in einer „Analogisierung" (cf. oben, S. 94), aber ohne Rücksicht auf das in den
Vergegenwärtigungen vergegenwärtigte Ich, erfährt in den Texten von 1914 oder 1915 eben durch die Analysen des Dabeiseins
des Ich in den Akten der Vergegenwärtigung die grundsätzliche
Klärung. Aus diesen Analysen erhellt, dass Einfühlung nicht
mehr unbesehen wie um 1910–1911 *zusammen* mit den verbildlichenden, analogisierenden etc. Setzungen auch als eine Art
„Analogisierung" den das „Selbst" erfassenden Erfahrungen
entgegengesetzt werden kann;[51] denn „was ich verbildliche, das
löst sich ein durch unmittelbar setzende Vorstellung und dann
weiter durch Wahrnehmung" (S. 311). Bei den fremden Erlebnissen ist aber „für mich" nichts von Einlösung durch Wahrnehmung möglich (cf. S. 311). Das in der einfühlenden Erfahrung
Erfasste ist in diesem Sinne nicht in einer „Analogisierung" Er-
blicktes. Es wäre dann noch (als durch Wahrnehmung Einlös-
bares) ein potentiell „Eigenes", in meine subjektive Sphäre
Gehöriges, von *mir* direkt, originär Vorfindbares. Dementsprechend wird die Einfühlung als „eine Bildvorstellung, eine analogi-
sche Vorstellung" (cf. S. 308) von Husserl hier ganz ausgeschlossen. Er bemerkt noch nachträglich zu den Studien von 1914 oder

---

[51] Vgl. Hu XIII, *Intersubjektivität I*, Beilage XXVI zum § 37 der GPh von 1910–11,
S. 222f.; oben S. 96.

1915: „Also entscheide ich hier gegen jede Analogisierungstheorie" (cf. S. 312, Anm. 1).

Es ist jetzt deutlich, dass *ich*, als einfühlend Vergegenwärtigender, die in der Einfühlung vergegenwärtigten cogitationes *nicht* „direkt", nicht im „Selbst" vorfinden kann, *weil* eben *nicht ich* es bin, der *als Korrelat-Ich* fungiert. Im Falle der einfühlenden Vergegenwärtigung hält sich das Identische, das das „*ich* blicke" ausmacht (oben, S. 102f.), *nicht* durch, und eben deshalb sind die vergegenwärtigten Erlebnisse nicht „für mich" „mögliche Wahrnehmungen" (cf. oben, S. 107f.). Die hinreichende Umgrenzung des „direkt", des „Selbst", welche für die prinzipielle Bestimmung der Einheit eines phänomenologisch abgeschlossenen Bewusstseinsstromes unabdingbar ist, wird erst im *Rückgang auf das Phänomen möglicher Ichidentifikation* (möglichen Dabeiseins desselben reinen Ich) gewonnen. Es ist diese Möglichkeit bzw. Unmöglichkeit der Identifikation, und nicht bloss der Gegebenheitscharakter der „Analogisierung" (oben, S. 96), welche über die Zugehörigkeit (Bezüglichkeit) der Bewusstseinsgegebenheiten zu meinem bzw. zu einem anderen Bewusstseinsstrome entscheidet, d.i. welche für die Rede von „eigenen" bzw. „nichteigenen" cogitationes das letzte, aus der phänomenologischen Wesensanalyse der vergegenwärtigenden Akte gewonnene Kriterium beistellt. Husserl bringt die Analysen über das mögliche Dabeisein des Ich in den Akten der Vergegenwärtigung „abschliessend" auf den Satz: „Eine *identifizierende Erstreckung des Ich* durch Hinzunahme von Ichvergegenwärtigungen mit Vergegenwärtigungen von cogitationes ist nur möglich in Form der Erinnerung und Erwartung oder allenfalls der leeren Möglichkeiten" (S. 319; m.H.).

In den „Grundproblemen der Phänomenologie" von 1910–11 hatte Husserl gezeigt, „wie in der *Einheit des Zeitbewusstseins* die Phänomene zusammenhängen, kontinuierlich eins sind, ein Strom" (GPh, § 33, S. 177; m.H.). So stellte er, noch ohne Rücksicht auf die Frage des Ich, die Einheit des Bewusstseinsstromes als einen einzigen Zeitzusammenhang, eine Einheit der *Kontinuität* heraus (cf. oben, S. 89). Im Hinblick auf die konstitutiv aufzuklärenden intersubjektiven Einheiten ging er dann dazu über, von der von einem kontinuierlichen Zeitzusammenhang zu einem anderen laufenden Erfahrung (der Einfühlung) zu sprechen. Mit der Einfühlung treten aber Vergegenwärtigungen im kontinuierlichen Strome auf, deren Vergegenwärtigtes im Unterschied zu den Erinnerungen, Erwartungen oder Phantasien nicht zum selben Zeitzusammenhang gehören kann. Das dadurch motivierte Problem, prinzipiell zu bestimmen, welche Erlebnisse ich überhaupt *mir*, und ausschliesslich mir, zuschreiben kann und welche ich einem „Anderen" zuschreiben muss, rückt einen gegenüber der Einheit der zeitlichen Kontinuität neuartigen Gesichtspunkt der Einheit eines phänomenologisch abgeschlossenen Bewusstseinsstromes in den Blick: die *Ich-Einheit*. Husserls Analysen haben gezeigt, wie gerade an der Möglichkeit der Identifikation des aktuellen und des vergegenwärtigten Ich zu erkennen ist, „dass mehrere cogitationes, die, wie immer, in phänomenologischer Erfahrung gegeben sind, zu *einem* Bewusstseinsstrom gehören müssen" (GPh, § 37, S. 186; oben, S. 91). Es erweist sich die *Notwendigkeit des Ich* als Prinzip, das ermöglicht, die vergegenwärtigten „eigenen" Erlebnisse (meine möglichen Wahrnehmungen) von den in der Einfühlung vergegenwärtigten „fremden" Erlebnissen (für *mich* nicht möglichen Wahrnehmungen) abzugrenzen, bzw. *als Prinzip der Einheit* der vergegenwärtigten eigenen mit den aktuellen Erlebnissen des einen Bewusstseinsstromes.[52]

[52] Aufgrund eines Gespräches mit Herrn Rudolf Bernet gerade vor der Drucklegung wird mir eine den Gedankengang des § 18 betreffende Missverständlichkeit meiner Darstellung bewusst: Diese Textinterpretation, die von einem Ichbegriff geleitet ist, welcher bei Husserl mehr implizite gewonnen werden muss, als dass er von ihm selbst in voller Deutlichkeit herausgestellt würde, ist insofern unklar, als sie das vermutlich bei Husserl auch mitspielende Denkmodell vom identischen reinen Ich als *synthetische Deckungseinheit* von Akten eines Bewusstseinsstromes nicht eigens erläutert. Die Frage müsste doch gestellt und näher untersucht werden, was Husserl bei Ansetzung dieses Modells der Deckung des genaueren im Auge hat, wenn er von der phänomenologischen Deckungseinheit von jetzigem Ich und vergegenwärtigtem Ich spricht (z.B. oben, S. 111f; Text Nr. 3 aus Hu XIII, S. 52; vgl. auch unten, S. 216, 265, 289f., 299f.). Indessen, das identische reine Ich, das wir ins Licht rücken möchten, ist jedenfalls nicht irgendwie das Produkt einer synthetischen *Deckung* von aktuell vergegenwärtigendem Vollzugs-Ich und vergegenwärtigtem Korrelat-Ich, wie Husserls expliziter Wortlaut bisweilen nahelegt. Vielmehr, das reine Ich liegt der allein mit den vergegenwärtigenden Akten auftretenden eigentümlichen Verdoppelung oder Differenz des Bewusstseins in aktuell vergegenwärtigendes und darin vergegenwärtigtes Bewusstsein (cf. oben, S. 84f.) als *subjektive Einheit* zugrunde. Die obigen Darlegungen sollten zeigen, dass der Begriff des Ich als solche subjektive Einheit der Sache nach aus Husserls Bewusstseinsanalysen zu gewinnen ist. Diese, wie mir scheint, phänomenologisch unentbehrliche Auffassung des Begriffs des reinen Ich als subjektive Einheit der vergegenwärtigenden Akte bringt I. Kern in der vor der Veröffentlichung stehenden Studie „Idee und Methode der Philosophie, Leitgedanken für eine Theorie der Vernunft" systematisch zur Darstellung (vgl.

Es ist hier noch auf einen Text aufmerksam zu machen, der sozusagen die *Probleme nennt*, deren phänomenologischen Aufklärung wir nachgegangen sind, wobei wir uns mit Husserl an die *Phänomene* und deren Forderungen hielten. Wie der Text vorliegt, dürfte er um 1918 niedergeschrieben sein, er hat aber eine alte Aufzeichnung zum Anlass; Husserl notiert nämlich: ,,Alte Blätter exzerpiert (spätestens 1909) und verdeutlicht'' (Ms. B II 10, S. 3a. Der Text wurde zusammen mit anderen Blättern aus Ms. B II 10, die aus 1925 stammen dürften, in der Beilage XII in Hu IX, *Phänomenologische Psychologie*, abgedruckt; vgl. die textkritischen Anmerkungen zu S. 415, 22ff.). Es ist wahrscheinlich, dass Husserl sich bei der Datierung der exzerpierten Blätter (,,spätestens 1909'') um 1 bis 2 Jahre getäuscht hat und dass jene Blätter eher um 1910–11 entstanden. Folgender Passus, der wegen seiner Verwandtschaft mit der Fragestellung der ,,Grundprobleme der Phänomenologie'' (§ 37 und Beilage XXVI) durchaus schon in den ,,alten Blättern'' stehen konnte, ist in unserem Zusammenhang von Interesse: ,,Alle Akte, die die *meinen* sind und waren, haben eine Einheit und nicht bloss Verbundenheit ⟨ . . . ⟩ Unsinn der Frage, wie ich dazu komme, niemals meine und eines Anderen Erlebnisse zu vermengen, wie Erlebnisse sich (und zunächst Akte) auf verschiedene Ich verteilen. *Trennung der Bewusstseinsströme, abgesehen von der Ichfrage.* Zu jedem Erlebnis ein Hof, Aufwicklung durch Reproduktion, bei diesen wieder etc. A priori kommen wir zu einem einzigen Zusammenhang, Einheit eines Bewusstseinsstromes'' (Hu IX, S. 416; m.H.). In der Rede von allen Akten, die die meinen sind und waren und dadurch eine Einheit haben, kommt aber gerade die *Ich-Einheit*, die wir oben herauszuarbeiten hatten, implizite zur Geltung. Die Aufwicklung durch Reproduktion, d.i. die ,,Konstruktion'' der Einheit eines Bewusstseinsstromes, der im voraus ja gar nicht in der ganzen Länge und Breite gegeben ist, hat das mögliche Dabeisein desselben Ich in den Erlebnissen dieses einen Stromes zur Voraussetzung.

Mit der Einbeziehung des Ichprinzips wird schliesslich auch verständlich, dass das durch die phänomenologische Reduktion seiner empirischen Ichbezüglichkeit entbundene, das ,,reine'', ,,absolute'' Bewusstsein nicht ,,niemandes'' Bewusstsein ist, wie es Husserl in einem ersten Ansatz der reinen Phänomenologie, die Ichskepsis der *Logischen Untersuchungen* noch aufrecht erhaltend, verstand (cf. oben, bes. § 8, S. 42f.). Seine weiteren Analysen haben deutlich gemacht, dass reines Bewusstsein nur in möglicher Ichbeziehung gegeben ist: es muss von *mir* entweder unter Ichidentifikation als ,,meines'' oder ohne Ichidentifikation als eines ,,Anderen'' Bewusstsein vergegenwärtigt werden können, kann aber nie und nimmer als ,,niemandes'' Bewusstsein zur Gegebenheit gebracht werden und also überhaupt nicht als ,,niemandes'' Bewusstsein sein. Zum Wesen des Bewusstseins überhaupt gehört

a.a.O., bes. § 21). Vorliegende Interpretation der Husserlschen Texte aus 1914 oder 1915 stützt sich sachlich auf Kerns Einsichten.

es – im Gegensatz zu dem nicht als Bewusstsein Gegebenen –, als jemandes, eines „Subjektes" Bewusstsein, und „originaliter" nur je als eines und desselben Subjektes Bewusstsein gegeben zu sein, d.i. *originale* Beziehung nur je auf *ein* Ich (Subjekt) haben zu können, auf dasjenige, das in ihm lebt bzw. leben kann in ursprünglicher, originärer Weise, und nicht bloss in einfühlender Vergegenwärtigung.[53] So ist in der phänomenologischen Reduktion alles überhaupt mögliche Bewusstsein aktuell oder potentiell auf *mich* bezogen, gleichsam um mich „orientiert", darum ist aber doch nicht alles Bewusstsein „mein" Bewusstsein. Zur Einheit meines Bewusstseins gehört, wie wir gesehen haben, nur das Bewusstsein, bei welchem sich die Identität des vergegenwärtigenden (aktuellen) Ich und des Korrelat-Ich durchhalten kann.

Abschliessend möchten wir noch darauf hinweisen, dass Husserl um 1910–11 zwar *im Zusammenhang* der Intersubjektivitätsproblematik zur Konzeption des Ich als Prinzip der Einheit eines Bewusstseinsstromes motiviert worden sein dürfte, dass aber dieses Ichprinzip als solches ebenso „vor" und unabhängig von der Intersubjektivitätsproblematik seine Gültigkeit hat. Dies kommt auch in den von uns erörterten Texten von 1914 oder 1915 aufs deutlichste zum Ausdruck und sei hier zur Vermeidung des Missverständnisses, die herausgestellte Icheinheit habe nur in Abgrenzung gegen *andere* Icheinheiten ihren phänomenologischen Sinn, noch angeführt. Husserl schreibt: „Originär gegeben ist mir in der ‚Selbstwahrnehmung' nur *ein* Ich. ⟨ . . . ⟩ Originär gegeben ist das Selbst, das Ich und alles, was zum Ich ‚gehört' als mein Leib, meine Sinnesfelder, meine Bewegungen, meine Tätigkeiten, meine Erscheinungen etc. ⟨. . .⟩ Originär gegeben ist mein Soeben, mein Fortdauern, mein Zukunftshorizont und Vergangenheitshorizont. ⟨ . . . ⟩ In der Fiktion ⟨ . . . ⟩ ist all das qualitativ modifiziert: aber der Charakter ist dem sonstigen Wesen nach derselbe. ⟨ . . . ⟩ Das Ich kann alles und jedes setzen, und was immer es setzen mag, es ist sich selbst so gegeben, dass es sich

---

[53] Vgl. auch Ms. K II 4, S. 36b (wohl um 1916): „Das Subjektive gegenüber dem Objektiven, und zwar individuell-einmalig, zeitlich, ist der Gesamtbestand an ursprünglich Präsentem, der prinzipiell durch Einfühlung nicht zu identifizieren ist als gemeinsam Urpräsentes ⟨wie die Natur im ersten und ursprünglichen Sinn identifiziert werden kann⟩: oder was je einem und nur einem Subjekt nur als urpräsent gegeben sein kann. Dahin gehört *jedes Subjekt selbst*, sowohl als *reines Ich*, wie als *personales Subjekt*".

setzen kann; was immer es setzt, ist in einem Wie gegeben, anschaulich gegeben, gedacht usw., und das Gegebene im Wie ist
ein *Mein*, ist was es ist als das dem Ich *Eigene*, als sein Subjektives" (S. 306f.). Entgegen Husserls ursprünglicher Skepsis gilt
jetzt, und auch schon in „solipsistischer" Hinsicht: „Den *Ausgang* aber muss ich nehmen von dem absolut gegebenen Ich, von
dem Ich, das eben ich ausspreche, wenn ich Ich sage. Ich finde
vor Sinnesfelder, Erscheinungen etc. Ich finde sie vor als meine
und finde mich vor als ihr Subjekt und als Subjekt ‚meines' Leibes. Und jede unmittelbare Setzung, die ich als Erinnerung oder
Erwartung vollziehe, ist implizite Dauersetzung von mir selbst.
⟨...⟩ Von einem anderen Ich und der Möglichkeit eines solchen
weiss ich zunächst noch nichts" (S. 307; m.H.). Die „Verlegenheit
über das Ich", welche in Texten vor den „Grundproblemen der
Phänomenologie" bei der Rede von „meinen" Erlebnissen, die
ich „mir" zuschreibe, meinem Sehen, meinem Zweifeln, meinem
Finden etc. auftrat und Husserl das „Ich" dahinstellen liess, ist
jetzt also überwunden (cf. oben, § 12, S. 59ff.).

6. KAPITEL

HUSSERLS STELLUNGNAHME ZUM ICH
IN DEN *IDEEN*

*§ 19. Gliederung des Kapitels und Verständigung über die Text-
unterlagen*
Wir hatten im Zuge der Darstellung der Motivation für das
reine Ich beim Problem der Bestimmung eines einheitlichen Bewusstseinsstromes Anlass, Husserls Stellungnahme zum Ich in
den *Ideen* der Einheitlichkeit und Uebersichtlichkeit halber zunächst einmal zurückzustellen (cf. oben, S. 105). In diesem
Kapitel wollen wir die Erörterung seiner Stellungnahme nach-
holen. Wir kommen so schliesslich auch auf die vor allem bekannt
gewordene und umstrittene „Lehre" vom reinen Ich, wie sie
Husserl in den *Ideen* vertritt, zu sprechen.
Einerseits werden wir die Motivationslinie, die wir in den
„Grundproblemen der Phänomenologie" von 1910–11 aufgriffen
(oben §§ 16–18), weiter verfolgen. Sie in den *Ideen* nachzuweisen,
ist durchaus möglich, verlangt aber erläuternde Ausführungen in
einem Ausmasse, das die kontinuierliche Darstellung des Gedankenganges im 5. Kapitel allzu stark belastet hätte. Andererseits
sind in den *Ideen* dem bisherigen Motivbestand gegenüber ganz
neuartige Motive wirksam, die Husserl veranlassten, das reine
Ich in die Theorie des Bewusstseins einzubeziehen. Diese sind in
dem von Husserl 1913 veröffentlichten Ersten Buch der *Ideen*
sogar die eher ersichtlichen. In unseren bisherigen Ausführungen
deuteten wir erst vorgreifend an, dass diese Motive auch in den
Texten von 1914 oder 1915 (oben, § 18) gegenwärtig sind. Die
ganze Ichproblematik bei Husserl erscheint dadurch in sehr
komplexer und schliesslich, wie wir zu zeigen haben, *zweideutiger*
Ausprägung, der wir bisher nicht hinreichend Rechnung tragen
konnten. Die Hauptaufgabe dieses Kapitels wird es daher sein,
die neuartigen Motive für das Ich, welche in den *Ideen* ihren lite-

rarischen Niederschlag fanden, im Denkweg Husserls auf ihre sachlichen Gründe hin aufzuhellen. In dem die Arbeit abschliessenden 9. Kapitel werden wir diese neuen Einsichten mit den bisherigen Ergebnissen in Verbindung bringen (unten, § 42c).

In diesem Kapitel wollen wir zuerst den von Husserl selbst betonten Charakter der Vorläufigkeit seiner Stellungnahme zum Problem des Ich in den *Ideen* herausstellen (unten, § 20). Daraufhin suchen wir nach der Fortsetzung der uns aus den ,,Grundproblemen der Phänomenologie'' von 1910–11 vertrauten Motivationslinie des Ich in den *Ideen* (unten, § 21). Im weiteren Verlauf, dem Hauptteil dieses Kapitels, werden wir uns der ,,vordergründigen'', mit der phänomenologischen Bestimmung des Bewusstseinsbegriffs des *cogito* auftretenden Stellungnahme zur Frage des Ich in den *Ideen* zuwenden (unten, §§ 22ff.). Schliesslich werfen wir noch einen Blick auf Husserls Bestimmung der ,,Eigenschaften'' des reinen Ich. Solche Bestimmungen kommen in den *Ideen*, über die aus welchen Motiven immer stammende blosse Anerkennung einer unumgänglichen Funktion des reinen Ich hinaus, auch zur Geltung, bleiben aber selber der zweideutigen Stellungnahme zur Ichfunktion verhaftet (unten, § 28).

Es ist zunächst noch angezeigt, uns kurz über die zerstreut liegenden Texte zu verständigen, die wir in diesem Kapitel unserer Darstellung der Stellungnahme Husserls zum Problem des Ich zugrunde legen. Im Rahmen unserer bisherigen Ausführungen über Husserls *Weg* des Problembewusstseins in der Frage des Ich liegt es nahe, auf den ursprünglichen Textbestand der heranzuziehenden Quellen zurückzugehen.

Was das von Husserl allein veröffentlichte Erste Buch der *Ideen* betrifft, halten wir uns also an die Erstveröffentlichung im Ersten Band des *Jahrbuchs für Philosophie und phänomenologische Forschung* von 1913.[1] Die Niederschrift dieses Buches ist in die zweite Jahreshälfte von 1912 anzusetzen. Vom ursprünglichen Bleistiftmanuskript, das einer (abgesehen von einigen

---

[1] Alle unsere Zitate aus den *Ideen I* folgen, wenn nicht anders vermerkt, dieser Jahrbuchpaginierung, die in der Ausgabe der *Ideen I* im Rahmen der *Husserliana* am Rande des Textes wiedergegeben ist. Eine mir bei Abfassung dieser Studie noch nicht zur Einsicht zugänglich gewesene Arbeit über die Entstehungsgeschichte der *Ideen*, die Karl Schuhmann im Rahmen der Neuedierung der *Ideen I* vorbereitet hat, ist kürzlich erschienen (1973b) und ergänzt in ihren historischen Ausführungen die knappen, für unsere Zwecke ausreichenden Hinweise auf den Textbestand, die hier gegeben werden.

Blättern des Ms. K I 69) nicht mehr vorhandenen, für den Druck
vorbereiteten kurrentschriftlichen Ausarbeitung der Veröffentlichung von 1913 zur Vorlage gedient haben dürfte, sind nur noch
ganz wenige Bruchstücke erhalten, und zwar findet sich darunter
gerade eine in für uns bedeutsamer Weise vom gedruckten Text
abweichende Fassung des § 57, der „Die Frage der Ausschaltung
des reinen Ich" behandelt (*Ideen I*, S. 109f.). Dieses Fragment
wurde, vielleicht von Husserl selber, dem ursprünglichen Bleistiftmanuskript des Zweiten Buches der *Ideen*, dessen noch vor-
handener ursprünglicher Text mit dem Ich-Kapitel beginnt,
vorangelegt.[2]

Was dieses „Zweite Buch dieser Schrift" betrifft, auf welches
Husserl im Zusammenhang unserer Frage nach dem Ich gerade im
§ 57 des Ersten Buches (S. 110) verweist, stützen wir uns vornehmlich auf eben jenes „Ursprüngliche Bleistiftmanuskript von
Ideen II",[3] welchem die genannte Vorfassung von § 57 beigelegt
wurde. Dieses ursprüngliche Manuskript der *Ideen II* „von 1912,
Oktober bis Dezember",[4] „anknüpfend an das der *Ideen I*",[5] ist
„z.T. nur mehr in der stenographischen Ueberarbeitung von 1915
erhalten".[6] Indessen, soweit wie möglich halten wir uns in diesem
Kapitel an das ursprüngliche Bleistiftmanuskript, das Husserl als
„meinen einheitlichen Entwurf von 1912"[7] bezeichnet. In einigen Punkten werden wir uns aber auf die „stenographische Ueberarbeitung von 1915" verwiesen sehen (bes. unten in § 28).

Die noch vorhandenen Blätter des Entwurfs von 1912 gehören
zum einen gerade zur Ichproblematik (Ms. F III 1, S. 13a–22a in
Husserls Paginierung), zum anderen behandeln sie die „wissenschaftstheoretischen Teile" (Ms. F III 1, S. 22a–45), die heute als

---

[2] Vgl. Ms. F III 1, S. 3 und S. 4. Diese Blätter werden bei der von K. Schuhmann
besorgten Neuedierung der *Ideen I* als Beilage aufgenommen.

[3] Vgl. Ms. F III 1, S. 2a, Umschlagaufschrift.

[4] Vgl. Ms. M III 1 II 1/1, Husserls Randbemerkung zu der von seinem damaligen
Assistenten L. Landgrebe aufgrund Husserlscher Bemerkungen in den Abschriften
Edith Steins wohl 1924–25 zusammengestellten „Entstehungsgeschichte der Ideen
II". Vgl. dazu das Gespräch D. Cairns mit Husserl vom 23.XII.1931. Eine Kopie des
Ms. der „Conversations with Husserl and Fink" hat Cairns dem Husserl-Archiv in
Leuven überreicht. Es wird zur Veröffentlichung in der Reihe *Phaenomenologica*
vorbereitet.

[5] Vgl. Ms. M III 1 II 1/1, Landgrebes Text der „Entstehungsgeschichte".

[6] Vgl. Ms. M III 1 II 1/1, Landgrebes, von Husserl durchgesehener Text der
„Entstehungsgeschichte". Die stenographische Ueberarbeitung von 1915 befindet
sich heute im Ms.-Konvolut F III 1.

[7] Vgl. Ms. III 1 I 8/1.

Ideen III in *Husserliana* V veröffentlicht sind. Die uns besonders angehenden Blätter zur Ichproblematik („13–22") fanden, in Husserls Ueberarbeitung aus 1915, teils Aufnahme in Edith Steins Ausarbeitungen und verteilen sich in der Ausgabe der *Husserliana* auf die Bände IV (*Ideen II*, kleine Teile im Haupttext) und V (*Ideen III*, Beilage I).[8]

Recht wahrscheinlichen Aufschluss über den Inhalt der als verloren zu betrachtenden Blätter 1–12 in Husserls Paginierung des ursprünglichen Entwurfs von 1912[9] gibt einerseits der Vergleich der noch vorhandenen Blätter von 1912 mit der „stenographischen Ueberarbeitung von 1915", andererseits der Vergleich von Husserls ursprünglichem Entwurf mit zwei Nachschriften von Husserls Vorlesung über „Natur und Geist" aus dem Sommersemester 1913,[10] in welcher Husserl sich offensichtlich auf den Entwurf von 1912 stützte, was, neben anderen Indizien, das weitgehend wörtliche „Echo" der Nachschriften anzunehmen erlaubt. Der mutmassliche Inhalt dieser Blätter ist für uns von Belang, weil Husserl in den *Ideen I* für die „schwierigen Fragen des reinen Ich" auf „ein eigenes Kapitel" „im zweiten Buch dieser Schrift" (*Ideen I*, § 57, S. 110) verweist, dieses Kapitel im ersten Entwurf des zweiten Buches aber gerade in den nicht mehr vorhandenen Blättern begonnen haben „muss"; denn das erste vorhandene Blatt („13" in Husserls Paginierung) führt uns bereits mitten in die Ichproblematik hinein, es beginnt: „Das reine Ich, sagten wir oben, tritt auf und tritt wieder ab" (Ms. F III 1, S. 5a).[11] Von einigem Interesse ist es nun immerhin, in etwa

[8] Vgl. des näheren Einleitung und Textkritischen Anhang von Marly Biemel in *Husserliana* IV bzw. V.

[9] Dass die Blätter des Ms. A IV 15, welche zu Fragen der „Klassifikation der Erlebnisse" (datiert „28. Oktober 1912") Stellung nehmen, zum Anfang des einheitlichen Entwurfs des Zweiten Buches gehörten, scheint mir recht fragwürdig; denn Husserls Zeugnis: „In meinem ursprünglichen Entwurf wurde zuerst behandelt die Konstitution der materiellen Natur bis zur anschaulichen materiellen Dinglichkeit (Konstitution der sinnenanschaulichen Natur), daran schloss sich unmittelbar ein zweiter Teil über animalische Natur (Seele und Leib). Dann kamen die Ausarbeitungen („wissenschaftstheoretischen Teile") ⟨ . . . ⟩" (Ms. M III 1 I 8/1) scheint einer Klassifikation der Erlebnisse keine Stelle einzuräumen. – Vgl. jetzt zur genaueren philologischen Textbestimmung die oben (S. 122, Anm. 1) erwähnte Arbeit von K. Schuhmann (1973b).

[10] Die Nachschriften stammen von Margarete Ortmann und Adolf Grimme. Kopien dieser Nachschriften wurden dem Husserl-Archiv durch Vermittlung von Herrn Dr. Avé-Lallemant zugänglich; sie tragen die Archivsignaturen N I 5 und N I 10.

[11] Vgl. damit die veröffentlichte Fassung, Hu IV, *Ideen II*, § 26 und Husserls „stenographische Ueberarbeitung von 1915", Ms. F III 1, S. 243a („93" in Husserls Paginierung).

zu erfahren, womit das Kapitel über das „reine Ich" *begonnen*
haben könnte, insbesondere natürlich, ob Motive nachzuweisen
sind, die wir schon in unserer bisherigen Darstellung von Husserls
Einführung der Ichproblematik kennenlernten. Die erwähnten
Vergleiche erlauben uns, uns ein ungefähres Bild auch vom Anfang des der Ichproblematik gewidmeten Kapitels im Zweiten
Buch der *Ideen* zu machen (cf. unten, § 21b und § 28).

Neben diesen für die Darstellung der Lehre der *Ideen* haupt-
sächlichen Quellen werden wir zur motivationsgeschichtlichen
Aufhellung in sehr umfangreichen Manuskripten „Studien zur
Struktur des Bewusstseins",[12] die zu einem wesentlichen Teil von
etwa 1909 bis in die Zeit unmittelbar vor Niederschrift der *Ideen*
reichen, sowie in verwandten Forschungsmanuskripten dieser
Jahre Aufschluss finden. In all diesen Texten erörtert Husserl
vielfach dieselben Probleme, um deren Verständnis in den *Ideen*
wir uns bemühen. Insbesondere bezüglich des Zusammenhangs
der Lehre von der Aufmerksamkeit mit dem Ichzentrum werden
wir auf die genannten Manuskripte zurückzugehen haben, die
gegenüber den *Logischen Untersuchungen,* deren Position in der
Frage der Aufmerksamkeit kurz in Erinnerung gerufen wird (unten, § 24), das reine Ich ansetzen. Zum besseren Verständnis von
Husserls Ansetzung des reinen Ich als Ausstrahlungszentrum der
Erlebnisse in den *Ideen* werden wir andererseits Texte aus der
Zeit kurz nach den *Ideen* heranziehen (unten, § 25).

§ 20. *Die Vorläufigkeit von Husserls Stellungnahme zum Problem*
     des Ich in den Ideen

Unsere Ausführungen in den vorangegangenen Kapiteln versuchten zu zeigen, in welchem Problemzusammenhang Husserl
zur Einbeziehung des reinen Ich in die Phänomenologie vornehmlich motiviert worden zu sein schien. Wir fanden, das Problem der
Etablierung eines Prinzips der Einheit eines Bewusstseinsstromes
sei ausschlaggebend gewesen (oben, §§ 16ff.). Wir wiesen auch
darauf hin, dass diese Problematik in den *Ideen* nicht recht zur
Geltung komme (oben, S. 105). Sie ist jedenfalls darin nicht so
gegenwärtig, dass aus ihr *im Gedankengang* der *Ideen* die Motiva-

---

[12] Zu diesen vermutlich von L. Landgrebe so betitelten „Studien" ziehen wir hier
nur die stenographischen Unterlagen heran. Für uns kommen in Frage: Ms. A VI 8 I
und II; Ms. A VI 12 I und II.

tion für die in ihnen zum Ausdruck kommende Anerkennung des reinen Ich zu entnehmen wäre. Ueberhaupt – so ist doch einerseits der Eindruck bei der Lektüre der *Ideen* – ist das reine Ich hier „einfach anerkannt". Es ist hier vorerst nicht einmal recht zu sehen, aus welchen Motiven Husserl es entgegen den *Logischen Untersuchungen* einbezieht und aus welchen Gründen es zur Phänomenologie des reinen Bewusstseins der *Ideen,* in deren Erstem Buche Husserl „bestimmte Vorstellungen von der allgemeinsten Struktur dieses reinen Bewusstseins zu gewinnen" versucht (S. 5), offenbar wesensmässig dazugehört, da es nun nicht mehr dahingestellt wird. Andererseits fällt aber doch auch auf, wie bewusst Husserl der „*Vorläufigkeit*" seiner Stellungnahme zum Ich in diesem, von ihm veröffentlichten Ersten Buch der *Ideen* war. Eine genauere Betrachtung der *Ideen* und anderer, oben im § 19 angeführten Texte aus deren Umkreis vertieft den Eindruck dieser Vorläufigkeit. Sie ist unmittelbar abzulesen an der Unentschiedenheit bis kurz vor der Veröffentlichung, bzw. am beinahe völligen Zurückstellen der Ichproblematik im veröffentlichten Ersten Buch selbst. In diesem Paragraphen wollen wir vorerst einmal diesen Charakter der Vorläufigkeit der Stellungnahme zum Problem des Ich in den *Ideen* herausstellen.

Die Unentschiedenheit über die das Ich betreffenden Fragen bzw. deren Zurückstellung finden wir in den zum Ersten Buch der *Ideen* gehörigen Bruchstücken des Bleistiftmanuskriptes sowie in diesem Ersten Buch selbst, dem einzigen, das Husserl selbst veröffentlichte.[13] Im Bruchstück des Bleistiftmanuskripts aus 1912, das eine Vorfassung des § 57 der *Ideen I* bildet, kommt die Unentschiedenheit über das Ich besonders deutlich zum Ausdruck.[14] Zunächst ist zu lesen: „Wie steht es nun, kann man

---

[13] Zum ursprünglichen Plan der *Ideen* in drei Büchern vgl. *Ideen,* Erstes Buch, Einleitung S. 5.

[14] Ein historisch bemerkenswertes Dokument bilden folgende „Sätze", die wohl im Zusammenhang des ursprünglichen Bleistiftmanuskripts (1912) der *Ideen I* auf ein einzelnes Blatt geschrieben wurden: „Ob es als ein wirkliches oder fingiertes und dabei als ein reales psychophysisches Subjekt gedacht ist oder nicht ⟨gestrichen: „oder als reines"⟩, darauf kommt es nicht an, sondern eben nur auf Akte des betreffenden Gehalts ⟨gestrichen: „und auf ein Ich, das"; „und hinsichtlich des ‚Ich' auf ein solches, ohne das Akte nicht gedacht werden können"⟩, und sofern sie ein ‚Ich' voraussetzen, nur auf das, was sie dabei unter diesem Titel notwendig voraussetzen, und was im übrigen einer näheren Bestimmung nicht bedarf. Aber ob dieses als ein englisches etc. gedacht ist, ob als ein reales psychophysisches Subjekt oder nicht ⟨bricht ab⟩. Wofern diese Akte ein Ich voraussetzen, kommt es nur auf den Sinn dieses ‚Ich' an, das sie notwendig und somit unabtrennbar voraussetzen, und was im übrigen

fragen, mit dem ‚reinen' Ich? ⟨ . . . ⟩ Reduziert es sich auf den
blossen Lauf des Bewusstseins?". „Klar ist von vornherein soviel", führt Husserl aus, dass, „wenn wir das transzendentale
Residuum des natürlichen Ich suchen", wir im transzendentalen
Bewusstseinslauf „kein Ich als Bewusstseinsdatum finden können". „Jedes Erlebnis ist das meine, jedes fasse ich in der Form
‚ich denke', in jedem aktuellen cogito lebe ich, und mein Blick
geht ‚durch' seinen Inhalt auf das Gegenständliche. Aber nicht
kann dieses Ich dabei selbst ein Stück oder Moment an jeder
cogitatio, und wiederum ein Stück oder Moment an dem merkwürdigen Ichstrahl, an dem ‚Blick auf' ⟨sein⟩. Jedes Erlebnis ist
etwas Zufälliges, prinzipiell betrachtet, jedes kann wechseln,
kommen und gehen, wie wir ja faktisch die Erlebniswelt als eine
Welt beständigen Flusses vorfinden. Demgegenüber *soll* aber
das Ich ein Prinzip der Notwendigkeit sein. ⟨ . . . ⟩ Das ‚Ich
denke' muss alle ‚meine' cogitationes begleiten können. *Es scheint
doch*, dass davon durch die phänomenologische Reduktion nichts
verloren geht und ein reines Ich als Prinzip dieser Notwendigkeit
übrigbleibt".[15]

Dann zieht Husserl hier aber doch noch vor, die Reduktion auf
das Ich, dem er hypothetisch „eine grundwesentlich andersartige
Transzendenz als die der Welt bzw. der Transzendenz durch Erscheinung" [16] zuspricht, selbst zu erstrecken. Er schreibt, es sei
klar, „dass, wenn es unvermeidlich wird, als Residuum der Weltreduktion auch ein identisches reines Ich im reinen Bewusstseinsstrom anzuerkennen (worüber wir hier übrigens keine Feststellungen machen), dieses Ich etwas prinzipiell anderes wäre als
irgendein Objekt der Welt. Diese bliebe ihm allzeit ein Gegenüber, während zugleich eben dieses Ich den Menschen und in ihm
das empirische Ich setzte und in der natürlichen Reflexion sich
in diesem naturalisierte. ⟨ . . . ⟩ Diese *hypothetische Erörterung*

⟨bricht neuerlich ab⟩. Und wofern diese Akte ein Ich voraussetzen, kommt es auch
nur auf den notwendigen Sinn dieses ‚Ich' an, das sie dabei voraussetzen und das im
übrigen einer näheren Sinneserforschung nicht bedarf" (Ms. B II 1, S. 48b). Die Seite
ist nachträglich noch schräg durchgestrichen; für uns ist bloss interessant, dass
Husserl offensichtlich bei der Frage des *Ich* der Akte in Verlegenheit geriet, wie die
verschiedenen Formulierungsversuche anzeigen.

[15] Cf. Ms. F III 1, S. 4a, m.H. (vgl. oben, § 19, S. 122f) – Wir kommen auf diesen
Text, insbesondere auf den hier übersprungenen Passus, in dem Husserls Beziehung zu
Kant gewidmeten Kapitel zurück (unten, 8. Kapitel, § 39).

[16] Ms. F III 1, S. 3a.

genügt für unseren Zweck vollkommen. Wir brauchen *für das vielumstrittene Ich des reinen Bewusstseins keine Partei zu ergreifen,* wir erstrecken im voraus unsere transzendentale Reduktion darauf. Das Ich wäre ja nicht selbst reines Bewusstsein, sondern ein darin sich ,bekundendes'; und wo immer wir in Form des cogito das Ich vorfinden, da adjungieren wir unserer Sphäre eben dieses Vorfinden, und ebenso die vorgefundene cogit⟨atio⟩. Das *Ich selbst* ist der cog⟨itatio⟩ und ihrer Domäne in eigener Weise transzendent, auch *diese Transzendenz schalten wir aus*".[17] Wenige Monate vor Erscheinen des Ersten Buches der *Ideen* mag diese in der Frage des Ich doch noch Unsicherheit verratende Erörterung erstaunlich erscheinen; Husserl fügt aber immerhin nach den eben zitierten Sätzen noch an: ,,Doch muss bemerkt werden, dass eine Fassung der Phänomenologie wohl möglich ist, die diese Transzendenz nicht ausschaltet".[18] Eine solche Fassung der Phänomenologie strebt Husserl dann schon mit den ausgearbeiteten *Ideen* in der Tat an, und zwar nicht nur im Sinne einer ,,auch möglichen" Fassung, sondern unter prinzipieller Anerkennung der Unumgänglichkeit der Einbeziehung des Ich in die Phänomenologie.

Im Masse nun die Unentschiedenheit über die notwendige Einbeziehung eines Ichprinzips in die Phänomenologie der entschiedenen Anerkennung des reinen Ich im veröffentlichten Ersten Buch der *Ideen* weicht, fällt hier Husserls weitgehendes Zurückstellen der eigentlichen Ichprobleme auf. In der ,,Vordeutung auf das ,reine' oder ,transzendentale Bewusstsein' als das phänomenologische Residuum" (Titel von § 33) sagt Husserl von dem durch die phänomenologische ἐποχή aufzuweisenden Sein, es sei ,,nichts anderes, als was wir aus wesentlichen Gründen als ,reine Erlebnisse', ,reines Bewusstsein' mit seinen reinen ,Bewusstseinskorrelaten' *und andererseits seinem ,reinen Ich'* bezeichnen werden" (cf. § 33, S. 58; m.H.). Hiess es im Bleistiftmanuskript von Herbst 1912 noch, ein reines Ich *scheine* übrigzubleiben, wird es hier rückhaltlos in der Vordeutung als zum phänomenologischen Residuum mitgehörig angesetzt.[19] Doch schon im nächsten Para-

[17] Ms. F III 1, S. 3a und 3b; m.H.
[18] Ms. F III 1, S. 3b.
[19] Nebenbei sei vermerkt, dass hier also die erste positive Stellungnahme Husserls zum reinen Ich, nämlich dessen eigentliche *Einbeziehung in das phänomenologische Feld,* in den von ihm veröffentlichten Schriften vorliegt.

graphen, der „Vom Wesen des Bewusstseins als Thema" der
Phänomenologie handelt, wird die Behandlung der Ichprobleme
aufgeschoben. „Als Ausgang nehmen wir das Bewusstsein in
einem prägnanten und sich zunächst darbietenden Sinne, den
wir am einfachsten bezeichnen durch das Cartesianische *cogito*,
das ,Ich denke'" (§ 34, S. 60f.). Dieser Ausdruck „*cogito*" umfasst
alle „Icherlebnisse in den unzähligen fliessenden Sondergestaltun-
gen" (S. 61). „*Das Ich selbst,* auf das sie alle bezogen sind, oder
das ,in' ihnen in sehr verschiedener Weise ,lebt', tätig, leidend,
spontan ist, rezeptiv und sonstwie sich ,verhält', *lassen wir zu-*
nächst ausser Betracht, u.z. das Ich in jedem Sinne. *Späterhin*
wird es uns noch gründlich beschäftigen" (S. 61; m.H.). Aehnliches
lesen wir in dem mit „Zweifellosigkeit der immanenten, Zweifel-
haftigkeit der transzendenten Wahrnehmung" überschriebenen
§ 46. Husserl spricht hier vom strömenden Leben, auf das ich „in
seiner wirklichen Gegenwart hinblicke", wobei ich „mich selbst
⟨ . . . ⟩ als *das reine Subjekt dieses Lebens* fasse", und er bemerkt
unmittelbar dazu: „*(was das meint, soll uns später eigens beschäf-*
tigen)" (S. 85).

Dass Husserl beim „späterhin" (§ 34) bzw. „später" (§ 46) ursprünglich schon dachte „in den späteren Teilen des Werkes",
nämlich des *Ersten* Buches, ist schwerlich auszumachen, jedoch
unwahrscheinlich.[20] Feststeht hingegen einerseits, dass der eigens
„Die Frage der Ausschaltung des reinen Ich" behandelnde § 57
eine zwar noch stark an die „hypothetische Erörterung" im
Bleistiftmanuskript erinnernde Anerkennung des reinen Ich gibt:
„Verbleibt uns als Residuum der phänomenologischen Ausschaltung der Welt und der ihr zugehörigen empirischen Subjektivität ein *reines Ich* (und dann für jeden Erlebnisstrom ein
prinzipiell verschiedenes), *dann* bietet sich mit ihm eine eigenartige – nicht konstituierte – Transzendenz, eine Transzendenz
in der Immanenz dar" (*Ideen I,* § 57, S. 109f.; m.H.). Entgegen
der Ausschaltung dieser Transzendenz in der Bleistiftfassung,

---

[20] Vgl. *Ideen I,* Hu III, Textkritischer Anhang S. 467 zu S. 75, Zeile 21. „In den
späteren Teilen des Werkes", diese nachträgliche Bemerkung Husserls in einem seiner
Handexemplare der *Ideen I* ist wohl so zu deuten, dass Husserl, nachdem einmal das
Zweite Buch der *Ideen,* das ein den Ichfragen gewidmetes Kapitel enthalten hätte,
nicht zur Veröffentlichung gelangte, betonen wollte, auch im Ersten Buch finde sich
schliesslich einiges Gründliche zur Frage des Ich. – Vgl. Hu IV, *Ideen II,* § 22: „⟨ . . . ⟩
das Ich als reines Ich ⟨ . . . ⟩ eben dasjenige, von dem wir im ersten Buch schon
viel gesprochen haben" (S. 97; Ms. F III 1, S. 233b). Cf. dagegen u. S. 132, Anm. 22.

bzw. der dort nur als *Möglichkeit* erwogenen Einbeziehung dieser Transzendenz folgend, heisst es hier dann aber vorsichtig aner-kennend: ,,Bei der unmittelbar wesentlichen Rolle, die diese Transzendenz bei jeder cogitatio spielt, werden wir sie einer Aus-schaltung nicht unterziehen dürfen'' (§ 57, S. 110). Und feststeht andererseits, dass eine weitere Thematisierung dieses reinen Ich hier nicht unternommen, vielmehr neuerlich aufgeschoben wird: Darf es einer Ausschaltung auch nicht unterzogen werden, können doch ,,für viele Untersuchungen die Fragen des reinen Ich *in suspenso* bleiben''. ,,⟨ . . . ⟩ nur soweit, wie die unmittelbare evident feststellbare Wesenseigentümlichkeit und Mitgegeben-heit mit dem reinen Bewusstsein reicht, wollen wir das reine Ich als phänomenologisches Datum rechnen, während alle Lehren über dasselbe, welche über diesen Rahmen hinausreichen, der Aus-schaltung verfallen sollen'' (S. 110). Es folgt dann noch der uns bereits bekannte Verweis auf ein den schwierigen Fragen des reinen Ich zu widmendes eigenes Kapitel im Zweiten Buche dieser Schrift, welches auch ,,der Sicherung der vorläufigen Stellung-nahme'' zu dienen habe (cf. § 57, S. 110). Durch diesen Verweis auf das *zweite* Buch wird offenbar auch die bei den ,,Vorbetrach-tungen'' des zweiten Abschnittes des Ersten Buches (cf. § 51) für ,,späterhin'' vorgesehene gründliche Beschäftigung mit dem Ich (cf. §§ 34 und 46) betroffen. Dies bestätigen schliesslich in aller Form Husserls Aussagen in dem ,,Die Beziehung der Erlebnisse auf das reine Ich'' erörternden § 80 (S. 159ff.). Dieser Paragraph knüpft sozusagen am § 34 an, wo wir lasen: ,,Das Ich selbst, auf das sie alle ⟨sc. die Erlebnisse⟩ bezogen sind, ⟨ . . . ⟩ lassen wir zunächst ausser Betracht'' (S. 61). Zu Beginn des § 80 heisst es nun: ,,Unter den allgemeinen Wesenseigentümlichkeiten des transzendental gereinigten Erlebnisgebietes gebührt eigentlich die erste Stelle der Beziehung jedes Erlebnisses auf das ,reine' Ich'' (S. 159). In aller Deutlichkeit stellt Husserl hier dann fest, dass diesem reinen Ich zwar ,,keine Reduktion etwas anhaben kann'' (cf. S. 160), die anschliessenden Ausführungen geben aber alsbald zu verstehen, dass das ,,Ich selbst'' auch hier nicht tiefer-gehend in Betracht gezogen wird, dass vielmehr in der Phäno-menologie in weitem Masse die Fragen des reinen Ich zurück-gestellt werden können. Husserl betont, dass das erlebende Ich bei seinen ,,eigentümlichen Verflochtenheiten mit allen ,seinen'

Erlebnissen ⟨ . . . ⟩ nichts ist, was für sich genommen und zu einem eigenen Untersuchungsobjekt gemacht werden könnte" (cf. S. 160). Es gäbe zwar „Anlass zu einer Mannigfaltigkeit wichtiger Beschreibungen ⟨ . . . ⟩ hinsichtlich der besonderen Weise, wie es ⟨ . . . ⟩ erlebendes Ich ist", aber „trotz der notwendigen Aufeinanderbezogenheit" unterscheide sich immerfort „das Erlebnis selbst und das reine Ich des Erlebens" (S. 161). Und er hebt abschliessend „eine gewisse, ausserordentlich wichtige Zweiseitigkeit im Wesen der Erlebnissphäre" heraus, nämlich die an den Erlebnissen zu vollziehende Unterscheidung in „eine subjektiv-orientierte Seite und eine objektiv-orientierte" (S. 161). Dieser Zweiseitigkeit entspreche, „in erheblichen Strecken mindestens", eine Teilung der Untersuchungen, „die einen nach der reinen Subjektivität orientiert, die anderen nach dem, was zur ‚Konstitution' der Objektivität für die Subjektivität gehört" (S. 161). Da nun die „weiterhin in diesem Abschnitt" zu vollziehenden Meditationen „vorzugsweise der objektiv-orientierten Seite gelten, als der im Ausgang von der natürlichen Einstellung sich zuerst darbietenden" (S. 161), bekräftigt sich unser Eindruck, das reine Ich werde in diesem Ersten Buch der *Ideen* zwar prinzipiell anerkannt, eine gründliche phänomenologische Erörterung und Ausweisung indessen unterbleibe. Husserl schreibt auch ausdrücklich: „Wir werden von der ‚intentionalen Beziehung' von Erlebnissen (bzw. des reinen erlebenden Ich) auf Objekte und von mancherlei Erlebniskomponenten und ‚intentionalen Korrelaten', die damit zusammenhängen, vieles zu sagen haben. Dergleichen kann aber in umfassenden Untersuchungen analytisch oder synthetisch erforscht und beschrieben werden, ohne dass man sich mit dem reinen Ich und seinen Weisen der Beteiligung dabei irgend tiefergehend beschäftigt. Oefters berühren muss man es freilich, sofern es eben ein notwendiges Dabei ist" (§ 80, S. 161).

Bekanntlich weist Husserl in dem gleich folgenden § 81, „Die phänomenologische Zeit und das Zeitbewusstsein" (S. 161ff.), daraufhin, die „Rätsel des Zeitbewusstseins" in den vorbereitenden Analysen dieses Buches ausser Spiel lassen zu können (cf. S. 163). Er notiert aber gleich dazu: „Die darauf bezüglichen und langehin vergeblichen Bemühungen des Vf. sind im Jahre 1905 im wesentlichen zum *Abschluss* gekommen und ihre Ergebnisse in Göttinger Universitätsvorlesungen mitgeteilt worden" (S. 163, Anm. 1; m.H.).[21] Unsere Ausführungen in diesem Paragraphen zeigen uns, dass wir es auch mit einer *weitgehenden Zurückstellung der eigentlichen Ichproblematik* zu tun haben,[22] es fehlt hier aber jeder entsprechende Hinweis auf bezüglich der ,,Rätsel des Ich" ,,im wesentlichen zum Abschluss gekommene Bemühungen", vielmehr verweist Husserl ja, wie wir gesehen haben, bezüglich der ,,schwierigen Fragen des reinen Ich" auf ein *künftiges* Kapitel im Zweiten Buch der *Ideen* (*Ideen I*, § 57, S. 110).

Diese Zurückstellung der Ichproblematik in den *Ideen*, dies sei nochmals betont, ist nicht mehr im Sinne einer ,,Skepsis", einer ,,Opposition gegen die Lehre vom ,reinen Ich' ", wie zur Zeit der *Logischen Untersuchungen* und während Jahren danach, gemeint, was schliesslich auch Husserls selbstkritische Aeusserungen zu seiner früheren, im Fortschritte seiner Studien aber nicht mehr festzuhaltenden Stellungnahme zum reinen Ich deutlich bezeugen.[23] Wir haben diese weitgehende Zurückstellung der inzwischen phänomenologisch anerkannten Gegebenheit des reinen Ich im Ersten Buch der *Ideen* vielmehr eben als *Ausdruck der Vorläufigkeit* von Husserls Stellungnahme zu verstehen.

Die Schwankungen und Unsicherheiten in Husserls Denken zur Frage des Ich aufzureihen, sollte uns freilich nicht Selbstzweck sein; denn schliesslich möchten wir, jenseits aller Unbestimmtheiten (eingeschlossen jene, die sich aus dem philologischen Textbestand als solchen ergeben), im folgenden das herauszustellen versuchen, was Husserl zur Zeit der *Ideen* zur ,,Sache des Ich" wirklich gedacht hat. Aus dem Einblick in die Vorläufigkeit der

---

[21] Zur Sache vgl. Einleitung des Hrsg., Rudolf Boehm, zu Hu X, *Zeitbewusstsein*, bes. S. XXXff.

[22] Vgl. dazu auch Husserls Aeusserungen im ,,Nachwort zu meinen Ideen" (1930): ,,⟨ . . . ⟩ ausgeschlossen bleibt die Problematik der Zeitigung der immanenten Zeitsphäre. ⟨ . . . ⟩ Für den *zweiten* Band aufgespart waren die *Ichprobleme*, die Probleme der Personalität, das transzendentale Problem der ,Einfühlung' " (Hu V, *Ideen III*, S. 142; m.H.). Dann, wohl unmittelbar die im § 80 der *Ideen I* exponierte Zweiseitigkeit der Untersuchungen betreffend: Das Befragen geht ,,unweigerlich vom gegenständlichen Sinn als ,Leitfaden' auf seine Gegebenheitsweisen verschiedener Stufen ⟨ . . . ⟩; andererseits aber auch aufsteigend zu den korrelativen spezifisch ichlichen Noesen. Doch ist das Befragen der spezifischen Ichlichkeit im ersten Bande der ,Ideen' noch nicht in Angriff genommen worden" (S. 159).

[23] Vgl. die Selbstkritik in *Ideen I*, § 57, Anm. 1, S. 110. – In *Logische Untersuchungen*, Zweite Auflage (1913), V. Untersuchung, § 4, S. 354, Anm. 1; § 6, S. 357, Anm. 1; § 8, S. 361, Anm. 1, und S. 363: Zusatz zur 2. Auflage. – In Hu V, *Ideen III*, § 6, S. 24. – Zur ,,Anerkennung" des reinen Ich in *Ideen III*, cf. § 3, S. 19; § 10, Anm. S. 59; § 12, S. 71.

Stellungnahme ist aber doch zu entnehmen, dass das aus welchen Motiven immer in die Phänomenologie einbezogene reine Ich für Husserl keine so „sichere" Sache war, wie die *Ideen I* den Anschein erwecken mögen. Husserls Stellungnahme zur Frage, ob das reine Ich in der reinen Phänomenologie überhaupt unerlässlich sei oder nicht, blieb bis unmittelbar vor der Zeit der endgültigen Ausarbeitung der *Ideen* unentschieden, „hypothetisch". So kann füglich gesagt werden, die über das Ich gemachten Aussagen der *Ideen* beträfen ein Husserl selbst noch unvertrautes Phänomen, sie gehörten selbst noch der Zeit an, in der Husserl sich der Unumgänglichkeit der Ichproblematik für die reine Phänomenologie seines Sinnes immer tiefer erst bewusst wurde. Ja, man kann sich des Eindrucks nicht ganz erwehren, dass die geleistete positive Stellungnahme für das reine Ich vom Vorhaben der Veröffentlichung des programmatischen Hauptwerkes der „neuen" Wissenschaft, die als „Grundwissenschaft der Philosophie" auftrat (cf. *Ideen I*, Einleitung, S. 1), sozusagen „beschleunigt" wurde. Sie veranlasste Husserl, im Gegensatz zu den *Logischen Untersuchungen* wenigstens der prinzipiellen Anerkennung des reinen Ich Ausdruck zu verleihen, zu einer Zeit, da er noch keine ausgeführte Begründung, wofür das Ich einzubeziehen sei, noch auch eine gründliche Aufklärung seiner phänomenologischen Gegebenheit bereitgestellt hatte. Dies lehrt vor allem auch der Blick auf die unveröffentlichten Manuskripte jener Zeit. Die Stellungnahme des Werkes zum reinen Ich bleibt schliesslich, übrigens in Husserls Augen selbst, unbefriedigend, und sie fand denn auch schon zu seinen Lebzeiten scharfe Kritik.[24]

§ *21. Die Kontinuität der Fragestellung der „Grundprobleme der Phänomenologie" von 1910–1911 in den* Ideen

Wir wollen im folgenden vorerst jenen Aussagen der *Ideen* über das reine Ich nachspüren, die sich im Problemkreis des Prinzips der Einheit eines Bewusstseinsstromes bewegen. Die Frage nach einem solchen Prinzip trat in den Vorlesungen „Grundprobleme der Phänomenologie" von 1910–11 auf und drängte zur Konzeption der Idee des reinen Ich als Prinzip der

---

[24] Vgl. unten, § 26, S. 185ff. und 9. Kapitel, § 42a, Husserls Selbstkritik.

Einheit eines Bewusstseinsstromes (oben, §§ 16f.). Wir sagten, dass dieses Motiv zur Einbeziehung des reinen Ich in den *Ideen* nicht geradewegs greifbar sei. Es finden sich aber sowohl in dem von Husserl veröffentlichten Ersten Buch (a), als auch im ursprünglichen Entwurf von 1912 zum Zweiten Buch (b) Erörterungen, in denen vom reinen Ich in einer Art die Rede ist, die auf das Fortwirken des in den ,,Grundproblemen der Phänomenologie'' aufbrechenden Problembestandes deutet.

a) In dem von Husserl veröffentlichten Ersten Buch

Den sachlichen Anschluss an die ,,Grundprobleme der Phänomenologie'' bietet die Frage der Gewinnung eines im voraus nicht gegebenen einheitlichen Bewusstseinsstromes. Husserl vernachlässigt diese Frage zu Beginn der *Ideen*. Im zweiten Kapitel der Fundamentalbetrachtung, ,,Bewusstsein und natürliche Wirklichkeit'', deutet er, dem zur reinen Phänomenologie überleitenden Charakter der Fundamentalbetrachtung im Ganzen entsprechend, in vorerwägender Rede auf das reine oder transzendentale Bewusstsein als Thema der neuen Wissenschaft, der Phänomenologie, vor.[25] Er schreibt: ,,Was uns durchaus nottut, ist eine gewisse allgemeine Einsicht in das Wesen des Bewusstseins überhaupt ⟨ . . . ⟩'' (§ 33, S. 59), und er bestimmt die Art der Betrachtung des Bewusstseins näher: ,,Die Bewusstseinserlebnisse betrachten wir in der ganzen Fülle der Konkretion, mit der sie in ihrem konkreten Zusammenhange – dem *Erlebnisstrom* – auftreten, und zu dem sie sich durch ihr eigenes Wesen zusammenschliessen'' (§ 34, S. 61). Es gelte, ,,die Bewusstseinseinheit zu charakterisieren, die rein durch das Eigene der cogitationes gefordert und so notwendig gefordert ist, dass sie ohne diese Einheit nicht sein können'' (§ 34, S. 61). Husserl nimmt hier also wie selbstverständlich zu Beginn seiner ,,Allgemeinen Einführung in die reine Phänomenologie''[26] Bezug auf den *Erlebnisstrom als Gegebenheit*. Entsprechend fasst er alsbald eine wichtige Einsicht der an Beispielen anknüpfenden Betrachtungen über die den cogitationes als eine Wesenseigentümlichkeit zugehörige Inaktualitätsmodifikation wie folgt zusammen: ,,der Erlebnisstrom kann nie aus lauter Aktualitäten bestehen'' (§ 35, S. 63).

[25] Vgl. *Ideen I*, §§ 33, 34 und § 51, S. 97, § 77, S. 144.
[26] Titel des Ersten Buches der *Ideen*, cf. Titelpagina.

Später bemerkte er aber selbst kritisch hierzu: „Ich habe ja noch nicht gezeigt, wie ich zu ⟨dem⟩ Erlebnisstrom komme".[27]

Einen an die „Grundprobleme der Phänomenologie" erinnernden Anhieb phänomenologischer Aufklärung dieses grundlegenden Problems der Gewinnung des einheitlichen Erlebnisstromes finden wir nun im Dritten Abschnitt. Hier nimmt Husserl, um Einsicht in die „Methodik und Problematik der reinen Phänomenologie" (cf. Titel, S. 120) bemüht, die eigentlichen phänomenologischen Bewusstseinsanalysen in ausführende Arbeit. Bezüglich unserer Fragestellung kommt vorerst zur Geltung, dass sich der Erlebnisstrom als phänomenologische Gegebenheit allererst in reflektiv erfahrenden Akten erschliesst und dass er als solcher Strom Beziehung auf das Ich aller Erlebnisse dieses Stromes hat (cf. § 78, S. 150). Ferner drängt dann vor allem bei der Erörterung der „phänomenologischen Zeit als allgemeiner Eigentümlichkeit aller Erlebnisse" (cf. § 81, S. 161) die Einsicht durch, dass der kontinuierlich-fliessende Zeitstrom der Erlebnisse als ganzer nur ist in Beziehung auf das Ich (cf. §§ 81–83, S. 161ff.).

Was das erste betrifft, lesen wir: „Durch reflektiv erfahrende Akte allein wissen wir etwas vom Erlebnisstrom und von der notwendigen Bezogenheit desselben auf das reine Ich; also davon, dass er ein Feld freien Vollzuges von Cogitationen des einen und selben reinen Ich ist; dass *all* die Erlebnisse des Stromes die *seinen* sind eben insofern, als *es* auf sie hinblicken oder ‚durch sie hindurch' auf anderes Ichfremdes blicken kann. Wir überzeugen uns, dass diese Erfahrungen Sinn und Recht auch als reduzierte behalten" (§ 78, S. 150; m.H.). Das reflektierende Erlebnis als solches beschreibt Husserl gleich zuvor wie folgt: „dieses sich Richten des Ich auf seine Erlebnisse und in eins damit das Vollziehen von Akten des cogito (insbesondere von Akten der untersten, fundamentalen Schicht, der der schlichten Vorstellungen), ‚in' denen sich das Ich auf seine Erlebnisse richtet" (§ 78, S. 150). Husserls Erläuterung der notwendigen Bezogenheit des Erlebnisstromes auf das reine Ich lässt sich dann auf dem Hintergrund unserer Erörterungen über das Ich als Prinzip der Einheit eines Erlebnisstromes verstehen: Die Allheit der Erlebnisse eines Stromes sind als Erlebnisse des einen und selben Ich, d.h. als

27 Vgl. *Ideen I*, Hu III, Textkritischer Anhang, S. 468 zu S. 79, 2.

Einheit in Beziehung auf ihr Ich erkennbar, weil das Identische, das das „*ich* blicke" ausmacht, sich im Feld der cogitationes eines Stromes durchhalten kann. In diesem Sinn der Aufzeichnung „Blick-auf" vom Sommer 1911 (cf. oben, S. 103) können wir uns die an dieser Stelle der *Ideen* recht unvermittelt in Ansatz gebrachte Bezogenheit des Erlebnisstromes auf das reine Ich veranschaulichen und die Rede vom reinen Ich als „Beziehungspunkt" verstehen.[28]

Deutlicher sind nun die Anklänge an Ausführungen der „Grundprobleme der Phänomenologie" von 1910–11 und des Textes „Blick-auf" vom Sommer 1911 in den Paragraphen über die *phänomenologische Zeit*. Die Möglichkeit der Ichidentifikation für die Erlebnisse *eines* Zeitstromes gab das Prinzip ab, das „sozusagen aufweist, woran es zu erkennen ist, dass mehrere cogitationes, die, wie immer, in phänomenologischer Erfahrung gegeben sind, zu einem Bewusstseinsstrom gehören müssen" (cf. GPh, § 37, S. 186; oben, S. 90f. und S. 117). Auf diesem Hintergrund lassen sich wichtige Aussagen über die phänomenologische Zeit als Form der *Einheit* eines Bewusstseinsstromes und über das dieser Einheitsform korrelative reine Ich in den *Ideen* aufhellen. Es ist zu beachten, dass bei Husserls Erörterung der Zeitlichkeit in den *Ideen* zweierlei zu unterscheiden ist: Zum einen hat Husserl das blosse *zeitliche Fliessen*, in dem sich alles Erleben *in Kontinuität* befindet, im Auge. Zur phänomenologischen Aufklärung dieses Fliessens verweist er auf das ursprüngliche Zeitbewusstsein, in dem sich, wie jedes einzelne Erlebnis, so der ganze Erlebnisstrom als *ein* Zeitstrom konstituiert, was in den *Ideen* nicht näher ausgeführt wird (cf. § 81, S. 163; auch § 118, S. 245). Zum anderen steht er aber vor der Frage des Zeitstromes als *Gesamtstrom* der Erlebnisse. Im folgenden möchten wir dieser Frage nach dem Erlebnisstrom als *ganzem*, einheitlichem, phänomenologisch abgeschlossenem Strom der Erlebnisse unsere Auf-

---

[28] Im § 57 der *Ideen I* sagt Husserl, wenn als Residuum der phänomenologischen Ausschaltung ein reines Ich verbleibe, biete sich mit ihm eine eigenartige Transzendenz in der Immanenz dar. Dabei bemerkt er über das „Verbleiben" des reinen Ich: „(und dann für jeden Erlebnisstrom ein prinzipiell verschiedenes)" (S. 109f.). In den *Ideen I* wirkt auch diese beiläufige Bemerkung über die prinzipiell verschiedenen reinen Ich wie eine blosse, phänomenologisch nicht anschaulich einsichtige Behauptung. Sie wird aber unter Voraussetzung der im Anschluss an die „Grundprobleme der Phänomenologie" von 1910–11 gemachten Ueberlegungen über die Idee des reinen Ich verständlich.

merksamkeit zuwenden. Dabei wird nämlich ersichtlich, dass der Erlebnisstrom als solche Ganzheit von Husserl nicht aus dem blossen zeitlichen Strömen abgeleitet wird. Er hat bei der Bestimmung des Erlebnisstromes als ganzen die Beziehung auf das reine Ich der Allheit der Erlebnisse dieses einen Zeitstromes im Blick. Wir meinen, dass die hier auftretende Rede vom reinen Ich in der Linie der Idee des reinen Ich zu verstehen ist, die Husserl im Hinblick auf das Prinzip der Konstruktion eines einheitlichen Bewusstseinsstromes in Ansatz gebracht hatte.

Gleich zu Beginn der Ausführungen über die phänomenologische Zeit als Wesenseigentümlichkeit der reinen Erlebnisse kommt zur Geltung, dass bei der Bestimmung der Einheit eines Stromes die Beziehung auf das eine und selbe reine Ich, *dessen*, und nur dessen Erlebnisse in die Einheitsform einer phänomenologischen Zeit sich fügen, in Betracht gezogen werden muss. Husserl sagt von der phänomenologischen Zeit, sie sei die ,,einheitliche Form aller Erlebnisse in *einem* Erlebnisstrom", und er fügt, diese Einheit des Erlebnisstromes erläuternd, hinzu: ,,(dem *eines* reinen Ich)" (§ 81, S. 161).[29] Im weiteren lesen wir dann in derselben Gedankenlinie: ,,Der Erlebnisstrom ist eine unendliche Einheit, und die *Stromform* ist eine alle Erlebnisse eines reinen Ich notwendig umspannende Form – mit mancherlei Formensystemen" (§ 82, S. 165). Die Einheit des Erlebnisstromes wird auch hier in Beziehung auf das reine Ich, nämlich als Allheit seiner Erlebnisse bestimmt, und die umspannende Form der Zeitlichkeit erscheint in Abhängigkeit von der durch die wirklichen und möglichen Erlebnisse eines reinen Ich umgrenzten Allheit gefasst. Mit anderen Worten, Zeitlichkeit ist zwar eine alle Erlebnisse überhaupt (ob ,,meine" oder die eines Anderen) affizierende Wesenseigentümlichkeit, ,,ein allgemein zu jedem einzelnen Erlebnis Gehöriges" (§ 81, S. 163); in der Gestalt der umspannenden Stromform, der ,,Erlebnisse mit Erlebnissen verbindenden notwendigen Form" (§ 81, S. 163) aber richtet sie sich nach der zugrunde liegenden Allheit derjenigen wirklichen und möglichen Erlebnisse, welche als Erlebnisse des einen und selben reinen Ich (reinen Subjekts) eine Einheit bilden, und sie umspannt

---

[29] Vgl. auch § 49, wo Husserl den ganzen, vollen (vergangenen und künftigen) Erlebnisstrom als ,,beiderseitig endlos genommenen Gesamtstrom der Erlebnisse eines Ich" umgrenzt (S. 92).

nicht alle Erlebnisse schlechthin in einem Erlebnisstrom.[30] Nur
alle Erlebnisse *eines* reinen Ich sind notwendig von der *ihnen* zugehörigen Stromform umspannt.[31]

In den anschliessenden Bemerkungen über den dreifachen zeitlichen Horizont (Horizont des Vorher, des Nachher, des Gleichzeitig) kommt noch deutlicher zur Geltung, dass das reine Ich,
wenn vom zeitlichen Strom als ganzem, einheitlich abgeschlossenem die Sprache ist, vorauszusetzen ist. Husserl hält hier fest,
dass wir erst unter Einbeziehung des dreifachen Horizontes „das
ganze phänomenologische Zeitfeld *des reinen Ich* haben, das es
von einem beliebigen ‚seiner' Erlebnisse nach den drei Dimensionen des Vorher, Nachher, Gleichzeitig durchmessen kann;
oder wir haben den *ganzen,* seinem Wesen nach *einheitlichen* und
in sich streng *abgeschlossenen* Strom zeitlicher Erlebniseinheiten"
(cf. § 82, S. 165; m.H.). Die Ganzheit (Einheitlichkeit bzw. Abgeschlossenheit) des zeitlichen Erlebnisstromes bestimmt sich hier
also abschliessend, gerade so wie wir es im Horizont der „Grundprobleme der Phänomenologie" aufzeigten, aufgrund der Möglichkeit des reinen Ich, seine Identität durchzuhalten. In ihrer
Einheitlichkeit erweist sich die Allheit der wirklichen und möglichen Erlebnisse eines reinen Ich durch die Möglichkeit dieses
reinen Ich, von einem beliebigen seiner Erlebnisse aus kontinuierlich, d.i. unter Ichidentität, diese Allheit seiner Erlebnisse nach
allen Zeithorizonten hin durchmessen zu können; auch ihre Abgeschlossenheit gegenüber anderen Erlebniseinheiten beruht auf
dem Phänomen möglicher Ichidentifikation, die nur innerhalb
einer Einheit, diese gerade als solche umgrenzend, möglich ist.

---

[30] Zum Problem des Umspannens aller Erlebnisse überhaupt in einem Strome
durch ein „Allbewusstsein" vgl. z.B. Hu XIII, *Intersubjektivität I*, Beilage VII (aus
1909), S. 18f. – In der Beilage XXVI zum § 37 der „Grundprobleme der Phänomenologie" von 1910–11 schreibt Husserl: „⟨ . . . ⟩ die Zeitverhältnisse innerhalb eines
Stromes sind anders gegeben, ja im Grunde genommen andere als die im anderen.
Zeit innerhalb eines Bewusstseinsstromes ist zunächst nichts anderes als eine Einheitsform" (Hu XIII, *Intersubjektivität I*, S. 221f.; cf. dazu den textkritischen
Anhang, S. 518). Wir haben oben (§§ 16ff.) verfolgt, wie die Bestimmung der Einheit
eines Bewusstseinsstromes auf das Prinzip des Ich führte. „Innerhalb" der aufgrund
dieses Prinzips zur Gegebenheit gebrachten Einheit eines Stromes gibt sich auch die
Zeit als eine Einheitsform aller Erlebnisse dieses Stromes.

[31] Vgl. Ms. F IV 1, S. 48a: Husserl spricht dort von „einer unendlichen Erlebniszeit,
die eine numerisch einzige Form ist für alle Erlebnisse, die beziehbar sind auf dasselbe
reine Ich" (wohl Ende 1912; „Form" ist Bleistifteinfügung). – Ms. K II 4, S. 43b:
„Alle cogitationes, die meine sind, gehören zu einer Einheit, es ist die Einheit eines
Flusses, eine Einheit, die zeitliche Einheit ist" (wohl um 1913–14).

Die Bestimmung der Einheit des Erlebnisstromes ist im Grunde genommen in eins die Bestimmung seiner phänomenologischen Abgeschlossenheit gegenüber anderen Einheiten. Entsprechend schliesst Husserl die Betrachtungen über die phänomenologische Zeit als einheitliche Form aller Erlebnisse in *einem* Erlebnisstrome wie folgt ab: „*Ein* reines *Ich – ein* nach allen drei Dimensionen erfüllter, in dieser Erfüllung wesentlich zusammenhängender, sich in seiner inhaltlichen Kontinuität fordernder *Erlebnisstrom*: sind notwendige Korrelate" (§ 82, S. 165; m.H.).

Als „mit dieser Urform des Bewusstseins" wesensgesetzlich in Beziehung stehend, knüpft Husserl unmittelbar noch folgende Ueberlegung an: „Trifft der reine Ichblick reflektierend, und zwar perzeptiv erfassend, irgendein Erlebnis, so besteht die apriorische Möglichkeit, den Blick auf andere Erlebnisse, *soweit* dieser Zusammenhang reicht, hinzuwenden. Prinzipiell ist aber dieser *ganze* Zusammenhang *nie* ein durch einen einzigen reinen Blick Gegebenes oder zu Gebendes" (§ 83, S. 166). Die zeitlich einheitliche Weite des Zusammenhangs der Erlebnisse bestimmte Husserl im vorangehenden Paragraphen der *Ideen* unter Rückbezug auf das reine Ich, dessen Allheit der Erlebnisse in die umspannende Stromform gehört (oben, S. 137). Das Recht, obwohl der ganze Zusammenhang keine einmalige intuitive Gegebenheit sein kann, doch von einem ganzen Erlebniszusammenhang zu reden, beruht auf der apriorischen Möglichkeit, den reflektierenden Ichblick von einem beliebigen Erlebnis des Zusammenhangs aus innerhalb desselben Zusammenhangs auf andere Erlebnisse wenden zu können und so „in der Art der ‚Grenzenlosigkeit im Fortgang' der immanenten Anschauungen ⟨ . . . ⟩" den „Erlebnisstrom als Einheit" „in der Weise einer Idee im Kantischen Sinne" zu erfassen. Die Aufzeichnung „Blick-auf" vom Sommersemester 1911 lehrte uns, dass am Grunde dieser Einheit des Ichbewusstseins (dieses ganzen Zusammenhanges) das Identische, das das „*ich* blicke" ausmacht, steht; dies kommt hier in den *Ideen I* aber nicht mehr eigens zum Ausdruck.

b) Im ursprünglichen Entwurf von 1912 zum Zweiten Buch

Gehen wir jetzt auf das „ursprüngliche Bleistiftmanuskript von *Ideen II*", den „Entwurf von 1912", ein. Hier treffen wir einen

am deutlichsten dem eben angetroffenen Motiv für das reine Ich
der Texte von 1910–11 verpflichteten Gedankengang an. Wir
wissen bereits, dass die ersten Blätter dieses Manuskriptes fehlen
(oben, § 19, S. 123f.). Die hier nicht näher vorzuführende Rekonstruktion der mutmasslichen Gedankenführung, deren positive
Resultate wir erst im § 28 verarbeiten werden, zeitigt wenigstens
ein negatives Ergebnis: dass nämlich der Beginn des den Fragen
des reinen Ich gewidmeten Kapitels nicht in der Kontinuität
der Rede vom Ich als Prinzip der Einheit eines Bewusstseinsstromes stand. Indessen finden wir im noch vorhandenen Text
aus 1912 doch einen sehr gewichtigen Niederschlag des mit den
,,Grundproblemen der Phänomenologie'' in den Blick gerückten
Sachverhaltes.

Der Anfang der vorhandenen Blätter des Bleistiftmanuskripts
der *Ideen II* von 1912 handelt vom Phänomen des ,,Auftretens''
bzw. ,,Abtretens'' des reinen Ich.[32] Daran anschliessend interpretiert Husserl den Kantischen Gedanken des ,,Ich denke, das
alle meine Vorstellungen muss begleiten können'', im Zusammenhang der Hintergrunderlebnisse, in welche das reine Ich, das nur
im Vollzuge waltet, sich muss vollziehend einleben können.[33] Im
Zusammenhang damit kommt Husserl auf das Blickfeld des
reinen Ich zu sprechen, auf das wirkliche und mögliche, als
welches sich schliesslich ,,die ganze Welt'' als ,,Umgebungswelt
meines reinen Ich'' herausstellt.[34] Da diese Sachverhalte der bei
der Bewusstseinsform des cogito ansetzenden Einbeziehung des
reinen Ich zuzurechnen sind, wollen wir auf sie erst in den nächsten Paragraphen teils eingehen; teils werden wir auf sie aber
erst bei der Erörterung von Husserls Bezugnahme auf Kant in
der Frage des Ich zu sprechen kommen (unten, 8. Kapitel, § 38).

Der weitere Gedankengang des Entwurfes von 1912, der in
Husserls Ueberarbeitung von 1915 teils erweitert, teils gekürzt,
in Edith Steins Ausarbeitung der stenographischen Materialien
überdies seiner Einheitlichkeit verlustig gegangen ist, führt nun
aber zu den uns aus den ,,Grundproblemen der Phänomenologie''
vertrauten Fragen der Mehrheit von Bewusstseinsströmen in der
reinen Phänomenologie, der Bestimmung der Einheit eines gegen-

---

[32] Vgl. Ms. F III 1, S. 5a; bzw. Hu IV, *Ideen II*, § 26, S. 107.
[33] Ms. F III 1, S. 5b; bzw. Hu IV, *Ideen II*, § 26, S. 108.
[34] Ms. F III 1, S. 5b; bzw. Hu IV, *Ideen II*, § 27, S. 108f.

über jedem anderen phänomenologisch abgeschlossenen Stromes und der Beziehung dieses Problemes zur Einbeziehung des identischen Ich eines Stromes.[35]

Zunächst betont Husserl die *numerische Einzigkeit* des reinen Ich hinsichtlich *seines* Bewusstseinsstromes.[36] Gemeint ist hier nicht nur, dass das reine Ich, wie Husserl im Ersten Buch sagt, „ein bei allem wirklichen und möglichen Wechsel der Erlebnisse absolut Identisches" sei, das also „in keinem Sinn als reelles Stück oder Moment der Erlebnisse selbst gelten" könne.[37] Als solches reelles Moment ginge es seiner „absoluten Identität", seiner „Transzendenz in der Immanenz", die es als ein „einziges" im Fluss der Erlebnisse ausweist, gerade verlustig und zerfiele in eine Vielheit wie die Erlebnisse selbst. Gemeint ist hier vor allem auch, wie die gleich folgenden Ueberlegungen noch verdeutlichen, die Einzigkeit des Ich in Korrelation zu einem, nämlich zu „seinem" Bewusstseinsstrom *in Abgrenzung* gegen mögliche andere Bewusstseinsströme mit ihnen korrelativ zugehörigen anderen reinen Ich. Denn es heisst weiter: „Setzt es", nämlich das reine Ich, „in seinem cogito einen Menschen und eine Persönlichkeit, so setzt es ihm zugehörig ein reines Ich mit seinem Bewusstseinsstrom; setzt es mehrere Menschen, so mehrere reine Ich und mehrere völlig getrennte Bewusstseinsströme".[38] Ist die Setzung mehrerer Menschen rechtmässig, d.h. „gelten die Akte vernunftgemäss, so *sind* diese reinen Ich. Es gibt also *so viele reine Ich als reale Ich* ⟨ . . . ⟩" (S. 5b). Ein einziges reines Ich, ein Bewusstseinsstrom, das sind notwendige Korrelate. Dann ist die vernunftgemässe Setzung mehrerer reiner Ich der phänomenologisch hinreichende Ausweis mehrerer, je ihrem Ich zugehöriger, gegeneinander phänomenologisch streng abgeschlossener Bewusstseinsströme. Dieser Ausweis der Mehrheit von Bewusstseinsströmen nimmt aber den Weg über die „realen Ich", die „in den reinen Ich und ihren monadischen Strömen gesetzte und konsti-

[35] Vgl. Hu IV, *Ideen II*, § 27, S. 110, Zeile 8ff.; § 28; Teile von § 29, nämlich Anfang und Ende, ohne den Einschub von E. Stein über „Habitualitäten" aus späterer Zeit (vgl. dazu, unten 9. Kapitel, § 43a). – Der Bleistifttext von 1912 weist da und dort Radierungen und offenbar Neuformulierungen auf. Es ist kaum auszumachen, ob diese bei der Niederschrift (1912) oder etwa gelegentlich der Sommervorlesungen 1913, welche sich engstens an den „Entwurf" hielten (cf. u. § 28), gemacht wurden.
[36] Ms. F III 1, S. 5b; bzw. Hu IV, *Ideen II*, § 27, S. 110.
[37] cf. *Ideen I*, § 57, S. 109; unten, § 28.
[38] Ms. F III 1, S. 5b.

tuierte Einheiten sind" (S. 5b). Die realen Ich sind „sich in der Weise von Realitäten konstituierende Einheiten". An dieser Konstitution ist „der ganze Bewusstseinsfluss und nicht die blosse cogitatio beteiligt" (S. 6a). Als solche realen Einheiten sind die realen Ich „konstituiert, nicht im einzelnen Bewusstsein und seinen ‚Mannigfaltigkeiten', sondern im *intersubjektiven* Bewusstsein, das eine offene Mehrheit von monadischen Flüssen und eine Mehrheit von reinen Ich in Form der Wechselverständigung vereinheitlicht" (S. 6a). Damit stehen wir hier wieder vor dem in den „Grundproblemen der Phänomenologie" herausgestellten Sachverhalt, den intersubjektiven Zusammenhang des Bewusstseins phänomenologisch aufzuklären, welcher die Frage nach dem Prinzip der Einheit eines Bewusstseinsstromes motivierte. Und dazu lesen wir nun im Entwurf der *Ideen II* von 1912, unmittelbar an den zuletzt wiedergegebenen Passus anschliessend: „*Voraussetzung* von allem ist aber die *Idee des reinen Ich* als absolut zu gebenden; und das *monadische Bewusstsein* in seiner absoluten Geschlossenheit, *welche Geschlossenheit sich als solche in der Identität des reinen Ich ausweist"* (S. 6a; m.H.). Wir haben damit, im ganzen Gedankengang und in der Fülle der Einzeluntersuchungen der *Ideen* beinahe verschwindend, aufs klarste und knappste ausgesprochen die Einsicht, die wir im Verfolg der „Grundprobleme der Phänomenologie" von 1910–11 in den Texten über Vergegenwärtigungen aus 1914 oder 1915 in Geltung fanden (oben § 18, bes. S. 115ff.): die Einheit eines (meines) Bewusstseins in seiner phänomenologischen Abgeschlossenheit gegenüber anderen Bewusstsein weist sich gerade durch die Möglichkeit der Ichidentifikation aus. Schon hier im Entwurf aus 1912 erläutert Husserl seine Meinung in einer Weise, die deutlich auf die wenig später durchgeführten Analysen der Studien über Vergegenwärtigungen vorausweist. Er schreibt nach dem zuletzt zitierten Satz: „Alle Bewusstseinsdaten (alle Bewusstseinsstoffe und noetischen Formen), die von dem identischen reinen Ich eines wirklichen und möglichen ‚ich denke' ‚begleitet sein können', gehören zu einer Monade" (S. 6a). Der an dieser Stelle an Kants Formel anknüpfende Gedanke des „Begleiten-könnens" trifft der Sache nach das Phänomen des möglichen *Dabeiseins* desselben Ich in allen „seinen" Erlebnissen, welchem wir bei der Erörterung der Texte von 1914 oder 1915 begegnet sind (oben § 18, S. 108ff.). Der Bereich des Dabeiseinkönnens desselben Ich umgrenzte gerade die Einheit eines Bewusstseins und damit seine Abgeschlossenheit gegen andere, kurz die „Ichmonade".[39] Entsprechend lesen wir im Entwurf von 1912: „Das reine Ich fixiert sich etwa durch irgendein bestimmtes cogito. Sein monadisches Reich erstreckt sich auf die gesamte Sphäre des im Sinn prinzipieller (idealer) Möglichkeit absolut immanent Wahrnehmbaren, Erinner-baren, Erwart-baren, sogar blosse Phantasiemöglichkeiten gehören hierher ⟨ . . . ⟩" [40] (S. 6a). Diese Möglichkeiten, seien es durch das Bewusstsein bestimmt vorgezeichnete „reelle Möglichkeiten für solche immanente Akte", seien es „offene und evtl. leere Möglichkeiten", „wie z.B. wenn ich der Phantasie nachhänge, dass ich eine Reise auf den Mars unternehme und dort Erlebnisse à la Gulliver mache usw." (cf. S. 6a), lassen „eine identifizierende Erstreckung des Ich" [41] zu, wie das Interesse für das in solchen möglichen Akten vergegenwärtigte Ich einsichtig macht. Husserl erläutert das Beispiel der Phantasievorstellung alsbald in eben diesem Sinne: „Die erfundenen Bewusstseinserlebnisse gehören als leere Möglichkeiten zu mir, die fingierte Welt ist Korrelat eines fingierten Ich, das aber fingiert ist als *dasselbe* wie mein aktuelles Ich" (S. 6a). Damit beendet er die Erörterungen über die durch die Identität des reinen Ich sich ausweisende Geschlossenheit des monadischen Bewusstseins im Entwurf der *Ideen II* von 1912. Wir erkennen in ihnen das Vorspiel der die hierbei verknüpften Phänomene ausführlich analysierenden Texte von 1914 oder 1915, mit deren Hilfe wir dem in den „Grundproblemen der Phänomenologie" hervorgetretenen, auf das Ich als Prinzip der Einheit eines Bewusstseinsstromes hinleitenden Gedankengang auf den Grund gingen (oben, § 18).

§ 22. *Uebergang zur vordergründigen, phänomenologisch fragwürdigen „Lehre" vom reinen Ich in den* Ideen

Zur Einführung in die gegenüber der bisher erörterten ganz andersartige Motivation für das Ich, der wir jetzt nachgehen

---

[39] Dieser Terminus für das abgeschlossene Ichbewusstsein tritt schon in den „Grundproblemen der Phänomenologie" von 1910–11 auf. Cf. Hu XIII, *Intersubjektivität I*, Nr. 6, § 39, S. 191.
[40] Ab „sogar" bis „hierher" scheint eher etwas nachträglich (ob anlässlich des Kollegs „Natur und Geist" von 1913?) am Rande eingefügt zu sein.
[41] Hu XIII, *Intersubjektivität I*, Nr. 11, S. 319; cf. oben, S. 116.

wollen, kehren wir nochmals kurz zur Aufzeichnung „Blick-auf",
die Husserl auf das Sommersemester 1911 datierte und die wir
im 5. Kapitel kennenlernten,[42] zurück. In ihr finden wir nämlich
im Kern bereits auch angelegt, was wir vorgreifend und vorläufig
als „Uebertragung" der Idee des reinen Ich auf die Bewusstseinsform *cogito* überhaupt bezeichnen wollen. Wir erinnern uns, diesen
Text oben gerade als wichtiges Glied in dem bisher verfolgten,
aus den „Grundproblemen der Phänomenologie" von 1910–11
gewonnenen Gedankengang, welcher zur Idee des reinen Ich als
Prinzip der Einheit eines Bewusstseins führte, herangezogen und
Husserls Hinweis auf die „Grundprobleme der Phänomenologie"
entsprechend interpretiert zu haben. Mit einem kurzen Abriss
dieses Textes unter der Hinsicht der „Uebertragung" leiten wir
nun auf die im folgenden zu behandelnden Fragen der vordergründigen „Lehre" vom reinen Ich in den *Ideen* über.

Entscheidend unter diesem Gesichtspunkt ist zum einen die
zu Beginn der Aufzeichnung gegebene Erläuterung: „Der *Blick
auf*: ein bestimmter Sinn von ‚meinender' und ‚setzender' *Zuwendung*";[43] zum anderen die Verkoppelung von „Blick der
Schauung" und „*reinem Ich*" im Verlauf der Aufzeichnung.[44]
Wir lesen[45]: „Das Fundament: Ein Blick der Schauung richtet
sich auf ein Phänomen und richtet sich bald auf dies, bald auf
jenes Phänomen in einem phänomenalen Zusammenhang, und
der Blick richtet sich evtl. auch auf ⟨sich⟩ selbst und richtet sich
also darauf, dass sich ein Blick auf dies und jenes gerichtet hat
und noch richtet oder im Uebergang ist". Dieses Sich-Richten-
auf, Zugewendetsein-zu im aktuellen Vollzug dieser oder jener
cogitatio bringt Husserl also mit dem „reinen Ich" in Zusammenhang; der Text fährt fort: „Soll man das zur Idee des ‚reinen Ich'
(‚der reinen Apperzeption') in Beziehung bringen und sagen, wir
unterscheiden hier einerseits verschiedene Blicke und andererseits
sagen wir, *der* Blick geht von dem zu jenem über?".[46] Die Fortsetzung des Textes veranlasste uns oben, die hier erwogene Idee
des „reinen Ich" mit dem Problem der Bestimmung eines einheitlichen Bewusstseinsstromes in Verbindung zu bringen. Es ist aber

---

[42] Ms. A VI 8 I, S. 155f. und Ms. B I 9 I, S. 89. Vgl. oben, § 17, S. 101ff.
[43] Ms. A VI 8 I, S. 155a.
[44] Ms. B I 9 I, S. 89a und b.
[45] Vgl. oben S. 101f., wo wir Teile der Aufzeichnung bereits zitierten.
[46] Ms. A VI 8 I, S. 156a f.

nicht zu übersehen, dass diese Aufzeichnung ursprünglich auch ausserhalb der Vergegenwärtigungsproblematik, an welche die Bestimmung des identischen reinen Ich als Prinzip der Einheit fundamental gebunden war, durchaus auf die unmittelbare Ansetzung des ,,Ich" in dem in der Gegenwart kontinuierlich fliessenden Bewusstsein orientiert ist. Dieser Eindruck bekräftigt sich im weiteren Gedankengang des Textes; Husserl spricht hier auch bei einer kontinuierlich ablaufenden *Dingwahrnehmung* (am Beispiel der Wahrnehmung einer Uhr) von der Identität des Ichblicks. Es heisst im Text (nach den Ausführungen über den ,,Blick auf die ,Phänomene' "): ,,Aber ,derselbe Blick' geht, wie von Phänomen zu Phänomen, z.B. diesem Undeutlichkeitsphänomen (des visuellen Hintergrundes) zu jenem ⟨ . . . ⟩, so über von dem Phänomen zu dem, was in ihm als Dingphänomen etwa erscheint". Dabei ,,wendet sich nun der schauende ,Blick der ,reinen Apperzeption' '(des reinen Ich)[47] darauf, dass das Phänomen und jedes Phänomen dieser Reihe, und der kontinuierliche Uebergang vom ,undeutlichen' Phänomen zum deutlichen immerfort Phänomen von der einen und selben Uhr ist, die bald deutlicher, bald weniger deutlich ,erscheint'. *Derselbe Blick* geht über vom ,Phänomen selbst' zu dem in ihm Erscheinenden. Das, was vorhin Anlass gab, von einer *Identität im Blick* (*reines Ich*) zu sprechen, besteht hier fort. Ebenso in der Erinnerung und Erwartung, ebenso aber auch bei den ,Denkphänomenen' ⟨ . . . ⟩".[48]

Husserl setzt in dieser Aufzeichnung aus Sommersemester 1911 also als phänomenologisch aufweisbaren Befund das ,,Phänomen

[47] ,,(des reinen Ich)" ist später mit Bleistift erläuternd eingefügt; derselbe Gedanke kommt alsbald schon im ursprünglichen Text zur Geltung.

[48] cf. Ms. B I 9 I, S. 89a und b. – Der Abschluss der Aufzeichnung rückt das Ganze in die Perspektive der Suche nach einer ,,absoluten Betrachtung", ,,die wirklich nichts voraussetzt und an die Grundunterschiede führt". Im Gegenzug gegen die Skepsis *fragt* Husserl hier nach dem Reich der zweifellosen Gegebenheiten, in welches er nun das reine Ich mitaufnimmt. Wir lesen: ,,Das wäre soweit alles gut: Aber wie zeichne ich von vornherein den Begriff des Phänomens aus? ⟨ . . . ⟩ Anheben mit der phänomenologischen Reduktion, das heisst schon, anheben mit dem betreffenden Unterschied zwischen Erscheinung und Erscheinendem usw. Gibt es da einen anderen Weg als den, vom natürlichen Bewusstsein auszugehen, die skeptische Betrachtung durchführen, dann zu den Reduktionen übergehen, das reine Phänomen und das reine Ich, den ,Blick der Schauung' postieren? Das ,Ich', das reine Ich, setzt die Phänomene und setzt sich selbst. Alle Skepsis, sagt man, setzt voraus, dass etwas ausser allem Zweifel verbleibt. Was ist die Grenze des Zweifels: Das ,Ich' als reines Ich und sein Feld von Phänomenen und alles, was darin zur selben Gegebenheit zu bringen ist, wie das Ich und seine Phänomene?" (Ms. B I 9 I, S. 89b, Ende des Textes.).

des *Blick-auf*" bei den cogitationes, seien es solche der Gegenwärtigung (Dingwahrnehmung), seien es solche der Vergegenwärtigung (Erinnerung, Erwartung, Denkphänomene), als zu
ihrem *aktuellen Vollzuge* gehörig an, und auf dieses Phänomen
des aufmerksamen Sich-Richtens-auf, der aktuellen Zuwendung,
auf diesen ,,Blick der Schauung" ,,*überträgt*" er die ,,Idee des
reinen Ich". Solcherart wird der Schritt zur Ansiedelung des Ich
im Bereich des ,,Bewusstseins überhaupt" in Gang gebracht.
Damit sind wir aber in einer ganz anderen Linie, als welche wir
oben, ebenfalls von diesem Texte ausgehend, im Anschluss an die
Frage nach dem Prinzip der Einheit eines Bewusstseins zu ziehen
versuchten. Dort fassten wir Husserls Rede vom ,,Blick-auf" in
Verbindung mit der Funktion des reinen identischen Ich beim
Phänomen der Ichidentifikation, des Dabeiseins desselben Ich
(Möglichkeit des Durchhaltens des ,,*ich* blicke") in den Akten
der Vergegenwärtigung innerhalb eines Stromes. In der Linie des
Phänomens des ,,Blick-auf" im Bereich des aktuellen, cogita-
tiven Bewusstseinsvollzuges bei Phänomenen der Aufmerksam-
keit, der Zuwendung etc., welche bereits in der Aufzeichnung vom
Sommersemester 1911 nachweisbar, vor allem dann aber in den
Ideen vordergründig ist, wird sich die Ansetzung des reinen Ich
hingegen als fragwürdig erweisen. Dem Problemkreis dieser
Motivation für das reine Ich in den *Ideen* gelten unsere Erörterungen in den folgenden Paragraphen.

§ 23. *Ausgang bei der Bewusstseinsform des cogito – Richtung der*
    weiteren Untersuchungen

Den prägnanten Ausdruck findet Husserls Stellungnahme zum
Problem des reinen Ich in den *Ideen* in der Hinsicht, in welcher
wir sie also im folgenden nachzuverstehen versuchen, in der im
Kapitel ,,Allgemeine Strukturen des reinen Bewusstseins" gemachten Feststellung: ,,Unter den allgemeinen Wesenseigentümlichkeiten des transzendental gereinigten Erlebnisgebietes gebührt *eigentlich die erste Stelle* der *Beziehung jedes Erlebnisses auf*
das ,reine' Ich. Jedes ,cogito', jeder Akt in einem ausgezeichneten
Sinne ist charakterisiert als *Akt des Ich*, er ,geht aus dem Ich
hervor', es ,lebt' in ihm ,aktuell' " (§ 80, S. 159f.; m.H.). Diesen
Sätzen aus dem ,,Die Beziehung der Erlebnisse auf das reine Ich"
behandelnden § 80 ist zu entnehmen, dass wir vornehmlich

Husserls Rede von Akten der Form cogito zu erörtern haben
werden.

Dieses „cogito" zu verstehen, drängt sich unter dem jetzigen
Gesichtspunkt um so mehr auf, als Husserls thematische Untersuchungen über das „Wesen des Bewusstseins" in den *Ideen*
gerade mit der näheren Klärung dieser Bewusstseinsform ein-
setzen: „Als Ausgang nehmen wir das Bewusstsein in einem prägnanten und sich zunächst darbietenden Sinne, den wir am einfachsten bezeichnen durch das Cartesianische cogito, das ‚Ich
denke' " (§ 34, S. 60f.). *Einerseits* legt diesen Ausgang schon die
die Vorfindlichkeiten der natürlichen Einstellung umreissende
„reine Beschreibung" zu Beginn des Zweiten Abschnittes nahe.
Sie deutet, unter einem aller „Theorie" vorausliegenden Gesichtspunkt, auf die natürliche Gegebenheit des cogito hin. Husserl
schreibt dort: „Im natürlichen Dahinleben lebe ich immerfort
in dieser Grundform alles ‚aktuellen' Lebens, mag ich das cogito
dabei aussagen oder nicht, mag ich ‚reflektiv' auf das Ich und das
cogitare gerichtet sein oder nicht. Bin ich das, so ist ein neues
cogito lebendig, das seinerseits unreflektiert, also nicht für mich
gegenständlich ist" (§ 28, S. 50f.). Der Ausdruck cogito begreift
dabei ebensowohl die Spontaneitäten des theoretisierenden Bewusstseins wie die Akte und Zustände des Gemüts und des
Wollens und die „schlichten Ichakte" der Wahrnehmung,
Erinnerung, Phantasie (cf. § 28, S. 50 und § 34, S. 61). Also der
Umfang des cogito umgreift sowohl Akte der Gegenwärtigung
wie der Vergegenwärtigung. *Andererseits* charakterisiert Husserl
im Anschluss an Brentano in seiner „Theorie" des Bewusstseins
dieses im prägnanten Sinn bekanntlich durch die *Intentionalität*
(cf. § 84, S. 168). Allerdings befasst Husserl „in das Wesen der
Intentionalität nicht mit das Spezifische des cogito", vielmehr
gilt ihm „dieses Cogitative als eine besondere Modalität des Allgemeinen, das wir Intentionalität nennen" (§ 84, S. 169f.). Diese
Intentionalität, die „Eigenheit von Erlebnissen, ‚Bewusstsein
von etwas zu sein' " tritt nun aber doch „*zunächst* ⟨ . . . ⟩ entgegen im expliziten cogito" (cf. § 84, S. 168; m.H.); „das cogito
überhaupt ist die explizite Intentionalität" (§ 115, S. 235).
Bezüglich der in der „natürlichen Einstellung" gehaltenen
§§ 36–38, von denen wir im folgenden ausgehen werden, schreibt
Husserl rückblickend, es sei „über die Intentionalität überhaupt

und über die Auszeichnung des ‚Aktes‘, der ‚cogitatio‘ “ schon
,,eine Reihe von allgemeinsten Bestimmungen“, die ,,das reine
Eigenwesen der Erlebnisse“ angingen, ,,in den vorbereitenden
Wesensanalysen des zweiten Abschnittes“ herausgearbeitet
worden (cf. § 84, S. 168).

Sehen wir nun näher zu, wie Husserl die Bewusstseinsform des
cogito allgemein umgrenzt. Den Ausgang für die Bestimmung
dessen, was ein intentionales Erlebnis als ,,cogito“ auszeichnet,
nehmen wir bei den *Ideen* selbst. Bereits eingangs des 2. Kapitels
des Zweiten Abschnittes verdeutlicht Husserl in vorläufiger
Weise ,,das cogito als ‚Akt‘ “ (cf. Titel des § 35, S. 61). Die dabei
vollzogene Umgrenzung des cogito als Bewusstseinsmodus der
Aktualität geschieht in ,,Kontrastierung mit den Inaktualitäten“
(S. 63). Als Inaktualität bezeichnet Husserl hier denjenigen
Modus des Bewusstseins, in welchem wir ,,mit dem geistigen
Blick“ auf das Gegenständliche dieses Bewusstseins ,,noch nicht
‚gerichtet‘ “ oder nicht mehr gerichtet sind, ,,auch nicht sekundär, geschweige denn, dass wir damit in besonderem Sinne ‚beschäftigt‘ wären“ (S. 63). Das einfachste Beispiel dieses Kontra-
stes stellt das schlichte Bewusstsein einer Dingwahrnehmung mit
den zu ihm gehörigen ,,Hintergrundsanschauungen“, dem ,,Be-
wusstseinshofe“, dar (cf. S. 62). Es gilt aber von allen Erlebnissen,
,,dass die aktuellen von einem ‚Hof‘ von inaktuellen umgeben
sind; der Erlebnisstrom kann nie aus lauter Aktualitäten bestehen“ (S. 63). Unter Inaktualitätsmodifikation versteht Husserl
hier dann den innerhalb des Bewusstseinshofes, welcher zum
Wesen eines im Modus der ,,Zuwendung zum Objekt“ vollzogenen Erlebnisses gehört (cf. S. 62), stattfindenden bewusstseinsmässigen ,,Uebergang“ (cf. § 36, S. 64), die ,,freie Wendung des
‚Blickes‘ “ (§ 35, S. 62), etwa ,,von dem zuerst erblickten Papier
auf die schon vordem erscheinenden, also ‚implizite‘ bewussten
Gegenstände, die nach der Blickwendung zu explizite bewussten,
‚aufmerksam‘ wahrgenommenen oder ‚nebenbei beachteten‘ werden“ (§ 35, S. 62). Die Inaktualitätsmodifikation führt ,,Bewusst-
sein im Modus aktueller Zuwendung in Bewusstsein im Modus
der Inaktualität über, und umgekehrt“ (cf. S. 63).[49]

---

[49] Diese Inaktualitätsmodifikation ist nicht zu verwechseln mit der Neutralitätsmodifikation, dem nicht-setzenden, bzw. quasi-setzenden Bewusstsein. Vgl. dazu
unten, § 27, S. 193f.

Die Kontrastierung der Bewusstseinsmodi der Aktualität und Inaktualität rückt als Auszeichnung der *Aktualität* „das ‚*Gerichtetsein auf*', das ‚*Zugewendetsein zu*' " (cf. § 35 S. 63; m.H.) in den Blick.[50] Am Ende des Paragraphen hält Husserl diesen Begriff der *Aktualität* als „den prägnanten Sinn des Ausdrucks ‚*cogito*' " fest (S. 63). Er umschreibt dieses *cogito* ebenda auch folgendermassen: „ich habe *Bewusstsein* von etwas", „ich vollziehe einen Bewusstseins*akt*" (S. 63).

Es ging Husserl bisher um eine erste Beschreibung des im Modus „cogito" vollzogenen Erlebnisses selbst, um eine Charakterisierung seiner Wesensverfassung. Husserls schrittweise analysierendes Vorgehen lässt die zuerst gegebene Definition des „cogito als ‚Akt' " so erscheinen, als sei das „Ich" gar nicht wesentlich dazugehörig. Auch die gleich daran anschliessende erläuternde Aussage über ein „‚waches' Ich" (cf. S. 63) betont die Wachheit und stellt diese als einen universalen Modus des Bewusstseins überhaupt, nämlich den der Form „cogito", heraus. Husserls Rede von „Bewusstsein in der spezifischen Form des cogito" (S. 63) begreift von vornherein auch Tiere mit; denn auch Tiere können natürlich Bewusstseinsakte vollziehen, haben Bewusstsein von etwas und also das „wache" Bewusstsein im prägnanten Sinn des cogito, wie es Husserl in den *Ideen* einführt (cf. § 35, S. 63f.). Im Sinne dieser Einbeziehung tierischen Bewusstseins erläutert er, dass zur spezifischen Erlebnisform des cogito gar nicht mitgehört, dass das wache Ich „diese Erlebnisse beständig, oder überhaupt, zu prädikativem Ausdruck bringt und zu bringen vermag. Es gibt ja auch tierische Ichsubjekte" (S. 63f.).[51]

Um zu verstehen, aus welchen Motiven Husserl von der zunächst gegebenen Umgrenzung des cogito als „Akt" (§ 35) zu der

---

[50] Nebenbei sei vermerkt, dass ‚Gerichtetsein auf' und ‚Aktualität' von Husserl hier äquivalent gebraucht werden, nicht aber ohne weiteres ‚Gerichtetsein auf' und ‚Erfassen, Beachten'. ‚Erfassen' bezeichnet einen besonderen Aktmodus; ‚intentionales Objekt' (d.i. Objekt des cogito, des aktuellen Bewusstseins) und ‚erfasstes Objekt' besagen nicht dasselbe. Nur bei „schlicht vorstellbaren" Gegenständlichkeiten ist Zuwendung (Gerichtetsein auf) eo ipso „Erfassung", „Beachtung" (cf. dazu § 37, S. 66f.).

[51] Das cogitative Bewusstsein, über welches das Tier verfügt, scheint sich hier bloss durch das Fehlen der Sprache und der an die Sprache gebundenen cogitativen Erlebnisse vom Bewusstsein des Menschen zu unterscheiden. – In unserem abschliessenden Kapitel kommen wir nochmals auf diesen wichtigen Punkt zurück. Vgl. unten, 9. Kapitel, § 43g.

sozusagen abschliessenden Definition des *cogito als Akt des Ich*
(cf. *Ideen I*, § 80; oben S. 146) kommt, müssen wir nun allerdings weiter ausholen, teils im Rückgang in die Jahre vor den
Ideen, teils im Vorblick auf die Jahre kurz nach den *Ideen*. Als
Akt des Ich kennzeichnet Husserl das cogito in den *Ideen* in zwei
Hinsichten, die wir aus Gründen der übersichtlicheren Darstellung nacheinander des näheren erörtern wollen, obschon sich die
beiden Hinsichten meistens überschneiden:

    1) Das cogito geht aus dem Ich hervor (cf. *Ideen I*, § 80, S. 160),
d.h. das Ich ist so etwas wie ,,Ausstrahlungszentrum'' der zu den
Akten als solchen gehörigen Richtung-auf (unten, § 24 und § 25);

    2) das Ich ,lebt' im cogito ,aktuell' (cf. *Ideen I*, § 80, S. 160),
d.h. der Akt wird aktuell vom Ich vollzogen (unten § 26).

Wie wir aus der vorläufigen Einführung des Begriffs des cogito
ersehen haben, setzt Husserl die Akte der spezifischen Form des
cogito in Kontrast zu den Inaktualitäten, m.a.W. in Kontrast
zu den ,,Hintergrundakten''. Wir werden daher im Anschluss an
die beiden Hinsichten der Kennzeichnung des cogito auch noch
die Hintergrunderlebnisse in ihrer Ichbezüglichkeit zu erörtern
haben (unten, § 27).

§ 24. Der ,Blick-auf' des reinen Ich im cogito und die Theorie der Aufmerksamkeit

In den *Ideen* zieht Husserl, wenn auch zunächst eher beiläufig,
das ,,*Ich*'' bei der näheren Bestimmung des cogito als aktuellen
Gerichtetseins doch alsbald mit in Betracht. Schon der § 37, der
,,einige für die weiteren Ausführungen zu beachtende Momente''
der Wesensanalyse der intentionalen Erlebnisse hervorhebt (cf.
S. 65), ist überschrieben: ,,Das ,Gerichtetsein-auf' *des reinen Ich*
im cogito und das erfassende Beachten'' (S. 65; m.H.).[52] Als
Modus des cogito im prägnanten Sinn wurde der Modus der Aktualität herausgestellt. Husserl sagt nun: ,,Ist ein intentionales
Erlebnis aktuell, also in der Weise des cogito vollzogen, so ,rich-
tet' sich in ihm das Subjekt auf das intentionale Objekt. Zum

---

[52] Bemerkenswert ist dabei immerhin, dass der Ausdruck ,reines Ich' nur im Titel
dieses Paragraphen vorkommt, im Text selbst von Subjekt bzw. ,,Ich'' (in Anführungszeichen, vermutlich damit an dieser Stelle der Vorläufigkeit dieser Bezeichnung
Ausdruck gebend) die Rede ist. Dies erinnert uns an den § 34 der *Ideen*, wo Husserl
das ,,Ich selbst'', auf das alle Erlebnisse der Form cogito bezogen sind, ,,zunächst
ausser Betracht'' lässt, ,,und zwar das Ich in jedem Sinn'' (S. 61; oben, S. 129).

cogito selbst gehört ein ihm immanenter ‚Blick-auf‘ das Objekt, der andererseits aus dem ‚Ich‘ hervorquillt, das also nie fehlen kann" (S. 65). Diese Sätze erinnern uns unmittelbar an die Aufzeichnung „Blick-auf" aus „Sommersemester 1911" (oben, § 22, S. 144ff.). War dort das *Phänomen des ‚Blick-auf‘*, das als meinende und setzende Zuwendung zur cogitatio als solcher gehört, in Beziehung zur Idee des „reinen Ich" als des Beziehungspunktes der „verschiedenen Blicke" in Frageform angesetzt, wird hier in den *Ideen* das „Ich" unvermittelt in dieser *Funktion des Quellpunktes* der bald diesem, bald jenem Phänomen sich zuwendenden Blicke eingesetzt.

Unter dem jetzigen Gesichtspunkt unserer Darstellung der Einbeziehung des Ich in die Phänomenologie liegt hier der wesentliche Schritt vor; auf ihn wies uns die eben angeführte Aufzeichnung aus „Sommersemester 1911" voraus. Wir wollen versuchen, im Rückgang auf weitere Texte dessen Motive aufzuspüren.[53]

In einer jener Aufzeichnung „Blick-auf" entstehungsmässig wohl etwas vorausliegenden, im selben Manuskriptkonvolut sich befindenden Notiz über „Bewussthaben, Zugewendetsein im weitesten Sinn"[54] lesen wir: „Zuwendung, die in jedem im weitesten Sinn intendierenden Akt, in jedem vermeinenden, aber nicht gerade urteilenden, setzenden, vorliegt. ⟨ . . . ⟩ Im urteilenden Verhalten (Urteilen im prägnanten Sinn) bin ich zugewendet dem S ist p! ⟨ . . . ⟩ Man möchte auch *im Gleichnis* sagen: Der Blick ist darauf gerichtet, oder ich bin mit meinem Blick darauf gerichtet: aber es ist kein Wahrnehmen, kein Anschauen etc., kein Denken. Es macht ‚Bewussthaben‘ in einem bestimmten Sinn aus. Was ich in den *Logischen Untersuchungen Aufmerksamkeit* nannte, ist wohl dasselbe. Auch Vorstellen in einem ersten Sinn, der nicht zu verwechseln ist mit objektivierendem Akt. Das muss ein *Hauptpunkt* sorgsamster Analyse und Unterscheidung sein! Aufs schärfste muss das charakterisiert werden".[55]

---

[53] Wir zitieren die Texte jeweils in ihrer ursprünglichen Fassung, ohne Rücksicht auf die späteren Veränderungen; bzw. Zitate späterer Randbemerkungen und anderer Textzusätze oder -änderungen werden als solche vermerkt.

[54] Ms. A VI 8 I, S. 158 (wohl 1911). Husserl setzte auf das Blatt: „NB!!", womit er anzeigt, dass die Notiz „sehr zu beachten" sei (NB = nota bene). Vgl. zu diesem Text auch *Ideen I*, § 37, S. 65f.

[55] a.a.O., S. 158a.

Dem phänomenologisch an den intentionalen Erlebnissen vorfindlichen Moment der ,,Zuwendung auf'', des ,,Gerichtetseins auf'' ordnet Husserl auch hier die gleichnishafte Rede vom ,,Blick-auf'' zu, die er in der Aufzeichnung aus ,,Sommersemester 1911'' ihrerseits mit dem ,,reinen Ich'' in Verbindung bringt. In der kurzen, als wichtig betrachteten Notiz selbst rückt Husserl das Phänomen des Blick-auf in die Linie dessen, was er in den *Logischen Untersuchungen* unter dem Titel Aufmerksamkeit verstand: Aufmerksamkeit als ,,Vermeinen, Intendieren'', ,,das auf einen Gegenstand abzielt'' (cf. II. LU, § 23, S. 164). Die von uns zunächst und vorläufig erörterten Modi der Aktualität (ausgezeichnet durch das Gerichtetsein-auf, Zugewendetsein-zu) und der Inaktualität bezeichnet Husserl selbst an späterer Stelle der *Ideen* auch als ,,Aktualitätsunterschiede der Aufmerksamkeit und Unaufmerksamkeit'' (cf. § 113, S. 228),[56] das cogito gilt ihm als ein ,,*attentionaler Modus*'' (§ 114, S. 232; m.H.). Die nähere Aufklärung des Ausdrucks cogito, die wir anstreben, erfordert in der Tat, wie immer deutlicher wird, eine ebensolche der Aufmerksamkeit.

Werfen wir vorerst, Husserls Hinweis folgend, einen kurzen Blick auf die Ausführungen über Aufmerksamkeit in den *Logischen Untersuchungen*. Hier nämlich bringt Husserl bereits den ,,Wesenszusammenhang zwischen Aufmerksamkeit und Intentionalität – diese fundamentale Tatsache, dass Aufmerksamkeit überhaupt nichts anderes ist als eine Grundart intentionaler Modifikation'', zur Sprache, wie er in den *Ideen* in Erinnerung bringt.[57] Danach skizzieren wir die unmittelbar vor den *Ideen* einsetzende Verknüpfung der Lehre von der Aufmerksamkeit bzw. vom cogito mit dem ,,Ich'', deren Niederschlag wir bereits in der Rede vom ,, ,Gerichtetseins-auf' des reinen Ich im cogito'' zu Beginn des § 37 der *Ideen* vorfanden.

In den *Logischen Untersuchungen* heisst es: ,,Der Umfang des einheitlichen Begriffs Aufmerksamkeit ist ⟨ . . . ⟩ ein so weiter, dass er den ganzen Bereich des anschauenden und denkenden Meinens umfasst ⟨ . . . ⟩''. Als Synonym für Meinen nennt

---

[56] Auf die in § 113 gegebenen näheren Klärungen zur Doppeldeutigkeit der Aktualität des cogito gehen wir unten, in § 27, soweit es für unsere Untersuchung von Belang ist, ein.

[57] cf. *Ideen I*, § 92, Anm. S. 192f. – Vgl. auch die entsprechenden Einfügungen in der 2. Auflage der *Logischen Untersuchungen* (1913), bes. S. 163f.

Husserl hier auch ,,Vorstellen'' in einem Sinn, ,,der Anschauen und Denken gleichmässig begreift'', ferner ,,Bemerken'' und schliesslich sogar ,,Bewusstsein, ein freilich sehr vieldeutiges Wort'' (cf. II. LU, § 23, S. 163). Husserl veranschaulicht den Wesenszusammenhang von Aufmerksamkeit und Intentionalität am Beispiel des phänomenologischen Verhältnisses zwischen Wortlaut und Sinn (cf. V. LU, § 19, S. 381ff.). Wir lesen: ,,indem ein Ausdruck als solcher fungiert, ,leben wir' nicht in den Akten, die ihn als physisches Objekt konstituieren; nicht diesem Objekt gehört unser ,Interesse', vielmehr leben wir in den sinngeben- den Akten, wir sind ausschliesslich *dem* Gegenständlichen zuge- wendet, das in ihnen erscheint'' (S. 384). Aufgrund des Vollzuges sinngebender Akte fungiert der Ausdruck als solcher; in ihnen konstituiert er sich allererst als solcher über das blosse physisches Objekt Sein hinaus.[58] Weiter heisst es dann: ,,Akte müssen da sein, damit wir in ihrem Vollzuge ,aufgehen', in ihnen ,leben' können, und indem wir dies tun, achten wir auf die Gegenstände dieser Akte. ⟨ . . . ⟩ Und so sind es dann überhaupt intentionale Gegenstände irgendwelcher Akte, und nur intentionale Gegen- stände,[59] worauf wir jeweils aufmerksam sind und aufmerksam sein können'' (V. LU, § 19, S. 384.f.). Am Beispiel der ver- knüpften Akte zeigt Husserl, dass Aufmerksamkeit in eins mit der *intentional* ,,*vorherrschenden* Aktivität'' (S. 382), ,,die den Charakter des Gesamtaktes wesentlich bestimmt'' (S. 384), auf- tritt. Insofern bezeichnet er sie als ,,eine auszeichnende Funktion ⟨ . . . ⟩, die zu Akten in dem ⟨ . . . ⟩ Sinne von intentionalen Erlebnissen gehört'' (S. 385). und die nicht einfach ,,als eine erhellende und pointierende Funktion'' im Kreise eines in sich einheitlichen, aller Unterschiede baren Vorstellens angesehen werden kann (cf. II. LU, § 23, S. 164).[60]

Ganz im Sinne dieser Ausführungen der *Logischen Unter-*

---

[58] Vgl. II. LU, S. 164, wo Husserl den erst später phänomenologisch voll entfalteten Begriff der Konstitution bereits einführt und umgrenzt.

[59] Zu beachten ist, dass Husserls Ausführungen hier insbesondere auch kritisch gegen die Ansicht, die Aufmerksamkeit sei ,,eine Art bevorzugender Hebung, die den jeweils erlebten Inhalten zuteil würde ⟨ . . . ⟩'' (S. 385), gerichtet sind; dieser Aspekt der Sache interessiert uns in unserem Zusammenhang aber nicht weiter.

[60] Aron Gurwitschs Kritik der Aufmerksamkeitstheorie Husserls geht, scheint mir, im Verständnis des ,,hebenden Faktors'' fehl, und Husserls eigene Meinung steht wohl der Gurwitschs näher, als Gurwitsch glaubt (cf. Gurwitsch (1929), S. 320ff. und schon S. 285).

suchungen können dann folgende, als Beispiele unter vielen anderen stehende Texte gelesen werden. Im einen, der mit grösster Wahrscheinlichkeit ins Frühjahr 1912 gehört, heisst es: „⟨ . . . ⟩ bei jedem intentionalen Erlebnis ist der Modus des Darinlebens ausgezeichnet, und er besagt *aktuelle Aufmerksamkeit* auf das Gegenständliche dieses Erlebnisses". „Dieses Aufmerken, als Gerichtetsein, Zugewendetsein", ist „gar nichts anderes als ein Ausdruck für ‚*Vollzug*' eines intentionalen Erlebnisses".[61] In einem anderen, wohl aus 1912 stammenden und als „sehr wichtig" bezeichneten Manuskript steht eine Stelle, die wiederum, wie die auf die *Logischen Untersuchungen* zurückweisende Notiz (wohl aus 1911; oben, S. 151), und auch ohne von der Beziehung auf das Ich zu reden, das Gleichnis vom „Blick-auf" in Ansatz bringt.[62] Es heisst da: „⟨ . . . ⟩ in jedem in der Weise der Zuwendung statthabenden Bewusstsein eines Erscheinenden liegt ein ‚Blick', der im Fortgang dieses Bewusstseins nicht nur fortdauernd da ist, sondern im allgemeinen ‚betrachtend' wandert über das ‚Erscheinende' hin ⟨ . . . ⟩. Dieses Blicken, Betrachten ist das Gemeinsame aller Akte in einem prägnanten Sinn, alles ‚Bewusstseins' eben als wirklich und eigentlich Bewussthabens im prägnanten Sinn: diesem Bewussthaben ist es eben wesentlich, zugewendet zu sein zu dem, worauf das Bewusstsein, wie wir sagen, bewusstseinsmässige Richtung hat und das von Fall zu Fall, je nach der ‚Bewusstseinsweise', verschieden ‚bewertet' ist".[63]

Diese Akte in einem prägnanten Sinne, sich dadurch auszeichnend, dass in ihrem aktuellen Vollzug ein eigentliches Sich-Richten-auf, ein Blicken-auf, ein Aufmerken auf Gegenständliches, eine Zuwendung-zu, ein zum Thema Machen etc. statthat, sind, wie wir gesehen haben, jene, denen Husserl schliesslich den Ausdruck *cogito*, in eins damit dann aber auch eine besondere Ichbezüglichkeit vorbehält.[64] Das so verstandene cogito der *Ideen*

---

[61] Ms. A VI 4, S. 9a (wohl Frühjahr 1912).

[62] Dies ist ein weiterer Hinweis auf die ungeklärte Stellungnahme zum „Ich", war doch schon in der Aufzeichnung „Blick-auf" aus 1911 ernstlich die Beziehung auf das reine Ich in Erwägung gezogen.

[63] Ms. A VI 8 I, S. 19b ff. Vgl. dazu dann die *Ideen I*, § 37, S. 65, wovon wir oben ausgingen (S. 150f.); dort wird diese Verschiedenheit der Bewusstseinsweise als verschiedenartiger „Ichblick auf etwas" angesprochen.

[64] Vgl. z.B. Ms. A VI 8 I, S. 104a, „März 1911" (S. 103b). Husserl spricht dort von „Akten in einem prägnanten und engeren Sinn, Erlebnissen, in denen ein eigentliches

gilt eben, wie wir ebenfalls andeuteten, als ein Modus der Aufmerksamkeit. Erst im zeitlichen Umkreis der zuletzt angeführten *Texte aus 1911–1912* zeichnet sich nun, und jetzt im Gegensatz zu den *Logischen Untersuchungen*, allmählich die *Beziehung auf das „Ich"* ab, die Husserl den intentionalen Erlebnissen im prägnanten Sinn des (aufmerksam) Zugewendetseins-zu (im Vollzug der Erlebnisse) zuspricht; die Beziehung auf das „Ich", das da zugewendet ist, blickt, aufmerksam ist, vollzieht etc. Die mannigfaltigen, oft nur annäherungsweise datierbaren Texte unmittelbar vor den *Ideen* lassen uns von dieser In-Beziehung-Setzung der intentionalen Erlebnisse zum „Ich" ein recht verwirrendes, deutlich der *Unentschiedenheit* in der Stellungnahme Ausdruck gebendes Bild sehen.

Als einen richtunggebenden Text dürfen wir eine kurze Aufzeichnung, die höchst wahrscheinlich im Winter 1911–1912 entstand, betrachten. Sie trägt die Ueberschrift „Noten zur Fortsetzung" [65] und dürfte von Husserl selbst den ihr vorausliegenden, auf „13. Januar 1912" datierten Blättern, die mit „Richtungen der Aufmerksamkeit" [66] betitelt sind, beigelegt worden

sich Richten auf Gegenständliches statthat", und er notiert nachträglich am Rande: „Akt im prägnanten Sinn = cogito". - In den Zusammenhang der Einführung der Ichbeziehung der Erlebnisse gehört auch die mehrmals erwogene terminologische Veränderung des Titels cogitatio in cogi*to* (*ich* denke, etc.). Cf. dazu bereits die „Grundprobleme der Phänomenologie" von 1910–11, Hu XIII, *Intersubjektivität I*, Nr. 6, § 19, S. 155). Ferner etwa: Die Vorlesung vom Sommersemester 1912: „Einleitung in die Phänomenologie", Ms. B II 19, S. 29a: „Sollte sich herausstellen, dass in einem gewissen anderen Sinn das cogitative Erlebnis nicht gedacht werden könne, es sei denn als cogi*to*, dass also doch ein Ich notwendig dabei ist, dann könnte das nur heissen, dass vom realen Ich zu unterscheiden wäre ein *reines* Ich, welches im Rahmen phänomenologischer Reduktion an jedem Erlebnis oder als Beziehungspunkt jedes Erlebnisses, oder mindestens jedes intentional aufweisbar sei". Vgl. ebendort die vorangehenden, an die „Grundprobleme der Phänomenologie" erinnernden Ausführungen über cogitatio bzw. cogito. Aehnlich auch in Ms. A VI 10, S. 15a, zur Zeit der *Ideen*.

[65] Ms. A VI 8 I, S. 17a.

[66] Ms. A VI 8 I, S. 4a ff. Dieser Text vom 13. Januar 1912 selbst erschien Husserl „sehr genau durchdacht und wichtig" (Ms. A VI 8 I, S. 1a), und er sagte später von ihm: „Ueberhaupt ist da vieles gesehen, was ich seitdem wenig benützt habe" (cf. Ms. A VI 12 I, S. 205). Zu dieser Aufzeichnung gehören neben den zwei als „Noten zur Fortsetzung" bezeichneten Blättern noch weitere Beilagen. – Es ist übrigens kaum mit Sicherheit auszumachen, ob die als „Fortsetzung" überschriebenen Blätter schon ursprünglich gerade hierher gehörten, was ein Entstehen *nach* dem 13.I.1912 bedeutete. Es gibt Anzeichen, die eher auf eine dem Text „Richtungen der Aufmerksamkeit" vorgängige Niederschrift deuten. Anderseits liest sich der Text der „Noten" unter sachlichem Gesichtspunkt als „Fortsetzung" im Sinn ergänzender Betrachtungen. Wie dem auch sei, feststeht, dass die *Ideen* (unser terminus ad quem in der jetzigen Fragestellung) die Beziehung der intentionalen Erlebnisse auf das reine Ich, die in den hier fraglichen Texten zur Erörterung kommt, anerkennen.

sein. Um Husserls ,,abschliessende" und als solche abgehobene
Ueberlegung in den ,,Noten zur Fortsetzung", auf welche es uns
eigentlich ankommt, im Zusammenhang zu verstehen, vergegenwärtigen wir uns im Ueberblick den Inhalt der vorangehenden
Ausführungen.

Der Text ,,*Richtungen der Aufmerksamkeit*" behandelt einerseits die Richtung auf einen identischen ,,Gegenstand", der als
,,Einheit" ,,Zielpunkt der Richtung" ist, vor der ,,Explikation";
dann die verschiedenen Einstellungsmöglichkeiten der Explika-
tion (auf Qualität, Bewegungsform, Gestalt, Teile oder Stücke,
kurz, auf die Sonderbestimmungen des Gegenstandes). Er behandelt diese Möglichkeiten am Beispiel der Wahrnehmung, fügt
aber schliesslich bei: ,,Ebenso aber auch in der Erinnerung, in
der Fiktion und in blosser Phantasie".[67] Andererseits ist ausführlich die Rede von der Richtung auf die ,,Charaktere" des
identischen Gegenstandes (die Seinscharakters des ,,wirklich",
,,nichtig" etc., die Charaktere der Gegenwärtigung oder Vergegenwärtigung).[68] ,,Das ist kein Explizieren. Dieses ,Achten'
geht in eine neue Dimension" (cf. S. 5a und b). Die weiteren
wichtigen Ausführungen zeigen, dass hier eine Reflexion, eine
vergegenständlichende Blickwendung[69] erfordert ist, die den ursprünglichen Akt modifiziert, aus diesem modifizierten Akt aber
etwas herausgewinnt ,,als Idee, und zwar als Idee von etwas, das
dem ursprünglichen Akt in gewisser Weise zugehört" (cf. S. 12a).

Die ,,*Noten zur Fortsetzung*" selbst bringen eingangs zusammenfassend jene Aufzeichnung in Erinnerung. Husserl betont die
Bedeutung der Reflexion zur Erfassung des Intentionalen als

---

[67] cf. Ms. A VI 8 I, S. 5a.

[68] a.a.O., S. 5a, S. 8a etc. Zur Sache vgl. *Ideen I*, §§ 99ff. Siehe auch die wohl aus
1912 stammende Aufzeichnung im Ms.-Konvolut A VI 8 I, S. 16off.: ,,Cogitatio und
ihr Korrelat", worin von den Charakteren in ihrer Ichbezüglichkeit die Rede ist,
wobei Husserl erwägt, ob nicht gerade hier ,,die Beziehung zum Ich, das keineswegs
die Person besagt, sondern vor aller Objektivierung der Person etwas zum Wesen des
,Aktes' selbst Gehöriges ist", vorzufinden sei. Er schreibt dort noch weiter: ,,Ein
Ichstrahl gehört zur cogitatio und der terminiert im Korrelat, und zwar in dem
Charakter ,wirklich' des Gegenstandes, eine Weise, ihn zu charakterisieren, so dass er
dann eben Charakter hat. Jede cogitatio hat ihren Ichstrahl,* und rein ihrem Wesen
nach hat sie ihren subjektiven Identitätspunkt im reinen Ich der transzendentalen
Apperzeption, alle cogitationes, die eben zu einem Ich gehören (abgesehen von der
Person); und zum Ich gehört auch die Auffassung in ihrem Modus als Wahrnehmungs-
auffassung, Phantasie etc., ich nehme wahr, ich habe die Einbildung" (S. 161b). An
der mit * bezeichneten Stelle fügte Husserl später am Rande bei: ,,(Ja als Zuwendung.
Aber ohne Zuwendung doch wohl nicht.) Oder in anderem Sinn?".

[69] Vgl. dazu auch *Ideen I*, § 37, S. 66.

solchen, und er weist darauf hin, dass ,,vieles bewusst ist, was
nicht ‚intentionaler Gegenstand' ist", ,,wie wir schon hinsichtlich
der ‚Charaktere' sahen" [70] – vermutlich eben in der Aufzeichnung ,,Richtungen der Aufmerksamkeit". Im folgenden behandelt er weiterhin Bewusstes, das ,,nicht Zielpunkt der Richtung", vielmehr ,,Hintergrund" ist (cf. S. 17b). Zunächst erwähnt er die ,, ‚Umgebung' des ‚erscheinenden Dinges' " [71], die
auch ,,bewusst" ist, auch als Wirklichkeit da, ,,wahrgenommen"
ist. Ferner weist er hin auf das Darstellungsmaterial einer Erscheinung und dessen Ausbreitung, die bewusst, aber nicht Zielpunkt der Richtung, doch aber auch ,,charakterisiert" sind (cf.
S. 17b). Also auch die Hintergrundwahrnehmungen haben, ,,sagt
uns die Reflexion, ⟨ . . . ⟩ ein Wahrgenommenes ⟨ . . . ⟩ und all
die Modi von Charakteren" (S. 17b). Schliesslich fasst Husserl
zusammen: ,,So haben wir dann schon in der schlichten äusseren
Wahrnehmung vielerlei Charaktere, die aber ihre ‚Beziehungen'
haben und jede Art ihre Besonderheit, sich auf ‚Gegenständliches'
zu beziehen. Und nun kann sich die Zuwendung auf das verschiedene ‚Gegenständliche' richten: und auf so vieles, als charakterisierte Inhalte unterscheidbar sind. Dann gehört zum ‚Gegenständlichen' der Empfindungsinhalt, die Empfindungsausbrei-
tung (Ausbreitung der Darstellung) bzw. die ganze Darstellung.
Richtet sich darauf die Zuwendung (die Aufmerksamkeit), so
haben wir eine sich richtende immanente Wahrnehmung der
Darstellung, richtet sie sich auf den Gegenstand der äusseren
Erscheinung, so haben wir eine Wahrnehmung vom Haus, richtet
sie sich auf den Gegenstand einer Umgebungserscheinung, so
haben wir von ihm Wahrnehmung usw. ⟨ . . . ⟩" (S. 17b).

Zum Abschluss dieser ,,Noten zur Fortsetzung" reflektiert
Husserl nun auf die Beziehung auf das ,,Ich" bei den analysierten
Phänomenen. Wir lesen: ,,Bei diesem Wechsel des sich-richtenden
Aufmerkens, mag er sich innerhalb einer Dingerscheinung vollziehen (die durch all diese Unterschiede hindurch ihre Einheit
behält) oder im Uebergang zu verschiedenen, und in ganz beliebigen Uebergängen des Sich-Richtens überhaupt, ist es so, als ob

---

[70] cf. Ms. A VI 8 I, S. 17a.

[71] Husserl erläutert hierzu bei der Niederschrift, was einen Anhalt zur Datierung
liefern könnte: ,,In Anführungszeichen schreibe ich von jetzt an konsequent den
intentionalen Gegenstand, aber auch all das, was als ideales Korrelat des Aktes zu
entnehmen ist" (Ms. A VI 8 I, S. 17a).

das Sich-Richten ein ausgesandter Strahl wäre und *als ob alle diese Strahlen Zusammenhang hätten als Emanationen aus einem zentralen ‚Ich'*. Ich richte mich aufmerkend dahin und dorthin. Ich ‚vollziehe' dabei Wahrnehmungen, Erinnerungen usw., die auf das und jenes gehen. ‚Ich', das ist aber in der Regel das *empirische* Ich.[72] Ob es etwas anderes noch enthalten oder besagen kann, und überhaupt, *was diese Beziehung zum Ich phänomenologisch weiter enthält,* inwiefern sie auf ursprüngliche Elemente führt oder nicht: *das schalten wir hier aus"* (S. 18a).[73]

Wir sind mit diesem Text in unserem Rückblick auf die Entwicklungsgeschichte wiederum beim Angelpunkt der Einbeziehung des Ich angelangt, den wir eingangs dieses Paragraphen in den *Ideen I* im Vergleich mit der Aufzeichnung „Blick-auf" aus Sommersemester 1911 ins Licht rückten (oben S. 150f.). In unserem jetzigen Text zeigt sich Husserl in der Rede vom „Ich" als Emanations- bzw. Quell- oder Ausstrahlungszentrum durchaus noch vorsichtig, ja, rein phänomenologisch betrachtet lässt er die vermutete Ich-Beziehung noch dahingestellt. Die Theorie der Aufmerksamkeit, mit welcher Husserl das Phänomen des Gerichtetseins-auf der intentionalen Erlebnisse verknüpft, legt ihm hier die Ansetzung eines *Zentrums* der Aufmerksamkeitsstrahlen nahe. Sehen wir im folgenden Paragraphen nun zu, wie Husserl sich die Zentrierung der Aufmerksamkeit dachte. Von da aus kann uns dann die Einsetzung des reinen Ich als solches Zentrum des Bewusstseinslebens aus der für Husserl bestimmend gewordenen sachlichen Motivation verständlich werden.

---

[72] Den letzten Satz ergänzte und veränderte Husserl nachträglich wie folgt: „Fragt man, wie das Ich da ist, so wird man gewöhnlich antworten: ‚Ich', das ist aber das empirische Ich" (S. 18a).

[73] In einem anderen Text, in dem er auf die Aufzeichnung vom 13. Januar 1912 verweist und den er selbst auf „Osterferien 1912" datiert, gibt Husserl einer ähnlich unentschiedenen Haltung bezüglich des Ich Ausdruck. Er unterscheidet „zwischen der freien Zuwendung, die unwillkürlich ist, sofern nicht ⟨ . . . ⟩ all das, was Wille im eigentlichen Sinn fordert, vorausgeht, und der willkürlichen Zuwendung", und er fährt dann fort: „Ebenso haben wir einen unwillkürlichen ‚Wechsel der Aufmerksamkeit', ‚das Ich wendet sich bald dahin, bald dorthin', oder *lassen wir das Ich,* so heisst das, bald ein unlebendiges (unvollzogenes) Urteilen wird zum lebendigen, bald wieder ein Werten etc., und gewinnt das eine Leben, so verliert es ein anderes ⟨ . . . ⟩" (Ms. A VI 8 II, S. 54b). Damit ist zu vergleichen, was Husserl im § 35 der *Ideen I* als Inaktualitätsmodifikation beschreibt. – Vgl. auch unten, § 25, S. 160 und § 27a, bes. S. 198ff.

*§ 25. Die Auffassung des reinen Ich als „Ausstrahlungszentrum"
des Sich-Richtens der Aufmerksamkeit nach Analogie mit
dem Orientierungszentrum Leib*

Die im zuletzt herangezogenen Text (wohl von Anfang 1912)
vorsichtig in einem bildhaften Ausdruck sich äussernde Stellungnahme Husserls zur Zentrierung der Bewusstseinserlebnisse im
zentralen (empirischen) „Ich" schlägt in den *Ideen I*, wie wir
bereits wissen, in die entschiedene Anerkennung der Beziehung
der intentionalen Erlebnisse auf das *reine* Ich als ihr Zentrum um.
Wir wollen im folgenden nachzuweisen versuchen, dass der gedankliche Weg Husserls zur Einsetzung des reinen Ich bei Phänomenen des aufmerkenden Sich-Richtens des „Blickes" wohl über
die Einsicht in die Zentralisierung der sinnlichen Erscheinungen
im *Leib* gegangen ist, aber ebenso, dass auch ihm selbst dieser
Weg eigentlich nicht so unbedenklich, wie die *Ideen I* den Anschein erwecken, begehbar erschien. Husserl scheint ein deutliches Bewusstsein gehabt zu haben, mit der Rede vom „Sich-
Richten des aufmerkenden Blickes" und dessen „Ausstrahlungszentrum" *bildlich* zu sprechen, indessen dürfte er die sich aus
seinen selbstkritischen Ueberlegungen aufdrängenden systematischen Konsequenzen nie entschieden genug gezogen und fruchtbar gemacht haben. In einer, wie es scheint, der Selbstverständigung dienenden Aufzeichnung, die kurz *nach* den *Ideen I* (wohl
zwischen 1913 und 1915) entstanden ist, finden wir Aufschluss
über die vermutlich treibenden Motive bezüglich der Problemstellung von Ich und Aufmerksamkeitszentrum, mit der Husserl
sich schon kurz vor den *Ideen I* in einer, wie wohl gesagt werden
darf, nicht eben klaren Weise auseinanderzusetzen begann. Insoweit uns dieser „Schlüsseltext" den Weg zum Verständnis der
recht spärlichen Ausführungen, die zur Position der *Ideen I*
führten, eröffnet, mag seine ausführliche Erörterung an erster
Stelle gerechtfertigt sein. Im Gedankengang der Aufzeichnung,[74]
deren Anfang nicht vorliegt, ist Husserl offenbar auf „ein Ich,

---

[74] Der Text der Aufzeichnung findet sich, in der Ausarbeitung Edith Steins im
entscheidenden Punkt der Analogie von Ich und Leib leider ziemlich entstellt, in Hu
IV, *Ideen II*, § 25, S. 105f. und Anm. 1, S. 106. Der fragmentarisch erhaltene Original-
text, der nicht zum fortlaufend paginierten Manuskript der *Ideen II* gehört, steht auf
Blatt 242 im Ms. F III 1 und „beginnt", als Blatt „3" numeriert, mit dem Schlussteil
eines Satzes.

und zwar als Subjekt der Aufmerksamkeit, als Subjekt der Erfassungen, Vergleichungen, Unterscheidungen, der Begehrungen, Wollungen, etc." [75] geführt worden – eine Position, die ihren Niederschlag schon in den *Ideen I* findet (cf. etwa § 80). Im vorliegenden Text heisst es dann zunächst: ,,Wir werden ferner wohl sagen können, dass dieses *Ich eine Form* ist, die ein *Analogon der Zentralisierung* der sinnlichen Phänomene in Beziehung auf den *Leib* darbietet" (S. 242a; m.H.). Husserl hat das Phänomen des im ,,Feld" der Intentionalität ,,bald auf ,dies', bald auf das" ,,gerichteten" geistigen ,,Blickes" des Aufmerkens, Erfassens etc. im Auge. Er zieht also gerade den Sachverhalt in Betracht, den wir in den dem Text ,,Richtungen der Aufmerksamkeit" beigefügten ,,Noten zur Fortsetzung" am Ende des vorigen Paragraphen in Beziehung auf das ,,zentrale ,Ich' " in Erwägung gezogen fanden (oben, S. 157 f.). Hier stellt Husserl aber sogleich die *Frage*, ,,ob wirklich ursprünglich auch hier schon eine Zentralisierung vorliegt", ob in der Betrachtung des absoluten Bewusstseins diese ,,*Bilder*" von der ,,Richtung" und vom ,,Blick" eine ,,ursprüngliche Bedeutung haben und eine ursprüngliche Analogie ausdrücken: d.h. *liegt im Aufmerken, vom Räumlichen abgesehen, dem das Bild entstammt, etwas Richtungsartiges, das von einem Punkt ausgeht?"* (cf. S. 242a; m.H.). Im Fortgang des Textes versucht Husserl, die immer reichere und vollkommenere Erfassung desselben Objektes im wandelnden Prozess der Aufmerksamkeit (der attentionalen Reihen) *analog* der immer reicheren Kenntnis eines Objekts im Näherkommen an dieses in der entsprechenden Orientierungsreihe zu begreifen, woher ,,das Gleichnis: ich bringe mir die Sache (auch wenn sie unräumlich ist) ⟨im Aufmerken⟩ näher" sich herschreibe (cf. S. 242a). Er hält dazu noch fest: ,,Aber sehen wir von dem Analogon ab, so ist zwar eine Steigerungsreihe gegeben und eine ideale ,Annäherung' an das vollkommen erfasste Objekt, und das bei jedem Prozess aufmerksamer ,Erfassung' eines Objekts" (S. 242a und b), bringt dann aber einen im Zusammenhang des vorliegenden Textes recht unerwartet eine Mehrheit von Subjekten ins Auge fassenden Einwand gegen die Rechtmässigkeit der Ansetzung eines ur-

---

[75] Mit diesem Satzende beginnt das Blatt 242 in Ms. F III 1.

sprünglichen identischen Auslaufspunktes der Richtungsstrahlen
der Aufmerksamkeit ins Spiel.

Husserl selbst hat den dem *Einwand* entsprechenden Passus nachträglich, vermutlich als nicht recht zum Gedankengang passend, eingeklam-
mert. Dieser unmittelbar an das zuletzt wiedergegebene Textstück anschliessende Passus lautet: ,,aber damit ist nicht gesagt, dass alle diese
Reihen von einem und demselben Punkt auslaufen, ja dass die Identität
eines Auslaufspunktes ursprünglich einen Sinn haben müsste. Man könnte
sagen, ursprünglich habe es keinen Sinn, zu sagen, ich, der ich denke, bin
derselbe wie ich, der ich will usw. Ich, der ich sehe, derselbe wie ich, der
ich höre. Wo kein Anderer, kein Du, ist auch kein Ich" (Ms. F III 1, S.
242). – Die Sache liegt aber doch so, dass auch unabhängig von der Vielheit der Subjekte der Sinn ursprünglicher Identität des Auslaufspunktes
im kontinuierlichen Wandel der attentionalen Reihen ,,in Frage gestellt"
werden kann. Und dies tut Husserl ja auch, wie wir noch zu erläutern
haben werden, indem er nicht weiter im Hinblick auf eine Mehrheit von
Subjekten auf den Einwand eingeht. Husserls Rede von der Unumgänglichkeit des Ich bei den Phänomenen der Aufmerksamkeit, des Vollzugs
von intentionalen Erlebnissen (*Ideen I*, § 80) hat das aktuelle Zentrum,
das ,,Hier und Jetzt" des bald dahin, bald dorthin gerichteten aktuellen
Bewusstseinsverlaufes im Auge. Wenn er schreibt: zu sagen, ich, der ich
denke, bin derselbe wie ich, der ich will etc., habe *ursprünglich* keinen Sinn,
so denkt er im Gedankengang des Textes doch wohl an die ,,wechselnden
attentionalen Modifikationen" (cf. Ms. F III 1, S. 242a) in ihrer Beziehung
zu einem fraglichen Auslaufspunkt: bald bin ich einem Gedanken hin-
gegeben, bald gebe ich einer Willensregung nach etc. Nun ist man versucht
zu verstehen, in solchem kontinuierlich wechselnden *Vollzug* des Bewusstseinslebens sei ursprünglich von einem identischen Ich nichts zu merken
und deshalb habe es auch keinen Sinn, hier eine Identität des Vollzugssubjekts zum Ausdruck zu bringen. Dieses ,,Ich-Subjekt" fungiert, es ist
das im Vollzug seiner cogitationes bald so, bald anders orientierte, es vollzieht ,,Bewusstsein in der spezifischen Form des cogito" (*Ideen I*, § 35,
S. 63). Das Ichsubjekt lebt ,,immerfort in dieser Grundform alles ,aktuellen
Lebens" (*Ideen I*, § 28, S. 50f.). Es bedarf indessen einer eigenen Rich-
tungswendung auf das ,,Ich" und sein cogitare in der *Reflexion* (§ 28, S. 51),
um das *identische* Subjekt des Lebens in den Blick zu bekommen. Dies
scheint Husserl im Einwand, den er sich gegen die Ansetzung eines ursprünglich identischen Auslaufspunktes der Aufmerksamkeitsstrahlen
macht, aber nicht im Auge zu haben. Er hebt hier nicht hervor, dass die
Einsicht, dass ich, der ich denke, derselbe bin, wie ich, der ich will etc.,
auf einem dem ursprünglichen Erlebnisvollzug des Denkens, Wollens etc.
gegenüber nachträglichen, reflektiven Akt eigener Blickwendung auf das
,,Subjekt" der Akte beruht, und dies gleichgültig, ob ein Subjekt oder
mehrere Subjekte in Betracht gezogen sind.

Zur Entgegnung auf den Einwand überlegt Husserl danach
näher den Fall der Konstitution der *sinnlich* erscheinenden, und
das heisst, in *Orientierung* gegebenen Dinggegenstände. Die
Orientierungsreihe in der ,,Annäherung" an das Objekt verweist

zurück auf ein Zentrum, von dem sie ausläuft, nämlich auf das *räumliche* Zentrum Leib. Wenn Aufmerksamkeit analog der Orientierung verstanden wird, scheint auch von einem Auslaufspunkt der attentionalen Reihe, die Husserl als ein Strahlenartiges bezeichnet, gesprochen werden zu können. Seine Ueberlegung ist diese: weil ich parallel mit der aufgrund meiner leiblichen Bewegungen vonstatten gehenden, auf den Leib orientierten Konstitution eines Dinges von diesem immer mehr erfasse, Erfassen aber ursprünglich ein Prozess des Aufmerkens ist, so ,,decken" sich die Reihen der Orientierung und des Attentionalen ,,in der Parallele", und das ,,Bild" der ,,Ich"-Zentrierung des Attentionalen (bzw. des Richtungsartigen, das von einem Punkt ausgeht) als ,,Analogon der parallelen Orientierung" in Beziehung auf den Leib scheint gewonnen.[76]

Was Husserl mit seiner Rede von *Aufmerksamkeit* beschreibt, betrifft seit den *Logischen Untersuchungen* ,,die gesamte Sphäre des Denkens und nicht bloss die des Anschauens".[77] Aufmerksamkeit ist nach ihm bei jedem intentionalen Erlebnis der ausgezeichnete Modus des Darinlebens, des Vollzugs.[78] In dieser Linie liegt es auch, wenn er vom ,,Wechsel der Aufmerksamkeit" bezüglich des sich wandelnden Bewusstseinslebens überhaupt spricht: bald bin ,,ich" auf dies, bald auf das ,,aufmerksam" gerichtet, d.h. *Vollzug* bald dieses, bald jenes Aktes findet statt.[79] Andererseits ist offenbar das Bild oder das Gleichnis, wie Husserl auch sagt, vom ,,Blick-auf", welches er als ,,Aufmerksamkeit" umgrenzt (oben, S. 151), dem Bereich der sinnlichen Anschauung entnommen.

Die Analyse des Ablaufes von Erscheinungsmannigfaltigkeiten der sinnlich erscheinenden Dinggegenstände erweist die *ursprüngliche Bedeutung* des Richtungsartigen und des Auslaufszentrums, nämlich für die Funktion des die sinnlichen Phänomene *zentralisierenden Leibes*. Als an Räumliches gebundene Gegebenheit, ist der Fall der Wahrnehmungskonstitution der sinnlich erscheinenden Dinge in eigentlicher Rede als auf den Leib orientiert und in ihm sein Zentrum findend zu beschreiben: etwas Richtungs-

---

[76] Vgl. Ms. F III 1, S. 242b, bzw. Hu IV, *Ideen II*, S. 106, Anm. 1.
[77] cf. II. LU, Titel des § 23, S. 162; oben, S. 152.
[78] cf. Ms. A VI 4, S. 9a; oben, S. 154.
[79] cf. Ms. A VI 8 II, S. 54b; oben, Anm. 73, S. 158; vgl. unten § 26.

artiges, das von einem ,,Punkt" ausgeht, findet sich hier durchaus vor. Es ist aber das leiblich fungierende Subjekt, das im ,,aufmerksamen Vollzug" der Dingwahrnehmung, in ihr ,,lebend" in seinen leiblichen Adaptionsvorgängen, die Konstitution des sinnlichen Dinges vollzieht. Nun wird nach Husserl selbst in paralleler Deckung mit den Orientierungsreihen, welche zur Konstitution des Dinges gehören, vom Ding auch immer mehr *erfasst*, d.i. ,,aufgemerkt". Im Blick auf die Sache ist hier noch bestimmter, als Husserl es in diesem Text zur Geltung bringt, zu sagen, dass die zur Deckung kommenden parallelen Reihen der Orientierung und der Attention im Falle des Erfassens sinnlich erscheinender Dinggegenstände im Grunde genommen den *einheitlichen* Wahrnehmungsprozess der Dingkonstitution ausmachen: dieser ist ein einheitliches *in* Orientierungsreihen verlaufendes *Erfassen* des Dinges. Von einem eigenen ,,Ichzentrum" der Aufmerksamkeit neben dem Leib ist in diesem unverknüpften, schlichten Prozess nichts zu finden.

In diesem Bereich der sinnlichen Anschauung sucht Husserl aber den *Ursprung* der Analogie von Leibzentrum und Ichzentrum. Es scheint ihm hier ,,einen Weg zu geben", die zu Beginn des vorliegenden Manuskriptstückes eingeführte Rede von der *Ich*zentrierung der Aufmerksamkeit, der Erfassungen, Vergleichungen, etc. (oben, S. 160) ,,als so etwas wie ein *Analogon* der parallelen Orientierung" in Beziehung auf den Leib verständlich zu machen (cf. S. 242b). Das ,,geistige" Ich der ,,Aufmerksamkeit" ist offenbar *nicht* so wie der Leib an die blosse Erscheinungsmannigfaltigkeit der sinnlich räumlich bald so, bald anders orientiert gegebenen Dinge gebunden. Im Hinblick auf die ,,*geistigen* Gegenständlichkeiten", deren Konstitution er im Anschluss an jene der sinnlich erscheinenden Dinggegenstände nun noch in Andeutungen erwägt, ist bei der ,,Ichzentrierung" der Attention bloss von einem formalen Analogon der Leibzentrierung zu sprechen. Husserl schreibt: ,,Nun ist aber mit geistigen Gegenständlichkeiten *Sinnliches verflochten*" (S. 242b). Also, ist seine Folgerung, sind auch diese Gegenständlichkeiten in Orientierung gegeben, und die Aufmerksamkeit auf die geistigen Gegenständlichkeiten, weil sie durch das sinnlich-orientiert Gegebene ,,hindurchgeht", kann, in Analogie mit der parallelen Orientierung, bildlich als Richtungsartiges, das von einem Punkt

ausgeht, beschrieben werden. Husserl deutet diesen Gedankengang am selben Beispiel an, das wir im vorangegangenen Paragraphen aus den *Logischen Untersuchungen* herangezogen hatten
(oben, S. 153): am Verstehen eines sprachlichen Ausdrucks als
solchen. In unserem Textfragment notiert er: ,,Insbesondere
⟨sind⟩ Gedanken verflochten mit Wortzeichen, die in einer
Orientierung aufgefasst sind. Die Aufmerksamkeit geht durch
das Wort hindurch usw. Es ist zu überlegen, wie weit das trägt''
(S. 242b). Ferner führt er ein Beispiel an, dem wir in den ,,Noten
zur Fortsetzung'' begegnet sind (oben, S. 157): ,,Ebenso wenn
ich auf Empfindungsdaten achte, so sind sie darstellend für
objektive Dinge, also schon verflochten mit Orientierung etc.'',
und er schliesst ab: ,,Das muss also systematisch überlegt werden'' (S. 242b). Versuchen wir, auf dem von Husserl gewiesenen
Weg etwas weiter zu denken, um die für unsere Zwecke nötige
Einsicht in die Sachverhalte zu gewinnen.

Wir nehmen Husserls Beispiel noch einmal auf: ,,Insbesondere
⟨sind⟩ Gedanken verflochten mit Wortzeichen, die in einer
Orientierung aufgefasst sind. Die Aufmerksamkeit geht durch
das Wort hindurch usw.''. Im Zusammenhang der vorangehenden
Erörterung ist zu verstehen, dass die Aufmerksamkeit auf den
Gedanken (auf den Sinn des Wortzeichens) *in Parallele mit der
Orientierung*, in der sich das sinnliche Wortzeichen, mit dem der
Gedanke ,,verflochten'' ist, gibt, als von einem ,,Punkt'' aus-
laufend angesehen werden könne. Schon die *Logischen Untersuchungen*, in denen die Analogisierung der Aufmerksamkeit mit
der Orientierung noch nicht zur Geltung kommt, lehrten, dass in
solchen verknüpften Akten die Aufmerksamkeit mit der intentional vorherrschenden Aktivität auftritt. Ich bin im Wort-
verständnis zwar auch den Wortzeichen zugewandt (z.B. lesend
oder hörend) und in diesem Sinne auf sie als sinnliche Gegenstände, die in einer Orientierung aufgefasst sind, ,,gerichtet'',
aber ,,ich lebe'' nicht in dieser Zuwendung, die eigentlich ,,voll-
zogene'' Zuwendung, die ,,lebendige Aufmerksamkeit'' geht
durch die Wortzeichen hindurch auf den Sinn der Worte. Bei
dieser ,,parallel'' vollzogenen Aufmerksamkeit auf den Wortsinn,
d.i. beim Vollzug der sinngebenden Akte kann aber, wie Husserl
selber sagt, nur *bildlich* von Richtung-auf und Auslaufspunkt gesprochen werden. Aufgrund von Husserls Hinweisen ist einzu-

sehen, dass die analogisierende Rede ihren Ursprung eben in der an das leibliche Subjekt der Orientierungsreihen gebundenen „sinnlichen Schichte" (z.B. Zuwendung zum Wortzeichen), die als solche gerade *nicht* zum geistigen Ich gehört, findet. Dem Wortsinn eigentlich verstehend, „aufmerksam" zugewandt bin ich ja nicht irgendwie „*räumlich*" (von „hier" nach „dort"), die Bilder von „Richtung-auf" und „Auslaufszentrum" sind aber „räumliche", d.h. an den Raum gebundene Bilder. In eigentlichem Sinn kann von „Richtung-auf" nur insoweit gesprochen werden, als die sinnlich erscheinenden Wortzeichen, die in einer Orientierung aufgefasst sind, notwendig mit „im Blick", wenn auch nicht als solche gemeint sind. Auf diese Verflochtenheit der geistigen Gegenständlichkeiten mit den sinnlich-räumlich erscheinenden Gegenständen will Husserl die bildliche Rede ja gerade stützen und die hierin liegende Schwierigkeit hat er in unserem Text im Auge; er fragt sich, ob, „vom Räumlichen abgesehen, dem das Bild entstammt", im Aufmerken etwas Richtungsartiges, das von einem Punkt ausgeht, liege (oben, S. 160). Wie wir jetzt sehen, ist aber auch die Frage, ob dieses am *Leib*zentrum orientierte Bild überhaupt sinnvoll ist, ob das für die geistigen Gegenständlichkeiten eigentlich konstitutive „Aufmerken" (z.B. Vollzug der sinngebenden Akte) nicht auf einen ganz anderen „Ausgang" als den Leib hinweist, da es als solches doch ein unräumliches, gerade nicht auf das sinnlich Erscheinende als solchen gerichtetes Geschehen ist. Aufmerken auf ein Ding durch Blicken darauf, also es „erfassen" in den leiblichen Adaptionsvorgängen, und Verstehen eines Wortlautes *als* Ausdruck sind doch in *verschiedenen* Linien geschehende Vollzüge. Das „Verstehen", das sich in den sinngebenden Akten, d.i. in der intentional vorherrschenden Aktivität, in der ich aufmerksam lebe, vollzieht, kann nicht einfach mit dem Bild vom „Blick-auf" (Aufmerken im Bereich der Anschauung) beschrieben werden. Das Auffassen des Wortlautes als sinnvollen Ausdruck im „geistigen Aufmerken" ist etwas ganz anderes als das „aufmerksame Erfassen" eines Dinges im Prozess der „Annäherung". Obwohl Husserl dies natürlich auch weiss, verdeckt doch das Gleichnis vom „Blick-auf" des Ich, wie er es für das Phänomen der Aufmerksamkeit einführt, in seiner ununterschiedenen Verwendung für die Konstitution von sinnlich erscheinenden und mit Sinn-

lichem verflochtenen geistigen Gegenständlichkeiten die grundlegende Differenz der Konstitution dieser Arten von Gegenständlichkeiten. Wir werden im letzten Teil dieses Paragraphen sehen,
dass Husserl selbst das an den ,,Blick-auf'' gebundene Bild vom
Ichzentrum im Sinne der hier gemachten Ueberlegungen in Frage
stellt.

Nachdem wir mit Hilfe des Textes aus der Zeit kurz nach den
Ideen Einblick in die wohl ursprünglich treibenden Motive der
Rede vom Ich als Aufmerksamkeitszentrum nach Analogie mit
dem Orientierungszentrum Leib gewonnen haben, machen wir
vorerst noch den Schritt zurück in die Jahre vor den *Ideen*. Was
im eben erläuterten Text deutlich reflektierten Ausdruck findet,
scheint uns motivierende Kraft für die Auffassung des Ich als
,,Ausstrahlungszentrum'' auch in Ausführungen vor und in den
Ideen gehabt zu haben, mag Husserl sich darüber zunächst auch
nicht ausdrücklich Rechenschaft gegeben haben. Halten wir also
im folgenden den eben nachvollzogenen Gedankengang des
Textes aus Ms. F III 1 gegenwärtig.

Wir werfen zuerst einen Blick auf das *Dingkolleg* von 1907.[80]
In ähnlichem sachlichen Zusammenhang wie in unserem eben
betrachteten Text bestimmt Husserl dort den phänomenologischen Sinn des Begriffs ,,Annäherung''. Als ,,Annäherung'' bezeichnet er ,,eine stetige Bereicherung der Darstellungen'' des
Dinges, und er erläutert dazu: ,,Aber die Annäherung hat keine
im Sinne der Wahrnehmung liegende Grenze, die selbst noch
Wahrnehmung ist. Zum Sinn unserer Dingwahrnehmung gehört
die räumliche Stellung des Objektes zum räumlichen Ich-
Zentrum als dem Beziehungszentrum aller räumlichen Orientierungen, aller möglichen Darstellungen (d.h. in allen Darstellungen mitaufgefasst). Die Annäherung ist Annäherung des Objektes
an diesen Orientierungspunkt. Dies kann prinzipiell in indefini-
tum gehen'' (§ 37, S. 131). Noch an anderen Stellen in denselben
Vorlesungen erörtert Husserl die zentrale Bedeutung des empirischen Ichleibes als des immer bleibenden Beziehungspunktes,
auf den alle räumlichen Verhältnisse bezogen erscheinen, und
macht auf die *phänomenologische* Tragweite dieses Befundes aufmerksam, nämlich das Problem betreffend, ,,wie sich phänomeno-

---

[80] Vgl. Hu XVI, *Ding und Raum*, Vorlesungen 1907, § 37, S. 129ff.

logisch die wunderbare Sonderstellung des Ich als des Korrelates und Beziehungszentrums zum Ding und zur ganzen Umwelt konstituiert" (§ 25, S. 84).[81] Mit der Rede vom „Ich" hat Husserl hier das empirisch-leibliche Ich im Blick, und in der Wendung vom „räumlichen Ich-Zentrum als dem Beziehungszentrum aller räumlichen Orientierungen" ist wohl nichts anderes als das Orientierungszentrum *Leib* für die sinnlichen Phänomene gemeint, welches uns in dem kurz nach den *Ideen I* entstandenen Text aus Ms. F III 1 begegnete, hier allerdings noch empirisch aufgefasst.

Ziehen wir ferner einen von Husserl als „fundamental" bezeichneten und auf „1908" datierten Text[82] in Betracht, in welchem er in Hinsicht auf die Bestimmung des „Universums der ‚Impressionen' der Wahrnehmung und Erinnerung, und zwar im Sinn der Wahrnehmungs- und Erinnerungserscheinungen" nach „Regeln, die hier *Einheit* geben, Regeln der vereinheitlichenden Apperzeption" sucht. Er nennt dann: „1) Das Ding, und zwar zunächst das physische Ding, das Raumding. 2) Das beseelte Ding, das psychische Individuum, das Ich". Dieses zweite näher betrachtend, unterscheidet er: „Das beseelte Ding ist a) *Leib*. Der Leib ist ein physisches Ding, ein Raumding wie jedes andere ⟨ . . . ⟩ b) der Leib ist empfindendes, fühlendes etc. Raumding. Das ist dem Leib eigentümlich. Sehen wir uns das näher an".[83] Im Fortgang des Textes arbeitet er nun Grundzüge der visuellen und taktuellen *Leibkonstitution* heraus und hält abschliessend fest: „Wir haben also *noch kein Ich*. Wir haben den Leib als ein Ding, das gegenüber sonstigen Dingen erscheint als ein solches, das 1) gewisse Gruppen von Empfindungen ‚hat' und haben kann unter gewissen Umständen, ⟨ . . . ⟩ in ihm lokalisiert (primär und eigentlich lokalisiert), 2) das Vorbedingung ist für das Dasein aller Erscheinungen (und aller Empfindungen überhaupt), auch Vorbedingung für visuelle und akustische Erscheinungen, welche aber in ihm keine primäre Lokalisation haben. Nun fragen wir nach dem Universum der Phantasievorstellungen, nach dem

[81] Vgl. auch in Hu XVI, *Ding und Raum*, § 24, S. 8off.; § 41, S. 148, § 45, S. 156ff., § 69, S. 241f., § 83, S. 278ff. und besonders § 47, S. 161ff. An die Gedanken dieses letztgenannten Paragraphen „anknüpfend", gibt sich der Sache nach eine Aufzeichnung in Ms. F III 1 aus 1908, welche wir sogleich noch heranziehen werden.
[82] Im Ms. F III 1, S. 268ff. – Vgl. die voranstehende Anm. 81.
[83] cf. Ms. F III 1, S. 268a.

Universum der Erscheinungen selbst, für welche der Leib Vorbedingung ist, nach dem Universum der Erinnerungen, nach den
Denkvorstellungen, nach den intentionalen Gefühlen, Begehrungen, Wollungen, nach der Aufmerksamkeit, nach dem Zusammen-
begreifen (Kolligieren), nach dem Beziehen, etc. *Wie gewinnt all
das Ichwert?* Und wie kommt es, dass der Leib Ichwert besitzt?
Wie ist die Identität des Ich als leiblich-geistiges Ich zu konstituieren?''.[84]

Wenn wir uns solcher Aufzeichnungen erinnern, die stellver-
tretend für manche ähnlichen stehen, welche zu erörtern uns zu
weit führte,[85] so ist zu sehen, wie in Husserls Denken die Suche
nach dem *phänomenologischen Verständnis des Leibes als Orientierungszentrum* aller räumlichen und zeitlichen Erscheinungen
aufbricht und in Parallele damit allmählich die *Frage* gestellt
wird nach dem ,,*Subjekt*'' der intentionalen Erlebnisse, des Aufmerkens, des Beziehens, der Begehrungen etc., die in Husserls
Verstande über das blosse leibliche Subjekt hinaus auf ein ,,Ich''
als *Einheit* gebende ,,Regel'' [86] zu weisen scheinen. Dieses Ich
wird hier noch als das empirische Ich, die leiblich-geistige Person
begriffen. In den gedanklichen Bereich dieser zur Veranschaulichung herangezogenen Texte haben wir nun auch wieder die
wichtigen, dem Text ,,Richtungen der Aufmerksamkeit'' bei-
gegebenen ,,Noten zur Fortsetzung'', denen wir am Ende des
vorigen Paragraphen begegneten, zu stellen (oben, S. 156ff.). In
ihnen kam eine Reihe von Texten über ,,Aufmerksamkeit''
(cogito) und ,,Ich-Beziehung'' der Jahre 1911–1912, von welchen
wir ausgegangen waren, zu einem das eigentliche Problem in vorläufiger Weise exponierenden Ausdruck: Husserl spricht darin
vom ,,zentralen ,Ich' '' als Auslaufspunkt des bald dahin, bald
dorthin aufmerksam Sich-Richtens, lässt indessen dieses ,,Ich''
auch noch als das empirische, das leiblich-geistige Ich gelten und
fragt bloss nach der phänomenologischen Bedeutung der ,,Be-
ziehung zum Ich''.[87] Somit darf wohl angenommen werden, dass

---

[84] Ms. F III 1, S. 270b; m.H.
[85] Vgl. etwa Ms. F I 7, S. 28a (wohl 1909); Ms. F I 4, S. 22a (1912); die zum
,,Ursprünglichen Entwurf der *Ideen II*'' von 1912 gehörigen Teile in Hu V, *Ideen III*,
Beilage I, S. 109ff.
[86] cf. Ms. F III 1, S. 268a (1908); oben, S. 167.
[87] Die Vorläufigkeit der Stellungnahme zum Ich in diesen ,,Noten'' dürfte sich
sogar rein äusserlich schon in den im Titel ,,zentrales ,Ich' '' die Benennung ,,Ich''
begleitenden Anführungszeichen ausdrücken. Wir wiesen bereits darauf hin, dass die

Husserls bildliche Rede vom Ich als Emanationspunkt in dieser Aufzeichnung sich auch vornehmlich der Gegebenheit des *leiblichen* Orientierungszentrums anlehnte, als welches das empirische Ich im Raum erscheint. Nach der phänomenologischen Tragweite dieser Sonderstellung des Ich hatte er bereits 1907 gefragt. Im Masse aber die Betrachtung der Phänomene rein durchgeführt wird, ohne Abstützung auf das empirische, d.i. das leiblich-geistige Ich, bzw. mit dem Ziele, für die dem empirischen Ich zugedachten Funktionen die rein phänomenologische Entsprechung aufzuweisen, tritt die eingangs dieses Paragraphen erörterte Auffassung des ,,reinen Ich" als Ausstrahlungszentrum in zunächst unreflektierter Weise in Kraft.

Als Vorstufe zur Ansetzung des reinen Ich als ,,Zentrum", wie sie in den *Ideen I* zur Geltung kommt, können wir einen Text, dessen Niederschrift wohl in das Jahr 1912 anzusetzen ist, betrachten. Husserl ist hier der Auffassung, dass der Strahl der Aufmerksamkeit, die Richtung-auf letztlich doch nicht als ,,Richtung eines als *Ich* zu fassenden *Ausgangsdinges* oder Ausgangspunktes" zu beschreiben ist.[88] Wenn gesagt wird, ,,zum ,Ich' gehört ⟨ . . . ⟩ der Strahl der Aktivität, das Erfassen, Festhalten, des Zusammenhalten (Kolligieren)", heisst es weiter, so ,,ist dabei *nicht an das empirische Ich zu denken,* sondern *im Phänomen liegt ein gewisses Sich-Richten auf,* auf dessen einer Seite Empfindung, Erscheinung, Ding liegt, oder auch beziehende Auffassung (Beziehungs-Erscheinung möchte man sagen), durch das hindurch der Sachverhalt gegeben ist, während auf der anderen Seite *nichts* zu fassen ist; Richtung auf ist ⟨ . . . ⟩ eben Richtung auf bzw. Richtung durch Erscheinung, durch Darstellung etc. Und das ,durch' sagt wieder nur etwas, was man nur in dem Darstellen selbst, so wie es im Gerichtetsein fungiert, verstehen kann: die Reflexion zeigt uns die Darstellung, die nun in ihr ⟨das⟩ Ziel der Richtung auf ist".[89] Ins Zeitbewusstsein eintretend, fügt Husserl dann noch an, ,,sehen wir, dass die Rich-

---

Anführungszeichen beim Titel Ich in diesem Sachzusammenhang sich auch an der Stelle der *Ideen* finden, von der wir den Ausgang zu unserem Blick auf die ,,Entwicklungsgeschichte" nahmen: ,,Zum cogito selbst gehört ein ihm immanenter ,Blick-auf' das Objekt, der andererseits aus dem ,Ich' hervorquillt, das also nie fehlen kann" (§ 37, S. 65; oben S. 150f.). Vgl. auch in Hu IV, *Ideen II*, § 22, S. 97f. Ebenso in der Aufzeichnung ,,Richtungen der Aufmerksamkeit" (Januar 1912), Ms. A VI 8 I, S. 4a.

[88] Ms. A VI 8 I, S. 82a; m.H.

[89] a.a.O., S. 82a; m.H.

tung-auf ein Strahl ist, der seine Kontinuität der Breite hat: selbst eine Einheit, sich im Zeitbewusstsein konstituierend".[90] In diesem Text hält Husserl also entschieden an der Rede von der Richtung-auf fest, sieht aber von der in den „Noten zur Fortsetzung" (oben, S. 157f.) in Betracht gezogenen Bündelung der Strahlen in einem Ausgangsding, im zentralen Ich, das er auch hier als empirisches Ich versteht, ab, da eine solche Betrachtung offenbar über die am Phänomen selbst vorfindlichen Gegebenheiten hinausführte.

Von dieser phänomenologisch gereinigten Stellungnahme her, in der Husserl auf der subjektiven Seite der „Richtung-auf", welche „im Phänomen liegt" (also in der subjektiv-orientierten Betrachtung der intentionalen Erlebnisse im Sinne der *Ideen I*, § 80, S. 161), kein „Ausgangsding", *nichts empirisch Räumlich-Zeitliches*, das als „Ich" zu bezeichnen wäre, ansetzt, vielmehr der Meinung ist, dass hier „nichts zu fassen" sei, ist es dann nur noch ein „Schritt" bis zur Stellungnahme der *Ideen I*. In den *Ideen I* setzt Husserl, der Forderung, die in der bildlichen Redeweise liegt, wiederum nachkommend, auf der subjektiven Seite der Akte von der Form cogito, in welchen Richtung-auf statthat, „das ‚reine' Subjekt des Aktes" ein und erläutert dazu: „Das ‚Gerichtetsein auf', ‚Beschäftigtsein mit', ‚Stellungnehmen zu', ‚Erfahren, Leiden von' birgt *notwendig* in seinem Wesen dies, dass es eben *ein ‚von dem Ich dahin' oder* im umgekehrten Richtungsstrahl *‚zum Ich hin'* ist – und *dieses Ich ist das reine,* ihm

---

[90] Vgl. Ms. A VI 8 I, S. 82b. – Dazu auch etwa Ms. A VI 12 I, S. 28off., aus September 1911 (cf. S. 283), wo Husserl bezüglich des Gerichtetseins ⟨ . . . ⟩ im Fall einer durchlaufenden Erfassung sagt: „⟨ . . . ⟩ im Zeitbewusstsein extendiert sich der kontinuierliche Strahl, sofern er immer neu Lebendigkeit ist, und zeichnen können wir das nur so

Die Zuwendung oder Richtung-auf ist die auf das Objekt, und sie konstituiert sich dadurch, dass ein lebendiger Strahl des Sich-Richtens auf immer neue Phasen (mindestens Zeitphasen) geht und zugleich durch Retention das Erfasste in seiner Einheit erfasst bleibt" (S. 288a). Husserls Zeichnung zeigt sehr deutlich den „identischen Auslaufpunkt" der Strahlen des aufmerkenden Sich-Richtens im kontinuierlichen Ablauf eines Erlebnisses. Husserl spricht ebendort auch vom „Zuhandensein" der Gegenstände für ein „erlebendes Subjekt: was immer das phänomenologisch besagen mag" (S. 285a). – In die Nähe dieses Textes ist dann wiederum die bereits mehrmals zitierte Aufzeichnung „Blick-auf" aus Sommersemester 1911 zu rücken, die, vom identischen „ ‚ich' blicke" redend, schon deutlich auf die schliessliche Einsetzung des *reinen Ich* in der Funktion des Beziehungszentrums des kontinuierlich ablaufenden Bewusstseins vorausweist.

kann keine Reduktion etwas anhaben" (*Ideen I*, § 80, S. 160;
m.H.).[91] Ebenda sagt er von diesem „reinen Ich", es sei „von
seinen ‚Beziehungsweisen' oder ‚Verhaltungsweisen' abgesehen",
„völlig leer an Wesenskomponenten", habe „gar keinen explikabeln Inhalt", es sei „an und für sich unbeschreiblich: reines Ich
und nichts weiter" (S. 160) – also ist da eigentlich „nichts zu
fassen".[92]

Wir haben damit die eine Hinsicht auf die Beziehung zum Ich
im cogito der am Ende von § 23 (oben S. 150) gegebenen Umgrenzung des Aktes im prägnanten Sinn auf unserem Gang durch
die Entwicklungsgeschichte wiederum eingeholt: „Jedes ‚cogito',
jeder Akt in einem ausgezeichneten Sinn ist charakterisiert als
Akt des Ich, er ‚geht aus dem Ich hervor' ⟨ . . . ⟩" (*Ideen I*, § 80,
S. 159f.; m.H.). Wir versuchten, auf dem Weg über die Theorie
der Aufmerksamkeit (oben § 24) die In-Beziehung-Setzung der
intentionalen Erlebnisse auf das „Ausstrahlungszentrum" reines
Ich als analoge Uebertragung des Beziehungszentrums Leib, das
bei den Orientierungsreihen leiblicher Bewegungen ursprünglich
konstitutiv fungiert, in ihrer Motivation verständlich zu machen.
Mit der Rede vom wechselnden „Sich-Richten-auf" der Aufmerksamkeit hat Husserl einen wohl zweifellosen phänomenologischen Befund im Auge, und dieser verweist in sich selbst auch
auf ein „Zentrum" der ausstrahlenden Richtungen. Wenn Husserl
hierfür aber vom zentralen „Ich" spricht, wird die Rede zwei-
deutig und ruft Verwirrung hervor. Es war gerade das *leibliche*
Subjekt, vor allem „Ichwert", wie die Erörterung von Husserls
selbstkritischem Text aus Ms. F III 1 eingangs dieses Paragraphen zeigte, in welchem die *Zentralisierung* des Bewusstseinsverlaufes gründet, da der Leib ursprünglich und anschaulich den
Sinn des Orientierungszentrums aller räumlichen und zeitlichen
Erscheinungen an sich trägt. Diese Leibzentrierung dürfte für
Husserl die Grundlage der Analogie für die Rede von der *Ich-
Zentrierung* abgegeben haben, welche er zunächst ja auch auf das

---

[91] Vgl. auch Hu IV, *Ideen II*, § 22, S. 97f.: „⟨ . . . ⟩ in jedem Aktvollzug liegt ein
Strahl des Gerichtetseins, den ich nicht anders beschreiben kann als seinen Ausgang
nehmend im ‚Ich' ⟨ . . . ⟩".

[92] Vgl. auch die beiläufige Kennzeichnung der Wahrnehmung am Ende von § 39
in *Ideen I*: „Das Wahrnehmen erscheint dabei, bloss als Bewusstsein betrachtet und
abgesehen vom Leibe und den Leibesorganen, wie etwas in sich Wesenloses, ein leeres
Hinsehen eines leeren ‚Ich' auf das Objekt selbst ⟨ . . . ⟩" (S. 71). Siehe auch in *Ideen
II*, § 22, S. 99.

empirische, leiblich-geistige Ich zu beziehen erwog.[93] Wenn aber schliesslich in den *Ideen* in einem *reinen* Ich, d.i. einem Ich „in unbestimmter Leiblichkeit (oder gar keiner)" [94] die Ichzentrierung begründet wird, dann muss doch im Blick auf die Sachen eine Verlegenheit bezüglich des *leiblich* bestimmten Subjekts eintreten, welches der Rede vom Ausgangszentrum zugrunde lag. Das Bewusstsein genau dieser Verlegenheit tritt in Husserls Manuskripten denn auch in Form der *Frage nach der Beziehung des reinen Ich zum Hier und Jetzt,* zum leiblichen Orientierungszentrum „konsequent" auf, sobald das reine Ich in der Funktion des Ausstrahlungszentrums eingesetzt ist. Auch der eingangs zur Erläuterung der Motivationsbestände dieser Problematik des reinen Ich zu Rate gezogene Text aus der Zeit kurz nach den *Ideen I* (oben, S. 159ff.) ist offenbar im Problembewusstsein der phänomenologisch noch ungeklärten Stellungnahme zum „Ich als Analogon der parallelen Orientierung" entstanden. Husserls Frage ist nun, verglichen mit jener, die nach dem *Ich*wert *des Leibes* fragte (oben, S. 168), gleichsam die gegenläufige, die Beziehung des unräumlichen und unzeitlichen (reinen) Ich zum räumlich-zeitlichen Leib betreffende.

Schon der Text „Richtungen der Aufmerksamkeit" vom Januar 1912 (oben, S. 156) dürfte die neue Frage der Beziehung des reinen Ich zum räumlich-zeitlichen Orientierungspunkt im Blick haben. Husserl beschreibt darin mögliche Aenderungen der Orientierung im Fluss des Wahrnehmens eines Gegenstandes, wobei dieser nach seinem Inhalt und seiner Raumlage, seinem Verhältnis zu seiner Dingumgebung derselbe bleibt, und er kennzeichnet diese Möglichkeit so: „bloss ‚ich' ändere zu ihm die Stellung, der subjektive Gegenpunkt der Orientierung ändert sich". Dann betrachtet er die Möglichkeit, dass der Gegenstand mitsamt der ganzen Dingumgebung seine Raumstelle ändert, ohne seinen Inhalt zu verändern, sich etwa von mir wegbewegt, sich dreht usw. Und dazu fragt Husserl, „ob da der ‚*eigene Leib*' nicht ausgenommen und für die Konstitution der unveränderten *Stelle des Ich,* der Raumstelle des Orientierungspunktes festgehalten sein muss".[95] Die damit gestellte und hier nicht weiter

---

[93] Vgl. auch Hu V, *Ideen III*, Beilage I, § 4, S. 124.
[94] Vgl. Hu XIII, *Intersubjektivität I*, S. 297 (1914 oder 1915); oben, § 18, S. 110.
[95] cf. Ms. A VI 8 I, S. 4a (Januar 1912).

untersuchte Frage nach der Beziehung von „Ich" als „Orientierungspunkt" und „Leib" als dessen „Raumstelle" nimmt Husserl in einer Reihe von Texten um 1914 vertiefend wieder auf.[96] In einer Notiz, die um 1913–1914 anzusetzen ist, kommen die uns beschäftigenden Probleme zu prägnantem Ausdruck; Husserl schreibt: „Seminar Mittwoch. Die Aufmerksamkeit; Strahl der Richtung vom reinen Ich aus ⟨ . . . ⟩ auf das Objekt. *Das Ich und das räumliche Orientierungszentrum* (das Hier) – und ebenso das zeitliche. Geht der Strahl vom ‚Hier' und Jetzt aus, der Strahl des Aufmerkens? Muss man nicht sagen, dass der Strahl vom Jetzt in die Vergangenheit geht, wenn das Aufmerken dem Vergangenen gilt? Und dann nicht ebenso, dass der Strahl des Aufmerkens vom Hier ausgeht, da das Ich eben im Hier ‚ist'? *Wie steht Ich als reines Ich zum ‚Hier' und zum Jetzt?* Und wie konstituiert sich das empirisch erscheinende Ich mit dem Hier als Zentrum?".[97] In diesen Sätzen kommt die Spannung, die in der Stellungnahme der *Ideen* impliziert ist, zum Ausdruck. Zum einen: das reine Ich soll Ausgangspunkt des Sich-Richtens der Aufmerksamkeit sein; das reine Ich ist aber nicht räumlich-zeitlich „lokalisiert"; zum anderen: die Richtungsstrahlen scheinen doch von einem Hier und Jetzt auszugehen. Wie sind diese beiden

---

[96] Im ursprünglichen „Entwurf von 1912" für die *Ideen II* kommt die Sache ebenfalls zur Sprache, und zwar bei der Beschreibung des Bestandes der Einfühlung. Der Leib wird in der Einfühlung verstanden „nicht bloss als Träger von Empfindungen, sondern auch als Träger von ‚Akten', von intentionalen Erlebnissen. Eben damit gehört zum Bestand der Eindeutung ein reines Subjekt als Subjekt des jeweiligen eingedeuteten cogito". Und diesem fremden reinen Ich spricht Husserl eine ihm eigene Umwelt mit dem Hier und Jetzt in der „Vermittlung" durch den Leib zu, ähnlich wie es für das eigene reine Ich der Fall sei: „Dieses ⟨fremde⟩ reine Ich hat seine Umwelt, hat sein Hier und Jetzt, in Beziehung auf welches seine Dinglichkeit orientiert ist, und dieses Hier und Jetzt steht zu einem dem reinen Ich in ausgezeichneter Weise erscheinenden Ding, d.i. seinem Leib, ähnlich wie mein Hier und Jetzt zu meinem Leib". Der Leib kann „nicht weggerückt werden" von mir, er hat „faktisch immerfort mein Orientierungszentrum in sich", er „begleitet also immerfort mein reines Ich und erscheint ihm" (cf. Ms. F III 1, S. 12a, bzw. Hu V, *Ideen III*, Beilage I, § 1, S. 109). Dazu ist aber auch Husserls Hinweis im weiteren Verlauf des „Entwurfes" in Erinnerung zu bringen: „Insbesondere soll hier nicht näher erörtert werden die wichtige Auszeichnung des Leibes, dass er das Orientierungszentrum in sich birgt und, in Verbindung mit dem Umstand, dass er das immerfort erscheinende und als Lokalisationsfeld aller Empfindungsstoffe ausgezeichnete Objekt ist, auch in dieser besonderen Weise bei allem mit dabei ist" (Ms. F III 1, S. 32a; bzw. *Ideen III*, § 4, S. 124). – Das Orientierungszentrum „reines Ich" ist im Entwurf der *Ideen II* also in beständiger Verbindung mit dem Leib gedacht, Husserl führt deren phänomenologische Aufklärung hier aber nicht weiter aus. Vgl. auch Hu IV, *Ideen II*, § 41, a) Der Leib als Orientierungszentrum (S. 158).

[97] Ms. A VI 12 I, S. 210a (wohl um 1913–14).

„Ausgänge" zu vereinen? Zu Beginn dieses Paragraphen betrachteten wir Husserls Versuch, das Bild vom Richtungsstrahl nach Analogie mit dem zentralisierenden Leib zu verstehen. In einem anderen Text, der wohl um 1914 geschrieben wurde, nimmt Husserl den Gedanken der eben zitierten Notiz aus 1913–14 wieder auf und führt ihn in der Linie jener eingangs erläuterten Aufzeichnung weiter. Dieser Text erweist sich für unser Anliegen, die ursprüngliche Motivation von Husserls Rede vom Ich als Ausstrahlungszentrum der Akte der Form cogito sichtbar zu machen, von grösster Tragweite; denn Husserl streift darin an das Kernproblem seiner Bestimmung des cogito als Akt, der aus dem Ich hervorgeht (cf. *Ideen I*, § 80, S. 160). Lesen wir zuerst den Passus:[98] „Wie steht es mit der *Form cogito*, mit der Form der intentionalen Zuwendung und Abwendung, des Betrachtens, Erfahrens, Hinstrebens etc. und dem *Bild vom Ichstrahl*, der vom Subjekt zum Gegenstand geht, oder des Reizes, den der Gegenstand auf das Subjekt ausübt? *Es handelt sich sicherlich um phänomenologische Charaktere*; aber *ist, wenn wir vom Leib und leiblich bestimmten Subjekt abstrahieren*, wenn wir, was diese besonderen Apperzeptionen hineinbringen, ausser Aktion lassen, *etwas übrig, was das Bild vom Ichzentrum*, Strahl und Gegenstrahl etc. *ermöglicht?*".[99] Es sieht hier doch so aus, als würde Husserl über die blosse, im Text aus Ms. F III 1 (oben, S. 159ff.) zum Ausdruck kommende Analogisierung des Ichzentrums mit dem Leibzentrum der Orientierung hinaus ernstlich in Erwägung ziehen, dass diejenigen Charaktere, die er mit der bildlichen Rede vom Ichstrahl treffen will, in der Tat *wesentlich* an das *leiblich* bestimmte Subjekt gebunden erscheinen. Die zuletzt herangezogenen Aufzeichnungen, in denen das reine Ich als Ausstrahlungs- bzw. als Orientierungszentrum fungiert, zeigen, dass Husserl bei phänomenologisch anschaulicher Analyse offenbar nicht umhin kann, die *Frage* der Beziehung des reinen Ich (als „Orientierungspunkt", als „Zentrum") zum Hier und Jetzt zu stellen. Das Hier

[98] Die Sätze entstammen der Beilage XXXIV „⟨Beziehung des Ich zum Jetzt und Hier⟩" in Hu XIII, *Intersubjektivität I*, S. 247f.
[99] a.a.O., S. 248; m.H. – Vgl. auch Husserls kritische Randbemerkung zur Rede vom „ ‚Strahl' der Zuwendung" in Ms. A VI 8 II, S. 53a, die wohl auch etwa aus 1914 stammt: „Natürlich ist die Rede vom ‚Strahl' der Zuwendung mit Vorsicht zu interpretieren und zu unterscheiden 1) was zum Phänomen selbst gehört, *in* dem das Leben ist, 2) der Bezug des *Ich* auf die aufgemerkte Sache".

und Jetzt, die Orientierung aller räumlichen und zeitlichen Erscheinungen, so sieht Husserl, ist aber für das reine Ich nicht unabhängig von der Konstitution des *Leibes*. So fanden wir es auch im Blick auf die Sache (oben, S. 162f.). Wo das Bild vom Ausgangspunkt und den Richtungsstrahlen ursprüngliche Bedeutung hat, ist es unumgänglich an den Leib, an das leiblich bestimmte Subjekt gebunden, das als ,, ,jetzt seiendes und in der Gegenwart dauerndes' ''[100] den Ausgangspunkt aller zeitlichen und räumlichen Erscheinungen bildet. Das eigentliche, über das leiblich gebundene ,,Aufmerken'' (Sich-Zuwenden in Orientierungsreihen) hinausgehende cogitative Bewusstsein (etwa im Vollzug von sinngebenden Akten) dagegen ist als solches nicht räumlich-zeitlich um den Leib zentriert. Das *Bild vom Ichzentrum* steht für eine nicht zu Ende geklärte phänomenologische Gegebenheit und erweist sich selbst als *fragwürdig*: Husserl sieht, dass offenbar die Rede vom Zentrum ihr Recht von der Leib-Gegebenheit her bekommt; deshalb versucht er, die ,,Ichzentrierung'' als Analogon der Leibzentrierung der sinnlichen Phänomene zu fassen (oben, S. 160). Er wird aber auch zur Frage geführt, ob das reine Ich denn anders als durch die Konstitution des Leibes Stellung im ,,Hier'' und ,,Jetzt'', von wo aus es die Raum-Zeit-Welt in Orientierung erfährt, erhalten könne.[101] Wenn aber solcherart der Leib, das leiblich bestimmte Subjekt die Funktion des Zentrums des Bewusstseinsverlaufes erfüllt, dann ist es gerade *nicht das reine Ich*, dem die Leistung der Zentrierung im Hier und Jetzt zufällt, bzw. die spezifisch ,,ichliche'' Funktion im Bewusstsein ist nicht die der Zentrierung. Die Rede vom reinen Ich als Ausstrahlungszentrum der intentionalen Erlebnisse erweist sich also in der Tat als *Uebertragung* (cf. oben § 22, S. 144) der eigentlich dem *leiblich* bestimmten Subjekt zugehörigen Funktion der Zentrierung im Hier und Jetzt, und die Frage der Beziehung dieses reinen Ich zum Hier und Jetzt durch die Konstitution des Leibes ist hier denn auch ständig in Husserls Horizont.

---

[100] cf. Hu XIII, *Intersubjektivität I*, Beilage XXXIV, S. 248.
[101] cf. Hu XIII, *Intersubjektivität I*, Beilage XXXIV, S. 248.

§ 26. Das reine Ich als vollziehendes Subjekt in Akten der Form cogito

Wir wenden uns jetzt der näheren Bestimmung der zweiten Hinsicht auf das *cogito* als Akt des Ich, die wir am Ende von § 23 anzeigten (oben, S. 150), zu. Husserl sagt im § 80 der *Ideen I*: das reine Ich *„lebt"* in den Akten der Form cogito *„aktuell"* (cf. S. 160). Diese Lehre wird leicht missverstanden; man pflegt in ihr einen gegenüber den *Logischen Untersuchungen* fundamental veränderten Standpunkt Husserls zu sehen. Wir wollen zeigen, dass dies für die „Interpretation" des phänomenologischen Befundes wohl gilt, nicht aber für dessen wesentlichen Gehalt selbst, der nicht anders als in den *Logischen Untersuchungen* beschrieben wird.

Da Aufmerksamkeit und Aktualität für Husserl die zusammengehörigen Aspekte der Bestimmung des Aktes der Form cogito darstellen, können wir nach den breit ausholenden Ausführungen über das cogito hinsichtlich des Gerichtetseins-auf (der Aufmerksamkeit) nun in einigen Strichen das cogito hinsichtlich des *Vollzugs* (der Aktualität) in seiner *Beziehung auf das reine Ich* nachzeichnen. Wir knüpfen zur Darstellung dieses zweiten Aspektes am Zusammenhang von Aufmerksamkeit und Vollzug an, den Husserl selbst in einer Aufzeichnung aus Frühjahr 1912 herausstellt. Wir lasen darin bereits, dass „Aufmerken" (im Sinne des „Gerichtetseins, Zugewendetseins") „gar nichts anderes als ein Ausdruck für ,Vollzug' eines intentionalen Erlebnisses" ist.[102] „Vollzug" des Erlebnisses seinerseits ist aber wiederum, wie Husserls weitere Ueberlegungen zeigen, äquivalent mit der Rede vom „Strahl der Aktualität", vom „aktuell im Erlebnis leben". Und aktuell im Erlebnis leben, es vollziehen, ist eben nichts anderes als dem Gegenstand dieses Erlebnisses zugewendet, auf ihn aufmerksam gerichtet sein. Wir vollziehen eine Wahrnehmung, wenn wir in aktuell zuwendender Weise wahrnehmen.[103] „Vollziehen" (Vollzug) eines Erlebnisses weist in sich selbst auch auf

---

[102] Ms. A VI 4, S. 9a; oben, S. 154. – Vgl. z.B. auch folgenden Passus aus etwa derselben Zeit: „Am besten sagen wir ,Vollzug' für jede Art des Im-Akte-Lebens, und Vollzug der Stellungnahme: in und mit ihr Zugewendetsein, Gerichtetsein (sei es auch im Dunkeln, wie beim Noch-Vollzug). Und das bestimmt die Rede von Nichtvollzug" (Ms. A VI 4, S. 25b).

[103] cf. Ms. A VI 4, S. 6b und 7a.

so etwas wie einen „Vollzieher", auf ein *Subjekt* des Vollzugs
zurück, geradeso wie die Rede vom Sich-Richten-auf (im Vollzug
des intentionalen Erlebnisses) auf ein zentrales Subjekt, einen
„Auslaufspunkt" verwies.

Im selben Text aus 1912, den wir eben anführten, erläutert
Husserl zunächst „in der impressionalen Sphäre" zur Klärung
des „Vollziehens von Reproduktionen" (Phantasien) das Verhältnis von blossem Vollzug eines intentionalen Erlebnisses und
mit „Selbstbewusstsein" begleitetem Vollzug.[104] Was er dabei
bezüglich des „aktuellen Ich" herausstellt, hat auch in den *Ideen I*
Gültigkeit und hilft, die knappen Hinweise der *Ideen I* nach
Husserls Meinung zu verstehen. Wir lesen: „Angenommen, ich
habe ein intentionales Erlebnis, etwa eine Wahrnehmung. Dann
kann ich in der Wahrnehmung leben, sie vollziehen. Ein anderes
ist das Bewusstsein: *ich* habe die Wahrnehmung, ich nehme wahr,
und ich verhalte mich wahrnehmend zum Wahrgenommenen.
Da bewege ich mich nicht nur in der Wahrnehmung, sondern im
Zusammenhang der wirklichen Welt und sage zudem ‚ich' " (S.
8a). Das Parallele erläutert Husserl dann für die Reproduktion.
Daraufhin umgrenzt er den „Bereich des ‚aktuellen Ich' " (S.
8b), und dabei interessiert uns insbesondere die Bezugnahme auf
die Frage des „Selbstbewusstseins". Husserl führt aus: Da ich
Akte vollziehen kann (z.B. Wahrnehmungen, Urteile etc.), „ohne
auf mich zu reflektieren", so ist „zu sagen, dass ein Hineinziehen
des *Selbstbewusstseins* überflüssig ist. ⟨ . . . ⟩ Ob ich nun von mir
ein eigenes ‚Selbstbewusstsein' habe und etwa ‚ich' sage oder
nicht, sicher ist es, dass zum Bereich des ‚aktuellen Ich' eben alle
aktuellen Akte, alle, in denen ‚ich lebe', gehören. Und das *‚ich
lebe in einem Akte'* besagt nicht, ich vollziehe eine Reflexion auf
mein Ich, sondern eben *Vollzug des Aktes selbst*, mit der zugehörigen idealen Möglichkeit als zu seinem Wesen gehörig, den Ich-
Strahl, eine Ich-Beziehung finden zu können" (S. 8b; m.H.). Im
Fortgang des Textes kommt dann sehr klar die Verknüpfung der
beiden Aspekte des cogito (Aktualität und Aufmerksamkeit) in
ihrer Beziehung zum Ich am Beispiel des Aktes der Phantasie,
und dann in allgemeiner Erweiterung für alle intentionalen Erlebnisse, zum Ausdruck. Husserl schreibt: „Die *Aktualität* des

---

[104] cf. Ms. A VI 4, S. 6a und S. 8a.

Phantasierens *ist Aufmerksamkeit* (aktuelle Aufmerksamkeit) auf das Phantasierte. ⟨ . . . ⟩ Die aktuelle Aufmerksamkeit ist nicht ein Strahl, der irgend geheimnisvoll hineinleuchtet in die unwirkliche Welt des Phantasierten, es ist auch nicht ein Akt, ein eigenes Erlebnis, das sich mit der Phantasie verbindet, und es ist auch nicht neben dem aktuellen Phantasieren, in dem wir ganz ausschliesslich leben, als ein zweites, ein aktuelles Aufmerken des aktuellen Ich auf die Gegenstände der aktuellen Phantasie, anzunehmen: Vielmehr ist aktuelles Phantasieren selbst nichts anderes als aktuelles Aufmerken auf das Phantasierte, und ist es, ob wir ausschliesslich in der Phantasie leben oder nicht, ob wir an das aktuelle Ich reflektierend denken oder nicht. Phantasieren ist ein Akt, ein intentionales Erlebnis, und bei jedem intentionalen Erlebnis ist der Modus des Darin-Lebens ausgezeichnet, und er besagt aktuelle Aufmerksamkeit auf das Gegenständliche dieses Erlebnisses" (S. 8b und 9a).

Ganz den Ausführungen dieses Manuskriptes aus Frühjahr 1912 entsprechend ist dann auch die Aussage der *Ideen I* zu verstehen: ,,jeder Akt in einem ausgezeichneten Sinne ist charakterisiert als Akt des *Ich,* ⟨ . . . ⟩ es ,lebt' in ihm ,aktuell' " (§ 80, S. 160; m.H.). Sie besagt nach Husserl nicht: In den Akten der Form *cogito,* der ,,Grundform alles ,aktuellen' Lebens", vollziehe ich eine Reflexion auf mein Ich – vielmehr, ,,mag ich ,reflektiv' auf das Ich und das *cogitare* gerichtet sein oder nicht",[105] Vollzug des Aktes selbst findet statt.

Husserls Meinung, die ja allenfalls noch zwischen dem Frühjahr 1912 und der Niederschrift der *Ideen I* geschwankt haben könnte, wofür zwar schon der eben angeführte Text des § 28 der *Ideen I* einen Gegenbeleg abgibt, findet schliesslich einen deutlichen Ausweis in einem Passus der Umarbeitung der VI. Logischen Untersuchung aus März-April 1914. Husserl erläutert dort die Rede vom cogito im prägnanten Sinn folgendermassen: ,,Es ist auch nicht zu übersehen, dass wenn wir den allgemeinen Wesenscharakter des tuenden Geschehens oben[106] und im Interesse leichterer Erfassung durch ichbezügliche Ausdrücke bezeichneten (,ich tue', ,ich bewege' etc.) und es so gegenüber den

---

[105] Vgl. *Ideen I,* § 28, S. 50f.
[106] Husserl erläuterte die Beispiele des Werdens der lautlichen Rede, des Schriftzeichens auf dem Papier; cf. Ms. A I 18, S. 17.

blossen Geschehensphänomenen kennzeichneten, die Meinung keineswegs die sein konnte, als ob überall das Ich so bewusst sei, wie wenn wir aussagen ‚ich tue‘, ‚ich bewege meine Hände‘, ‚ich spreche‘. Es gibt, wie schon in den obigen Ausführungen über die Möglichkeiten eines unwillkürlichen Tuns gesagt, *völlig selbstvergessenes Tun*, wobei das Ich, und zwar weder das empirische noch das reine ‚seiner selbst bewusst‘ ist. Das heisst hier aber: Es ist kein Akt vollzogen, der das Ich zum Objekt machte und das Tun auf dasselbe objektivierend bezöge. A priori kann sich aber eine Reflexion (eine reflektive Erfassung) auf das *bei aller Selbstvergessenheit doch als Aktsubjekt fungierende Ich* richten und in weiterer Folge den zu jedem Tun wie zu jedem Akte wesensmöglichen Ausdruck beistellen: ‚ich tue‘, allgemeiner, ‚cogito‘. Wesensmässig gehört, wenn auch nicht das empirische, so das reine Ich zu jedem schlichten (und als solchem selbstvergessenen) ‚Ich tue‘, bzw. ‚cogito‘, ‚ich denke‘, wie denn auch auf Grund solcher Reflexionen und zugehöriger Ideationen die Einsicht zu gewinnen ist, dass nicht nur jeder vollzogene Akt Akt eines Ich, sondern jeder innerhalb der Einheit eines Bewusstseinsstromes vollzogene Akt Akt desselben reinen Ich ist.

Von den ohne objektivierendes Selbstbewusstsein, gleichsam in ‚Selbstvergessenheit‘ vollzogenen Akten sind dabei wohl zu scheiden die Akte, in welchen das reine Ich nicht als vollziehendes (aktuelles) Subjekt auftritt.[107] Die *Akte der spezifischen Form des cogito* (wozu wir *keinerlei Reflexion auf das Ich* hinzurechnen) sind dadurch ausgezeichnet, dass in ihnen das Ich im ausgezeichneten Sinne ‚lebt‘, sich betätigt, allgemeiner, Akte vollzieht".[108]

In den angeführten Texten haben wir es mit der Beschreibung des Vollzugs von intentionalen Erlebnissen zu tun. Diesen Vollzug hat Husserl auch in der 1. Auflage der *Logischen Untersuchungen* beschrieben. Erinnern wir uns der entscheidenden Sätze, die die Beziehung auf das Ich betreffen. Im § 12 der V. Untersuchung führt Husserl aus: ,,Aber leben wir sozusagen im betreffenden Akte, gehen wir z.B. in einem wahrnehmenden Betrachten eines erscheinenden Vorganges auf ⟨ . . . ⟩ u.dgl., so ist von dem Ich als Beziehungspunkt der vollzogenen Akte nichts zu merken ⟨ . . . ⟩.

---

[107] Vgl. dazu unten § 27.
[108] cf. Ms. A I 18, S. 18a und b, bzw. die leicht veränderte Maschineabschrift Ms. M III 2 II 8a, S. 36ff; m.H. – Zur Sache cf. auch Ms. A I 17 I, S. 50–52 (1914).

In der Beschreibung ist die Beziehung auf das erlebende Ich
natürlich nicht zu umgehen ⟨ . . . ⟩. Die Beschreibung vollzieht
sich auf Grund einer objektivierenden Reflexion; in ihr verknüpft
sich die Reflexion auf das Ich mit der Reflexion auf das Akterlebnis zu einem beziehenden Akt, in dem das Ich selbst als sich
mittelst seines Aktes auf dessen Gegenstand Beziehendes erscheint" (V. LU S. 355ff.; oben, S. 13ff.).

Zur Zeit der 1. Auflage der *Logischen Untersuchungen* (1900–01)
wie zur Zeit der *Ideen* bzw. der 2. Auflage der *Logischen Untersuchungen* (1913) kommt also gleicherweise der phänomenologische Befund des *Vollzugs* von intentionalen Erlebnissen zum
Ausdruck: im Vollzug selbst von Erlebnissen, im Darinleben, ist
von einem Ich als Beziehungspunkt nichts zu merken, allein ein
reflektiver, objektivierender Akt bringt die Beziehung auf das
Ich, sei es das reine oder das empirische Ich, in den Blick.[109] Auf
dieser Stufe der Betrachtung des vollzogenen Erlebnisses in sich
selbst kann also nicht eigentlich von einem veränderten Standpunkt gesprochen werden, Husserls Meinung ist dieselbe: im
Vollzug der Erlebnisse ist das „Ich" selbstvergessen.[110]

Indessen liegt ein Unterschied sozusagen in der „Interpretation" dieses Befundes. Wir können so sagen: In der 1. Auflage der
Logischen Untersuchungen anerkennt Husserl als Konsequenz
seiner Beschreibung kein bei aller Selbstvergessenheit doch als
Aktsubjekt fungierendes reines Ich, weil er dort das phänomenologisch reduzierte Ich bloss als „ganze" Aktkomplexion (als Be-

---

[109] Vgl. dazu etwa auch die Beilage XXXII in Hu XIII, *Intersubjektivität I*, bes.
S. 246 (um 1912).

[110] Hierher gehört auch Husserls Anmerkung in der 2. Auflage der *Logischen
Untersuchungen* bezüglich der „Annahme eines reinen Ich" aus der Gegebenheit der
adäquaten Evidenz „Ich bin". Diese meint keineswegs, dass *im Vollzug* von reinen
Erlebnissen des Typus cogito (z.B. eine Wahrnehmung vollziehen, in einer Wahrnehmung leben) das Bewusstsein „*ich* habe die Wahrnehmung" enthalten sei und dass
deshalb ein reines Ich anzunehmen sei. Hingegen ist Husserls Gedanke der: Die
Evidenz des Urteils „ich bin", „ich nehme dies oder jenes wahr" besteht: das empirische Ich aber ist „eine Transzendenz derselben Dignität wie das physische Ding".
Urteile der Form cogito (ich nehme dies oder jenes wahr, etc.) sind daher in Evidenz
phänomenologisch „rein" nur vollziehbar, wenn die Reduktion auf das rein-phänome-
nologisch Gegebene ein reines Ich als Residuum zurückbehält. Wie wäre aber dieses
reine Ich gegeben? „Es ist gerade das in dem Vollzug der Evidenz cogito erfasste Ich,
und der reine Vollzug fasst es eo ipso phänomenologisch ,rein', und notwendig als
Subjekt eines ,reinen' Erlebnisses des Typus cogito" (V. LU, 2. Aufl., S. 357, Anm. 1).
Die Rede vom Vollzug geht hier also auf den Vollzug der *Evidenz* cogito, der Evidenz
„ich nehme wahr" etc., und dieser Vollzug ist gegenüber dem ursprünglichen Erlebnisvollzug des cogito ein anders, nämlich auf das *Subjekt* des Erlebnisses gerichteter
Aktvollzug.

wusstseinsstrom) versteht, zu der als „Teil" das betreffende vollzogene Erlebnis gehört. Das phänomenologisch reduzierte Ich
(die Erlebniskomplexion) spielt eben im wirklichen anschaulichen Vorstellen nicht die geringste Rolle, das „Erlebnis selbst"
im Vollzuge besteht „nicht in einer Komplexion, welche die Ichvorstellung als Teilerlebnis enthielte" (cf. V. LU S. 356; oben,
S. 14), so dass „die Beziehung auf das Ich" nicht „etwas zum
wesentlichen Bestande des intentionalen Erlebnisses selbst Gehöriges" ist (S. 357). Im übrigen ist das Ich, das die Erlebnisse
„hat" und „vollzieht", als der empirische Ich-Mensch verstanden, den die phänomenologische Analyse auf den rein phänom-
nologischen Bestand reduziert (cf. oben, § 2, S. 5ff.).

Zur Zeit der *Ideen* dagegen stellt sich Husserls Interpretation
des phänomenologischen Befundes der „Erlebnisse im Vollzug"
differenzierter dar. Aus den wiedergegebenen Texten ist deutlich
geworden, dass er ein reines Ich als vollziehendes Aktsubjekt in
Funktion setzt und dass dies nicht meint, das Ich sei dabei irgendwie *reflexiv* bewusst: in den Akten der spezifischen Form des
cogito lebt das reine Ich, wobei keinerlei Reflexion auf das Ich
hinzugerechnet wird (oben, S. 178f.). Husserl macht darauf aufmerksam, dass er bei der Beschreibung der Aktvollzüge „ichbezügliche Ausdrücke" gebrauche (z.B. ich tue, ich nehme wahr
etc.), dass in diesen Akten das Ich aber nicht „*so* bewusst" sei,
wie wenn Aussagen über das Ich und sein Tun gemacht werden.
Es ist klar, dass das Ich im Vollzug der cogitativen Akte selbst
nicht *gegenständlich* bewusst, nicht „gemeint" ist. Um so bewusst
zu sein, müsste es selbst Gegenstand der Zuwendung sein.

Genaueres Hinsehen auf Husserls Stellung zur Frage, ob im
Vollzuge des Aktes selbst ein Ich bewusst sei oder nicht, setzt
nun aber in einige Verlegenheit.[111] Ist das Ich im Vollzug der

---

[111] Es ist beachtenswert, dass Husserl diese Frage bereits hinsichtlich der Beziehung
der Erlebnisse auf das empirische Ich in der alten Aufzeichnung „Ueber Wahrnehmung" von 1898 (oben, § 2, S. 6 u. 14f.) im Blick hatte und sie auch in den Vorlesungen
„Hauptstücke aus der Phänomenologie und Theorie der Erkenntnis" von 1904–05
zum Ausdruck brachte. 1898 schreibt er: „Versunken in die Betrachtung der Objekte
achten wir nicht auf das Ich. Andererseits ist es nicht minder gewiss, dass, so wie bei
der noch so intensiven Versenkung in das Objekt nicht die räumliche Umgebung desselben für das auffassende Bewusstsein verschwunden ist, so auch nicht die Beziehung
auf das Ich. ⟨ . . . ⟩ Vielerlei ist nebenbei bemerkt, oder eigentlich gar nicht beachtet,
aber *doch für uns da*. Dazu gehört aber vor allem und überall, wo es nicht beachteter
Gegenstand ist, das *Ich*. Insofern also sicher keine Wahrnehmung ohne wahrnehmendes Subjekt" (Ms. A VI 11 I, S. 186; m.H.). Und 1904–05 führt er aus: „Ebenso wie

Akte überhaupt nicht bewusst? Meint Husserl dies in der Tat, wenn er zur Zeit der *Ideen* schreibt, es gebe ,,völlig selbstvergesse-nes Tun, wobei das Ich, und zwar weder das empirische noch das reine ,seiner selbst bewusst' ist''? Er erläutert dieses ,,Selbst-bewusstsein'' zwar in einem Sinn, der auf eine Vergegenständ-lichung des Ich und des entsprechenden Tuns hinweist (oben, S. 179). Dass eine solche nicht auftreten und insofern das Ich nicht ,,bewusst'' sein muss, ist einsichtig. Was erlaubt aber, von dem ,,bei aller Selbstvergessenheit doch als Aktsubjekt fungie-renden Ich'' zu sprechen? Husserl sagt, die Reflexion weise es auf und diese sei a priori möglich, sei eine ideale Möglichkeit, die zum Wesen des Aktes als solchen gehöre (oben, S. 177).[112] Ist es aber wirklich ein Gesetz, dass *jeder* Akt in sich selber reflektierbar ist?[113] Und wie ist das Ich als Funktionssubjekt in der Reflexion auf-weisbar, wenn es im unreflektierten Aktvollzug gar nicht bewusst, völlig selbstvergessen ist? Ist es dann nicht blosses Reflexions-produkt? Das würde Husserl aber entschieden leugnen; denn wesensmässig gehört nach ihm das reine Ich zu jedem cogito eben als vollziehendes Subjekt. Der Frage, *wie* es dabei ,,bewusst'' ist, da es also nicht überhaupt nur aufgrund und in der Reflexion bewusst werden kann, geht Husserl hier aber nicht näher nach.

Auch vom Gesichtspunkt der im vorangegangenen Paragra-phen gemachten kritischen Ueberlegungen über die Auffassung des Ich als Ausstrahlungszentrum nach Analogie mit dem Leib drängen sich bezüglich Husserls Rede vom reinen Ich als voll-ziehendem Subjekt der Akte der Form cogito Schwierigkeiten

mit der physischen Umgebung verhält es sich mit dem wahrnehmenden Ich, auf das die Wahrnehmung bezogen erscheint. Die Objektwelt wird immer orientiert zum Subjekt. Aber die *Ich-Auffassung* ist doch nicht immer schon *Ich-Meinung*. Das Ich, mag man sagen, meint, aber ist es immer gemeint?'' (Ms. A VI 12 I, S. 50b). In diesen Texten kommt zur Geltung, dass das (empirische) Ich, wenn es auch noch so sehr intentional auf Gegenstände gerichtet ist, irgendwie doch auch ,,bewusst'' (,,für uns da'', ,,aufgefasst'') ist.

[112] Es sei hier nur auf einige prägnante Formulierungen der *Ideen*, die die Möglich-keit der Reflexion als zum Bewusstsein überhaupt und als solchen gehörige bezeich-nen, hingewiesen: *Ideen I*, § 38, S. 67; § 45, S. 83; § 77, S. 145; § 78, S. 148; § 79, S. 156; § 111, S. 225; § 114, S. 232. *Ideen II*, § 23, S. 101.

[113] E. Tugendhat (1967) weist klar auf die Fragwürdigkeit eines solchen Gesetzes hin und deutet deren Grund in Husserls Ansatz der Reflexion bei der ,,immanenten Wahrnehmung'' an (a.a.O., S. 209f.). Eine aus den bewusstseinsanalytischen Befun-den selbst geschöpfte systematische Theorie der Reflexion und eine darin begründete Kritik an Husserl gibt I. Kern in seiner vor der Veröffentlichung stehenden Arbeit: ,,Idee und Methode der Philosophie, Leitgedanken für eine Theorie der Vernunft'' (cf. bes. §§ 44f.).

auf. Unabhängig von der Frage des Vollzugs der Reflexion, in der das Ich als vollziehendes Aktsubjekt in die Sicht kommt, können wir auch fragen, ob überhaupt alle Akte der Form cogito *in sich selbst* solche sind, die als Akte eines Ich zu verstehen sind. Mit anderen Worten, weist jeder vollzogene Akt in sich selbst auf ein reflektiv zu erfassendes Ich-Subjekt? Gibt es nicht Bewusstseins-erlebnisse, die in sich selbst zwar wohl Akte eines ,,Subjektes'', aber nicht auf ein Ich-Subjekt ,,angewiesen'' sind, um vollzogen werden zu können? Erinnern wir uns Husserls Unterscheidung der Konstitution sinnlich erscheinender Dinggegenstände und mit Sinnlichem verflochtener, geistiger Gegenständlichkeiten (oben, S. 161ff. und S. 175). Wir stellten dort fest, dass die im Hier und Jetzt sich konstituierenden sinnlich erscheinenden Gegenstände auf das *leiblich* bestimmte fungierende Subjekt zurückweisen. Andererseits haben wir im 5. Kapitel bei Husserls Analyse der Akte der Vergegenwärtigung das Phänomen des in den Vergegenwärtigungen vergegenwärtigten Ich getroffen, wo-bei es gerade *nicht* auf die leibliche und personale Bestimmtheit des Ich ankam. Vielmehr trat bei der Analyse dieser Akte phäno-menologisch anschaulich das reine Vollzugs-Ich, das als aktuelles und vergegenwärtigtes identische reine Ich in den Blick (oben, S. 108ff.). Wenn wir uns jene Analysen und die Ergebnisse des letzten Paragraphen vor Augen halten, legt sich als Antwort auf die Frage nach dem vollziehenden Aktsubjekt nahe, zu sagen, ein Subjekt von cogitativen Akten, die das Hier und Jetzt nicht überschreiten und in denen sich bloss sinnlich Erscheinendes kon-stituiert, sollte gar nicht als Ich-subjekt angesprochen werden, ein bloss leiblich bestimmtes, ,,jetzt seiendes und in der Gegen-wart dauerndes'' (oben, S. 175) Subjekt genügt zum Vollzug sol-cher Akte. Ein *Ich* als Vollzugssubjekt hingegen ist aufweisbar, wenn Akte der Vergegenwärtigung im Blicke sind. Indem Husserl aber bei allem cogitativen Bewusstseinsleben als vollziehendes Subjekt das Ich ansetzt, wird sein Ichbegriff zu einem zwei-deutigen.[114]

Kehren wir jetzt noch einmal zu den Erörterungen der *Ideen I* über das vollziehende Ich zurück. Wir sahen, dass der Ausdruck ,, ,ich' lebe in einem Akte'' Vollzug des Aktes selbst bedeutet

---

[114] Vgl. zur näheren Erläuterung dieser Hinweise unten, 9. Kapitel, § 42c und § 43g.

(oben, S. 177). Da die Akte ganz verschieden geartet sind, Wahrnehmungen, Erinnerungen, Phantasien, Begehrungen, Wollungen, Handlungen etc. sein können, versteht sich nun entsprechend
Husserls Rede von der ,,Mannigfaltigkeit wichtiger Beschreibungen ⟨ . . . ⟩ hinsichtlich der besonderen Weisen, *wie* es ⟨sc. das
reine Ich⟩ in den jeweiligen Erlebnisarten oder Erlebnismodis
erlebendes Ich ist" (*Ideen I*, § 80, S. 161): Indem das Ich in den
verschiedenartigen Akten ,lebt', findet Vollzug bald einer Wahrnehmung, bald eines Wunsches etc. statt, und diese Erlebnis-
vollzüge, diese im Erlebnisstrom ,,im Modus des unreflektierten
Bewusstseins erlebten Erlebnisse" (§ 77, S. 147), sind nach Art des
Erlebnisses[115] vom ,,Quellpunkt des Lebens, vom ,reinen Ich' ",
,,dem Träger aller Lebendigkeit", wie Husserl in der Aufzeichnung ,,Richtungen der Aufmerksamkeit"[116] sich auch ausdrückt,
je anders erlebt, ohne dass dabei aber eine Reflexion auf das Ich
vollzogen würde.[117] Husserl bringt dieses Im-Akte-Leben, dieses
Vollziehen auch mit dem ,,Ichblick" in Verbindung, und seine
Betonung der Mannigfaltigkeit des Lebens in den Akten meint
vor allem, dass das Im-Blick-Haben, welches ,,zum Wesen des
cogito, des Aktes als solchen" gehört, eben ,,nicht selbst wieder
ein eigener Akt ist", sondern dass der Ichblick auf etwas ,,je nach
dem Akte, in der Wahrnehmung wahrnehmender, in der Fiktion
fingierender, im Gefallen gefallender, im Wollen wollender Blick-
auf usw." ist (*Ideen I*, § 37, S. 65), also einen Ausdruck der eigentlichen Bewusstseins*weise*, der Intentionalität darstellt.

Mit dem Vollziehen der Erlebnisse, welches zur Form cogito

---

[115] Der Sache nach, nämlich einen bewusstseinsmässigen Unterschied je nach
Erlebnisart behauptend, führte Husserl dies schon in den *Logischen Untersuchungen*
aus, und zwar in kritischer Absicht gegen die neukantianische, Husserl insbesondere
durch Natorp bekannte These von der ununterschiedenen Bewusstheit, die sich bloss
nach den Inhalten differenziere (cf. dazu schon Iso Kern (1964), § 32, S. 356ff.); ihr
gegenüber nimmt Husserl Unterschiede auf der subjektiven Seite des Bewusstseinsvollzuges selbst an: Wahrnehmung ist als Wahrnehmung gegenüber der Erinnerung,
dem Wunsch etc. bewusstseinsmässig anders erlebt vorgängig jeder Thematisierung
des ,,Inhaltes" dieser Erlebnisse (cf. V. LU § 8, S. 343). Ich ,,weiss", bin dessen inne,
ob ich wahrnehme oder mich an etwas erinnere oder mich einem Wunsch hingebe etc.;
dabei kann sogar der ,,Inhalt" immer ,,derselbe" sein, bald als wahrgenommener,
bald als erinnerter, als gewünschter etc.

[116] Ms. A VI 8 I, S. 11a.

[117] In den *Ideen I* sagt Husserl auch: ,,Jedes Ich erlebt seine Erlebnisse, und in
diesen ist mancherlei reell und intentional beschlossen. Es erlebt sie, *das besagt nicht*,
es hat sie und das in ihnen Beschlossene ,im Blicke' und erfasst sie in der Weise
immanenter Erfassung oder einer sonstigen immanenten Anschauung und Vorstellung" (§ 77, S. 145; m.H.).

gehört, bringt Husserl, wie schliesslich noch zu erwähnen ist, regelmässig auch den bildlichen Ausdruck vom ,,*Auftreten des reinen Ich*" in Verbindung. Wir weisen hier darauf nur eben hin, da die Rede vom Auftreten bzw. Abtreten des reinen Ich bei den im folgenden Paragraphen zu erörternden Phänomenen des Hintergrundbewusstseins immer auch möglich wäre und von Husserl gebraucht wird, so dass wir dort des näheren zu Gesicht bekommen, was er im Auge hat. Die Akte der Form cogito, welche Husserl als vom reinen Ich vollzogene versteht, beschreibt er also auch so, dass in ihnen das reine Ich auftritt, in Aktion oder Funktion tritt. Im § 23 der *Ideen II* lesen wir als prägnante Aussage über die Zusammengehörigkeit der verschiedenen Bestimmungsaspekte des cogito folgenden Passus, der seinem Gehalt nach sehr wohl schon im ursprünglichen Entwurf von 1912 stehen konnte[118]: ,,Zum reinen Ich gehört ⟨ . . . ⟩ die Wesenseigentümlichkeit, dass es seinen Auftritt hat und seinen Abgang, dass es aktuell zu funktionieren, zu walten anfängt und aufhört. ,Es tritt auf' und ,Akte im spezifischen Sinn des cogito werden im Bewusstseinsstrom Ereignis' sagt dasselbe, da eben das Wesen solcher Akte darin besteht, vom reinen Ich ,vollzogene' intentionale Erlebnisse zu sein".[119]

Husserls Interpretation des phänomenologischen Befundes ,,Erlebnisse im Vollzug" in ihrer Beziehung auf das reine Ich, wie sie zur Zeit der *Ideen* auftritt, fand bereits zu seinen Lebzeiten scharfe Kritik. Die wohl einflussreichsten Stellungnahmen gegen Husserls ,,ichliche" Auffassung des Bewusstseins in den *Ideen I* kamen von Aron Gurwitsch und Jean-Paul Sartre.[120] Beide halten Husserls Ich-Lehre der *Ideen I* dessen eigenen Standpunkt in der 1. Auflage der *Logischen Untersuchungen* als den phänomenologischen Befunden adäquater entsprechenden entgegen. Wir möchten an dieser Stelle einige Bemerkungen zu den Einwänden dieser rich-

---

[118] Vgl. unten, § 28, wo wir die Themen des dem ,,reinen Ich" gewidmeten Kapitels im Entwurf der *Ideen II* von 1912 zu rekonstruieren versuchen.

[119] cf. Hu IV, *Ideen II*, § 23, S. 103f.; die kleine Korrektur am Ende des Satzes stützt sich auf das stenographische Original in Ms. F III 1. Vgl. zur Sache auch etwa Ms. F III 1, S. 5a (1912) und Hu XIII *Intersubjektivität I*, Beilage XXXIV, S. 248 (um 1914).

[120] A. Gurwitsch in ,,Phänomenologie der Thematik und des reinen Ich", Dissertation von 1928, veröffentlicht in *Psychologische Forschung*, 12 (1929), S. 279–381. Vgl. vor allem die Einleitung, S. 282ff.; II. Kapitel, § 7, S. 315ff.; III. Kapitel, § 19, S. 364ff.; IV. Kapitel, S. 366ff.; Schlussbemerkung, S. 380f. – J.-P. Sartre in ,,La Transcendance de l'Ego": *Recherches philosophiques*, vol. VI (1936–37), p. 85–123; bzw. *Bibliothèque des Textes Philosophiques*, 1965 (nach dieser Ausgabe wird im folgenden zitiert).

tunggebenden Vertreter einer ,,ichlosen Auffassung des Bewusstseins"
anfügen.

a) Um Gurwitschs Kritik an Husserl in der uns interessierenden Frage
des Ich in seiner Studie ,,Phänomenologie der Thematik und des reinen
Ich" zu verstehen, müssen wir uns kurz seinen Gesichtspunkt in Erinnerung rufen. Gleich eingangs betont Gurwitsch, er wolle phänomenologische Analysen ,,in dem Sinn, der durch die *Ideen* fixiert ist", vortragen
(S. 280), Husserls Analysen aber ,,durch Einsichten, die der Gestalttheorie
zu verdanken sind, ergänzen, zum Teil auch in diesem Sinne abändern"
(cf. S. 282). Die ,,phänomenologischen Reduktionen" setzt Gurwitsch ,,bei
der ganzen Untersuchung als bereits vollzogen" voraus (S. 281). Als
Thema seiner Untersuchung bezeichnet er ,,die Sphäre des reinen Bewusstseins", unter Ausklammerung der Konstitutionsprobleme (cf. S.
281). Im Anschluss an Husserl gilt als zentraler Begriff dieser Sphäre der
der Intentionalität (S. 281). Wie die *Ideen* setzt die Abhandlung ,,das
reine Bewusstsein in der Form cogito an: mir ist etwas gegeben, ich habe
mir gegenüber ein Gegenständliches. Diesem cogito und seinen noematischen Korrelaten gilt die Untersuchung" (S. 281). Intentionalität fasst
Gurwitsch des näheren in der Linie der 1. Auflage der *Logischen Untersuchungen* ,,als fundamentalen Wesenszug an den Erlebnissen qua Bewusstseinsgegebenheiten" auf und nicht, wie es Husserl in den *Ideen* tue,
,,als ein Verhältnis von Ich und Gegenstand" (cf. S. 378). So handelt es
sich in seiner Untersuchung kritisch ,,in erster Linie um die *Ichhaftigkeit
des cogito und des Attentionalen*, wie auch um die Auffassung, die im reinen
Ich eine ,Urquelle von Erzeugungen' sieht und seine Spontaneität betont"
(S. 285; m.H.). Gurwitsch will zeigen, ,,dass in die Probleme der Thematik
legitimerweise keine dem Problemkreis des reinen Ich entstammenden
Motive eingeführt werden dürfen" (S. 285f.). Thema bezeichnet ,,etwas
Noematisches, und eine Phänomenologie des Themas sieht sich auf die
Analyse von Noematischem verwiesen" (S. 287; cf. S. 296). Im abschlies-
senden Kapitel sucht Gurwitsch dann selbst, ,,Umrisse zu einer Phänome-
nologie des reinen Ich zu geben" (cf. S. 285), wobei er sich auf die 1. Auflage der *Logischen Untersuchungen* stützt, in der ,,Husserl eine Lehre vom
reinen Ich vertritt, die sich fast völlig mit dem von uns geltend gemachten
Standpunkt deckt" (cf. S. 377).

Gurwitschs eindringliche noematische Analysen über Thema und thematisches Feld bringen eine Fülle wichtiger Einsichten über die Strukturierung
der Bewusstseinsgegebenheiten zu Gesicht. Er stellt z.B. heraus, dass das
thematische Feld im Thema sein Zentrum hat und nach diesem Zentrum
hin orientiert ist (S. 306f., u.a.); dass das Thema, das ,,organisierende
Zentrum" des thematischen Feldes (S. 308), ,,über seine Funktion im
thematischen Felde hinaus ein selbständiges Eigensein" hat (S. 309). In
dieser ,,eigenartigen Selbständigkeit" gegenüber all dem, was sonst noch
zum thematischen Feld gehört, erblickt Gurwitsch die ,,eigentliche Aus-
gezeichnetheit" des Themas (S. 310). Am Ende des 2. Kapitels kommt er
schliesslich des näheren darauf zurück, dass das Thema als ,,Thema eines
Bewusstseinsaktes" (S. 287) eingeführt wurde; er kommt auf den Vollzugsmodus cogito der intentionalen Erlebnisse zu sprechen. Die cogitative
Intentionalität ist jene, in welcher ,,wir mit etwas thematisch beschäftigt
sind" (S. 315), ,,deren Gegenständliches als Thema bewusst ist" (S. 317).
Mit dem cogito hängen die Probleme der *Aufmerksamkeit* insofern zusammen, als ,,Akte der Form cogito Akte sind, in denen unsere Aufmerksam-

keit sich dem Thema des cogito zuwendet" (S. 315). Gurwitsch bringt dann in Erinnerung, Husserl habe in den *Ideen* „die ‚auszeichnende Aufmerksamkeitsfunktion', wie auch das Wesen des Cogitativen und überhaupt das cogito als solches näher bestimmt und zwar durch seine Ichhaftigkeit" (S. 315).

Nach Gurwitsch ist die phänomenologische Klärung der Aufmerksamkeit „auf dem Wege vorzunehmen, dass die noematisch gerichteten Analysen über Thema, thematisches Feld und Domäne des Mitgegebenen ins Noetische gewendet werden, und innerhalb des Noetischen sind dann jenen parallele Analysen durchzuführen" (S. 317). Aufgrund sowohl seiner noematischen als auch seiner noetischen Analysen lehnt Gurwitsch nun Husserls Bestimmung der Aufmerksamkeit und des cogito überhaupt durch die *Ichhaftigkeit* ab.

In *noematischer* Hinsicht lässt sich der Sinn von Gurwitschs Ausführungen bezüglich unserer Frage kurz folgendermassen zusammenfassen. Er ordnet die „attentionalen Modifikationen" als Teilgebiet den „thematischen Modifikationen" ein (S. 320, S. 324ff.) und betrachtet diese ausschliesslich unter dem Gesichtspunkt der „noematischen Leistungen", d.i. der „Leistungen für die Noemen" (cf. S. 332). Bei der Zuwendung zu etwas und beim Zugewendetsein handelt es sich nach ihm „um die Gestaltung des Bewusstseinsfeldes, geradezu um *das, was gegeben ist*", und „nicht um Verteilung von Beleuchtungen" (cf. S. 307, Gurwitschs Hervorhebung). Diese Gestaltung geschieht z.B., indem „plötzlich" in einen „ungeordneten Zug mathematischer ‚Phantasien' und Träumereien eine *Orientierung* kommt". Darin liegt: „das Bewusstseinsfeld hat ein Zentrum gewonnen, und auf dieses hin richtet sich das thematische Feld" (cf. S. 307). Wir brauchen hier nicht die eingehenden Analysen Gurwitschs (cf. III. Kapitel) im einzelnen aufzugreifen. Das Angezeigte genügt, um zu sehen, dass es weiter wohl nicht überraschend ist, wenn in solchen ausschliesslich noematisch orientierten Analysen ein Ich als Vollzugssubjekt von Akten nicht in den Blick tritt. Methodisch hätte dies doch auch für Husserl Geltung. Auf diesem Boden noematischer Analyse lässt sich aber wohl die Frage des Ich, der Beteiligung eines Ich gar nicht entscheiden.

Gurwitsch hat denn auch offenbar schon Bewusstseins*akte* im Auge, wenn er im Anschluss an eine Reihe noematischer Analysen schliesslich im Paragraphen über das cogito schreibt: „Nun bleibt uns noch die Frage der spezifischen Ichhaftigkeit des cogito. In unseren Analysen ist uns nirgendwo eine Beteiligung eines reinen Ich an Akten der Form cogito aufgestossen, noch trafen wir ein ‚reines Subjekt des Aktes' als phänomenologische Gegebenheit an" (S. 317). Wir haben anzuzeigen versucht (oben, S. 183), dass allerdings nicht, wie Husserl ansetzt, bei jedem cogitativen Bewusstseinsvollzug ein Ich-Subjekt zugrunde liegt. Hätte Gurwitsch mit seiner Ablehnung der „Ichhaftigkeit" des cogito nur dies im Auge, wäre ihm Recht zu geben. Es sieht aber doch so aus, als würde Gurwitsch jedes fungierende Subjektzentrum des aufmerksam bald dahin, bald dorthin gerichteten, bald für dies, bald für jenes interessierten Bewusstseinslebens ablehnen. Uns schien aber, Husserls Analysen würden sehr wohl eine ursprüngliche Bedeutung eines Auslaufspunktes von Aufmerksamkeitsstrahlen im Bereich der sinnlichen Anschauung aufweisen, nämlich beim leiblich bestimmten Subjekt (oben, S. 161ff.).

So wird in Gurwitschs Untersuchungen die Fragwürdigkeit einer *selb-*

ständigen Noematik empfindlich. Denn bei allen die noematischen Intentionalitäten betreffenden Analysen bleibt doch die Frage bestehen, *wessen* Bewusstseinsfeld, wessen Gegebenheiten denn noematisch so und so wesensmässig strukturiert sind. Kurzum, alle diese thematischen (attentionalen u.a.) Modifikationen müssen doch von einem „Bewusstseinssubjekt" vollzogen werden, dessen Bewusstseinsfeld, dessen Gegebenes sich so und so gestaltet; diese Modifikationen sind doch nicht „blosse Geschehensphänomene" (oben, S. 178f.). Das Noematische ist nur als Noematisches von entsprechenden Noesen konkret zu begreifen. „Vergisst" Gurwitsch in seinen konkreten Analysen in Anlehnung an die Gestaltpsychologie nicht beinahe die transzendentale Subjektivität, in der Noematisches als Korrelat von entsprechendem Noetischen (Bewusstseins*akten*) überhaupt nur Sinn hat?

In dem der Frage des reinen Ich gewidmeten letzten Kapitel seiner Arbeit macht Gurwitsch nun selbst darauf aufmerksam, dass das Ich nur in der „subjektiv-orientierten Phänomenologie" zum Thema wird. Er nennt dort den Begriff des „reinen Ich" geradezu den „Zentralbegriff" dieser Phänomenologie (cf. S. 377). In seinen noetisch ausgerichteten Analysen greift er auf die 1. Auflage der *Logischen Untersuchungen* zurück und bestimmt das phänomenologisch reduzierte Ich ausschliesslich als die Kette der zeitlich nach Koexistenz und Sukzession geordneten Erlebnisse (cf. S. 374 und S. 379). Diese Erlebniskette ist „nicht eine Gegebenheit, die als konstanter Begleiter bei allen sonstigen Gegebenheiten dabei ist, gleichsam ein Thema, ein Nebenthema, das nie abklingt und allen thematischen Wechsel überdauert. In gerader Blickrichtung lebend, haben wir es nicht bewusst, aber wesensmässig können wir es jederzeit aktualisieren. Diese Möglichkeit, die für jedes Erlebnis wesensmässig besteht, gründet in der Möglichkeit der noetischen Reflexion, die prinzipiell für jedes Erlebnis besteht" (S. 376). Gurwitsch spricht dann von der „Generalreflexion" als einem „besonderen Typus der noetischen Reflexion". In den Akten dieser Generalreflexion „wird uns das phänomenologische Ich aktuell bewusst", in der Generalreflexion „erleben wir das reine Ich" (cf. S. 376).

Unter Berufung auf diese im Anschluss an Husserls *Logische Untersuchungen* gewonnene Bestimmung des reinen Ich als reflektiv zu gebende Erlebniskette lehnt Gurwitsch nun auch in *noetischer* Hinsicht die Ichhaftigkeit des cogito und des Attentionalen ab. Er schreibt: „Die Argumentation, mit der Husserl in der ersten Auflage der *Logischen Untersuchungen* die Annahme zurückgewiesen hat, ,dass die Beziehung auf das Ich etwas zum wesentlichen Bestande des intentionalen Erlebnisses selbst Gehöriges sei', eignen wir uns in vollem Masse zu" (S. 317). Er denkt dabei vor allem an den (oben, S. 179f.) in Erinnerung gebrachten Passus aus dem § 12 der V. Untersuchung, wo Husserl im Gegensatz zum Standpunkt der *Ideen* selbst der Meinung sei, vom Ich als Beziehungspunkt sei im Vollzug der Akte nichts zu merken (cf. S. 319 und S. 377f.). Gurwitsch scheint der Ansicht zu sein, Husserls Beschreibung des cogito in den *Ideen* impliziere, dass „das Ich beim ,Leben in gerader Blickrichtung' ⟨ . . . ⟩ als Teil oder Moment am Erlebnis gegeben" sei, während die *Logischen Untersuchungen* es „schlechterdings nicht" als so gegeben in Anspruch genommen hätten (cf. S. 377). Er sagt, nach den *Logischen Untersuchungen* sei ein Erlebnis nur aufgrund einer objektivierenden Reflexion als Icherlebnis zu beschreiben, und das heisse weiter, „dass das Ich überhaupt nur in einer Reflexion gegeben ist und gegeben sein kann" (cf. S. 377f.). Im Sinn der Ausführun-

gen der *Ideen* dagegen läge es, zu sagen: ,,Dem Ich gehören seine Erlebnisse zu, auch wenn es in ,gerader Blickrichtung' lebt" (S. 379). So verhält es sich aber auch in den *Logischen Untersuchungen,* wobei allerdings das Ich, das die Erlebnisse vollzieht, bloss als empirisches Ich verstanden wird.
   Wir fragen uns, ob Gurwitsch in seiner Auffassung von Husserls ,,ichhaftem" cogito in den *Ideen* nicht einem Missverständnis unterliegt. Mit Zitaten aus der Zeit der *Ideen* haben wir zu belegen versucht, dass Husserl jedenfalls damals wie zur Zeit der ersten Auflage der *Logischen Untersuchungen* die Meinung vertrat, im Vollzug von Akten sei das Ich nicht so bewusst, wie eine objektivierende Reflexion es zur Gegebenheit bringt, vielmehr sei es ,,selbstvergessen" (oben, S. 178f.). Auch nach den *Ideen* ist das reine Ich nicht etwa ,,eine Gegebenheit, die als konstanter Begleiter bei allen sonstigen Gegebenheiten dabei ist, gleichsam ein Thema, ein Nebenthema, das nie abklingt und allen thematischen Wechsel überdauert" (S. 376). Das Ich ist nichts auf seiten der noematischen Gegebenheiten. Da Husserl es aber nicht mehr einfach dem Erlebnisstrom gleichsetzt, kann er es als fungierendes, in den Akten lebendes Subjekt auch in der reinen Bewusstseinsbetrachtung ansetzen. Erlebnisse sind Erlebnisse eines erlebenden ,,Subjekts", ob dieses sich dessen bewusst ist oder nicht; sie schweben nicht im leeren Raum. Es bedarf aber auch nach Husserl einer Reflexion, um zu erkennen, dass ,,ich" das Subjekt dieses oder jenes vollzogenen oder zu vollziehenden Aktes bin. Aber folgt daraus schon, was Gurwitschs Meinung sein dürfte, das Ich sei überhaupt nur in einer Reflexion vorhanden? Ein Problem, das wir bei Husserl anzeigten (oben, S. 182), besteht allerdings; nämlich, zu wissen, *wie* das vollziehende Subjekt der Akte im Vollzug der Akte ,,seiner selbst bewusst" ist.
   Wir haben überhaupt zu betonen, dass uns Gurwitschs Rückgang auf Husserls Stellung zum Ich in der 1. Auflage der *Logischen Untersuchungen* (cf. v.a. S. 374ff.) auch unabhängig von den mit der reflexiven Gegebenheit des Ich zusammenhängenden Problemen sachlich nicht überzeugen kann. Wir brauchen uns nur des von Husserl selbst vollzogenen Denkweges zu erinnern, den wir in den ersten fünf Kapiteln nachzeichneten. Dann können wir sagen, dass Gurwitschs These, das reine Ich sei nichts anderes als ,,die Kette, in der die Erlebnisse streng eindeutig geordnet sind" (S. 374), als ,,der Bewusstseinszusammenhang selbst" (S. 379), unzureichend ist, jenen Problemen, die Husserl in phänomenologischen Analysen herausstellte (oben, §§ 16–18), auf den Grund zu gehen. Gurwitsch schliesst: ,,Wenn die phänomenologische Analyse dahin führt, dass der Bewusstseinszusammenhang selbst das reine Ich ist, und wenn es sich ergibt, dass ein reines Ich nur dort und nirgendwo sonst auffindbar ist, so kann nicht mehr die Rede davon sein, dass das reine Ich ausserhalb des Stromes steht, über ihm oder ihm gegenüber; und ebensowenig kann der Erlebnisstrom als Feld für freie Betätigungen des reinen Ich gelten" (S. 379). Wir haben an ihn aber dieselbe Frage zu richten, die Husserl sich im Gang seiner Auseinandersetzung mit dem Problem in Akte stellte: Wie steht es denn mit dem Ich als einem Identischen, das doch nicht im zeitlich fliessenden Bündel (in der Erlebniskette) *bestehen* kann? (cf. oben, S. 76).
   Der ,,legitime Boden für das Ich und seine Probleme" dürfte, meint Gurwitsch, im Bereich der ,,*personalen Akte*" liegen (S. 381). In abschliessenden Andeutungen weist er darauf hin, dass diese Akte der Reue, des Verzeihens, der Liebe, der affektiven Stellungnahme etc. ,,ihrem Sinne

nach auf ein personales Zentrum, d.h. eben auf ein Ich verweisen", dass
sie den „phänomenologischen Charakter des ‚Quellpunkthaften' " haben
(cf. S. 381). Er wirft Husserl und in modifiziertem Sinne auch Natorp vor,
„spezifisch den personalen Akten eigene Strukturen in die Sphäre des
Erkenntnismässigen hineininterpretiert" zu haben (S. 381). Es ist aber
nicht einzusehen, warum das Problem des Ich auf solche personalen Akte,
„die ⟨ . . . ⟩ dem Erkenntnishaften gegenüberzustellen sind", einzuschrän-
ken ist, um so weniger, als nach Gurwitsch selbst „auch die personalen
Akte intentionale Erlebnisse sind" (S. 381).

b) Sartre vertritt in seinem Essay „Die Transzendenz des Ego" („La
Transcendance de l'Ego", 1936) die These, das Ich sei weder formal noch
material *im* Bewusstsein, sondern es sei in der Welt, ein Sein der Welt,
wie das Ich des Anderen (cf. S. 13).[121] Er denkt im Anschluss an Husserls
Ideen I, „dass unser psychisches und psycho-physisches Ich ein tran-
szendenter Gegenstand ist, der der ἐποχή verfallen muss".[122] Er fragt
sich aber: „reicht dieses psychische und psycho-physische Ich nicht
aus? Muss man zugleich ein transzendentales Ich, als Struktur des absoluten Bewusstseins, ansetzen?".[123] Nach Sartre soll das transzendentale
Feld unpersonal oder vorpersonal, *ohne Ich* aufgefasst werden (S. 19). Das
Ich ist, gleich wie die Welt, ein relativ Seiendes, ein Objekt *für* das Bewusstsein (S. 26). Es ist eine noematische, keine noetische Einheit. Ein
Baum oder Stuhl existieren nicht anders als das Ich (S. 70), das als transzendentes Objekt ständig die Synthese des Psychischen (der Tätigkeiten,
Zustände, Eigenschaften) verwirklicht (cf. S. 54f.). Als Transzendenz
verfällt es der Ausschaltung, wodurch das transzendentale Feld des absoluten Bewusstseins wiederum seine erste Durchsichtigkeit findet (S. 74).[124]
In kritischer Wendung gegen Husserl führt Sartre aus, dieser sei im
Gegensatz zur 1. Auflage der *Logischen Untersuchungen* in den *Ideen* mit
der Rede vom Ichstrahl bei Phänomenen der Aufmerksamkeit zu einer
streng personalen Auffassung des Bewusstseins übergegangen: „Solcherart wird das transzendentale Bewusstsein streng personal".[125] Gewöhnlich
rechtfertige man die Existenz eines transzendentalen Ich aus Gründen
der Einheit und Individualität des Bewusstseins (S. 20). Die Einheit des
durch die *Intentionalität* definierten Bewusstseins beruht aber nach Sartre
zum einen auf der Einheit des transzendenten intentionalen Objektes,
zum anderen auf der Einheit des Zeitbewusstseins (cf. S. 21ff.). Die
Individualität des Bewusstseins geht aus der Natur des Bewusstseins
selbst hervor. Dieses kann nur durch sich selbst begrenzt werden und stellt
solcherart eine synthetische und individuelle Totalität dar, die gegenüber
anderen Totalitäten des gleichen Typus gänzlich isoliert ist (S. 23). Das

[121] A. Gurwitsch bringt in seinem Aufsatz „A non-egological conception of consciousness" (in *Philosophy and Phenomenological Research*, I (1940–41; S. 325–338)
eine ausführliche Besprechung des genannten Essay von Sartre, wobei er weitgehend
Sartres Ergebnissen zuzustimmen scheint.
[122] „que notre moi psychique et psycho-physique est un objet transcendant qui doit
tomber sous le coup de l' ἐποχή ", S. 18.
[123] „ce moi psychique et psycho-physique n'est-il pas suffisant? Faut-il le doubler
d'un je transcendantal, structure de la conscience absolue?" S. 18f.
[124] In *L'Etre et le Néant* (1943) bekennt sich Sartre unter Berufung auf den Essay
von 1936 noch zu seinen Ergebnissen, cf. a.a.O., p. 147 und p. 209.
[125] „Ainsi la conscience transcendantale devient rigoureusement personelle", S. 20.

Ich kann nur ein Ausdruck (expression) und nicht eine Bedingung dieser Abgeschlossenheit (incommunicabilité) und Innerlichkeit (intériorité) der Bewusstsein sein. So erweise die phänomenologische Auffassung des Bewusstseins die einigende und individualisierende Rolle des Ich als gänzlich unnütz. ,,Das transzendentale Ich hat also keine Daseinsberechtigung".[126] Es ist beachtenswert, dass Sartre also gerade im Zusammenhang der Bestimmung eines einheitlich abgeschlossenen Bewusstseins, wo wir auf Husserls Ichprinzip stiessen (oben, §§ 16–18), glaubt, unter Bezugnahme auf Husserls Lehre von der Intentionalität und vom Zeitbewusstsein, das Ich als unnütze Annahme erweisen zu können.

Nach Sartre ist die Existenz des Bewusstseins ein Absolutes, weil das Bewusstsein seiner selbst bewusst ist (,,parce que la conscience est consciente d'elle-même", S. 23). Und Bewusstsein ist seiner selbst bewusst, insofern es Bewusstsein eines transzendenten Objekts ist, es ist ganz einfach das Bewusstsein, Bewusstsein des Objekts zu sein (cf. S. 24). Dieses Bewusstsein ist aber (ausser in Fällen des reflektierten Bewusstseins) nicht positionales, d.h. das Bewusstsein ist nicht für es selbst sein Objekt. Sich selbst kennt es nur als absolute Innerlichkeit (S. 24). Ein solches Bewusstsein nennt Sartre ,,Bewusstsein erster Stufe oder nicht-reflexives" (,,conscience du premier degré ou irréfléchie"). Dazu fragt er: ,,Gibt es in einem solchen Bewusstsein Platz für ein Ich? Die Antwort ist klar: offenbar nicht".[127]

Den Nachweis der Ichlosigkeit dieses Bewusstseins erbringt Sartre durch eine nähere Analyse des cogito, das er als personales, aber (im Gegensatz zu Husserl) allein als *reflexives* Bewusstsein fasst, in Abhebung gegen das nicht-reflexive und als solches unpersonale Bewusstsein (S. 26ff.). Um zu zeigen, dass das Ich allererst durch die Reflexion zu Gesicht komme und im naiven Vollzug des Bewusstseins keine Stelle habe, beschreibt er eine nicht-reflexive Erinnerung an einen unreflektierten Bewusstseinsvollzug (Lektüre eines Romans). Diese Erinnerung zeige, dass jenes in der Lektüre aufgehende Bewusstsein bloss Bewusstsein *des* Buches, *der* Romanhelden etc., also Bewusstsein ,,ohne Ich" gewesen sei. Es war allein Gegenstandsbewusstsein und nicht-setzendes Bewusstsein seiner selbst (cf. S. 30). Auf eine thetische Aussage gebracht, lautet das Ergebnis: Es gab im nicht-reflexiven Bewusstsein der Lektüre kein Ich, oder allgemein: ,,Es gibt kein Ich auf der nicht-reflexiven Ebene ⟨ . . . ⟩, und dies rührt nicht von einem Zufall, von einem momentanen Mangel an Aufmerksamkeit, sondern von der Struktur des Bewusstseins selbst her".[128]

Sartres These, die er zunächst in Frageform einführt, lautet nun: Eben der reflexive Akt lässt das Ich im reflektierten Bewusstsein entstehen, das Wesentliche des Bewusstseinswandels, der durch die Reflexion eintritt, ist das Auftreten des Ich (cf. S. 29 und S. 30).[129] Allein der reflexive Akt des cogito bringt das Ich hinter (derrière, S. 36) dem reflektierten Akt

---

[126] ,,Le Je transcendantal n'a donc pas de raison d'être" , S. 23.

[127] ,,y a-t-il place pour un Je dans une pareille conscience? La réponse est claire: évidemment non" , S. 24.

[128] ,,il n'y avait pas de Je dans la conscience irréfléchie" (S. 31); ,,il n'y a pas de Je sur le plan irréfléchi ⟨ . . . ⟩ et ceci ne provient pas d'un hasard, d'un défaut momentané d'attention, mais de la structure même de la conscience" (S. 32).

[129] cf. ,,Mais ne serait-ce pas précisément l'acte réflexif qui ferait naître le Moi dans la conscience réfléchie?" (S. 29). ,,L'essentiel du changement ne serait-il pas l'apparition du Je?" (S. 30).

oder durch diesen hindurch (à travers, S. 35) in den Blick, und zwar immer
nur in nicht-apodiktischer und inadäquater Weise (S. 35). Da das nicht
reflektierte Bewusstsein auch als solches, d.i. ohne reflektiert zu werden,
bestehen kann und Bewusstsein von einem intentionalen Gegenstand ist,
ist das Ich, das erst in der Reflexion als Objekt hinter dem reflektierten
Bewusstsein erscheint, nicht auf derselben Ebene wie das unreflektierte
Bewusstsein, noch auf der Ebene des Objektes des unreflektierten Bewusstseins (z.B. eines Stuhles oder Romanhelden), vielmehr ist es nur das
transzendente Objekt des reflektierenden Aktes und muss als solches,
wie jede Transzendenz, der phänomenologischen Reduktion verfallen
(S. 37). Vollständiger bestimmt Sartre das Ich als den transzendenten
Einheitspol der reflektierten Akte, Zustände und Eigenschaften (cf. S. 43,
44, 57 u.a.). Als solcher Pol wird es aber nicht wie ein abstrakter Pol X als
Träger der psychischen Phänomene verstanden, vielmehr ist es immer von
seinen Zuständen ,,kompromittiert", es ist nichts ausserhalb der konkreten
Totalität der Zustände und Akte, die es trägt (cf. S. 57). Das cogito, wenn
es in der phänomenologischen Analyse als ,,ich habe Bewusstsein" (,,j'ai
conscience de") von etwas verstanden wird, behauptet zuviel, es darf
allein als ,,es gibt Bewusstsein" (,,il y a conscience de") von etwas in Anspruch genommen werden. Als solches reicht es hin, der Phänomenologie
ein unendliches und absolutes Forschungsfeld zu bereiten (S. 37).

Wie zu sehen ist, hält Sartre nicht, wie Gurwitsch, Husserls Gleichsetzung von reinem Ich und in noetischer Reflexion zur Gegebenheit zu
bringendem Bewusstseinsstrom aus der 1. Auflage der *Logischen Untersuchungen* zurück, stützt sich aber doch auch in seiner Argumentation
,,gegen die *Ideen*" auf die 1. Auflage der *Logischen Untersuchungen*. Er
anerkennt als Ichbegriff nur das empirische Ich als Transzendenz, welches
für die phänomenologische Betrachtung nur als intentionales Objekt von
reflektierenden Akten (cf. S. 36; S. 43) in Frage kommt. Dadurch gewinnt
er das Feld des absoluten Bewusstseins, das wir durchaus dem phänomenologischen Feld vergleichen können, wie es Husserl in der ersten Einführung der phänomenologischen Reduktion (um 1907) umgrenzte: als Feld
absoluter (,,niemandes") cogitationes, in denen sich, wie die Welt, so auch
das transzendente empirische Ich und Andere konstituieren (cf. oben,
S. 42f. u. S. 54ff.). Wie Gurwitsch hingegen macht auch Sartre sich
Husserls Beschreibung der Selbstvergessenheit des vollziehenden Ich im
Vollzug der Akte, wie sie im § 12 der V. Logischen Untersuchung zur
Geltung kommt (oben, S. 179f.), zu eigen (Sartres Beispiel der Roman-
lektüre). Sartre ist dabei ausdrücklich der Meinung, dass ein Ich überhaupt nur dann bewusst, irgendwie präsent ist, wenn es Gegenstand eines
positionalen reflexiven Bewusstseins ist (S. 36 u.a.). Und weil das un-
reflektierte Vollzugsbewusstsein auf sich selbst nicht positional bezogen
ist, kann hier auch nirgends ein Ich bewusst sein. Wie bei Gurwitsch (oben,
S. 189) ist aber auch bei Sartre die Frage zu stellen: Ist dadurch, dass das
Ich im unreflektierten Bewusstseinsvollzug nicht gegenständlich zur
Gegebenheit kommt, schon erwiesen, dass auf der Stufe dieses unreflektierten Bewusstseinsvollzugs überhaupt kein Ich bewusst ist? Nach
Husserl kommt das Ich erst in der Reflexion als Vollzugssubjekt der Akte
zur Gegebenheit, die Reflexion bringt aber nicht etwa dieses Ich hervor,
sondern sie erkennt es als bereits *vor* der Reflexion als Vollzugseinheit der
Akte fungierendes, in ihnen ,,selbstvergessen" lebendes Ich.

§ 27. Die Aktualität und Inaktualität der attentionalen Ichzuwendung und die Ichbezüglichkeit der Hintergrundakte

Um Missverständnissen vorzubeugen, sei gleich darauf hingewiesen, dass die in diesem Paragraphen zu erörternde Inaktualität nichts mit der Neutralitätsmodifikation zu tun hat, welche positionales (sei es aktuelles oder inaktuelles) Bewusstsein in neutrales (sei es aktuelles oder inaktuelles) Bewusstsein modifiziert. Dies ist zwar leicht einzusehen, es könnte aber bei gewissen Redewendungen in den *Ideen I* diesbezüglich manchmal einige Verwirrung aufkommen, weshalb wir uns gleich anfangs Husserls deutliche Aussagen klar merken wollen: ,,Es bestehen nun zwei Grundmöglichkeiten in der Weise des Bewusstseinsvollzuges innerhalb des Modus cogito ⟨ . . . ⟩'' (*Ideen I*, § 114, S. 232), nämlich einmal ist das cogito ,,ein ,wirklicher Akt', ein ,wirklich setzendes' cogito'', das andere Mal ein ,, ,Schatten' von einem Akte, ein uneigentliches, ein nicht ,wirklich' setzendes cogito'' (§ 114, S. 233); mit anderen Worten, ,,so geartet ist Bewusstsein überhaupt, dass es von einem doppelten Typus ist: Urbild und Schatten, *positionales* Bewusstsein und *neutrales*'' (§ 114, S. 234). Dieser innerhalb des Modus cogito angesiedelte Unterschied liegt in einer anderen Richtung und sozusagen auf einer anderen Ebene, als derjenige von aktuellem und inaktuellem Vollzug von Bewusstseinserlebnissen, und kommt für unsere Frage der Ichbezüglichkeit der Inaktualität also nicht in Betracht. Husserl notierte sich, wohl um 1914, zu jenem Unterschied in den *Ideen I* folgenden terminologischen Vorschlag: ,,Das Richtige ist, niemals aktuell zu sagen, wo der Gegensatz zur Neutralitätsmodifikation in Frage ist, sondern gegenüberzusetzen: wirklich – neutral-modifiziert. Evtl. gleich von vornherein das ,positional – neutral' einzuführen''.[130] Durch diese Unterscheidung von Positionalität und Neutralität wollen wir uns also nicht verwirren lassen. Bloss weil Husserl in den *Ideen I* schreibt: ,,Durch Rücksichtnahme auf die Neutralitätsmodifikation kommt in die allgemeine Unterscheidung zwischen Aktualität und Inaktualität

---

[130] Vgl. Beilage XXI in Hu III, *Ideen I*, S. 408f. Da aber auch *im* neutralen Bewusstsein, sozusagen ,,parallel'' zum positionalen Bewusstsein (cf. § 113, S. 231),der Unterschied aktueller und potentieller Zuwendung (attentionaler Aktualität und Potentialität) nachweisbar ist, gelten übrigens die folgenden, eben diese Unterscheidung betreffenden Erörterungen ebenso auch für das neutrale Bewusstsein.

der attentionalen Ichzuwendung eine Doppelheit hinein, bzw. in den Begriff der Rede von Aktualität eine Doppeldeutigkeit, deren Wesen wir klären müssen" (§ 113, S. 228), haben wir uns fürs nötigste über die Gegenüberstellung von Positionalität und Neutralität des Bewusstseins verständigt.[131]

Uns interessiert aber im folgenden ein gegenüber dem Vollzugsmodus ‚cogito' *anderer* Modus der intentionalen Bewusstseinserlebnisse, der *nicht-cogitative,* und zwar *in dessen Beziehung auf das reine Ich.* Dabei können wir zwei Aspekte auseinanderhalten, die bereits im § 35 der *Ideen I,* wo Husserl den Begriff des cogito in Kontrastierung mit den Inaktualitäten einführt (cf. oben, § 23, S. 148), zur Geltung kommen:

a) Dem expliziten, aktuellen Bewusstsein im *einzelnen* cogito stellt Husserl als notwendig umgebendes das implizite, potentielle Bewusstsein zur Seite und spricht vom wesensmöglichen Uebergang von einem zum anderen Modus (§ 35, S. 62f.).

b) Im Blick auf den *ganzen* Erlebnisstrom vermerkt Husserl, dass dieser „nie aus lauter Aktualitäten bestehen kann" (cf. S. 63), vielmehr „beständig von einem Medium der Inaktualität umgeben ist" (S. 64).

a) Das Hintergrundbewusstsein in Hinsicht auf die einzelnen Erlebnisse

Sehen wir uns zunächst den ersten, die einzelnen Akte betreffenden Aspekt näher an. Im § 115 der *Ideen I* bringt Husserl zu explizitem Ausdruck, was im § 35 bei der Einführung des cogito in Abhebung gegen die Inaktualitäten bereits angelegt war, wenn er jetzt „in einem bestimmten und ganz unentbehrlichen Sinne" den *Aktbegriff* „erweitert".[132] Von Anfang an bezeichnete das cogito die Aktualität, „den eigentlichen Akt des Wahrnehmens, Urteilens, Gefallens usw." (S. 236), es gilt aber für Husserl auch, dass „der ganze Bau des Erlebnisses ⟨ . . . ⟩, mit all seinen Thesen und noematischen Charakteren, derselbe ⟨ist⟩, wenn ihm diese Aktualität fehlt". Fehlt sie, dann handelt es sich um „nicht vollzogene" Akte, seien es „ ‚ausser Vollzug geratene' Akte oder

---

[131] Im übrigen schreibt Husserl selbst in der eben zitierten Beilage XXI kritisch zu den Ausführungen des § 113: „Der Hinweis auf die Vieldeutigkeit von aktuell ist unnütz und verwirrt, und es kommt auch weiter die Betrachtung gar nicht auf Klärung solcher Vieldeutigkeiten hinaus" (Hu III, *Ideen I,* S. 408).

[132] *Ideen I,* § 115, S. 236; m.H. Vgl. Titel von § 115, S. 235.

Aktregungen", und nicht etwa um „uneigentliche" (cf. § 114, S. 233), neutral-modifizierte Akte. Den Terminus *Aktregungen* hält Husserl hier allgemein „für nicht vollzogene Akte überhaupt" fest. „Solche Aktregungen sind mit all ihren Intentionalitäten erlebt, aber *das Ich lebt in ihnen nicht als ‚vollziehendes Subjekt'* " (§ 115, S. 236; m.H.).[133]

Sah es bei der Einführung des cogito im § 35 der *Ideen I* zunächst so aus, als ob das Ich entbehrlich sei und das Moment der Aktualität eine hinreichende Umgrenzung abgebe, so wird hier spürbar, dass durch den erweiterten Aktbegriff eine Verschiebung eintritt, die das Moment der Aktualität relativiert: es ist nun deutlicher zwischen *vollzogenen* und *nicht vollzogenen* Akten (cf. § 115, S. 236) zu scheiden. Diese Unterscheidung begründet Husserl gerade in der Funktion, die das Ich bei den beiden Klassen von Akten spielt. Vollzogene Akte sind die eigentlich cogitativen, in denen das Ich vollziehendes Subjekt ist (cf. oben, § 26); nicht vollzogene Akte sind die *Hintergrundakte*, in denen das Ich nicht vollziehendes Subjekt ist. Die Rede vom Ich als vollziehendem Subjekt erfährt in der Kontrastierung der cogitativen Akte

---

[133] Vgl. damit etwa Hu IV, *Ideen II*, § 22, S. 100. – Die Aussagen über Aktualität und Inaktualität wirken zwar bisweilen in etwa widersprüchlich. So heisst es in dem Passus der *Ideen II*, der auf den ursprünglichen Entwurf von 1912 zurückgehen dürfte: „vielmehr bezeichnet der Unterschied der Aktualität und Inaktualität eine *unterschiedene Wesensstruktur* der intentionalen Erlebnisse und *damit in eins* einen von ihnen unabtrennbaren Unterschied des ‚wie' im Ich-Erleben" (S. 100; m.H.). Im § 115 der *Ideen I* dagegen hat man den Eindruck, die intentionalen Erlebnisse in Aktualität und Inaktualität seien *wesensgleich* („der ganze Bau des Erlebnisses ⟨ . . . ⟩ ist derselbe"), hingegen sei das eine Mal das Ich als vollziehendes Subjekt dabei, das andere Mal nicht. (Cf. auch *Ideen I*, § 36: Dort spricht Husserl zwar von einer durchgreifenden Aenderung, „welche die Erlebnisse aktuellen Bewusstseins durch Uebergang in die Inaktualität erfahren", indessen „die allgemeine Wesenseigenschaft des Bewusstseins ⟨die Intentionalität⟩ bleibt ⟨ . . . ⟩ in der Modifikation erhalten" (S. 64).) – Worin aber, wenn nicht gerade im Vollzug bzw. Nichtvollzug, Husserl die „unterschiedene Wesensstruktur der intentionalen Erlebnisse" in *Ideen II* (S. 100) erblickt, ist nicht recht zu sehen; diesen Unterschied bezeichnet er ebendort als „eine phänomenologische Wandlung der immer vorhandenen reinen Ichbezogenheit", „schon im alten Phänomen, in dem der Inaktualität, ist eine Ichstruktur vorhanden", die es eben gestatte und fordere zu sagen, das Ich im Stadium des spezifischen Unbewusstseins, der Verborgenheit, sei ein Moment der Struktur der Phänomene (cf. *Ideen II*, S. 100). Demnach könne man sagen, schrieb Husserl zunächst noch, strich den Passus später aber mit Bleistift wieder heraus, „dass das ‚reine Ich' eine allgemeine immanente Wesensstruktur der intentionalen Erlebnisse bezeichnet" (cf. Ms. F III 1, S., 233b). Dann aber liegt offenbar die „unterschiedene Wesensstruktur" *im* Unterschied des „wie" im Ich-Erleben, und ist mit dieser Unterschied ein bloss „in eins" mit einem anderen auftretender. (Bei all diesen Reden von Ichstruktur ist, wie wir wissen, von Reflexion auf das Ich im Vollzug der Akte selbst keine Rede, sondern Vollzug bzw. Nichtvollzug ist gemeint; cf. oben, § 26).

mit den nicht-cogitativen weitere Aufhellung durch den Nachweis der Unentbehrlichkeit prägnanter Abhebung des Vollzugs vom Nichtvollzug innerhalb des erweiterten Aktbegriffs.

Es ist nach Husserl bei den Aktregungen nach zwei Hinsichten zu scheiden: Wir haben zum einen Erlebnisse mit intentionaler Beziehung auf den gegenständlichen Hintergrund[134] und zum anderen Erlebnisse des Aktualitätshintergrundes in subjektiver Hinsicht (Erlebnisregungen im engeren Sinn).[135] Beiden Arten ist gemeinsam, dass das Ich in ihnen nicht als vollziehendes lebt, dass sie aber beständig die aktuell, sozusagen im Vordergrund vollzogenen Erlebnisse als deren Hintergrund begleiten oder doch begleiten können. ,,Denn unaufhebbar gehört zum Wesen des Bewusstseins, dass jeder Akt seine ,dunklen' Horizonte hat, dass jeder Aktvollzug bei Wendung des Ich zu neuen Linien der Aktion ins Dunkel herabsinkt; sowie der Ichblick ihm entfremdet ist, wandelt er sich und geht in den vagen Horizont ein''.[136] Wir haben gesehen, dass Husserl bei der Rede vom reinen Ich als vollziehendem Subjekt das Ich selbst als in Selbstvergessenheit sich befindendes versteht (oben, S. 179). Bei den Hintergrunderlebnissen dagegen ist das Ich nicht einmal ,,selbstvergessen vollziehendes'', sondern gar nicht (noch nicht oder nicht mehr) vollziehendes, es hat hier *keinen* ,,Auftritt''.

Veranschaulichen wir uns Husserls Meinung an dem von ihm selbst meist bevorzugten Beispiel einer *Dingwahrnehmung*.[137] ,,Das explizite intentionale Erlebnis ist ein ,,vollzogenes' ,Ich denke' '' (§ 115, S. 236), etwa eine Wahrnehmung eines Dinges: 1) Das speziell erfasste Ding hat notwendig seine dingliche Umgebung, ist aus ihr herauserfasst. Diese Umgebung, der gegenständliche Hintergrund, ist wirklich erlebnismässig ein gegenständlicher Hintergrund, ,,ein potentielles Wahrnehmungsfeld'' (§ 84, S. 169). Das meint, das ein bestimmtes Ding wahrnehmende Subjekt kann durch ,,freie Wendung des ,Blickes' '' (§ 35, S. 62) die vor der Blickwendung implizit, potentiell bewussten umliegenden Gegenstände explizit wahrnehmen, wobei das vorerst erfasste Ding nun selber in den Hintergrund rückt. Solches Wahr-

---

[134] cf. *Ideen I*, § 35, S. 62; § 84, S. 169; § 113, S. 230f.; § 115, S. 236.
[135] cf. *Ideen I*, § 84, S. 169; § 113, S. 231; § 115, S. 236.
[136] Ms. F. III 1, S. 5a bzw. Hu IV, *Ideen II*, § 26, S. 107.
[137] cf. *Ideen I*, § 35, § 84, § 113 u.a.

nehmen ist nach Husserl auch „Setzen", die anschauliche Einheit des bewussten umgebenden Gegenstandsfeldes daher eine „Einheit potentieller Setzungen" (§ 113, S. 231). Die Aktualisierung der potentiellen Setzungen geschieht hier also durch *Blickzuwendung* (attentionale Aktualität), d.i. der Hintergrund ist „attentionaler Hintergrund". „Hintergrund" ist eben ein „Titel für potentielle Zuwendungen und ‚Erfassungen' " (cf. § 113, S. 231).

2) In diese Linie gehören auch die Erlebnisregungen (im engeren Sinn) auf subjektiver Seite, die etwa eine Dingwahrnehmung be-, gleiten können, in denen das Subjekt aber nicht eigentlich „lebt", solange es sich ihnen nicht attentional zuwendet. Etwa ein Gefallen, ein Wünschen, ein Urteilen etc. kann sich „regen", im „Hintergrunde" auftauchen, ohne dass ich es im spezifischen Sinne vollziehe, vielmehr eben aufmerksam betrachtend dem Ding zugewendet bin (cf. § 84, S. 169).

Diese Erlebnisse[138] vom gegenständlichen Hintergrund und des subjektiven Aktualitätshintergrundes erfordern, um vom „Ich" „vollzogene" zu werden, keine Reflexion bzw. Vergegenwärtigung, sondern bloss *attentionale Aktualität*. Das in der Gegenwart verfliessende Bewusstseinsleben überhaupt ist im beständigen Wandel solcher Vollzugsmodalitäten begriffen, da die aktuellen Erlebnisse beständig von einem Hof von inaktuellen umgeben sind, immer bereit, in den Modus der Aktualität überzugehen, wie umgekehrt die aktuellen Erlebnisse in die Inaktualität (cf. *Ideen I*, § 35, S. 63f.).

Indessen, Husserl spricht ohne weitere Klärung von Hintergrunderlebnissen auch bei solchen unvollzogenen Erlebnissen, welche allein durch den Vollzug einer *Reflexion* bzw. einer *Vergegenwärtigung* zu vollzogenen bzw. „wieder" vollzogenen werden können, und auch diese Erlebnisse fallen unter den Titel „Aktregungen", wenn anders dieser Terminus „allgemein für nicht vollzogene Akte überhaupt" (§ 115, S. 236) zu gelten hat, und können nach Husserl „durch entsprechende Blickzuwendungen" (§ 113, S. 231) aktualisiert werden. Sehen wir uns diese, den Begriff der Aktregungen mit Zweideutigkeit behaftende Lehre von Hintergrunderlebnissen, welche nur aufgrund reflektiver

---

[138] Die Leitgedanken der im folgenden unter a) zur Geltung kommenden Kritik an Husserl verdanke ich der oben (S. 182) erwähnten, vor der Veröffentlichung stehenden Arbeit Iso Kerns.

bzw. vergegenwärtigender Akte zu vollzogenen werden können, noch des näheren an, bevor wir die Rede von der Ichbezüglichkeit der Hintergrunderlebnisse überhaupt in Betracht ziehen.

In dem jetzt fraglichen Sinn spricht Husserl von ,,Hintergrund" für alles Bewusste, das ,,nicht Zielpunkt der Richtung" ist, sei es das ,,Darstellungsmaterial" (der Empfindungsinhalt) einer Erscheinung,[139] sei es ein vergangenes Phänomen als erblickt gewesenes und dessen vergangener Hintergrund, worauf der ,,Blick" sich richten kann,[140] sei es, bei der Wahrnehmung bzw. der Erinnerung, der Hof ,,an Retentionen und Protentionen, an Rückerinnerungen und Vorerinnerungen",[141] etc. Alles solcherart Bewusste ist nach Husserl ,,Einheit potentieller Setzungen", und die ,,Aktualisierung der ,potentiellen Setzungen' " geschieht auch in diesen Fällen ,,durch entsprechende Blickzuwendungen (attentionale Aktualität)".[142] Husserl spricht zwar deutlich von jeweiliger Verschiedenheit der Art des Hintergrundseins, aber als *gemeinsam* für das Hintergrundsein hält er fest ,,das nicht darauf Gerichtetsein" des Ichblicks.[143] Diese Lehre von der Gemeinsamkeit des nicht darauf Gerichtetseins des Ich ist aber verfänglich und bringt mit sich eine phänomenologisch ungenügend geklärte Stellungnahme bezüglich der Möglichkeit und des Weges der *Aktualisierung* der potentiellen Setzungen.

Machen wir uns das an den von Husserl selbst bevorzugten Beispielen deutlich. Ein Ding aufmerksam betrachtend, bin ich nicht gerichtet auf dessen Umgebung, die aber mitwahrgenommen ist; ich bin nicht gerichtet auf den das Ding darstellenden Empfindungsinhalt; ich bin nicht gerichtet auf die evtl. auftauchende Erinnerung, ein ähnliches Ding schon einmal in anderer Umgebung gesehen zu haben etc. Es ist klar, dass der Hintergrund, bestimmt durch das nicht darauf Gerichtetsein, jeweils andersartig Hintergrund ist, Husserl achtet aber nicht entschie-

---

[139] cf. Ms. A VI 8 I, S. 17a und b (,,Noten zur Fortsetzung" (wohl 1912); oben, S. 156f.). Vgl. auch etwa Ms. A VII 13, S. 74–75: ,,Zu Vordergrund und Hintergrund" (wohl Anfang zwanziger Jahre), wo Husserl als einen ,,fundamentalen Punkt" die Unterscheidung ,,innerer Hintergründe eines jeden Erlebnisses" (z.B. Wandel der Empfindungsdaten, der perspektivischen Erscheinungsweisen, der Retention und Protention) und ,,äussere Hintergründe" hervorhebt.

[140] cf. Ms. A VI 8 I, S. 156b (,,Der Blick-auf", Sommer 1911; oben, § 22, S. 143ff).

[141] cf. *Ideen I*, § 113, S. 231.

[142] *Ideen I*, § 113, S. 231.

[143] cf. z.B. Ms. A VI 8 I, S. 17a.

den genug darauf, dass korrelativ der Weg der Aktualisierung des
Hintergrundes nicht einfach ununterschieden als „Auftreten des
Ich", als Zuwendung etc. beschrieben werden kann. Die *Möglichkeit* der Aktualisierung ist in den angeführten Fällen nicht gleicherweise *mit und in dem vollzogenen Erlebnis selbst* gegeben.
In der Vermöglichkeit des Wahrnehmungserlebnisses selbst liegt
es, durch „Blickwendung der Aufmerksamkeit" statt dieses Ding
jenes des gegenständlichen Hintergrundes zum eigentlich Wahrgenommenen zu machen, *nicht* aber liegt im Wahrnehmen selbst
die Möglichkeit der Richtung auf das „Darstellungsmaterial" des
Wahrgenommenen, vielmehr bedarf es dazu einer Reflexion, und
nicht liegt im Erlebnis des Wahrnehmens selbst die Vermöglichkeit der Richtung auf die frühere Wahrnehmung eines ähnlichen
Dinges mit anderem Hintergrund, vielmehr bedarf es dazu eines
vergegenwärtigenden Erinnerungserlebnisses und evtl. der Reflexion in der Erinnerung. Die Aktualisierung des Hintergrundes
geschieht also bald durch blosse attentionale Blickzuwendung,
bald durch Reflexion oder Vergegenwärtigung. Husserls Meinung,
die Aktualisierung der potentiellen Setzungen geschehe „durch
entsprechende Blickzuwendungen" müssen wir in einem strenge-
ren Sinn zur Geltung bringen als er selbst es tut, wenn er, ohne
zwischen den von ihm selbst angeführten Beispielen prinzipiell
zu scheiden, alle Fälle der Aktualisierung des Hintergrundes auf
solche der „*attentionalen* Aktualität" zurückführt.[144] Die Blickzuwendung, die der Aktualisierung des Umgebungshintergrundes
entspricht, ist eine andere als jene, die der Aktualisierung des
Erlebnisses selbst und seiner phänomenologischen Momente oder
der Aktualisierung einer Vergangenheit mit ihrem Hintergrund
entspricht. Zwar ist es richtig, dass die Aktualisierung des Hintergrundes sich nicht ohne attentionale Einstellungsänderung
(Blickzuwendung) vollzieht, aber bloss von attentionaler Aktualisierung zu sprechen, verdeckt die prinzipiell verschiedenen Bewusstseinsweisen der Inaktualitätsmodifikation, der Reflexion
bzw. der Vergegenwärtigung, in und mit deren Vollzug eben erst
auch attentionale Aktualität statthat. Die attentionale Blickzuwendung (das „Auftreten" des Ich), durch die das Hintergrundbewusstsein zum vollzogenen wird, ist ja nach Husserl selbst

---

[144] cf. *Ideen I*, § 113, S. 231; ̈m.H.

nichts anderes als *Vollzug* des Aktes selbst. Das Ich ,, ,tritt auf'
und ,Akte im spezifischen Sinn des cogito werden im Bewusstseinsstrom Ereignis' sagt dasselbe, da eben das Wesen solcher
Akte darin besteht, vom reinen Ich ,vollzogene' intentionale
Erlebnisse zu sein".[145] Diese Akte sind aber je nach Art des
Hintergrundseins verschiedene (Wahrnehmung, Reflexion bzw.
Vergegenwärtigung), was Husserl in diesem Zusammenhang
nicht prinzipiell zur Geltung bringt. Er stellt zwar in den *Ideen I*
auch wieder klar heraus, dass der ,,Blick-auf", ,,je nach dem Akte,
in der Wahrnehmung wahrnehmender, in der Fiktion fingierender, im Gefallen gefallender, im Wollen wollender Blick-auf
usw.", also ,,nicht selbst wieder ein eigener Akt ist und insbesondere nicht mit einem Wahrnehmen (in einem noch so weiten
Sinne) verwechselt werden darf".[146] Gerade einer solchen Verwechslung sieht aber Husserls Theorie der attentionalen ,,Blick-
zuwendung" auf die ganz verschieden gearteten Hintergründe
de facto ähnlich, wie dies deutlich auch im § 45 der *Ideen I*, ,,Un-
wahrgenommenes Erlebnis, unwahrgenommene Realität", zum
Ausdruck kommt. Husserl schreibt dort: ,, ,Alle Erlebnisse sind
bewusst', das sagt also speziell hinsichtlich der intentionalen
Erlebnisse, ⟨ . . . ⟩ sie sind schon unreflektiert als ,Hintergrund'
da und somit prinzipiell *wahrnehmungsbereit* in einem zunächst
analogen Sinne, wie unbeachtete Dinge in unserem äusseren
Blickfelde" (S. 83f.). Das Unreflektiertsein der Erlebnisse wird
hier als Wahrnehmungsbereitschaft in dieselbe Linie gestellt wie
die unbeachtete Dingumgebung, und zwar dank der ,,Analogie"
des Nicht-darauf-Gerichtetseins des Blickes, unter Vernachlässigung der prinzipiellen Verschiedenheit der Akte, die nötig sind,
auf das unreflektierte Erlebnis zu reflektieren bzw. die unbeachtete Dingumgebung in den wahrnehmenden Blick zu bringen.

Was dann die *Ichbezüglichkeit* der ,,einzelnen" Hintergrund-
erlebnisse betrifft, ist diese einmal im Zusammenhang mit der
,,Blick-auf"-Theorie zu verstehen. Die Aktregungen werden durch
Blickzuwendung zu vollzogenen Akten, und das heisst eben ein-
fach, dass jetzt das Ich in ihnen ,,lebt" (cf. oben, § 26). Vor der
Ichzuwendung bilden sie ,,für die Ichaktualität das allgemeine
Milieu" (*Ideen I*, § 80, S. 160), sie entbehren also als unvollzogene

---

[145] Vgl. Hu IV, *Ideen II*, § 23, S. 103f.; oben, S. 185.
[146] *Ideen I*, § 37, S. 65.

der „ausgezeichneten Ichbezogenheit" (S. 160), haben aber doch
„Beziehung "zum Ich insofern, als das Ich, das nur im Vollzuge
waltet, in alle unvollzogenen Akte sich einleben und sie zum Vollzuge bringen kann. In dem eben angeführten § 45 der *Ideen I*
berührt Husserl die Frage der Ichbezüglichkeit des Hintergrund-
erlebnisses als eine seinem Wesen gemässe „Bedingung der Be-
reitschaft", wahrgenommen werden zu können. Er sagt: „Jedenfalls erfüllt es sie allzeit durch die blosse Weise seines Daseins,
und zwar für dasjenige Ich, dem es zugehört, dessen reiner Ichblick evtl. ‚in' ihm lebt" (S. 84). Die Zugehörigkeit zum Ich besteht in dem möglichen aktuellen Vollzogenwerden dieses Erlebnisses durch dieses „sein" Ich. Wo Husserl in den *Ideen* vom vollziehenden Ich redet, meint er aktuell vollzogene Akte, Aktualität
ist „Ichaktualität", ohne dass dabei eine Reflexion auf das Ich
stattzuhaben braucht, und er umgrenzt damit prägnant die Akte
in der Form des *cogito* als vollzogene Akte gegenüber den diese
beständig begleitenden und auf sie in der Weise *möglichen* Vollzugs bezogenen Hintergrundakten, allerdings, ohne auf die herausgestellten prinzipiellen Unterschiede in der Möglichkeit des
Vollzugs zu achten. Diese Möglichkeit ist aber, wie aus unseren
kritischen Ausführungen der vorangehenden Paragraphen ersichtlich wurde, bedingt, bald durch die (attentional modifizierende) Aktivität des *leiblich* bestimmten Subjekts (im Fall der
Inaktualitätsmodifikation bei der Dingwahrnehmung), bald hingegen durch Aktvollzüge, die an ein *Ich*subjekt gebunden sind
(im Fall der Reflexion und der Vergegenwärtigungen).[147]

b) Das Hintergrundbewusstsein in Hinsicht auf den
   ganzen Erlebnisstrom

Die Ichbezüglichkeit der Hintergrunderlebnisse können wir in
Husserls Texten aber auch noch in einem tieferen, phänomenologisch fruchtbareren Sinne verstehen. Indem wir dies versuchen,
gehen wir zum zweiten Aspekt, den Husserls Erörterung des
Hintergrundbewusstseins bietet, über, zu demjenigen nämlich,
der im Blick auf den ganzen Erlebnisstrom zu Gesicht kommt
(oben, S. 194). Wir werden dabei alsbald sehen, dass in dieser
Hinsicht auch die Frage der phänomenologischen Einheit bzw.

---

[147] Vgl. oben, bes. S. 161ff., S. 171f., 174f. und S. 182f.

Abgeschlossenheit eines Bewusstseinsstromes gegenüber anderen Strömen im Horizonte liegt.

Der Titel Hintergrund deutet für Husserl, wie der Ausdruck ,,Hintergrund'' schon nahelegt, immer auch auf den *Zusammenhang* der aktuell vollzogenen Erlebnisse des ,,Vordergrundes'' mit den übrigen Erlebnissen hin. ,,Vordergrund und Hintergrund ist einig ⟨ . . . ⟩ in einem und demselben Ichbewusstsein''.[148] Diese zunächst als empirische verstandene Einsicht in die Einheit eines Ichbewusstseins hatte Husserl im Zusammenhang der Frage der intersubjektiven Erweiterung der phänomenologischen Reduktion in den ,,Grundproblemen der Phänomenologie'' von 1910–11 auf rein phänomenologischem Boden wieder aufgenommen, und wir fanden dort ein Motiv zur Einführung des reinen Ichprinzips. In den Rahmen jener Problematik gestellt (cf. oben §§ 16ff.), erhält die Frage der Ichbezüglichkeit der Hintergrunderlebnisse auch zur Zeit der *Ideen* eine tiefere Bedeutung, als welche wir im Kontrast mit den vom ,,Ich'' aktuell vollzogenen Erlebnissen bisher herausstellten.

Die Frage der Ichbezüglichkeit der Inaktualitäten stellt sich nämlich innerhalb *eines* Erlebnisstromes (der nie aus lauter Aktualitäten bestehen kann) auf dem Grund der Frage nach der Einheit eines Bewusstseins (mit einem reinen Ich). Wir können so ausführen: Die Hintergrunderlebnisse sind das Feld *meiner möglichen* Zuwendung. Husserl sagt im § 80 der *Ideen I*, die Hintergrunderlebnisse hätten ,,ihren Anteil am reinen Ich und dieses an ihnen'', und er erläutert: ,,Sie ,gehören' zu ihm als ,die seinen', sie sind *sein* Bewusstseinshintergrund, sein Feld der Freiheit'' (S. 160). Er rückt also die Bestimmung des Sinnes der Ichbezüglichkeit der Hintergrunderlebnisse in die Linie der Frage nach der Zugehörigkeit der Erlebnisse zu ,meinem' Bewusstseinsstrom: ich bin es, der im Uebergang von meinen aktuell vollzogenen Erlebnissen ,meine' Hintergrunderlebnisse aktualisieren kann, die Identität des Vollzugssubjekts hält sich hier durch. Gerade insofern die nicht-vollzogenen Erlebnisse ,,mein'' Feld der Freiheit (der Aktualisierung) bilden, sind sie *Hintergrund*erlebnisse und nicht ,,*fremde*'' Erlebnisse. Fremde Erlebnisse können nie in das Feld meiner möglichen Ichzuwendung im Sinne des aktuellen

---

[148] Vgl. Ms. A VI 8 II, S. 103b (um 1908–09); oben § 12, S. 62.

Vollziehens unter Ichidentität der vordem hintergründlichen Erlebnisse gehören. Erlebnisse als Hintergrunderlebnisse sind einig mit dem Vordergrund, d.h. sie gehören zu dem einen und selben Bewusstseinsstrom. Mit anderen Worten, der Zusammenhang von Vordergrund und Hintergrund (Aktualität und Potentialität) ist nur gegeben in *einem* Bewusstsein, innerhalb der Erlebnisse eines Subjektes, eines Ich.

Den deutlichsten Ausweis, dass diese Interpretation der Hintergrunderlebnisse Husserl selbst zur Zeit der *Ideen* keineswegs fremd war, finden wir in seinen Ausführungen zum cogito im prägnanten Sinn und den unvollzogenen Akten in der Umarbeitung der VI. Logischen Untersuchung aus März-April 1914. Wir lesen dort: ,,⟨ . . . ⟩ Den Hintergrundakten fehlt darum nicht Ichbezüglichkeit in jedem Sinne. Auch sie sind ichzugehörig, zu ihrem Wesen als Hintergrundakten gehört es, in lebensvolle, vom aktuellen Ich vollzogene Akte verwandelt werden zu können. Die Ichferne ist auch ein subjektiver Charakter; in der Potentialität liegt die Wesensbeziehung zur Aktualität, der gemäss zu allen Akten *eines* Bewusstseinsstromes, mögen sie ichaktuell sein oder nicht, doch *ein und nur ein reines Ich* gehört, als mindestens potentiell in ihnen liegend, dessen *Aktualisierung prinzipiell nie identisch* sein kann mit dem zu einem *anderen* Bewusstseinsstrom gehörigen Ich".[149] Die Rede von der Ichbezüglichkeit des Hintergrundbewusstseins erinnert somit in der Tat ganz deutlich an die Bestimmung der Einheit eines Bewusstseins aufgrund des Dabeiseinkönnens desselben Ich als vollziehendes Subjekt in allen ,seinen' Erlebnissen. Mit der in der Potentialität liegenden Wesensbeziehung zur Aktualität meint Husserl hier, dass ,,das Hintergründliche Hintergründliches gerade für dieses Ich und nur für dieses Ich ist",[150] er meint also die wesensmögliche Beziehung zum aktuellen Dabeisein des Ich, zum aktuellen Vollzug der Erlebnisse. Und diese Möglichkeit der Aktualisierung ist prinzipiell auf alle Akte eines Bewusstseinsstromes eingeschränkt, da nur hier in diesem Strom die Identität des Ich in der Aktualisierung aufrechterhalten bleibt.

---

[149] Vgl. Ms. A I 18, S. 18b, bzw. die leicht modifizierte Maschinenabschrift Ms. M III 2 II 8a, S. 39.
[150] Vgl. die dahin lautende, wieder gestrichene Erläuterung in Ms. A I 18, S. 18b. Vgl. zu dieser Interpretation des Hintergrundbewusstseins auch z.B. Hu XIV, *Intersubjektivität II*, Beilage II, S. 46 (wohl Juni 1921).

§ 28. Die phänomenologische Bestimmung der ,,Eigenschaften'' des reinen Ich zur Zeit der Ideen

Alle unsere bisherigen Erörterungen, Problemstellungen und Nachweise, betrafen die Frage nach dem ,,Ichprinzip'', dessen Leistung (Funktion) Husserl zur Zeit der *Logischen Untersuchungen* noch ,,unverständlich'' war (cf. V. LU, § 4, S. 332; oben, § 2, bes. S. 10ff.).

Was ist nun aber nach Husserl dieses reine Ich *,,in sich selbst''*, welches wir nur immer in seiner Funktion kennenlernten?[151] Wie bestimmt es Husserl, welches sind sozusagen seine ,,Eigenschaften''?[152]

Zur Zeit der *Logischen Untersuchungen,* da Husserl nur das empirische Ich anerkannte, bzw. das phänomenologisch reduzierte Ich dem Bewusstseinsstrom gleichsetzte, stellte sich ihm die Frage nach ,,Eigenschaften'' des reinen Ich gar nicht. Er führt dort aus, das Ich im Sinne der gewöhnlichen Rede sei ein empirischer Gegenstand ebenso wie ein beliebiges physisches Ding, wie ein Haus oder Baum usw. ,,Die wissenschaftliche Bearbeitung

[151] In gewissem Sinne führt uns diese Frage über den Rahmen dieses Kapitels hinaus, da sie sich auch in der Linie der im 5. Kapitel nachgezeichneten Motivation für das Ich stellt. Da aber doch insbesondere die *Ideen* und in deren Umkreis fallende Manuskripte zur Bestimmung der ,,Eigenschaften'' des reinen Ich Stellung nehmen, mag die Behandlung der jetzt aufgeworfenen Frage an dieser Stelle gerechtfertigt sein.

[152] In Ermangelung eines prägnanteren Terminus (,,Strukturen'' eignet sich auch nicht eben gut in Anwendung auf das reine Ich) reden wir hier mit Husserl von ,,Eigenschaften'' , ,,Beschaffenheiten'' oder ,,Bestimmtheiten'' , ,,Prädikaten'' des reinen Ich – was genauer damit gemeint ist, sollte im Verlauf der Darlegungen klar werden! ,,Negativ'' sei aber hier schon, um Missdeutungen bzw. falsch gerichtete Erwartungen auszuschliessen, vermerkt, dass im folgenden nicht etwa von dem die Rede ist, was Husserl schon im ursprünglichen Entwurf der *Ideen II* aus 1912 als das ,,seelische Ich'' bezeichnet und worüber er dort ausführt, es sei ,,ein eigentümliches Substrat für Eigenschaften, die seelische (evtl. persönliche) Eigenschaften heissen, ganz ähnlich wie ein materielles Ding ein Substrat für dingliche Eigenschaften ist. ⟨ . . . ⟩ Seelische Eigenschaften sind ⟨ . . . ⟩ Einheiten der Bekundung. Was wir seelische Eigenschaften nennen, ist: Jede personale Eigenschaft, der intellektuelle Charakter eines Menschen und all die ihm zugehörigen intellektuellen Dispositionen, der Gemütscharakter, der praktische Charakter, jede seiner geistigen Fähigkeiten, Fertigkeiten, die mathematische Begabung, der logische Scharfsinn, die herrschende Richtung seiner Interessen, seine Freundlichkeit, Grossherzigkeit, Selbstverleugnung usw. Jede solche Eigenschaft, evtl. aber auch seine Sinnesdispositionen, Phantasiedispositionen u.dgl.'' (Ms. F III 1, S. 7a; vgl. die ausgearbeitete Fassung der *Ideen II* in Hu IV, § 30, S. 121f.). Gleich zu Beginn seiner Erörterungen über das seelische Ich bzw. die Seele betont Husserl, dass dieses seelische Ich *,,ein ganz anderes Prinzip* der auf einen monadischen Bewusstseinszusammenhang bezogenen Einheit *als das reine Ich''* sei (cf. Ms. F III 1, S. 7a; Hu IV, § 30, S. 121). Es ist also in unseren folgenden Ausführungen bei der Rede von ,,Eigenschaften'' nicht an das seelische Ich zu denken.

mag dann den Ichbegriff noch so sehr modifizieren, hält sie sich nur von Fiktionen fern, so bleibt das Ich ein individueller Gegenstand, der wie alle solche Gegenstände phänomenologisch keine andere Einheit hat, als welche ihm durch die geeinigten Beschaffenheiten gegeben wird, und welche in deren eigenem inhaltlichen Bestande eo ipso gründet" (V. LU, § 4, S. 331). Demgegenüber ist die Modifikation, die der Ichbegriff in der wissenschaftlichen Bearbeitung der reinen Phänomenologie bei Husserl selbst erfahren hat, so weittragend, dass die Frage nach den ,,Beschaffenheiten" des *reinen* Ich zunächst in Verlegenheit setzt. Die *Ideen I* setzen das reine Ich im Feld des phänomenologisch gereinigten Bewusstseins in Funktion, halten aber im § 80, der ,,Die Beziehung der Erlebnisse auf das reine Ich" erörtert, dafür, dass ,,das erlebende Ich nichts ist, was für sich genommen und zu einem eigenen Untersuchungsobjekt gemacht werden könnte". Husserl meint: ,,von seinen ,Beziehungsweisen' oder ,Verhaltungsweisen' abgesehen, ist es völlig leer an Wesenskomponenten, es hat gar keinen explikabeln Inhalt, es ist an und für sich unbeschreiblich: reines Ich und nichts weiter" (S. 160).[153] In der Tat finden sich denn auch im Ersten Buch der *Ideen* kaum das reine Ich positiv näher bestimmende Aussagen. Husserl verweist aber, wie wir anmerkten, für die ,,schwierigen Fragen des reinen Ich" auf ein eigenes Kapitel im Zweiten Buch (cf. *Ideen I*, § 57, S. 110; oben, S. 124), in welchem, wie zu erwarten steht, auch über dessen ,,Eigenschaften" etwas zu erfahren sein dürfte.

Wir wissen bereits, dass das ursprüngliche Manuskript des Anfangs dieses dem reinen Ich gewidmeten Kapitels der *Ideen II* als verloren zu betrachten ist, dass aber doch die Möglichkeit einer glaubwürdigen Rekonstruktion des mutmasslichen Gedankenganges jener Anfangsausführungen gegeben ist (cf. oben, S. 123f.). Aufgrund des hier nicht eigens vorzuführenden Vergleichs des ursprünglichen Restmanuskriptes der *Ideen II* aus 1912 mit Husserls Ausarbeitung von 1915 bzw. mit den Vorlesungsnachschriften seines Kollegs ,,Natur und Geist" aus dem Sommersemester 1913 können wir uns einen Ueberblick über die von

---

[153] Vgl. auch Hu IV, *Ideen II*, § 22, S. 99. – Zu dieser Ansicht der Unbeschreiblichkeit des reinen Ich setzte Husserl später selbstkritisch in einem seiner Handexemplare der *Ideen I* an den Rand "?!" (cf. Hu III, S. 478). Vgl. auch unten unseren Ausblick auf Husserls spätere Stellungnahme zum Problem des Ich (9. Kapitel, § 43a).

Husserl mit aller Wahrscheinlichkeit im ursprünglichen Text des den „schwierigen Fragen des reinen Ich" gewidmeten Kapitels im Entwurf der *Ideen II* gemachten Aussagen verschaffen.

Aus diesem Vergleich geht hervor, dass Husserl in dem das reine Ich erörternden Kapitel im ursprünglichen Entwurf der *Ideen II* aus Herbst 1912 das Ich in Abstraktion vom Leibe *rein* als Subjekt des cogito einführte (cf. *Ideen I*, § 80, *Ideen II*. § 22), wobei er auf „Descartes' Evidenz" verwies (cf. *Ideen II*, § 23, S. 103). Vom reinen Ich wurde daraufhin nacheinander ausgesagt: Es ist absolut gegeben, es lebt ausschliesslich im jeweiligen cogito und fehlt in keinem. Es kann sich selbst in reflektiver Blickwendung zum Objekt machen, zu ihm gehört die Möglichkeit der Selbstwahrnehmung, es kann sich in einem neuen cogito erfassen (cf. *Ideen II*, § 23). Das reine Ich ist kein reelles Moment des cogito, aus dem wir es entnähmen (cf. *Ideen II*, § 23, S. 103). Es ist gegeben als identisches der inneren Zeit, ich bin und ich war; jedes reelle Moment im *cogito* entsteht und vergeht, das reine Ich aber entsteht nicht, es tritt in Aktion und ausser Aktion. Es ist aber nur zur Gegebenheit zu bringen in Aktion. Würde das Ich vergehen, so müsste in reiner Wesensmöglichkeit das Ichvergehen zu erschauen sein, das zusehende Ich müsste in seiner Dauer eine Zeitstrecke finden, in der es nicht ist. Dass das reine Ich *sich* nicht vorfindet, ist aber nur möglich, weil es etwas anderes vorfindet (cf. *Ideen II*, § 23, S. 103). Es ist das vollziehende aller Akte, aber allen Akten *gegenüber*. Der Wandel des reinen Ich im Wandel seiner Akte ist Wandel seiner Tätigkeiten, Aktivitäten, Passivitäten etc., das Ich selbst aber wandelt sich nicht, ist unwandelbar (cf. *Ideen II*, § 24). Des weiteren ist das reine Ich nicht das reale Ich und hat nichts von realen Eigenschaften. Das reine Ich ist eine ganz andere Icheinheit als das empirische Ich, in einem cogito ist nichts vom realen Menschen zu finden. Es stellt sich nicht partiell dar, ist absolut einfach, aller Reichtum liegt im cogito (cf. *Ideen II*, § 24). Ferner ist mit dem cogito das cogitatum da, Ichpol und Pol der Gegenständlichkeit ist zu scheiden, die Korrelation Ich - Akt - Gegenstand ist gegeben (cf. *Ideen II*, § 25, S. 105 und 107). Schliesslich wurde hervorgehoben: Jeder Akt hat einen dunklen Horizont, im Wesen des Bewusstseins liegt nicht, dass ein aktuelles cogito vollzogen sein, ein aktuelles Blickfeld da sein muss; es ist dann eben alles Hintergrund (cf. *Ideen II*, § 26, S. 107). Ab dieser Stelle der Darlegungen über das reine Ich und das cogito ist der ursprüngliche Entwurf von 1912 vorhanden (cf. *Ideen II*, § 26). Der weitere Verlauf der Vorlesungsnachschriften weist so viele Anklänge im Wortlaut und im ganzen Gedankengang auf, dass füglich angenommen werden darf, Husserl habe den ursprünglichen Entwurf als Vorlesungsgrundlage benutzt. Die Aneinanderreihung der Aussagen über das reine Ich gemäss den Nachschriften hat uns also als Einblick in den Anfang des Ichkapitels der *Ideen II* zu gelten.

Ueberblicken wir diese und auch die in den vorangegangenen Paragraphen verstreut auftretenden Aussagen über die „Eigenschaften" des reinen Ich, so ist auffallend und aus unserer ganzen problemgeschichtlichen Darstellung unmittelbar verständlich zunächst ein Negatives: das reine Ich ist *nicht* so wie das reale, das empirisch-leibliche Menschen-Ich zu bestimmen. Eine Reihe von Aussagen über das Ich werden wir also um diese Einsicht gruppieren können (unten, a). Im weiteren werden wir dann diejenigen von Husserls Aussagen über das reine Ich zu erwägen haben, die im Zusammenhang der Frage nach seiner *zeitlichen Konstitution* stehen. Die entscheidende Frage scheint uns hier die folgende zu sein: Ist das reine Ich als „zeitlich dauerndes" oder als „unzeitliches", und in welchem Sinne ist es so oder so zu bestimmen (unten, b)? In beiden Richtungen dieser Frage nach der phänomenologischen Gegebenheit des reinen Ich selbst finden wir im Grunde genommen erst sehr tastende Anfänge phänomenologischer Bestimmung.

a) Das reine Ich im Gegensatz zum empirischen Ich

Was die erste, das reine gegen das reale Ich abhebende Richtung der Beschreibung anlangt, zeigt sich schon in der gegenüber der Gegebenheit des empirisch-realen Ich fundamentalen Differenz der phänomenologischen Gegebenheit des reinen Ich an, dass die „Eigenschaften" des durch den reinen Ichbegriff bedeuteten Ich *nicht* in einem „natürlichen", in der Realitätssphäre geltenden, vorphänomenologischen Sinn verstanden werden dürfen, sondern ganz aus der Sicht der phänomenologischen Reduktion aufgenommen werden müssen. In Erinnerung an Kant können wir sagen: Es geht um das Ich „bloss als denkend Wesen (*ohne*

Mensch zu sein)",[154] nicht um das menschlich-empirische Ich
oder, wie Kant sagt, das Ich ,,im Leben, da das denkende Wesen
(als Mensch) sich zugleich ein Gegenstand äusserer Sinne ist".[155]
Bereits in dem der Ausarbeitung der *Ideen I* zugrunde liegenden
Bleistiftmanuskript aus 1912 (cf. oben, S. 122f.) hält Husserl, über
die Einsetzung des reinen Ich noch schwankend, fest, ,,dass, wenn
es unvermeidlich wird, als Residuum der Weltreduktion auch ein
identisches reines Ich im reinen Bewusstseinsstrom anzuerkennen
⟨ . . . ⟩, dieses Ich etwas prinzipiell anderes wäre als irgendein
Objekt der Welt. Diese bliebe ihm allzeit ein Gegenüber, während
zugleich eben dieses Ich den Menschen und in ihm das empirische
Ich setzte und in der natürlichen Reflexion sich in diesem naturalisierte".[156] Die Objekte der Welt nämlich sind durch Abschattung gegebene, sind blosse Objekte der Erscheinung, sie sind
räumliche oder in räumlichen fundierte Objekte, die, wie etwa
ich als Mensch, selbst ,,eine Unterschicht von Raumdinglichkeit"
einschliessen.[157] So ist die phänomenologische Gegebenheit des
Ich-Menschen nie eine voll adäquate, vielmehr muss ich, ,,um zu
wissen, was ein Mensch ist oder was ich selbst als menschliche
Persönlichkeit bin, ⟨ . . . ⟩ in die Unendlichkeit der Erfahrung
eintreten, in der ich mich von immer neuen Seiten, nach immer
neuen Eigenschaften und immer vollkommener kennenlerne: nur
sie kann mein Sosein, ja selbst schon mein Dasein ausweisen, evtl.
auch abweisen".[158] Das solcherart in der Weise von Realitäten
sich konstituierende empirische, reale Ich ist überdies, wie
Husserl im ursprünglichen Entwurf der *Ideen II* ausführt, entsprechend den dinglichen Realitäten, ,,konstituiert nicht im einzelnen Bewusstsein und seinen ,Mannigfaltigkeiten', sondern im
intersubjektiven Bewusstsein".[159] Ganz anders hingegen verhält
es sich mit dem *reinen Ich*. Dieses ist nach Husserl in einem reflektiv erfahrenden Akt ,,aus jedem cogito *vollkommen* zu entnehmen

---

[154] Vgl. *Kritik der reinen Vernunft*, Paralogismen, B 409; m.H.
[155] a.a.O., B 415.
[156] Ms. F III 1, S. 3a. – Vgl. zur Konstitution des empirischen Ich z.B. *Ideen I*,
§ 53; Hu V, *Ideen III*, Beilage I; Hu XIII, *Intersubjektivität I*, Beilage XXXII,
S. 245f. – alle Texte um 1912.
[157] Ms. F III 1, S. 3a.
[158] Hu IV, *Ideen II*, § 24, S. 104; vgl. auch Hu V, *Ideen III*, Beilage I (Entwurf
der *Ideen II*), § 2, S. 114.
[159] Vgl. Ms. F III 1, S. 6a (oben, S. 142); cf. Hu IV, *Ideen II*, § 28, S. 111.

⟨ . . . ⟩ als adäquate Gegebenheit".¹⁶⁰ Also, „um zu wissen, dass das reine Ich ist und was es ist, kann mich keine noch so grosse Häufung von Selbsterfahrungen eines besseren belehren als die einzelne Erfahrung an einem einzigen schlichten cogito. Es wäre ein Widersinn zu meinen, ich, das reine Ich, sei vielleicht nicht oder sei etwas ganz anderes als das in diesem cogito fungierende".¹⁶¹ Im Gegensatz zum realen Ich *erscheint* das reine Ich *nicht*, es „stellt sich nicht bloss einseitig dar, bekundet sich nicht bloss nach einzelnen Beschaffenheiten, Seiten, Momenten, die zudem ihrerseits nur erscheinen; vielmehr in absoluter Selbstheit und seiner unabschattbaren Einheit ist es gegeben".¹⁶² Es als Realität im Sinne substantial-realer Einheit fassen zu wollen, wäre sonach in Husserls Augen „ein Widersinn".¹⁶³

Die phänomenologische Gegebenheit bzw. Erfassbarkeit des reinen Ich ist also gegenüber jener des realen, empirischen Ich eine im Akte seiner Erfassung „vollkommene", adäquate, nicht auf die ins Unendliche fortschreitende, bestätigend ausweisende Erfahrung angewiesene. Im ursprünglichen, wohl bei der Abschrift von 1915 wieder gestrichenen und veränderten Text der *Ideen II* kam die von Husserl „eben erst" sich zu eigen gemachte Stellungnahme zum reinen Ich in ihrer Neuartigkeit noch zu ganz unmittelbarem Ausdruck, wenn er schrieb: „Man muss sich hüten (ist zunächst sehr geneigt), das reine Ich mit den anderen Icheinheiten, die uns die vertrauten der gewöhnlichen Einstellungen sind, zu verwechseln – eine Verwechslung, die freilich keine zufällige, sondern durch die Wesensbeziehungen der verschiedenen Einheiten begreifliche ist. Solche Verwechslungen hemmen uns darin, das reine Ich, auch nachdem wir es schon erfasst haben, in unvertrauter Reinheit zu erhalten und wissenschaftlich sicher zu beschreiben".¹⁶⁴

---

¹⁶⁰ Vgl. Entwurf zu *Ideen II* in Ms. F III 1, S. 6a; auch *Ideen II*, § 22, S. 97 und § 28, S. 111; ferner etwa *Ideen I*, § 46, S. 86. Auch Hu V, *Ideen III*, Beilage I, § 2. Husserl sagt dort auch, dass das *reine* Ich, wie alle realen Einheiten, „eine intersubjektive Identifizierung und Objektivierung erfahren *kann*" (S. 113; m.H.), während es zum eigenen konstitutiven Sinn der „Realitäten", sollen sie „Substanzen" und nicht bloss „Erscheinungen" sein (cf. S. 112), gehört, intersubjektiv konstituiert zu *sein*.

¹⁶¹ Ms. F III 1, S. 240b; cf. *Ideen II*, § 24, S. 104, Text der Ausarbeitung.

¹⁶² Ms. F III 1, S. 240b; *Ideen II*, § 24, S. 105. Vgl. auch bereits Ms. F III 1, S. 3a: „Das ⟨sc. reine⟩ Ich aber schattet sich nicht ab, es erscheint nicht, es lebt in seinen Akten und ist das Subjekt des Lebens".

¹⁶³ Ms. F III 1, S. 6a.

¹⁶⁴ cf. Ms. F III 1, S. 240a und b.

In Husserls Reflexionstheorie zur Zeit der *Ideen* stellt sich das reine Ich selbst als eine, obwohl „allem Realen und überhaupt allem anderen gegenüber, was noch als ‚seiend' bezeichnet werden kann, eine völlig isolierte Stellung" einnehmende *Gegenständlichkeit* dar.[165] Wie alles Konstituierende ist allerdings auch das reine Ich allein eine reflexive Gegenständlichkeit. Husserl sagt, dass es „zum Wesen des reinen Ich" gehört, „sich selbst als das, was es ist und wie es fungiert, erfassen und sich so zum Gegenstand machen zu können".[166] Damit erneuert er seine bereits in den *Logischen Untersuchungen* gegen Natorp und wohl auch gegen Kant vorgebrachte Stellungnahme für die gegenständliche Gegebenheit des reinen Ich, freilich mit dem entscheidenden Unterschied, nun selbst ein reines Ich anzuerkennen und nicht mehr bloss zu sagen, wie es gegeben sein müsste, wenn es nicht bloss ein mythisches, unter den Bewusstseinsgegebenheiten nicht anschaulich aufweisbares Prinzip sein soll. Im § 8 der V. Untersuchung führte Husserl Natorps Lehre an: „jede *Vorstellung*, die wir uns vom Ich machen würden, würde dasselbe zum *Gegenstande* machen. Wir haben aber bereits aufgehört, es als Ich zu denken, indem wir es als Gegenstand denken. Ich-sein heisst nicht Gegenstand, sondern allem Gegenstand gegenüber dasjenige sein, dem etwas Gegenstand ist. Dasselbe gilt von der Beziehung auf das Ich".[167] Demgegenüber brachte Husserl vor: „Nun mag allenfalls ein engster Begriff am Gegenstand ausgeschlossen sein; aber zunächst kommt es auf den weiteren an. Sogut die Hinwendung des Merkens auf einen Gedanken, auf eine Empfindung, auf eine Regung des Unbehagens usw. diese Erlebnisse zu Gegenständen innerer Wahrnehmung macht, ohne sie darum zu Gegenständen im Sinne von Dingen zu machen, sogut wäre jenes Beziehungszentrum Ich und jede bestimmte Beziehung des Ich auf einen Inhalt, als bemerkt, auch gegenständlich gegeben" (V.LU, S. 341f.). Und entsprechend heisst es dann, unter Anerkennung des reinen Ich, auch zur Zeit der *Ideen*: „Das reine Ich ist also keineswegs Subjekt, das niemals Objekt werden kann, wofern wir eben den Begriff des Objekts nicht von vornherein beschränken und insbesondere auf ‚natürliche' Objekte, auf ‚dinglich-reale' beschränken, mit Beziehung auf welche der Satz allerdings in

---

[165] Hu IV, *Ideen II*, § 23, S. 101.
[166] Hu VI, *Ideen II*, § 23, S. 101.
[167] V. LU, S. 341; bzw. Natorp, *Einleitung in die Psychologie*, § 4, S. 13.

einem guten und wertvollen Sinn gelten würde. ⟨ . . . ⟩ Das reine
Ich ist durch das reine Ich, das identisch selbe, gegenständlich
setzbar".[168] Diese Lehre Husserls von der *intuitiven* Gegebenheit
des reinen Ich steht wohl auch im Gegensatz zur KantischenLehre
der Gegebenheit des Ich der transzendentalen Apperzeption. In
Kants Theorie der transzendentalen Begründung der Möglichkeit
der Erfahrung a priori hat das „Ich denke" eine unentbehrliche
Funktion der Vereinheitlichung (cf. unten, Kapitel 8). Die Möglichkeit dieser Notwendigkeit der transzendentalen Apperzeption
wird aber von Kant nicht als anschauliche Gegebenheit aufgezeigt, vielmehr stellt er selbst ausdrücklich deren Charakter eines
logischen Erfordernisses heraus, wenn er sagt, dass wir „die Einheit des Bewusstseins ⟨ . . . ⟩ selbst nur dadurch kennen, dass
wir sie zur Möglichkeit der Erfahrung unentbehrlich brauchen".[169]

Als „Gegenständlichkeit", die eine gewisse Identitätsstruktur
aufweist, hat das reine Ich, wie Husserl es zur Zeit der *Ideen* fasst,
auch eine Dauer, es kann sich „als zeitlich dauerndes" erfassen,
es ist identisches der inneren Zeit[170]: Mit diesen Bestimmungen
werden wir auf die zweite, die Zeitlichkeit des Ich betreffende
Gruppe von Aussagen über das reine Ich hinübergeleitet.

b) Zeitlichkeit bzw. Unzeitlichkeit des reinen Ich

Husserl sagt in den *Ideen I* zwar, mit dem reinen Ich biete sich
„eine eigenartige – *nicht konstituierte* – Transzendenz, eine Transzendenz in der Immanenz dar" (§ 57, S. 110; m.H.), und im
Entwurf der *Ideen II* aus 1912 lesen wir gleichsinnig, das reine
Ich sei „aus jedem cogito vollkommen zu entnehmen ⟨ . . . ⟩ als
adäquate Gegebenheit" und sei „somit in der Sphäre der immanenten Zeit *keiner ,Konstitution'* durch ,Mannigfaltigkeiten' fähig und bedürftig".[171] Diese Aussagen erklären sich aber als
Folge des Ausser-Spiel-Lassens eines „tieferen, entsprechend
mannigfaltigen ,Bewusstseins' eines anderen Sinnes",[172] nämlich
des „letzten und wahrhaft Absoluten", des ursprünglichen, abso-

---

[168] cf. Ms. F III 1, S. 237a und b; Hu IV, *Ideen II*, § 23, leicht veränderte Fassung
der Ausarbeitung. – Auf die im § 23 der *Ideen II* implizit enthaltene Natorp-Kritik
hat bereits I. Kern (1964) hingewiesen. Er macht ebendort auch auf Husserls spätere
Annäherung an Natorps Lehre aufmerksam (S. 363ff.).
[169] *Kritik der reinen Vernunft*, Paralogismen, B 420.
[170] cf. Hu IV, *Ideen II*, § 23, S. 101 und 103.
[171] Ms. F III 1, S. 6a; m.H.
[172] Hu IV, *Ideen II*, § 23, S. 102.

luten *Zeitbewusstseins*.[173] ,,Dieses tiefste, die immanente Zeit und alle ihr eingeordneten Erlebniseinheiten, darunter alle cogitationes konstituierende Bewusstsein'' [174] liess Husserl bekanntlich in den *Ideen* ausdrücklich ausser Betracht. Deshalb geben sich die cogitationes als identische, feste, ,,nicht-konstituierte'' Einheiten einer Dauer in der Sphäre der immanenten Zeit, ,,und zu dieser Sphäre'', sagt Husserl zur Zeit der *Ideen*, ,,gehört auch das identische reine Ich''.[175] Er weist nur eben darauf hin, dass eigentlich zu beachten sei, dass diese Einheiten ,,als Einheiten einer Dauer, in ihr sich so und so wandelnd, eben selbst schon bewusstseinsmässig konstituierte Einheiten sind'', nämlich im ursprünglichen zeitkonstituierenden Bewusstsein, in welchem sich die immanente Zeit selbst konstituiert, welcher die Erlebnisse als ,,Einheiten'' zugehören.[176]

Im Blick auf das eigentlich in die Analyse mit einzubeziehende ursprüngliche Zeitbewusstsein erklärt sich also Husserls Schwanken bezüglich des ,,Nicht-Konstituiertseins'' des reinen Ich in der Sphäre der immanenten Zeitlichkeit. Dies ist am ursprünglichen Entwurf der *Ideen II* und dann wieder an der späteren Einfügung in den Text des § 57 der *Ideen I* ablesbar. Im Entwurf stand nämlich zunächst, das reine Ich sei ,,in der Sphäre der immanenten Zeit keiner *eigentlichen* ,Konstitution' durch ,Mannigfaltigkeiten' fähig und bedürftig'' (Ms. F III 1, S. 6a), wobei ,,eigentlichen'' gestrichen und ausradiert, aber eben noch lesbar ist. Und im § 57 ergänzte Husserl ,,nicht konstituierte'' zu ,,in gewissem Sinne nicht-konstituierte'' Transzendenz in der Immanenz (cf. Hu III, Textkritischer Anhang zu § 57, S. 477). – Ferner finden wir aus der Zeit der *Ideen* eine aporetische Aufzeichnung, die sich zur Frage der Konstitution des reinen Ich im Fluss des Bewusstseins äussert. Husserl überlegt: ,,Liegt nicht der Einheitsbildung ,Person' wesentlich zugrunde das identische Ich im Fluss der cogitationes? Ja, ist beides nicht dasselbe, und ist die Beziehung von Dispositionen, Charakteranlagen etc. auf ein Ich und andererseits die Beziehung der cogitationes auf ein Ich ⟨nicht⟩ im Grunde aus derselben Quelle stammend? Die *Frage* wird hier sein, ob es zum Wesen der Einheit von cogitationes als Einheit eines Flusses (des immanenten zeitlichen) gehört, dass sich darin immanent eine identische Einheit ,Ich' konstituiert oder ob die Bildung des ,Ich', die Konstitution dieser Objektivität etwas dem Fluss selbst Ausserwesentliches ist ⟨ . . . ⟩''.[177] – In einem mit ,,*Ichprobleme*'' überschriebenen Text vom ,,Oktober 1916'' bezeichnet Husserl als eine ,,übrigbleibende Aufgabe'': ,,1) Eine neue Untersuchung des reinen Ich, von dem die *Ideen* sprechen''. Er kommt dabei auch auf die Konstitution des Ich im Verhältnis zur zeitlichen Konstitu-

[173] cf. *Ideen I*, § 81, S. 162f.
[174] Vgl. *Ideen II*, § 23, S. 102 (Lesart des stenographischen Originals, Ms. F III 1).
[175] *Ideen II*, § 23, S. 103.
[176] cf. *Ideen II*, § 23, S. 102.
[177] Ms. A VI 10, S. 25a und b (um 1913).

tion des cogito zu sprechen: „Ist nicht jedes in einem cogito ‚auftretende'
Ich schon ein konstituiertes, in einer ursprünglichen Apperzeption, so ursprünglich als etwa das Zeitbewusstsein ursprünglich konstituierendes ist?
⟨ . . . ⟩ Wir müssen scheiden das Ich als Subjekt aller Affektionen, Aktionen, in allen apperz⟨ipierenden⟩ Vollzügen etc. und das Ich, das selbst zum
apperzipierten Objekt wird für das dabei wirklich tätige, wirklich vorstellende Subjekt (wirkliche Ich). So wie sich die phänomenologische Zeit-
form, bzw. die Zeitdauer jedes Immanenten ursprünglich konstituiert,
ob ich darauf hinachte oder nicht, so konstituiert sich in ursprünglicher
Apperzeption das Ich in seinen verschiedenen Aktionen, in seinem Apperzipieren von Objekten, ob ich auf das Ich reflektierend achte oder nicht.
Ich achte auf Objekte, aber nicht auf das Ich, das objektiviert". Mit diesen
Sätzen scheint Husserl aber nicht das „reine Ich" im Auge zu haben, denn
er fährt fort: „Wie steht es nun aber mit dem ‚reinen Ich' (in meinem
Sinn), bleibt nach Reduktion von aller Transzendenz, auch den Vermögen,
dieses nicht als reiner Ichpunkt übrig? Das alles ist also zu überlegen
⟨ . . . ⟩".[178]

Sehen wir nun noch näher zu, wie Husserl das reine Ich inner-
halb der Sphäre immanenter Zeitlichkeit charakterisiert. Sicher-
lich ist es kein sich identisch durchhaltendes, in der immanenten
Zeit identisch dauerndes Phänomen, etwa „ein in stupider
Identität fortdauerndes Tonempfinden", wie Husserl in der
„Vorform" des § 57 der *Ideen I* überlegt – „dergleichen ist kein
Ich und nichts dem Ich Analoges".[179] Er führt im ursprünglichen
Manuskript der *Ideen II* näher aus: „Das reine Ich ist eine Einheit total anderen Sinnes als die Einheit einer Kontinuität von
Phasen, die in diesen Phasen bald unverändert, bald veränder-
lich sein kann. Schon die kontinuierlich zeitliche Einheit eines
cogito ist total verschiedenen Charakters, denn hier ist kein Identisches, das da unverändert oder verändert sein könnte, als
Identisches im cogito als Phänomen. Und dazu ist die Einheit des
reinen Ich des cogito in total verschiedener Weise *zeitlich Seiendes*[180] als das cogito. Eigentlich extendiert sich das reine Ich
nicht und dauert es nicht, es ist unteilbar und unextendierbar
Eines für das cogito und identisch in jedem anderen".[181] Was
Husserl hier im Auge hat, beschreibt er auch im § 57 der *Ideen I*
und im ursprünglichen Entwurf der *Ideen II* an anderer Stelle:
Das reine Ich ist nicht vorfindbar „als ein Erlebnis unter anderen

[178] Ms. F I 44, S. 33a und b.
[179] Ms. F III 1, S. 3a, Bleistiftmanuskript-Fragment (cf. oben, S. 123, Anm. 2).
[180] „zeitlich Seiendes" ist eine Bleistiftkorrektur über etwas Ausradiertem, un-
leserlich Gewordenem.
[181] cf. Ms. F III 1, S. 16a. – Vgl. Hu V, Beilage I, S. 116, leicht abgeänderter Text
der Ausarbeitung.

Erlebnissen, auch nicht als ein eigentliches Erlebnisstück, mit dem Erlebnis, dessen Stück es wäre, entstehend und wieder verschwindend. Das Ich scheint beständig, ja notwendig da zu sein, und diese Beständigkeit ist offenbar nicht die eines stupide verharrenden Erlebnisses, einer ‚fixen Idee' " (*Ideen I*, § 57, S. 109). Das konstante Erlebnis bedürfte nämlich seinerseits noch eines dauernden Ich, das sein identisches Subjekt wäre.[182] Das „beständige" Dabeisein des Ich ist nach Husserl vielmehr so zu verstehen, dass ich reflektierend einsehen kann, derselbe zu sein und gewesen zu sein, der dauernd in dem und jenem Erlebnis vollziehendes Ich ist. Da dieses Ich aber im reinen Bewusstsein, in den vorüberfliessenden Erlebnissen nicht reell vorfindlich ist und doch überall „auftritt", ist es dem reinen Bewusstsein, den zeitlich verfliessenden singulären cogitationes in gewissem Sinne *„transzendent"*.[183] Diese „Transzendenz in der Immanenz" des reinen Erlebnisstromes ist äquivalent erfasst mit Husserls Rede von der *„Identität"* (der „numerischen Identität") des reinen Ich gegenüber den kommenden und gehenden cogitationes dieses Stromes. Das reine Ich, „als ein bei allem wirklichen und möglichen Wechsel der Erlebnisse absolut Identisches, kann ⟨ . . . ⟩ in keinem Sinn als reelles Stück oder Moment der Erlebnisse selbst gelten" (*Ideen I*, § 57, S. 109), „jedes cogito mit allen seinen reellen Bestandstücken entsteht oder vergeht im Fluss der Erlebnisse. Aber das reine Subjekt entsteht nicht und vergeht nicht, trotzdem es in seiner Art ‚auftritt' und wieder ‚abtritt' ".[184]

Wir sehen nach diesen Ausführungen, dass Husserls Aussage, die Einheit des reinen Ich sei „in total verschiedener Weise zeitlich Seiendes als das cogito" (oben, S. 213), uns über die Erfassbarkeit bzw. Gegebenheit des reinen Ich hinsichtlich seiner Zeitlichkeit in einige Verlegenheit bringt. Nämlich: Ist das reine Ich überhaupt noch als „zeitlich Seiendes", ist es nicht vielmehr dem cogito, dem im Zeitfluss verströmenden Erlebnis gegenüber als „unzeitlich", „überzeitlich" zu bestimmen? Hätte Husserl dies schon im Auge gehabt, wenn er auch sagt: „*Eigentlich* extendiert sich das reine Ich nicht und *dauert es nicht*" (oben, S. 213)? Doch nimmt sich diese Aussage in der Zeit der *Ideen*, wo er das reine

---

[182] cf. Ms. F III 1, S. 3a.
[183] *Ideen I*, § 57, S. 109; *Ideen II*, § 23, S. 103.
[184] cf. *Ideen II*, § 23, S. 103 (Lesart des Originals, Ms. F III 1).

Ich als ein ,,Gegenständliches'' fasst, welches als ein Identisches
seine ,,Dauer'', also eine zeitliche Erstreckung in der immanenten
Zeit hat, als beiläufig aus. Auch noch in der Zeit um 1914–15 in
Texten, wo die von uns im 5. Kapitel erörterte Ichproblematik
zur Geltung kommt, bringt Husserl die Bestimmung der Zeitlichkeit des reinen Ich auf keinen eindeutigen Begriff. Von der Erinnerung handelnd, schreibt er in einem um 1914 anzusetzenden
Text: ,,Ich kann die Erinnerungsreihe durchlaufen, wenn ich die
Erinnerungsintentionen einlöse, und finde mich da als kontinuierlich dasselbe Ich, dauernd, von der Vergangenheit in die
lebendige und fliessende Jetzigkeit sich stetig hinerstreckend''.[185]
Diese Beschreibung, die das reine Ich als zeitlich dauerndes fasst
und es, wie in den *Ideen*, der immanenten Zeit des Erlebnisstromes einordnet,[186] lässt eigentlich kaum zu, das reine, in sich
unwandelbare Ich von einem ,,stupide verharrenden Erlebnis''
(oben, S. 213f.) zu unterscheiden; allerdings war es nie Husserls
Meinung, eine solche Gleichsetzung zu bedeuten. Der Fortgang
des Textes bringt alsbald einige Aufklärung. Husserl schreibt:
,,Zu jedem Jetzt gehört in bezug auf alle Erlebnisse des betreffenden Jetzt, des ursprünglichen oder erinnerungsmässig modifizierten, eine Phase des Ich, als vollziehendes, sich zuwendendes,
tätiges Ich oder als solches, das sich zuwenden könnte. Also als
Feld des Ich, ein phänomenologisches Dauerfeld, in dem das *Ich
allgegenwärtig* ist''.[187] Solche ,,Allgegenwärtigkeit'' des Ich deutet
nun aber doch auf ,,Ueberzeitlichkeit'' hin, auf einen Bereich, dem
,,eigentliche Dauer'' nicht zugesprochen werden kann. Andererseits versteht Husserl hier das Ich als vollziehendes, sich zuwendendes, tätiges, also auch im Sinn der Auffassung nach Analogie mit dem leiblichen Orientierungszentrum, welche Auffassung keine Ueberzeitlichkeit zuliesse, vielmehr in Richtung eines
stetig sich in der Zeit Hinerstreckenden deutete.

So legt sich uns schliesslich das Ergebnis nahe, die Zweideutigkeit in Husserls Bestimmung der Zeitlichkeit bzw. Unzeitlichkeit
des reinen Ich gründe in der Zweideutigkeit seines Ichprinzips
selbst, welche aus der Verschiedenartigkeit des Ichbegriffs, wie er
uns in diesem bzw. im 5. Kapitel entgegentrat, abzulesen ist. Im

---

[185] Hu XIII, *Intersubjektivität I*, Nr. 3, S. 52f. (cf. oben, S. 112).
[186] a.a.O., Nr. 3, S. 53.
[187] a.a.O., Nr. 3, S. 53; m.H.

Blick auf das „reine Ich" als Zentrum der Aufmerksamkeit nach Analogie des leiblichen Orientierungszentrums ist Husserl versucht, das reine Ich selbst als *zeitlich dauerndes*, wenn auch von einer Dauer ganz eigener Art, zu fassen und es solcherart als einen, wenn auch einzigartigen, absolut identischen „*Gegenstand*" zu bestimmen. Im Blick auf das oberste Subjekt der Identifikation von Vollzugs-Ich und Korrelat-Ich bei vergegenwärtigenden Akten als Prinzip der Einheit des Bewusstseins hingegen (vgl. oben, § 18) kommt allmählich die Einsicht zur Geltung, dass bei diesem Phänomen von einer zeitlichen Dauer des reinen Ich eigentlich nicht gesprochen werden kann, damit in eins aber auch nicht mehr eigentlich von einem „absolut Identischen" im Sinne eines, wenn auch noch so einzigartigen „Gegenstandes". In diese Richtung weisen ganz ausdrücklich Meditationen, die Husserl 1917–1918 in Bernau niederschrieb und deren Gehalt dann auch in spätere Texte einging. In einer Aufzeichnung der Bernauer Zeit versucht Husserl, „das universale Reich der immanenten Zeit zu konstruieren". Abschliessend hält er fest: „Scheinbar haben wir damit alles Subjektive – und in gewisser Weise ‚haben' wir es – und doch wieder nicht. Denn was wir haben, ist eben Seiendes, Zeitliches, und *nicht alles Subjektive ist Zeitliches*, ist Individuelles, in dem Sinn des durch eine einmalige Zeitstelle Individualisierten. Was wir vor allem nicht im Erlebnisstrom haben, ist das *Ich selbst* ⟨ . . . ⟩ hier ist nun zu erörtern, dass das Ich als identischer Pol für alle Erlebnisse und für alles in der Intentionalität der Erlebnisse selbst ontisch Beschlossene ⟨ . . . ⟩ der *Pol* ist für alle Zeitreihen und notwendig als das ‚*über*'-*zeitlich* ist, das Ich, *für* das sich die Zeit konstituiert, für das Zeitlichkeit, individuell singuläre Gegenständlichkeit in der Intentionalität der Erlebnissphäre da ist, das aber nicht selbst zeitlich ist. In diesem Sinn ist es also nicht ‚Seiendes', sondern das Gegenstück für alles Seiende, *nicht ein Gegenstand*, sondern *Urstand* für alle Gegenständlichkeit. Das Ich sollte eigentlich nicht das Ich heissen, und überhaupt nicht heissen, da es dann schon gegenständlich geworden ist. Es ist das *namenlos* über allem Fassbaren, über allem nicht Stehende, nicht Schwebende, nicht Seiende, sondern ‚*Fungierende*', als fassend, als wertend usw.".[188] Immer aber werden wir

---

[188] Ms. L I 20, S. 4a (1917 oder Frühjahr 1918). Es sei erwähnt, dass der Ausdruck „Urstand" neben „Verstand" und „Unterstand" auch von Schelling für das Subjekt

auch auf die anderen, am Leib und seiner phänomenologischen Gegebenheit orientierten Motive für die Bestimmung des reinen Ich treffen, die Zweideutigkeit in Husserls Stellungnahme zum reinen Ich und seiner Funktion hält sich in seinem ganzen Denken durch.[189] In den *Ideen I*, Husserls programmatischem ,,Hauptwerk", herrscht eine nach Analogie mit dem Leib gewonnene Auffassung des reinen Ichprinzips vor, die schliesslich auch in der in diesem Paragraphen erörterten phänomenologischen Bestimmung der zeitlichen Gegebenheit des reinen Ich selbst ihren Niederschlag fand: vordergründig ist die Meinung, das reine Ich sei ein Identisches in der Kontinuität innerhalb des immanenten Zeitstromes.

(ὑποκείμενον), das Ich gebraucht wurde (vgl. *Philosophie der Offenbarung*, I, S. 296).
[189] Vgl. unten, 9. Kapitel, § 42.

7. Kapitel

HUSSERLS STELLUNGNAHME ZUM PROBLEM
DES ICH IN DER AUSEINANDERSETZUNG
MIT DER ZEITGENÖSSISCHEN PSYCHOLOGIE

Unsere Untersuchungen über Husserls Stellungnahme zum Problem des Ich orientierten sich bisher in naiver Unbekümmertheit um „fremde Einflüsse" ausschliesslich an Husserls eigenen Texten. In diesem Kapitel wollen wir nun zusehen, welchen „Niederschlag" einflussreiche Denker seiner Zeit in seinen Forschungen zur Frage des Ich gefunden haben mögen. In einem weiteren Kapitel werden wir den philosophisch besonders bedeutenden Bezugnahmen Husserls auf Kants Lehre vom Ich der transzendentalen Apperzeption unsere Aufmerksamkeit schenken (unten, Kapitel 8).

§ 29. Einleitende Bemerkungen zu Natorps, Lipps und Pfänders
Bedeutung für Husserls Stellungnahme zum Problem des Ich.
– Uebersicht über das Kapitel

Insbesondere drei Zeitgenossen Husserls dürften zur Klärung seiner Stellungnahme zum Ich von Bedeutung gewesen sein: Paul Natorp, Theodor Lipps und Alexander Pfänder. Die Auseinandersetzung mit diesen fiel in sachlicher Hinsicht am ergiebigsten aus. Zudem bietet sie genügenden literarischen Anhalt in Husserls Nachlass, zum einen in handschriftlichen, teils kritisch kommentierten Exzerpten aus den Werken Natorps, Lipps' und Pfänders, zum anderen in den zahlreichen Lesespuren (Anstreichungen, Annotationen etc.), insbesondere in Natorps und Lipps', von Husserl gründlich studierten Schriften. Philosophen und Psychologen wie Avenarius, Brentano, Dilthey, James, Mach, Oesterreich, Schuppe und wohl auch noch andere mögen ebenfalls für Husserls Denkweg in der Frage des Ich in positivem oder negativem Sinn von einigem Einfluss gewesen sein. Indessen, die dürftigen Anhaltspunkte für Husserls Denken in der *Ichfrage* wirklich bestimmende Anregungen würden nicht viel mehr als eine langweilige Aufzählung von Exzerpten und mehr oder weniger zufälligen Anstreichungen von Husserls Hand in den in seinem Besitz sich befindlichen Schriften jener Denker und darauf gegründete vage Vermutungen erlauben.[1] Aber nicht so für Pfänder, und noch weniger für Natorp und Lipps.[2] Da Husserls Beziehungen zu Natorp und Pfänder in der Forschung bereits ausgiebig behandelt wurden, rücken wir in unseren Ausführungen hauptsächlich Lipps in den Vordergrund. Doch soll auch Pfänder bezüglich unserer spezifischen Frage nach seiner Bedeutung für Husserls Einbeziehung des Ich herangezogen werden, während Husserls positive Auseinandersetzung mit Natorp bezüglich unserer Fragestellung infolge Natorps Nähe zu Kant

[1] Es ist selbstverständlich, dass damit nicht gesagt sein soll, Husserls Verhältnis zu James, Avenarius oder Mach, und besonders zu Brentano und Dilthey, sei ,,überhaupt'' der Untersuchung nicht wert, bloss eben für die Einbeziehung des Ich in die reine Phänomenologie dürften diese Denker für Husserl nicht ernstlich in Betracht kommen. Husserls Verhältnis zu Brentano fand eine ausgezeichnete Darstellung bei Th. de Boer (1966). Was Dilthey betrifft, sei wenigstens an Husserls Aeusserung in seinem Brief vom 27. Juni 1929 an Georg Misch erinnert: ,,Ihre Auseinandersetzung mit Heidegger, bzw. Auseinandersetzung Dilthey-Heidegger betrifft auch mich, mpliziert die so notwendige zwischen Dilthey-Husserl. Sie wissen nicht, dass wenige Gespräche 1905 mit Dilthey in Berlin (nicht seine Schriften) einen Impuls bedeuteten, der vom Husserl der *L.U.* zu dem der *Ideen* führte, und dass die unvollständig dargestellte und eigentlich erst 1913 bis etwa 1925 konkret vollendete Phänomenologie der *Ideen* zu einer innersten Gemeinschaft mit Dilthey, bei wesentlich anders gestalteter Methode geführt hat. Das muss irgendwie herausgeklärt werden. Weiss noch nicht, wo und wie'' (vgl. Nachwort zur neuen Ausgabe von Mischs *Lebensphilosophie und Phänomenologie* bei der Wissenschaftlichen Buchgesellschaft Darmstadt, 1967, S. 327f.). Husserl hatte Mischs Buch kurz nach Erscheinen sehr gründlich studiert und annotiert. Der ,,Impuls'', den Husserl von Dilthey empfing, mag sogar bezüglich der Frage des Ich von Gewicht sein, konkrete Nachweise wären aber schwerlich beizubringen.

[2] Eine breitangelegte Untersuchung, ,,Husserl über Pfänder'', von K. Schuhmann in der Reihe *Phaenomenologica* ist vor kurzem erschienen; sie gibt über Husserls Beziehung zu Pfänder ergänzenden Aufschluss. Der Verfasser erlaubte mir freundlicherweise schon vor der Drucklegung Einblick in eine erste Fassung der Arbeit. – Husserls intensives und fruchtbringendes Verhältnis zu Natorp ist durch I. Kerns umfassende Darstellung (1964) seit langem bekannt. Zur Frage des Ich cf. a.a.O. § 26, S. 286 und besonders § 32, v.a. S. 361–366. – Eine Bestandaufnahme von Husserls Verhältnis zu Theodor Lipps in der Ichfrage ist mir nicht bekannt. Herbert Spiegelberg (1960, vol. I, S. 140, Anm.) bemerkt zu Husserls Wende zum reinen Ich in den *Ideen* lapidar: ,,There is definite evidence that it was the repeated study of the works of Theodor Lipps, especially of his *Leitfaden der Psychologie*, and discussions with some of his students like Pfänder during the Seefeld vacation of 1905, which played an important part in the growth of this new insight. (Oral communication from the late August Gallinger, one of the participants . . .)''. Diese Bemerkung mag zwar durch die folgenden Ausführungen, was Lipps' Rolle betrifft, einigen Gehalt bekommen, über die radikalen Differenzen von Husserls Denken einerseits, Lipps' und seiner Schüler andererseits darf man sich aber nicht hinwegtäuschen lassen.

der Sache nach im folgenden Kapitel zur Geltung kommen wird. Was also Lipps und Pfänder betrifft, versuchen wir im folgenden, aus der Sicht des bei Husserl herausgestellten Denkweges eine kritische Erschliessung der in ihren Forschungen mehr oder weniger verborgenen Ansätze und Ausführungen zur Ichproblematik durchzuführen. Wir haben uns bei der Darstellung von Husserls Lektüre ihrer Schriften die ihn im Banne haltende Absicht der Etablierung einer Wissenschaft vom reinen Bewusstsein zu vergegenwärtigen, wenn anders jene Schriften uns in der *Bedeutung für Husserl* sollen zugänglich werden können. Es geht uns also um den Versuch, diese Autoren so zu lesen, wie Husserl sie von seinem Gesichtspunkt der zu etablierenden reinen Phänomenologie gelesen und daraus Förderung in der Klarlegung der Frage des Ich erfahren haben mochte. Und nur das, was in ihnen bezüglich der Ichfrage in Husserls Augen von Interesse gewesen sein dürfte, ziehen wir in Betracht. Lipps und Pfänder, soweit sie uns im folgenden interessieren, stehen bereits unter dem ,,Einfluss'' der *Logischen Untersuchungen*[3] oder haben doch zu Husserls methodischer Konzeption der reinen Phänomenologie höchstens klärend beigetragen.[4] Husserl las die Schriften dieser beiden aus

---

[3] Lipps sagt in seinem Aufsatz ,,Die Aufgabe der Psychologie'' (1904) in wissenschaftlicher Redlichkeit: ,,Ausserdem habe ich im Fortgang der Jahre etwas gelernt. Im übrigen fühle ich mich verpflichtet, hier neben Wundt einen Namen zu nennen, der zu Wundt in gewisser Weise einen äussersten Gegensatz bildet, ich meine Husserl, einen besonders scharfen und tiefgründigen Denker ''(S. 5f.).

[4] Insbesondere die bereits durch die in Hu X, *Zeitbewusstsein* (Nr. 35–Nr. 38, S. 237ff.; cf. Anmerkung des Hrsg. S. 237), veröffentlichten Texte bekanntgewordene Seefelder Begegnung mit Pfänder (und Daubert u.a.) im Sommer 1905 mag zur klareren Fassung von Husserls Idee der phänomenologischen Reduktion beigetragen haben. (Cf. dazu K. Schuhmann, der jene Begegnung in seiner Arbeit ,,Husserl über Pfänder'' ausführlich rekonstruiert. Schuhmanns spekulativer Absicht einer dialektischen Gleichsetzung von Pfänders Psychologie und Husserls transzendentaler Phänomenologie ,,zur Selbigkeit des Ununterschiedenen'' (S. 16 u. *passim*) kann ich allerdings keinen verbindlichen Sinn abgewinnen.) Im Gespräch mit Pfänder mag Husserl noch sicherer zu sich selber gekommen sein, damit in eins aber auch *weg* von Pfänders Betrachtungsweise derselben Probleme. Was die genuin Husserlsche Problematik der Konstitution im transzendentalen Bewusstsein angeht, ist die Auseinandersetzung mit Pfänder doch von kärglichem Ertrag, wie schliesslich gerade Schuhmanns Ausführungen belegen. Die *bleibenden* Differenzen beider Denker sind zu gross, um die Bedeutung Pfänders für Husserls reine Phänomenologie hoch zu veranschlagen. Es sei nur an die eine Aeusserung Husserls in seinem Weihnachtsbrief von 1921 an Roman Ingarden auch hier erinnert: ,,⟨ . . . ⟩ Aufrichtig gesagt, wiederholt erwog ich, ob ich nicht vom *Jahrbuch* zurücktreten solle. Selbst Pfänders Phänomenologie ist eigentlich etwas wesentlich anderes als die meine, und da ihm die konstitutiven Probleme nie voll aufgegangen sind, gerät er, der übrigens Grundehrliche und Solide, in eine dogmatische Metaphysik. Schon Geiger ist nur $1/4$ Phänomenologe'' (Edmund Husserl, *Briefe an Roman Ingarden*, Phaenomenologica, Band 25, S. 23).

einer bereits eigenständigen, wenn auch anfänglich noch nicht in voller Klarheit gefassten methodischen Position.

Wir gliedern unsere Nachweise entsprechend der zweiseitigen Motivation zu Husserls Einbeziehung des Ich in die Phänomenologie in zwei Abschnitte. Im ersten Abschnitt (A) behandeln wir Husserls Auseinandersetzung mit Lipps und Pfänder im Zusammenhang der Bestimmung der Einheit des Bewusstseins; im zweiten Abschnitt (B) im Zusammenhang der Theorie der Aufmerksamkeit. Diese Einteilung legt sich aufgrund der vorangegangenen Kapitel nahe, sie ergibt sich aber auch im Blick auf Husserls ausdrückliche Bezugnahmen auf Lipps und Pfänder im Zusammenhang der Frage des Ich. In beiden Motivationslinien finden wir nämlich Verweise auf Lipps und Pfänder, welche uns als Ausgangspunkte unserer Darstellung dienen sollen.

A. Husserls Auseinandersetzung mit Lipps und Pfänder im Problemzusammenhang der Bestimmung der Einheit des Bewusstseins

§ 30. Lipps' reine Bewusstseinswissenschaft und empirische Psychologie und Husserls Erweiterung der phänomenologischen Reduktion auf die Intersubjektivität in ihrer Beziehung auf die Bestimmung der Einheit des Bewusstseins und das reine Ich

Am Ende eines wohl um 1910 entstandenen Manuskriptes, das der Frage nach der „Einheit der Persönlichkeit, der eigenen und jeder anderen", nachgeht und worin zu lesen ist, dass „das Ich sich individualisiert durch Unterscheidung von Ich und Nicht-Ich, durch Vervielfältigung des Bewusstseins im Zusammenhang mit der Vervielfältigung der Leiber", notierte Husserl etwas nachträglich folgenden Verweis auf Lipps: „vgl. dazu trefflich T. Lipps ⟨*Leitfaden der*⟩ *Psychologie*, 1909 ⟨3. Auflage⟩, S. 48⟨ff.⟩: Das Bewusstsein ist an sich nicht individuelles, sondern einfach Bewusstsein. Erst indem ich von anderen Ich weiss, wird dieses Ich zu diesem, zu einem von mehreren, kurz zum individuellen".[5] Ebendort verweist Husserl auch auf eine Reihe eigener Manu-

---

[5] Hu XIII, *Intersubjektivität I*, Beilage XXXI, S. 244 und S. 245, Anm. 1.

skripte zur selben Problematik,[6] und an erster Stelle genau auf den das Prinzip der Konstruktion eines einheitlichen Bewusstseinsstromes betreffenden Passus in den Vorlesungen „Grundprobleme der Phänomenologie" von 1910–11.[7] Versuchen wir uns klarzumachen, welchen sachlichen Zusammenhang Husserl durch seinen Verweis auf Lipps und das Prinzip der Konstruktion eines einheitlichen Bewusstseinsstromes zu verstehen geben mochte. Mit anderen Worten, welche Bedeutung könnte Lipps für Husserls Fragestellung nach der Bestimmung der Einheit eines gegenüber anderen Bewusstsein phänomenologisch abgeschlossenen Bewusstseinsstromes zuzusprechen sein?

Um den möglichen „Einfluss" Lipps' auf Husserls Konzeption des Prinzips des einheitlichen Bewusstseinsstromes, welches auf die Idee des reinen Ich führte, in seiner Art und in seinen Grenzen zu umreissen, ist es unvermeidlich, in der Darstellung von Husserls Lipps-Lektüre etwas weiter auszuholen und die wesentlichen in Frage kommenden Denkmotive Lipps' in Erinnerung zu rufen. Aus dieser Konfrontation der Gedanken Lipps' (und dann auch Pfänders) einerseits und Husserls andererseits in dieser zentralen philosophischen Frage der Einheit des Bewusstseins wird uns nochmals Husserls Beitrag zur Frage des Ich in seiner von seinen Zeitgenossen mit gleicher Kraft des Denkens nicht erreichten Tiefendimension der philosophischen Fragestellung deutlich werden.

Die Stelle aus dem *Leitfaden der Psychologie* (3. Auflage, 1909), welche Husserl anführt, gehört in dessen Zweitem Kapitel „Wesen und Aufgabe der erklärenden Psychologie" (S. 43) zum Abschnitt „Eine Vorfrage: Die Vielheit der Iche, und die Einfühlung" (S. 48). Husserl vermerkte in seinem Exemplar des *Leitfadens*, den er in allen drei Auflagen besass, zu dieser Ueberschrift: „Erste Auflage 1911ff.". Lipps' Umstellung und Ueberarbeitung der Erörterung der Einfühlung in andere Ich ist allerdings der Beachtung wert. Sie tritt bereits, und zwar einsichtiger als in der 3. Auflage, in der 2. Auflage des *Leitfadens* von 1906

---

[6] Vgl. die Beilagen III und IV (1908) in Hu XIII, *Intersubjektivität I* aus dem Ms. B II 2, worauf Husserl verweist.
[7] Hu XIII, *Intersubjektivität I*, Nr. 6, § 37, S. 185ff. und Beilage XXVI, S. 219ff. – Vgl. zum Textbestand oben, S. 88f.

auf (cf. S. 30ff.)[8] und entspricht dort einem methodischen Erfordernis, welches sich als Folge von Lipps' Idee einer *reinen Bewusstseinswissenschaft*, die in der 1. Auflage des *Leitfadens* (1903) noch nicht eigentlich zur Geltung kommt, einstellte. Lipps' neue Ausgestaltung der Psychologie, die sich wohl seit 1903 anbahnte, fand ihren literarischen Niederschlag in dem beim V. Internationalen Psychologenkongress in Rom im Jahre 1905 gehaltenen Vortrag ,,Die Wege der Psychologie", besonders ausführlich aber in der grossen Abhandlung *Inhalt und Gegenstand*; *Psychologie und Logik* aus demselben Jahr;[9] beide Schriften hat Husserl sehr gründlich gelesen. Die in diesen Arbeiten entwickelte Konzeption der ,,reinen Bewusstseinswissenschaft" (auch ,,Geisteswissenschaft" genannt) ist nun wohl der Punkt, wo Husserl und auch Natorp[10] in methodisch-systematischer Hinsicht am fruchtbarsten mit Lipps in Beziehung gebracht werden kann. Jedenfalls haben wir hinsichtlich des rechten Verständnisses des eingangs von Husserl gegebenen Hinweises auf Lipps gerade über die Idee dieser reinen Bewusstseinswissenschaft zur Klarheit zu kommen, denn nur auf deren Hintergrund wird einsichtig, was Lipps meint.

Wir halten uns vor allem an *Inhalt und Gegenstand*; *Psychologie und Logik*. Husserl notierte auf dem Umschlag seines Exemplares der Abhandlung: ,,Gelesen 11. und 12. September 1908".[11] Erin-

---

[8] Husserl exzerpierte auch die 2. Auflage des *Leitfadens* in der Zeit zwischen 1907 und 1914 (cf. Hu XIII, *Intersubjektivität I*, Beilage XVI, S. 7off.). Unter anderem auch den hier fraglichen Passus über die Individualisierung des Bewusstseins überhaupt; cf. Ms. E I 3 II, S. 153b: ,,Lipps' Vielheit der Ich. Einfühlung. S. 34". – In seinem Exemplar der 2. Auflage des *Leitfadens* notierte Husserl S. 30 zu Beginn des zweiten, mit ,,Wesen und Aufgabe der empirischen Psychologie. Psychologie als Geisteswissenschaft und als Seelenlehre" überschriebenen Kapitels: ,,3. Auflage, ⟨S.⟩ 43 völlig umgearbeitet. Vgl. den dafür umgebildeten Anfang des § 1 der 3. Auflage". Die von Husserl zitierte Stelle aus der 3. Auflage, von der wir in unseren Ausführungen ausgehen, steht in der 2. Auflage S. 34f. im Abschnitt ,,Vielheit der Ich, und Einfühlung."

[9] In dem kleinen Aufsatz ,,Die Aufgabe der Psychologie" (1904) zeichnet sich in den Ausführungen auf S. 9 und S. 12 in Andeutungen ab, was Lipps 1905 dann unter dem Titel einer ,,reinen Bewusstseinswissenschaft" ganz thematisch zur Darstellung bringt. In ,,Die Aufgabe der Psychologie" stellt Lipps das Gesagte als das ,,eigentlich" mit dem Leitfaden von 1903 (schon) Gemeinte hin.

[10] Bezeichnenderweise hielt neben Husserl auch Natorp gerade von Lipps' Schrift *Inhalt und Gegenstand* von 1905 sehr viel und sah in ihr (und nicht in der 3. Auflage des Leitfadens von 1909, die von der ,,reinen Bewusstseinswissenschaft" wiederum absieht) eine Annäherung an seinen eigenen Standpunkt (cf. Natorp, *Allgemeine Psychologie*, 1912, S. 287ff.). Zur Uebersicht über Lipps' Entwicklung sind Natorps Ausführungen im 11. Kapitel, § 5 (S. 27off.), sehr lehrreich.

[11] Ausser auf die ,,Grundprobleme der Phänomenologie", die wir eingangs dieses Paragraphen neben Lipps erwähnt fanden, verweist Husserl gerade auch auf eine Manuskriptgruppe aus ,,September 1908" (vgl. oben, S. 222, Anm. 6).

nern wir uns, dass wir oben im § 12 fanden, dass Husserl sich um 1908 in Sachen „Ich" in Verlegenheiten sah, und halten wir uns vorweg schon vor Augen, dass mit grösster Wahrscheinlichkeit auch Exzerpte aus Pfänder, die wir im nächsten Paragraphen zur Lippsschen Problematik hinzuziehen werden, frühestens um 1908–1909 geschrieben sein dürften, so ergibt sich eine Brücke zwischen unseren rein Husserls Texten folgenden Erörterungen in den vorangegangenen Kapiteln und den jetzigen, nach Anhaltspunkten der Motivation zur Einbeziehung des Ich bei Husserls Zeitgenossen Umschau haltenden Untersuchungen. Ohne diesem Befund allzu grosses Gewicht beizumessen, ist es wohl doch der Beachtung wert, dass die das Ich betreffenden Auseinandersetzungen Husserls mit Lipps und Pfänder in jene Zeit wachsenden Problembewusstseins in der Frage des Ich fallen.[12]

Die *reine Bewusstseinswissenschaft*, welche uns in Hinsicht auf Husserl besonders interessiert, kommt in Lipps' Schrift *Inhalt und Gegenstand; Psychologie und Logik*[13] in einer deutlich von Husserls *Prolegomena* (*Logische Untersuchungen*, Teil I, 1900) beeinflussten und geleiteten Kritik des Psychologismus zur Geltung. Gegenüber seiner früheren, psychologistischen, von Husserl in den *Prolegomena* kritisierten Position, die theoretischen Fundamente der als normative Disziplin verstandenen Logik in der empirischen Psychologie zu suchen, unternimmt Lipps selber jetzt eine „reine" Grundlegung der Logik, und zwar gerade vermittels der „reinen Bewusstseinswissenschaft". Die (reine) Logik (wie auch die Ethik und Aesthetik) versteht Lipps als eine ihrer Disziplinen (cf. IG, S. 558). Im folgenden interessiert uns zwar nicht die Frage der Grundlegung der Logik, indessen ist nicht zu übersehen, dass bei Lipps diese neue reine Bewusstseinswissenschaft in Hinblick auf Probleme der Grundlegung auftritt. Dieser Aspekt der Bemühungen um Grundlegung der Wissenschaften, allgemein genommen, findet sich aber auch in Husserls Absicht, die Phänomenologie als Wissenschaft des reinen Bewusstseins methodisch zu etablieren. Wenn Lipps von der reinen Bewusst-

---

[12] Um 1909 setzte übrigens auch ein intensives Natorp-Studium ein. Vgl. I. Kern (1964), § 5, S. 32.
[13] Wir zitieren diese Schrift im folgenden der Einfachheit halber unter dem Sigel IG (*Inhalt und Gegenstand* . . .). Bei Zitaten aus dem *Leitfaden* wird die Auflage (1., 2. oder 3. Auflage) durch eine hochgestellte Ziffer angegeben; z.B.: Leitfaden[2], S. 34.

seinswissenschaft seines Sinnes sagt: ,,Diese ‚reine' Wissenschaft ist, als solche, zugleich die erste Wissenschaft, die ‘πρώτη φιλοσοφία’ (IG, S. 558), so scheint solche Rede Husserls Konzeption der reinen Phänomenologie als ,,erste Philosophie" vorwegzunehmen. Sehen wir noch kurz zu, was Lipps am Ende seiner Abhandlung des näheren über den Zusammenhang von reiner Bewusstseinswissenschaft und πρώτη φιλοσοφία ausführt, denn dabei werden wir auf den Kern des Problems gewiesen, welches uns weiterhin zu beschäftigen hat. Lipps schreibt: ,,Die ‘πρώτη φιλοσοφία’ des Aristoteles ist es, wie man weiss, die zuerst als Metaphysik bezeichnet wurde. Halten wir diesen Begriff der Metaphysik fest, dann ist dieselbe die Wissenschaft vor allen anderen Wissenschaften. Sie ist die Grundwissenschaft. Eine solche Wissenschaft aber ist die reine Bewusstseinswissenschaft, die Wissenschaft vom Bewusstsein und seinen Gegenständen, die Wissenschaft, die ausgehend vom individuellen Bewusstsein und seinen Gegenständen zum reinen Bewusstsein und seinem Gegenstande führt; mit einem historischen Ausdruck, die Kritik der reinen denkenden, wertenden und wollenden oder der theoretischen und praktischen Vernunft. Ich bezeichne dieselbe auch als Psychologie der unmittelbaren Erfahrung. ⟨ . . . ⟩ Wie die Grundlage aller Wissenschaften, so ist diese Wissenschaft insbesondere auch die Grundlage der empirischen Psychologie. Auch diese ist doch eben Wissenschaft von den Bewusstseinstatsachen. Und das individuelle Bewusstsein ist es, in dem das reine gefunden wird" (IG, S. 668f.).[14]

Dieses Finden ist nach Lipps weder im Sinne der psychologischen Beobachtung, noch dem der physikalischen, die beide ,,den-

---

[14] Diesen Passus, wie auch S. 558 die Erwähnung der πρώτη φιλοσοφία hat Husserl beachtet. Da er selbst seit etwa 1906 (cf. Tagebucheintragung vom 25. September 1906) um eine neuartige Kritik der Vernunft sich bemüht (cf. dazu auch I. Kern (1964), S. 179ff.), die er mit der reinen Phänomenologie als der πρώτη φιλοσοφία leisten will, dürften die Lippsschen Ausführungen für ihn von einigem Interesse gewesen sein. Bekannt ist aber, dass Husserl die reine Phänomenologie wohl als erste, als πρώτη φιλοσοφία, nicht aber als Metaphysik (wie Lipps) verstanden wissen will. Metaphysik ist ihm eine der Phänomenologie nachfolgende, ,,zweite" Wissenschaft, eine Wissenschaft nicht des Eidetischen des phänomenologisch gereinigten Bewusstseins, sondern des Faktischen, der Realität gegenüber der Idealität (cf. R. Boehm, Einleitung zu Hu VII, *Erste Philosophie I*, S. XVIff., I. Kern (1964), S. 187f., S. 298ff.). Lipps' Konzeption der reinen Bewusstseinswissenschaft scheint aber auch Husserls Eidetik des reinen Bewusstseins (seiner ,,ersten Philosophie") nicht genau zu entsprechen, vielmehr dürfte ihr letztes Absehen ein (im Sinne von Husserls *Prolegomena*) normatives sein.

kende" Betrachtungen sind, sondern in einem neuen Sinne zu verstehen; er sagt: „es gibt ⟨ . . . ⟩ ein drittes Finden. Dies ist das unmittelbare Erleben" (IG, S. 542).[15] Mit diesen Hinweisen sind wir hinreichend für unsere Aufgabe vorbereitet, in Kürze abzuklären, wie Lipps seine reine Bewusstseinswissenschaft, die auf dem unmittelbaren Erleben gründet, etabliert und insbesondere, wie er sie zur empirischen Psychologie ins Verhältnis setzt. Es wird sich nämlich herausstellen, dass der Sache nach bei Lipps diejenigen Probleme auf dem Spiel stehen, welche Husserl zur Methode der phänomenologischen Reduktion und zur Erweiterung der phänomenologischen Reduktion auf die Intersubjektivität führten.[16] Gerade in diesem Zusammenhang aber trafen wir auf das eine Motiv der Einbeziehung des reinen Ich in die phänomenologische Problematik (oben, §§ 16ff.). Diese uns interessierenden Zusammenhänge kommen in *Inhalt und Gegenstand* und besonders prägnant im 2. Kapitel des ersten Abschnittes des *Leitfadens der Psychologie* von 1906 zur Sprache.

Im Abschnitt „Bewusstseinswissenschaft und Psychologie" in *Inhalt und Gegenstand* führt Lipps „einen doppelten Begriff der Psychologie" (S. 559) ein. Er tut dies im Ausgang einer Unterscheidung zwischen „mittelbarer und unmittelbarer Erfahrung" (S. 559) einerseits und zwischen „Gegenstandserfahrung und Icherfahrung" (S. 560) andererseits.[17] Die Psychologie ist die „Wissenschaft der Icherfahrung, Wissenschaft von den Icherlebnissen" und steht „allen den Wissenschaften der objektiven Erfahrung", d.i. der Gegenstandserfahrung gegenüber (S. 561). Diese Wissenschaft der Icherfahrung ist nun „entweder Wissenschaft der unmittelbaren oder Wissenschaft der mittelbaren Icherfahrung" (S. 561f.). Die Wissenschaft der mittelbaren Icherfahrung ist die *empirische* Psychologie, d.i. diejenige, die „gemeinhin" (S. 562) als Psychologie verstanden werde. Für diese Psychologie sind die Bewusstseinserlebnisse „Zeichen oder Symbole ⟨ . . . ⟩ für etwas, durch das hindurch der denkende Geist blickt, um dasjenige zu finden, was dahinter liegt" (S. 562; cf.

---

[15] cf. auch „Die Aufgabe der Psychologie": „Psychologie der Selbsterkenntnis ⟨...⟩ Aufgabe im *Finden* des Ich, wie es an sich ist, des reinen, d.h. von allem Subjektiven freien Ich; des Ich, das eben damit in allen eines und dasselbe Ich ist; des überempirischen und überindividuellen kurz des transzendenten Ich" (S. 9).

[16] Vgl. oben, bes. §§ 6 und 7, 9, 11 und 15.

[17] Vgl. auch den Abschnitt „Grundeinteilung der Wissenschaften", IG, S. 646ff.

auch S. 646ff., bes. S. 650). In diesem auch für die Naturwissenschaft vorbildlichen Sinne des Empirischen geht die Psychologie
,,über die unmittelbare Erfahrung hinaus" (S. 562). Dieser empirische Charakter ergebe sich ,,von selbst" auch daraus, dass unter
Psychologie eben gewöhnlich ,,die Psychologie des individuellen
Bewusstseins" (S. 562f.) verstanden werde; man meine, ,,nur das
individuelle Bewusstsein ⟨ . . . ⟩ sei in der Erfahrung gegeben d.h.
wir finden in der Erfahrung nur *dies* oder *jenes* Bewusstsein"
(S. 563; teils m.H.).

In dieser Bestimmung des empirischen, d.i. über die unmittelbare Erfahrung hinausgehenden Charakters der Psychologie
zeigt sich schon Lipps' Idee der reinen Bewusstseinswissenschaft
an, die, auf die unmittelbare Icherfahrung sich stützend, gerade
nicht vom *individuellen* Bewusstsein handelt, weil für Lipps die
Idee des individuellen Bewusstseins notwendig an die dinglich-
reale, in mittelbarer Erfahrung zur Gegebenheit kommende Welt
gebunden ist (cf. z.B. S. 565, 650). Alsbald stellt Lipps denn auch
an die gängige Auffassung über die Ausgangsgegebenheit der
Psychologie die Frage: ,,Ist in der Tat nur das individuelle Bewusstsein in der Erfahrung gegeben. Ist dasselbe *überhaupt*
gegeben in der *unmittelbaren* Erfahrung?" (S. 563). Diese Frage
ist aber zu verstehen aus dem Horizont der Betrachtungsweise,
die Lipps als Wissenschaft von der unmittelbaren Icherfahrung
zur Geltung bringen will. Die Ausgangsgegebenheit dieser Wissenschaft nämlich beschreibt er wie folgt: Sie betrachtet ,,die
Bewusstseinserlebnisse rein als solche, ohne nach ihrem Vorkommen in der Welt der objektiven Wirklichkeit zu fragen. Da
der Begriff des individuellen Bewusstseins das Vorkommen an
diesem oder jenem Individuum in sich schliesst, oder erst dies
Vorkommen an einem Individuum das individuelle ‚Bewusstsein'
für mich überhaupt entstehen lässt, das Vorkommen an einem
Individuum aber ein Vorkommen da und dort in der Welt der
objektiven Wirklichkeit ist, so heisst dies, die fragliche Wissenschaft ist *reine* Bewusstseinswissenschaft, d.h. Wissenschaft vom
Bewusstsein überhaupt, nicht vom individuellen Bewusstsein"
(S. 659f., cf. auch S. 562). ,,Die Aufgabe dieser Wissenschaft ist
⟨ . . . ⟩ die Erkenntnis des Ich, nämlich des reinen Ich" (S. 650).

Der Sache nach unmittelbar mit dieser Bestimmung der reinen
Bewusstseinswissenschaft sind nun die eingangs dieses Para-

graphen von Husserl aus der 2. Auflage des *Leitfadens* zitierten
Sätze in Verbindung zu bringen. Diese finden sich gleicherweise
schon, wie erwähnt (cf. oben, S. 223), in der zeitlich der Abhandlung *Inhalt und Gegenstand* nahestehenden 2. Auflage des *Leitfadens* von 1906, wo Lipps in prägnanten Formulierungen das in
Inhalt und Gegenstand über die Idee der reinen Bewusstseinswissenschaft allmählich Herausgearbeitete zusammenfasst. Die
Sätze lauten: ,,Ich weiss ⟨ . . . ⟩ unmittelbar nur vom *eigenen*
Bewusstsein oder von ,mir'. Dies Bewusstsein aber ist an sich
kein individuelles, sondern es ist einfach Bewusstsein; und dies
Ich ist an sich nicht ,mein' Ich oder ,dieses' Ich, sondern es ist
schlechthin: *ich''* (*Leitfaden²*, S. 34; cf. *Leitfaden³*, S. 48; IG, S.
602). Aus dem Horizont dieser Feststellungen folgt in Lipps'
Betrachtungsweise hinsichtlich des Anfangs der gewöhnlich
allein als Psychologie betrachteten empirischen Psychologie konsequent die Frage, ,,was denn das ,individuelle Bewusstsein' sei
d.h. was dasselbe für uns zum individuellen mache'' (IG, S. 563;
cf. *Leitfaden²*, S. 32f.), welche nach ihm ,,die *Grundfrage* der
Psychologie des individuellen Bewusstseins oder *der empirischen
Psychologie* ist oder sein sollte'' (IG, S. 563). Und genau in diesem
systematischen Zusammenhang der Etablierung der reinen Bewusstseinswissenschaft und der Beantwortung der Grundfrage
der empirischen Psychologie als der Psychologie des individuellen
Bewusstseins erhält nun für Lipps das Problem der *Einfühlung
in andere Ich* methodisch grundlegende Bedeutung, wie wir eingangs des Paragraphen anzeigten (oben, S. 222f.).[18] Denn der weitere Gang von Lipps' Unterscheidung von reiner Bewusstseinswissenschaft und empirischer Psychologie drängt zur Frage:
,,Was denn uns von diesem und jenem, kurz von einem ,individu-

---

[18] In der 1. Auflage des *Leitfadens der Psychologie*, der die reine Bewusstseinswissenschaft noch nicht kennt, war es kein methodisches Erfordernis, den Zugang
zur individuellen Bewusstseinseinheit, die der empirischen Psychologie zugrundeliegt,
aufzuweisen, da Psychologie definitorisch als Wissenschaft des individuellen Bewusstseins verstanden war. In der 1. Auflage wird Einfühlung in Andere einfach als
eines der auch psychologisch zu behandelnden Themen der ,,Erkenntnis'' im 3. Abschnitt erörtert. In der 2. Auflage ist der Idee der reinen Bewusstseinswissenschaft
entsprechend der Platz der Erörterung der Einfühlung in andere Ich (obzwar von
Lipps selbst nicht ausdrücklich dargetan) methodisch begründet und geht in die Behandlung von ,,Wesen und Aufgabe der Psychologie'' ein, wo die Erörterung der
Einfühlung in andere Ich auch noch in der 3. Auflage stehen bleibt, obwohl dort nicht
mehr von der reinen Bewusstseinswissenschaft die Rede ist. In den späteren beiden
Auflagen wird die Einfühlung auch noch als Erkenntnisquelle an der der 1. Auflage
entsprechenden Stelle des Gedankenganges erörtert.

ellen' Bewusstsein *Kenntnis* gebe" (*Leitfaden*[2], S. 34, *Leitfaden*[3], S. 48; IG, S. 601f.), und seine Antwort lautet: ,,Erst indem ich von anderen Ichen weiss, wird dies Ich zu ,diesem', zu ,meinem', zu einem unter mehreren, kurz zum individuellen" (*Leitfaden*[2], S. 34f.); zu diesem ,,Wissen von fremden Bewusstseinsleben" gelangen wir aber eben in der Weise der ,,Einfühlung" (*Leitfaden*[2] S. 35f.; IG, S. 601f.).[19]

Versuchen wir nun diese von Husserl in den verschiedenen Schriften Lipps' zur Kenntnis genommenen Gedanken vom Standpunkt der reinen Phänomenologie her mit der phänomenologischen Problematik der Einbeziehung des Ich in Verbindung zu setzen. Vorweg sei auf eine für Husserls Einstellung zu Lipps' Ausführungen kennzeichnende kritische Bemerkung hingewiesen, die im Abschnitt, wo Lipps das Ziel der reinen Bewusstseinswissenschaft in Abhebung von der Naturwissenschaft noch einmal umgrenzt (IG, S. 622ff.), zu finden ist. Husserl schreibt: ,,Verwechselt Lipps nicht die *Wissenschaft vom Bewusstsein überhaupt* als Wesenslehre des Bewusstseins, und seiner Korrelationen, somit als Logik, Ethik und Aesthetik, mit der *Metaphysik*, welche auf das Absolute und seine Korrelationen geht? Die letztere geht auf das ,Ich an sich', auf die Idee eines absolut vollkommen urteilenden, wertenden, wollenden Bewusstseins und auf die gegebene Welt absolut verstanden, und interpretiert als Entwicklung gemäss dieser Idee" (S. 626). Diese Kritik Husserls müssen wir im folgenden gegenwärtig halten und uns fragen, in welchem Sinne der bei Lipps im Blicke stehenden Problematik der reinen Bewusstseinswissenschaft für Husserls eigene ,,Wissenschaft vom Bewusstsein überhaupt als Wesenslehre des Bewusstseins" motivierende Kraft zur Klärung der uns interessierenden Frage des Ich zukommen konnte.

Wenn wir bei Lipps lesen: Unmittelbar weiss ich nur von

---

[19] Es ist zu beachten, dass diese Einbeziehung der Einfühlung zur Konstitution des empirisch-realen Ich, des Ich-Menschen, auch bei Husserl in Kraft tritt. Gerade in diesem Zusammenhang der Konstitution der ,,Einheit der Persönlichkeit" beruft Husserl sich ja auf Lipps' Gedanken (cf. oben, S. 221). Besonders deutlich kommt dieser Gedanke früh schon im Text der Beilage III (um 1908) in Hu XIII, *Intersubjektivität I*, S. 6, und in der Beilage XXXII (um 1912) in Hu XIII, S. 245f. zur Geltung. Indessen beruft Husserl sich auch auf das Prinzip der Konstruktion eines einheitlichen Bewusstseinsstromes und damit auf das Problem des *reinen* Ich. Gegenüber Lipps gibt es aber bei Husserl *mehrere*, einzelne reine Ich, so viele eben als es reale Menschen-Ich gibt. Cf. unten, S. 234 und oben, S. 141.

meinem eigenen Bewusstsein; dieses aber, unmittelbar erlebt, ist kein individuelles, sondern einfach Bewusstsein (cf. oben, S. 228), so werden wir an Husserls phänomenologische Reduktion auf das „absolute" Bewusstsein erinnert, deren allmähliche methodische Etablierung wir oben im 2. Kapitel nachzeichneten. Auch Husserl würde sagen: Unmittelbar weiss ich nur vom „eigenen" Bewusstsein, nur dieses ist direkt erfahrbar; in der absoluten Gegebenheit der phänomenologischen Reduktion aber ist es nicht mehr als „meines", vielmehr ist es in der phänomenologischen Analyse „niemandes" Bewusstsein. Dass das Bewusstsein, unmittelbar erlebt, d.i. rein als solches genommen (cf. IG, S. 649), kein individuelles sei, bedeutet in Lipps' Betrachtungsweise einmal, dass es nicht als an ein Substrat der raumdinglichen Welt gebunden erlebt werde. Soweit scheint Lipps' Gedanke Husserls phänomenologischer Reduktion verwandt; in ihr wird Bewusstsein ja auch rein als solches genommen, d.h. nicht apperzeptiv an ein empirisches Individuum der räumlich-zeitlichen Welt gebunden. Aber meinen Lipps mit dem Ausdruck „einfach Bewusstsein" und Husserl mit der Rede von „niemandes" Bewusstsein für das in der *reinen* Bewusstseinsbetrachtung Gegebene dasselbe?

Bei näherem Zusehen treten alsbald weittragende Unterschiede hervor. In Husserls Sicht müsste Lipps' unmittelbare Icherfahrung, in der „einfach Bewusstsein" erlebt wird, zu einem reinen, d.h. phänomenologisch reduzierten Bewusstsein führen, welches, würde es empirisch apperzipiert, als Bewusstsein eines Individuums zu erkennen wäre. Da in der phänomenologischen Reduktion diese empirische Apperzeption aufgehoben ist und Husserl zunächst kein reines Ich in Betracht zieht, spricht er von „niemandes" Bewusstsein. Wir haben im 3. Kapitel einige Hinweise auf die Nötigung zur Wesensforschung für die Wissenschaft des phänomenologisch reduzierten Bewusstseins gegeben (oben, S. 44ff.) und am Anfang des 4. Kapitels nachgewiesen, dass Husserls transzendentale ichlose Phänomenologie der Konstitution zunächst einem neuartigen, undurchschauten bzw. phänomenologisch unaufgeklärten transzendentalen „Solipsismus" verhaftet blieb (cf. oben, S. 54ff.). Demgegenüber erscheint der Gesichtspunkt Lipps' als ein ganz anderer. Wenn er den Gegenstand der reinen Bewusstseinswissenschaft gegenüber dem „individuellen Bewusstsein" als „einfach Bewusstsein", „reines Bewusstsein",

,,Bewusstsein überhaupt'' etc. bezeichnet, versteht er darunter ein ,,überindividuelles'' und ,,überzeitliches'' (IG, S. 558), ein ,,reines Ich'' oder ,,Ich an sich'' (IG, S. 626), ein ,,Ich überhaupt'' (IG, S. 624), das ,,nicht ,mein' Ich oder, dieses' Ich'' ist, sondern ,,schlechthin: ich'' (*Leitfaden*², S. 34; *Leitfaden*³, S. 48), nämlich ,,das von der individuellen Trübung und Enge befreite Ich'' (IG, S. 624), das ,,von allem Subjektiven freie Ich, das Ich, das eben damit in allen eines und dasselbe Ich ist'' (cf. ,,Aufgabe der Psychologie'', S. 9).

In dem kleinen Aufsatz ,,Die Aufgabe der Psychologie'' (1904) klingt bei der Beschreibung der ,,Psychologie der unmittelbaren Erfahrung'' (S. 8) zwar das Wissen um die solipsistische Betrachtung noch an, wenn Lipps festhält: ,,Da nur das eigene Bewusstseinsleben Gegenstand der unmittelbaren Erfahrung ⟨ . . . ⟩ sein kann, so ist diese Psychologie Selbsterkenntnis oder Wissenschaft des in sich selbst eingeschlossenen Bewusstseins'' (S. 8), und dann weiter ausführt: ,,Aber das Bewusstsein bleibt nicht in sich selbst eingeschlossen. Ich weiss auch von einem Bewusstsein ausser dem meinigen. Ich weiss von anderen Ichen; von einem Ich oder Bewusstsein dieses und jenes Individuums ⟨ . . . ⟩ Wie diese seltsamste aller Tatsachen zustande kommt, das ist eine der interessantesten, zugleich freilich eine der vernachlässigtsten Fragen der Psychologie. Sie gehört in das reiche Gebiet der Einfühlung, der Ich-Objektivierung'' (S. 9).

Aber diese Problematik entfällt für Lipps in der Wissenschaft der unmittelbaren Icherfahrung, er verlegt sie auf den Boden der empirischen Psychologie. So schon im eben zitierten Aufsatz im Anschluss an die wiedergegebenen Ausführungen über die Tatsache anderer Ich: ,,Und diese Tatsache nun erfordert eine völlig neue Art der Psychologie, nämlich die kausal erklärende Psychologie'' (S. 9) des individuellen Bewusstseins, des ,,realen Ich'' (S. 10); ebenso, wie wir gesehen haben, in den ausgearbeiteteren Darstellungen der reinen Bewusstseinswissenschaft der darauffolgenden Jahre, wo dann das Problem des ,,in sich selbst eingeschlossenen Bewusstseins'' gänzlich aus dem Bereich der Wissenschaft der unmittelbaren Icherfahrung verbannt erscheint. Denn die angeführten Bezeichnungen Lipps' für den Gegenstand der reinen Bewusstseinswissenschaft verraten über die von Husserl herausgestellte Verwechslung hinaus (cf. oben,

S. 229) eine sonderbare Vermengung allgemeiner Bewusstseins-
strukturen, die in einer apriorischen Betrachtung des in unmittel-
barer Icherfahrung gegebenen Bewusstseins zu gewinnen sind
(IG, S. 552f.), mit einem ,,Bewusstsein überhaupt" im Sinne eines
alle individuellen Bewusstsein, wie das Ganze seine Teile, umfassenden Bewusstseins oder ,,reinen Ich" (cf. u.a. IG., S. 624).[20]
Diese Konzeption bringt dann mit sich, dass die individuellen
Bewusstsein, welche die empirische Psychologie erforscht, als
Teile des Bewusstseins überhaupt erscheinen. Lipps schreibt:
,,Das Individuum ist dasjenige was *macht*, dass für mich das
einzelne Bewusstsein, das an sich nicht ein einzelnes von dem
anderen unterschiedenes ist, zum einzelnen und von anderen
unterschiedenen *wird* ⟨ . . . ⟩ Die Bindung ⟨des Bewusstseins⟩ an
die verschiedenen Individuen ist die *Schaffung* der verschiedenen
Iche für mich, oder ist die *gedankliche Teilung des Bewusstseins
überhaupt in ,dies' und ,jenes' Bewusstsein"* (IG, S. 564; teils
m.H.).[21] An die Seite des letzten Satzes hat Husserl am Rande
ein Fragezeichen gesetzt. Diese Lippssche Lehre musste in seinen
Augen als anschaulich nicht aufweisbare Konstruktion erscheinen.

Als möglichen ,,Einfluss" der Gedanken Lipps' auf Husserls
Etablierung der reinen Phänomenologie bezüglich der Einbeziehung des Ich können wir abschliessend nun festhalten: Die Lippssche Konstruktion, ein überindividuelles reines Bewusstsein
überhaupt aufgrund der in der empirischen Psychologie erörterten Einfühlung, welche von verschiedenen individuellen Bewusstsein Kenntnis gibt, in einzelne individuell abgeschlossene Bewusstseinseinheiten zu unterteilen, könnte Husserl vermehrt auf
das Ungeklärte seiner eigenen ersten Konzeption der phänomenologischen Reduktion aufmerksam gemacht haben. Lipps' me-
thodologisch wohl unsauber bestimmtes Verhältnis der reinen
Bewusstseinswissenschaft und der empirischen Psychologie könnte in Husserl ein vertieftes Nachdenken über seine Ansicht, das

---

[20] Vgl. in dieser Hinsicht Husserls aporetische Texte über das ,,Allbewusstsein"
der Beilagen IV und VII in Hu XIII, *Intersubjektivität I*, aus 1908–09.
[21] cf. auch IG, S. 575: ,,Kurz, es entstehen, nachdem das individuelle Bewusstsein
einmal gedacht ist, d.h. nachdem einmal das Bewusstsein überhaupt, von dem wir
ursprünglich allein wissen, in viele geteilt oder vervielfältigt ist und diese Vielheit
durch die Verteilung an viele Individuen denkbar geworden ist, alle die Begriffe, mit
welchen die empirische Psychologie arbeitet".

phänomenologisch reduzierte Bewusstsein sei niemandes Bewusstsein und über das nicht gestellte Problem des transzendentalen Solipsismus geweckt haben. Der merkwürdigen Auffassung Lipps', dass das in unmittelbarer Icherfahrung in der reinen Bewusstseinswissenschaft als nicht ,,individuelles'' gegebene Bewusstsein in empirischer Auffassung an eine Vielheit von individuellen Bewusstsein sich *verteile,* wäre dann Husserls vertiefte Einsicht in die phänomenologische Reduktion, wie sie in den ,,Grundproblemen der Phänomenologie'' von 1910–11 ihren Ausdruck findet, entgegenzuhalten: ,,⟨ . . . ⟩ in der Tat ist Einheit des phänomenologischen Bewusstseinsstromes und Einheit des Bewusstseins, die ausschliesslich Bewusstsein eines einzigen Ich in der empirischen Auffassung ist oder aus dieser durch phänomenologische Reduktion hervorgeht, ein und dasselbe''.[22] Dieser Satz findet sich, wie wir von den früheren Ausführungen her wissen, am Anfang des dem ,,Prinzip der Konstruktion eines einheitlichen Bewusstseinsstromes'' gewidmeten § 37. Eben dieses Prinzip rückte uns ein einsichtiges Motiv zur Einbeziehung des Ich in die phänomenologische Problematik in den Blick. Zur Etablierung dieses Prinzips wurde Husserl aber gerade infolge der Absicht der Erweiterung der phänomenologischen Reduktion auf die Intersubjektivität motiviert. Entgegen Lipps' Uebergang in die empirische Psychologie zur Etablierung einer Bewusstseinsvielheit aufgrund der Einfühlung, geht Husserl daran, die Vielheit der Bewusstsein und deren Zusammenhang im Ausgang von der empirischen Erfahrung fremden Bewusstseins in der reinen Bewusstseinsbetrachtung zur Aufklärung zu bringen. Zunächst bezüglich des Wesens der Einfühlung in den Vorlesungen ,,Grundprobleme der Phänomenologie'' kurz auf Lipps Bezug nehmend (GPh, § 38, S. 187), hält er alsbald, und nun offenbar im Gegenzug zu Lipps, fest: ,,Einfühlung ist nun jedenfalls eine Erfahrung, die wir wie jede andere phänomenologisch reduzieren können'' (GPh, § 39, S. 188). Die Gedankenfolge der §§ 36ff. in den Vorlesungen ,,Grundprobleme der Phänomenologie'' von 1910–11 erinnert zwar in der Tat sehr an die bei Lipps ungeklärt zum Durchbruch kommenden Probleme, wie Husserls eingangs dieses Paragraphen wiedergegebener Verweis auf Lipps und auf sein

---

[22] Hu XIII, *Intersubjektivität I,* Nr. 6, § 37, S. 184.

eigenes Prinzip der Konstruktion eines einheitlichen Bewusstseinsstromes uns vermuten liess (oben, S. 221f.). Wenn wir uns die
Ergebnisse unseres 5. Kapitels vergegenwärtigen, ist aber doch
auch deutlich, dass Husserls Schritt zur Erweiterung der phänomenologischen Reduktion auf die Intersubjektivität gegenüber
Lipps' letzten Endes methodisch und sachlich verwirrender
Konzeption des Verhältnisses reiner Bewusstseinswissenschaft
und empirischer Psychologie eine gedankliche Klärung darstellt,
die es ihm erlaubte, in der Betrachtung des Bewusstseins rein als
solchen das Prinzip einer phänomenologisch gegenüber jedem
anderen Bewusstsein abgeschlossenen Bewusstseinseinheit zu
etablieren. Entgegen Lipps' Rückgang hinsichtlich der Bestimmung der numerisch verschiedenen Bewusstsein (cf. z.B. *Leitfaden*[2], S. 33) auf das reale empirische Ich, das Individuum, das
seine Stelle hat in der dinglich-realen Welt (S. 33), zieht Husserl
die Idee des reinen Ich in Betracht. Gibt es aber bei Lipps nur
ein reines Ich, das gedanklich in dies und jenes individuelle Bewusstsein, d.i. reale Ich geteilt wird, ist in Husserls Auffassung
klar, dass es so viele reine Ich gibt, als es reale Ich gibt (oben,
S. 141), da eben die Idee des reinen Ich gerade zur phänomenologischen Bestimmung der Einheit jedes Bewusstseins einbezogen
wird (cf. oben, § 18, S. 105ff.).

*§ 31. Pfänders Lehre von der Einheit der individuellen psychischen
Wirklichkeit und Husserls Idee des reinen Ich*

Werfen wir nun noch einen Blick auf Pfänders Beitrag zu der
uns interessierenden Frage der Einbeziehung des Ich in die
Phänomenologie im Zusammenhang der Bestimmung der Einheit
des Bewusstseins. Zur Orientierung diene uns wiederum ein Hinweis Husserls auf Ausführungen Pfänders, die zu der von Husserl
erörterten Sache in Entsprechung stehen. Wir finden diesen Hinweis im ersten der beiden am Anfang des 5. Kapitels im § 14 als
,,Aperçu'' der reinen Ichproblematik erörterten Textstücke
(oben, S. 75f.). Wir brauchen den Inhalt dieses Textes aus
,,September 1907'' hier nicht noch einmal im einzelnen anzu-
führen. Husserl vermerkt zu den Sätzen, die auf eine Anerkennung des Ich als ein *identisches* gegenüber dem blossen ,,Bündel''
im Zusammenhang der Einbeziehung anderer Ich in die phänomenologische Analyse hinweisen, etwas nachträglich am Rande:

„cf. auch Pfänder Einleitung".[23] Gemeint ist Pfänders *Einführung in die Psychologie*, die Husserl am 9. Juli 1904 vom Verfasser erhielt.[24]

Husserls Randbemerkung im Ms. B II 1, S. 23a bezieht sich aller Wahrscheinlichkeit nach unmittelbar auf Pfänders kritische Ausführungen gegen die von David Hume sich herschreibende Auffassung des Ich als des Bündels von Empfindungen und Vorstellungen, welche sich im § 6, „Das psychische Subjekt oder das Ich und die Seele" (S. 373ff.) des 3. Kapitels im Zweiten Teil der *Einführung* finden. Pfänder gibt dort zunächst Humes Erklärung wieder, „er finde in sich immer nur Perzeptionen; das Ich könne also nur das Bündel oder das Zusammen verschiedener, in beständiger Veränderung begriffener Perzeptionen sein", wobei „Perzeptionen" in Humes Verstande Empfindungen und Vorstellungen und nicht deren Gegenstände gemeint habe. Daraufhin vermerkt Pfänder kritisch: „Betrachten wir den Psychologen, der das Ich sucht und ein Bündel von Perzeptionen findet. Unwillkürlich erhebt sich sodann die Frage, wer denn da suche und finde. Er ist doch nicht das Bündel von Perzeptionen, das da sucht und sich selbst findet. Das suchende und findende Ich muss vielmehr von den Perzeptionen, die gefunden werden, verschieden sein. Offenbar vergisst hier der Psychologe sich selbst, das suchende und findende Ich" (S. 377f.).[25] Schon am Eingang

---

[23] Ms. B II 1, S. 23a. – Es mag der Beachtung wert sein, dass Husserl bei offenbar nachträglicher Lektüre seines Manuskripts bemerkte „cf. auch Pfänder Einleitung". Bei der Niederschrift des Textes selbst mag er zunächst eher im Gedanken an seine Ausführungen in den *Logischen Untersuchungen*, gegen deren Auffassung des Ich als „Bündel" er sich hier 1907 wendet, an Natorp gedacht haben, wenn er jetzt in dessen Sinne schreibt: „Ich ist kein Inhalt, nichts innerlich Wahrnehmbares, dann wäre es ja etwas Gehabtes vom Ich" (Ms. B II 1, S. 23a). Andererseits erinnern die Schlusssätze der Aufzeichnung von 1907 an Motive aus Husserls Auseinandersetzung mit Lipps: „Andererseits diese Welt löst sich auf in eine *Vielheit* von nicht ‚realen' Ich ⟨...⟩ Ist diese Ichvielheit, die als Vielheit freilich *nicht unmittelbar* gegeben ist, nun noch nicht das Letzte?" (Ms. B II 1, S. 23a). Doch wie immer, im folgenden wollen wir der Tatsache unsere Aufmerksamkeit schenken, dass Husserl „auch" an Pfänder dachte.

[24] Vgl. Privatbibliothek Husserls, Archivsignatur BP 195.

[25] Im Textfortgang erwähnt Pfänder dann noch Humes Selbstkritik im Nachtrag zum *Treatise*: Hume erklärt dort, „das Bündel von Perzeptionen, also das Ich, bilde eine *Einheit*; er vermöge aber nicht die Faktoren anzugeben, die diese Einheit herstellen; hier liege eine Schwierigkeit vor, die er nicht zu lösen vermöge" (S. 378). Husserl hat die entsprechenden Stellen in der deutschen Ausgabe des *Treatise* (cf. Band I, S. 363f.; übersetzt von Th. Lipps), sicherlich unabhängig von Pfänders Hinweis, schon früh zur Kenntnis genommen. Er ist auch durch Oesterreichs Buch *Die Phänomenologie des Ich in ihren Grundproblemen* (1910) wiederum auf Humes Nachtrag aufmerksam gemacht worden; cf. a.a.O., S. 11f., Lesespuren Husserls.

dieses, gegen andere Auffassungen des Ich Stellung nehmenden
Paragraphen bringt Pfänder seine eigene Lehre in Erinnerung,
welche er auch Humes ursprünglicher Auffassung entgegenhält:
,,Wir haben schon früher hervorgehoben, dass das Ich oder das
psychische Subjekt in jedem psychischen Tatbestande enthalten
ist; dass kein psychischer Tatbestand ohne ein Ich denkbar und
beschreibbar ist, dass die *numerische Identität* des psychischen
Subjekts sowohl die Einheit des gleichzeitigen Psychischen als
auch die Einheit der individuellen Lebensgeschichte ausmacht;
und dass die numerische Verschiedenheit psychischer Subjekte
alles vorhandene Psychische überhaupt in eine Mehrheit isolierter
Individuen zersprengt" (S. 374). Pfänder meint hier seine Darlegungen in den §§ 4 und 5 des 1. Kapitels des Zweiten Teils der
Einführung, das eine ,,Allgemeine Charakteristik der psychischen
Wirklichkeit" (S. 186ff.), d.i. des Gegenstandes der Psychologie
(cf. S. 12ff.) gibt. Genau diese der Lehre vom Ich als ,,Bündel von
Empfindungen und Vorstellungen" entgegengehaltenen Ausführungen Pfänders hat Husserl, wohl um 1909 oder etwas danach, auf zwei Blättern exzerpiert.[26] Im folgenden wollen wir
im Ausgang von diesen Exzerpten die bei Pfänder zur Sprache
kommenden Gedanken auf ihre mögliche Bedeutung für Husserls
Einbeziehung des Ich in die Phänomenologie hin untersuchen.

Für das rechte Verständnis von Husserls Pfänder-Lektüre ist
es aber wichtig, die einstellungsmässige Differenz beider Denker
vor Augen zu haben: Pfänders Lehre muss, so sehr sie sich auch
von Lipps' gedanklichen Konstruktionen zu befreien vermag, in
Husserls Augen doch durchaus als ,,naiv" bzw. der natürlich-
objektivistischen Betrachtungsweise des Bewusstseins verhaftet
erscheinen. Diese Einstellung kommt schon deutlich im kurzen
Vorwort zur *Einführung in die Psychologie* zum Ausdruck, wo
Pfänder von dieser sagt: ,,Sie lässt mit Absicht jede erkenntnis-

---

[26] Vgl. Ms. A VI 10, Blätter 22 und 23 (23b ist unbeschrieben); S. 22a steht mit
Rotstift am Rande ,,ad reines Ich" und mit Blaustift ,,Pfänder". Das Konvolut A VI
10 enthält meist lose Blätter. Husserl notierte auf dem Umschlag u.a. ,,Ich, Person,
geistige Substanz ⟨...⟩ Ich und Bewusstseinsstrom, überhaupt Ichprobleme. Einzuordnen. Das meiste Vorlagen zu *Ideen II*" (S. 1a). – Vgl. auch Hu XIII, *Intersubjektivität I*, Beilage VII (aus 1909) ,,Die Unverträglichkeit verschiedener individueller Bewusstseine. Die präempirischen Zeitbewusstseinseinheiten als getrennte Einheiten", S. 17ff. Diese Ueberlegungen Husserls scheinen ebenfalls in Auseinandersetzung mit Pfänder geschrieben zu sein (cf. u.a. S. 18, wo der Ausdruck ,,psychische
Wirklichkeit" auftritt, der bei Husserl nicht gebräuchlich ist).

theoretische Grundlegung beiseite" (S. III). Und am Ende der
Einleitung bemerkt Pfänder über den Ausgang des von ihm ein-
geschlagenen Weges in die Psychologie: ,,Naturgemäss geht eine
solche sachliche Einführung von den Anschauungen des täglichen
Lebens über das psychische Leben aus" (S. 6) und hofft so, den
Gegenstand der Psychologie allmählich immer klarer hervor-
hebend, ,,am besten eine vorurteilslose und kritische psychologische Betrachtungsweise vorzubereiten und zugleich der
Psychologie selbst zu dienen" (S. 6). In trefflicher Weise hat bereits zu Lebzeiten Pfänders Moritz Geiger in seinem Aufsatz
,,Alexander Pfänders methodische Stellung"[27] die von Husserls
phänomenologischer Methode verschiedene Entwicklung von
Pfänders Denken gekennzeichnet: ,,Pfänder geht einen anderen
Weg", er vertritt einen ,,Realismus der ,unmittelbaren Einstellung' ⟨ . . . ⟩: *Ein Subjekt steht einer realen Welt gegenüber*, bezieht
sich auf sie in Akten, in denen es diese Welt erfasst, Stellung zu
ihr nimmt, über sie nachdenkt usw. In Pfänders psychologischen
und logischen Arbeiten ist diese unmittelbare Einstellung strikt
festgehalten" (a.a.O., S. 15f.; m.H.). Diese phänomenologisch
naive Einstellung, die jeden Sinn für Husserls universale transzendentale Problematik der Konstitution der Welt in der Subjektivität vermissen lässt, liegt auch Pfänders Gedanken über
die Einheit der psychischen Wirklichkeit zugrunde, welche
Husserl in Lektüre und Exzerpten zur Kenntnis nahm. Es fehlt
Pfänder das sozusagen spezifisch phänomenologische Problembewusstsein der *Gegebenheitsweise* dessen, worüber er redet, in der
Subjektivität.[28] Nichtsdestoweniger könnte Husserl bei Pfänder

[27] Ein Sonderdruck des Aufsatzes aus den ,,Neuen Münchener philosophischen
Abhandlungen, A. Pfänder zum 60. Geburtstag" (1933) befindet sich in Husserls
Privatbibliothek in Pfänders *Phänomenologie des Wollens* eingebunden (BP 196).
Husserl hat Geigers Aufsatz gelesen, wie seine Lesespuren bezeugen.

[28] Auch diesen wesentlichen Differenzpunkt hat bereits Geiger sehr schön in
Anschlag gebracht, wenn er zu Pfänders Vorgehen in der *Einführung in die Psychologie*
bemerkt: ,,Er unterschied sich hierin wesentlich von Husserl, der schon in den
Logischen Untersuchungen nicht so sehr die Analyse des Gegebenen, sondern die Art
des Gegebenseins des Gegebenen ins Auge gefasst hatte. ⟨ . . . ⟩ Das bedeutete ⟨bei
Husserl⟩ von Anfang an eine ,Wendung ins Subjektive' ⟨ . . . ⟩" (a.a.O., S. 14f.).
Es ist aber klar, dass hierin eben die spezifisch phänomenologische Betrachtungsweise
zu sehen ist, die Pfänder wie überhaupt der ,,Münchener Phänomenologie" fremd
blieb. Phänomenologie erschöpft sich eben nicht in der Verfolgung des ,,Ideals einer
reinen Deskription, eines universellen Empirismus in diesem Sinne", welches Ideal
laut Geiger ,,niemand eindeutiger als Pfänder" verfolgt hat (cf. a.a.O., S. 4). Vgl. die
oben S. 220 in der Anmerkung 4 wiedergegebene Aeusserung Husserls über Pfänder
und die ,,Münchener" an Ingarden.

deutlicher auf die Frage der Evidenz des Ich als eines identischen, der er lange ausgewichen war, aufmerksam geworden sein. Denn gerade die Problemzusammenhänge, die Pfänder in naiv-natürlicher Einstellung zur Ueberlegung stellt, finden ihre Entsprechung auf dem Boden phänomenologisch reiner Innenbetrachtung des Bewusstseins in Husserls Ansatz zur Erweiterung der phänomenologischen Reduktion auf die Intersubjektivität und der damit in Husserls Denkweg Hand in Hand gehenden Bestimmung des Prinzips eines einheitlichen Bewusstseinsstromes, welches die Einbeziehung der Idee des reinen Ich in die phänomenologische Problematik motivierte.

Zunächst fällt auf, dass Husserl sein Exzerpt an einer Stelle der *Einführung* beginnt, die er als Kritik seiner Stellungnahme zum Ich in den *Logischen Untersuchungen* empfinden musste. Er notiert zuerst aus dem § 4: ,,Die Einheit des Gleichzeitigen in der psychischen Wirklichkeit'' (cf. S. 197), folgende, gegen die Psychologen vorgebrachte Ausführung Pfänders: ,,Widersinn, dass das psychische *Subjekt* oder *Ich* nichts anderes sei als die *Gesamtheit der psychischen Elemente*''.[29] Widersinn also auch von Husserls Aussage in den *Logischen Untersuchungen*, das Ich sei einfach identisch mit der Erlebniskomplexion (V. LU, S. 331, u.a.), es bestehe in diesem ,,Bündel''.[30] Daran anschliessend fasst er Pfänders Lehre zusammen, welche die *Identität* des Ich, das also nicht in einem Bündel bestehen kann, in den Vordergrund rückt: ,,Pfänder sagt: Ohne psychisches Subjekt gibt es keinen psychischen Zusammenhang, also kann dieser Zusammenhang nicht umgekehrt das Subjekt sein. Er setzt das Subjekt schon voraus. Die Identität des Subjekts ist allererst das Vereinigende. Die Einheit ist natürlich *nicht eine bloss zeitliche Einheit*. Gleichzeitige psychische Elemente sind nicht ohne weiteres psychisch geeinigt: Vielheit der Ich. Die Einheit gleichzeitiger Elemente ist für das Ichindividuum eine eigenartige, mit keiner andern Einheit ver-

---

[29] Ms. A VI 10, S. 22a, Husserls Hervorhebung; cf. Pfänder, a.a.O., S. 202.

[30] V. LU, S. 325; bzw. Ms. B II 1, S. 22b (1907). – Es ist dabei gleichgültig, ob Pfänder selbst auch die *Logischen Untersuchungen* im Blicke hatte oder nicht (laut Geiger scheint Pfänder zur Zeit der Abfassung der *Einführung* die *Logischen Untersuchungen* noch nicht gekannt zu haben; cf. a.a.O., S. 4). – Das Exzerpt beginnt also der Sache nach da, worüber auch Pfänders kritische Bemerkungen über Humes Theorie des Ich als Bündel handelten, welcher Husserl sich in den *Logischen Untersuchungen* angeschlossen hatte. Auf jene Kritik Pfänders schien uns aber auch Husserls Hinweis auf Pfänder im Ms. B II 1, S. 23a zu weisen.

wechselbare, ein eigenartiges Ganze. ⟨ . . . ⟩ Nun besteht die Einheit der gleichzeitigen Erlebnisse in der individuellen psychischen Wirklichkeit einfach darin, dass all dies gleichzeitig Psychische ein und dasselbe Subjekt enthält, dass es einen einzigen *Zentralpunkt* hat; ein und derselbe Lebenspunkt in all diesen gleichzeitigen Erlebnissen, Zuständen, Tätigkeiten".[31] Im weiteren notiert sich Husserl dann noch Hauptpunkte aus Pfänders genauerer Charakteristik der individuellen Einheit (cf. Pfänder, a.a.O., S. 200).

Pfänders Standpunkt für die allgemeine Charakteristik der psychischen Wirklichkeit befindet sich bei genauerem Hinsehen sozusagen über allem Psychischen; er betrachtet dessen Verteilung „in eine ungezählte Vielheit einzelner, voneinander isolierter Ströme" (S. 203) von aussen. In dieser Hinsicht erscheint ihm die Auffassung, das Ich sei einfach „die Gesamtheit der psychischen Elemente", schon deshalb als „widersinnig", weil „ja eben die Summe alles gleichzeitigen Psychischen noch keine individuelle Einheit ausmacht, sondern vielmehr in eine Mehrheit individueller Einheiten zerfällt" (S. 202). Naiv objektiv gesehen ist Pfänders Hinweis zwar richtig, aber er sieht damit auch an der Schwierigkeit der Etablierung einer Bewusstseinseinheit als abgeschlossene Ganzheit gegenüber anderen Bewusstsein in der Betrachtung des Bewusstseins rein als solchen vorbei. Den Grund seines eben wiedergegebenen Einwandes drückt Pfänder wiederum in objektiver Betrachtung wie folgt aus: „Die zeitliche Einheit, in die wir alle gleichzeitigen psychischen Erlebnisse der Welt zusammenfassen können, greift über die individuellen Einheiten über" (S. 198). Diesen Punkt hat Husserl beachtet, wo er Pfänders Gedanken zusammenfasst: „Gleichzeitige psychische Elemente sind nicht ohne weiteres psychisch geeinigt: Vielheit der Ich".[32] Pfänder sagt: „⟨ . . . ⟩ gleichzeitig mit der betrachteten individuellen Wirklichkeit existieren ja noch unzählige andere

---

[31] Ms. A VI 10. S. 22a, Husserls Hervorhebung; Pfänder, a.a.O., S. 201. – Pfänders Bestimmung der Einheit des Gleichzeitigen erinnert unmittelbar an Th. Lipps' Bestimmung der Einheit des individuellen Bewusstseins, wie er sie im 1. Kapitel des *Leitfadens* von 1903 gibt: „Im Bezogensein aller Bewusstseinsinhalte auf diesen Zentralpunkt ⟨„ ‚Ich' genannt ', S. 2⟩, oder in der Zugehörigkeit aller Bewusstseinsinhalte zu dem einen Bewusstseins-Ich, besteht die Einheit des Bewusstseins" (S. 2; Husserl setzte zu „besteht die Einheit des Bewusstseins" an den Rand ein Fragezeichen).

[32] Ms. A VI 10, S. 22a; Pfänder, a.a.O., S. 198.

psychische Wirklichkeiten", und „es gehören jedesmal nur bestimmte der überhaupt in der Welt vorhandenen psychischen
Erlebnisse, Zustände und Tätigkeiten zu einer individuellen
psychischen Wirklichkeit zusammen" (S. 198). In diesem Sinne
hält er den Vertretern der Ansicht, die blosse Gleichzeitigkeit
mache die Einheit des gleichzeitigen Psychischen aus, vor, sie
hätten zu zeigen, „wodurch denn gerade diese speziellen psychischen Erlebnisse zu der Einheit der individuellen psychischen
Wirklichkeit zusammengeschlossen und von der Gesamtheit aller
übrigen psychischen Erlebnisse überhaupt gesondert sind" (S.
202). Obwohl von einem nicht rein phänomenologischen Standpunkt aus gesprochen, ist in dieser Forderung das angezeigt, was
Husserls Prinzip der Konstruktion eines einheitlichen Bewusstseinsstromes bei der Aufklärung des Problems der Abgrenzung
gegen andere Bewusstseinseinheiten auf dem Boden der phänomenologischen Reduktion zu leisten hat; nämlich „das Prinzip,
das entscheidet, ob mehrere cogitationes zur Einheit eines phänomenologischen Ich gehören, und sozusagen aufweist, woran es zu
erkennen ist, dass mehrere cogitationes, die, wie immer, in phänomenologischer Erfahrung gegeben sind, zu einem Bewusstsein
gehören müssen".[33] Pfänder stellt das Problem der Gegebenheit
in phänomenologischer Erfahrung gar nicht, aber seine Lehre der
Einheit einer individuellen psychischen Wirklichkeit gegenüber
der Vielheit anderer individueller psychischer Wirklichkeiten
mag doch auf Husserl die „Wirkung" gehabt haben, den fraglichen Sachverhalten in der phänomenologischen Analyse der
Bewusstseinsgegebenheiten nicht mehr auszuweichen. Husserl
notierte sich die entsprechenden Ausführungen Pfänders wie
folgt: „Die *Identität* des *psychischen Subjekts vereinigt* aus der
Gesamtheit des gleichzeitig überhaupt in der Welt vorhandenen
Psychischen jedesmal eine bestimmte Gruppe von psychischen
Erlebnissen etc. *zu einer Einheit*. Die *Mehrheit* der psychischen
Subjekte *bedingt* die Scheidung der psychischen Zustände etc. in
eine Mehrheit *psychischer Wirklichkeiten*. Die psychischen Subjekte ⟨sind⟩ die letzten Einheitspunkte, an die unlösbar und rest-
los alles Psychische *verteilt* ist, das in einem bestimmten Zeitpunkt
in der Welt existiert. *Die Einheit der individuellen psychischen*

---

[33] Hu XIII, *Intersubjektivität I*, Nr. 6, § 37, S. 186; oben, S. 90f.

Wirklichkeit in einem Zeitpunkt *besteht in der numerischen Identität* des *darin enthaltenen Subjekts*".[34] Und bezüglich Pfänders Erweiterung der bisherigen Betrachtung der Einheit des Gleichzeitigen (§ 4) auf „die Einheit des individuellen psychischen Lebenslaufes" (*Einführung*, II, 1., § 5) hält Husserl unter anderem noch fest: „In jedem ⟨Strom⟩ numerische Einheit des psychischen Subjekts, das gerade diese Erlebnisse, Zustände, Tätigkeiten zur Einheit eines individuellen Lebenslaufes zusammenbindet, das die im Lauf der Zeit aufeinanderfolgenden Zustände erlebt, die sukzessiven Strebungen aus sich hervorgehen lässt. Und nur weil *ein* Subjekt da ist . . . von einer Lebensgeschichte die Rede".[35] Diesen Darlegungen Pfänders wäre nun der oben im 5. Kapitel (bes. §§ 16–18) nachgezeichnete Denkweg Husserls, der ihn auf die Idee des identischen reinen Ich führte, als phänomenologische Aufklärung der bei Pfänder in naiv-natürlicher Einstellung zum Ausdruck kommenden Problematik entgegenzuhalten.

B. Husserls Auseinandersetzung mit Lipps und Pfänder im Zusammenhang der Theorie der Aufmerksamkeit

§ 32. Lipps' und Pfänders Lehre vom Ich als Zentralpunkt des psychischen Lebens und Husserls Einsetzung des reinen Ich als Zentrum der Aufmerksamkeitsstrahlen

Wir haben im 6. Kapitel Husserls In-Beziehung-Setzung der reinen Erlebnisse der Form cogito zum reinen Ich als Beziehungspunkt vornehmlich im Ausgang von der phänomenologischen Analyse der Aufmerksamkeit kennengelernt. Aus jenen Darlegungen wissen wir auch, dass Husserl seine Lehre von der Aufmerksamkeit gerade hinsichtlich ihrer Beziehung auf das Ich in den *Ideen* einer entscheidenden Veränderung gegenüber seinen Ausführungen in den *Logischen Untersuchungen* unterworfen hat (oben, §§ 24 und 25). Gerade im Zusammenhang eines Hinweises auf die „Phänomenologie der Aufmerksamkeit" merkt Husserl am Ende des § 92 der *Ideen I* aber auch an: „Die Aufmerksamkeit ist ein Hauptthema der modernen Psychologie. ⟨ . . . ⟩ nicht ein-

---

[34] Ms. A VI 10, S. 22b, Husserls Hervorhebung; Pfänder, a.a.O., S. 201.
[35] Ms. A VI 10, S. 22b, Husserls Hervorhebung; Pfänder, a.a.O., S. 203f.

mal der Wesenszusammenhang zwischen Aufmerksamkeit und Intentionalität ⟨ . . . ⟩ ist meines Wissens früher je hervorgehoben worden. Seit dem Erscheinen der ‚Logischen Untersuchungen‘ ⟨ . . . ⟩ wird nun zwar gelegentlich mit ein paar Worten von einem Zusammenhang von Aufmerksamkeit und ‚Gegenstandsbewusstsein‘ gesprochen, aber, von wenigen Ausnahmen abzusehen (ich erinnere an die Schriften von *Th. Lipps* und *A. Pfänder*), in einer Weise, die das Verständnis dafür vermissen lässt, dass es sich hierbei um den radikalen und ersten *Anfang* der Lehre von der Aufmerksamkeit handelt, und dass die weitere Untersuchung innerhalb des Rahmens der Intentionalität geführt werden muss, und zwar nicht gleich als empirische, sondern *vorerst* als eidetische" (S. 192f.; teils m.H.).

Jetzt wollen wir uns fragen, inwiefern Lipps und Pfänder für Husserls Konzeption der Aufmerksamkeit in ihrer Ichbeziehung, wie sie in den *Ideen* in Kraft tritt, von Bedeutung gewesen sein mochten. Wir werden im folgenden nachweisen, dass allem Anschein nach Husserls Studium der Frage der Aufmerksamkeit gerade in den Schriften Lipps' und vor allem Pfänders den Wandel in seiner Stellungnahme zur Ichbeziehung wesentlich mitbestimmte. In der Tat lässt sich hier nämlich der ,,Einfluss" dieser Psychologen bis in Husserls Terminologie hinein belegen.[36]

Es ist nicht aus den Augen zu verlieren, dass für Husserl Aufmerksamkeit zu den Akten im Sinne von intentionalen Erlebnissen überhaupt gehört (cf. schon V. LU, § 19, S. 385), und zwar als deren Vollzug in der Weise des aktuellen Gerichtetseins-auf, welche die Erlebnisse der Form cogito kennzeichnet (oben, S. 153f.).

---

[36] Einen wichtigen Beitrag insbesondere in Hinsicht auf die im Blicke stehende Sache hat bereits Aron Gurwitsch in seiner Dissertation (1929) gegeben (bes. Einleitung, S. 284f., und Kapitel III, ,,Die thematischen Modifikationen und die Aufmerksamkeit", bes. § 1, S. 320ff. und § 19, S. 364ff.). Bei der Analyse der Phänomene der Aufmerksamkeit wurde Gurwitsch auf eine ,,ichlose Auffassung des Bewusstseins" geführt. In diesem Zusammenhang setzte er sich mit Husserls Stellungnahme in den *Logischen Untersuchungen* bzw. *Ideen I* auseinander und rückte besonders auch Pfänders Bedeutung für die psychologische Aufklärung des Tatbestandes der Aufmerksamkeit in den Vordergrund. Dank der bereits von Gurwitsch gegebenen Nachweise können wir uns in diesem Paragraphen kurz fassen. Zu Gurwitschs Husserl-Kritik vgl. unsere Bemerkungen am Ende von § 26 im 6. Kapitel (oben, S. 185ff.).

Die in Husserls Anmerkung in den *Ideen I* (S. 192f.) nahegelegte Wirkung der *Logischen Untersuchungen* auf die danach erschienenen psychologischen Arbeiten über Aufmerksamkeit braucht uns hier weiter nicht zu beschäftigen. Auch der Hinweis, dass es vorerst um eidetische und nicht gleich um empirische Untersuchungen gehe, mit welchem Husserl trotz anderweitiger Anerkennung auch noch Lipps und Pfänder im Auge haben dürfte, ist für uns hier weiter nicht von Belang.

Husserls über die Aufmerksamkeit gemachten Aussagen betreffen deshalb die Auffassung des Bewusstseins überhaupt als intentionalen. Insofern dürften nicht nur Lipps' und Pfänders speziellen Lehren über die Aufmerksamkeit, sondern deren allgemeine Bewusstseinstheorien in unserer jetzigen Frage von Bedeutung gewesen sein.

Diese allgemeine Bewusstseinstheorie hat bei Lipps und dann auch bei Pfänder ihren Kerngehalt in der Lehre vom identischen Ich als *Zentralpunkt* des Bewusstseinslebens bzw. der psychischen Wirklichkeit.[37] Bildlich gesprochen führt Lipps auch aus, das Bewusstseinserlebnis sei eine ,,Linie mit zwei Endpunkten'', dem Inhalt und dem Ich, das er besser als ,,Anfangspunkt'' bezeichnen will. ,,Dieses Ich ist ein einziger Punkt. ⟨ . . . ⟩ Bewusstseinserlebnisse sind Linien, die von einem einzigen *Punkt*, dem *Ich*, ausgehen und am andern Ende einen Inhalt tragen'' (*Leitfaden*[1], S. 3; m.H.).

Diese Lehre vom Ich als Zentralpunkt des Bewusstseinslebens kommt nun in Pfänders Theorie der Aufmerksamkeit, an welche wir uns ihrer systematischeren Darstellung wegen in der Hauptsache halten wollen, bezüglich ihrer Beziehung auf das Ich folgendermassen zur Geltung. Pfänder hebt drei Grundzüge des Bewusstseins, der psychischen Wirklichkeit hervor: das Gegenstandsbewusstsein, das Gefühl und das Streben (cf. *Einführung*, II, 2., § 1–4, S. 207ff.) und sagt abschliessend: ,,Vielleicht scheint manchem besonders die ,Aufmerksamkeit' einen psychischen Tatbestand darzubieten, der eine Ergänzung der drei angeführten

---

[37] Lipps, *Leitfaden*[1], ,,Das Bewusstsein'', S. 1ff.; Pfänder, *Einführung*, II, 1., §§ 4 und 5; oben § 31, S. 239.

Bei einer frühen Lektüre der 1. Auflage des *Leitfadens* setzte Husserl zur Lehre vom Zentralpunkt (S. 2 oben) an den Rand ein Fragezeichen. Später schrieb er über das Fragezeichen ,,Pol'', sah also wohl in Lipps' Bestimmung seine eigene Lehre vom reinen Ich als Pol der intentionalen Erlebnisse ausgesprochen. In der 3. Auflage des *Leitfadens* vermerkte Husserl an der mehr oder weniger entsprechenden Stelle, S. 6, am Rande ebenfalls ,,Pol'' und notierte dazu ,,1. Auflage ⟨S.⟩ 2''. Diese Bemerkungen sind wohl erst nach den *Ideen I* zustandegekommen, wofür auch das Fehlen des Terminus Pol für das reine Ich vor und in den *Ideen I* spricht.

Pfänder zieht der Mehrdeutigkeit des Wortes ,,Bewusstsein'' wegen den Ausdruck ,,psychische Wirklichkeit'' vor. Vgl. *Einführung*, II, 3. § 7, ,,Bewusstsein, Bewusstseinsinhalte und das Selbstbewusstsein'', S. 385ff.: In einem bestimmten Sinne, nämlich als ein ,,*allem* Psychischen zukommendes Charakteristikum'' (S. 386) ist ,,die Welt des Bewusstseins ⟨ . . . ⟩ nichts anderes als die psychische Wirklichkeit selbst'' (S. 387). In einem entsprechenden Sinn ist ,,Bewusstsein'' auch ,,das psychische Subjekt, das Ich, sofern es ein Gegenstandsbewusstsein hat oder eines Wissens um etwas fähig ist'' (S. 387). (Vgl. auch *Einführung*, I, 3., § 4, S. 123, Anm.)

Grundzüge fordere. Wir werden aber sehen, dass das, was man Aufmerksamkeit nennt, sich vollständig charakterisieren lässt als eine bestimmte Art des Strebens oder Tuns und als eine bestimmte Formung des Gegenstandsbewusstseins" (S. 266). Des näheren kennzeichnet Pfänder die Aufmerksamkeit dann als einen der „Grundbegriffe der Psychologie" im 3. Kapitel des Zweiten Teils.[38]

Von Anfang an weist seine Theorie der Aufmerksamkeit dadurch eine Nähe zu Husserls Verbindung von Aufmerksamkeit und Intentionalität (LU II, S. 385) auf, dass er die Aufmerksamkeit zur „allgemeinen Charakteristik des Gegenstandsbewusstseins" als „Form ⟨ . . . ⟩, die das Gegenstandsbewusstsein zu haben pflegt", behandelt (S. 348). Unter Hervorhebung von „empirischen Tatsachen ⟨ . . . ⟩, die dem Begriff der Aufmerksamkeit seinen Sinn geben", bestimmt Pfänder „das Verhältnis der Aufmerksamkeit zum Gegenstandsbewusstsein genauer" (cf. S. 351). Uns interessiert dabei nur die Einbeziehung des Ich, nicht die ausführlich dargestellte Theorie der Aufmerksamkeit als solche. Aufmerksamkeit ist nicht einfach das „Element des Strebens oder Tuns", das „in jeden psychischen Tatbestand und in jedes psychische Geschehen eingehen" kann, wodurch aber der Tatbestand oder das Geschehen nicht zur Aufmerksamkeit wird (cf. S. 354).[39] Vielmehr, da der Tatbestand der Aufmerksamkeit „auf jeden beliebigen Gegenstand gerichtet sein kann" und „ein psychisches Subjekt und ein Gegenstandsbewusstsein in sich schliesst", kann er „nur in einer besonderen Beschaffenheit des *Gegenstands*bewusstseins selbst bestehen", er ist eine „eigenartige Modifikation des Gegenstandsbewusstseins" (S. 356f.). „Der letzte Sinn des Wortes ‚Aufmerksamkeit' besteht also darin, ⟨ . . . ⟩ dass das psychische Subjekt bestimmten Gegenständen seines Gegenstandsbewusstseins inniger zugewandt ist oder zu ihnen in konzentrierterer Bewusstseinsbeziehung steht als zu den anderen. Die Aufmerksamkeit ist kein selbständiges psychisches Wesen, das innerhalb der psychischen Wirklichkeit zu eigenen Leistungen

[38] Vgl. § 5, S. 348ff.; zur Ergänzung cf. auch 4. Kapitel, § 2, Die Gesetze der Aufmerksamkeit und des Beachtungsreliefs, S. 406ff.).

[39] Pfänder setzt sich hier wohl gegen Lipps ab, der in *Grundtatsachen des Seelenlebens* (1883) noch schrieb: „⟨ . . . ⟩ mit dem erneuerten Blick auf *a* verbindet sich die Empfindung der inneren Spannung oder Strebung, die wir der Hauptsache nach im Auge haben, wenn wir von Aufmerksamkeit reden" (cf. S. 40; cf. auch S. 46).

befähigt wäre. Vielmehr ist immer das psychische Subjekt, das *Ich selbst* der lebendige *Ausgangspunkt der Aufmerksamkeit*. Was man der Aufmerksamkeit als ihre Taten, als ihre Wirkungen und Leistungen zuschreibt, das sind in Wahrheit immer die Taten, Wirkungen und Leistungen des psychischen Subjekts selbst, sofern es aufmerksam ist oder aufzumerken fähig ist" (S. 358; m.H.). Solche Ausführungen erinnern an Husserls Erwägung, ein zentrales Ich als Auslaufspunkt der Richtungen der Aufmerksamkeit einzusetzen (oben, S. 157f. und S. 159ff.). Auf dieses Bild des Ichzentrums der Aufmerksamkeitsstrahlen dürfte Husserl insbesondere durch Pfänders „räumliches Schema" der psychischen Wirklichkeit (S. 266ff.) aufmerksam geworden sein.[40] Pfänder schreibt: „Stellen wir uns das Gegenstandsbewusstsein als einen Lichtkegel vor, der vom psychischen Subjekt als seiner Spitze ausgeht, und der sich ausbreitend auf diese oder jene Menge von Gegenständen trifft" (S. 272f.). Im weiteren hebt Pfänder hervor, dass dieses Gegenstandsbewusstsein „nicht ein völlig homogener Lichtkegel" zu sein pflegt, sondern dass vielgestaltige, mehr oder weniger helle Lichtkegel vom psychischen Subjekt ausgehen, denen wiederum Gefühle und Strebungen in eigenartiger Weise

---

[40] Pfänder selbst betont mehrmals den *bildlichen* Charakter der Beschreibung und ist sich der Gefahren solcher Bilder bewusst. Etwa: „⟨ . . . ⟩ man mag die Verwendung derartiger Bilder verabscheuen, ich benutze sie, weil ich glaube, dadurch am besten auf einen wirklich bestehenden Sachverhalt hinweisen zu können ⟨ . . . ⟩ Wer es auf anderem Wege besser machen kann, der tue es zum Wohle der Psychologie" (S. 274; cf. auch S. 275, S. 357).

Es sei hier noch auf die Stellung Lipps' zu diesem „Bilde" der „Richtung" der Aufmerksamkeit und auf Husserls diesbezügliche Einstellung in seiner Lipps-Lektüre hingewiesen. In *Grundtatsachen des Seelenlebens* (1883), das Husserl zu einem grossen Teil studiert hat (cf. sein Exemplar unter der Archivsignatur BQ 265), beschreibt Lipps das Bewusstsein der Aufmerksamkeit als mit „subjektiven Strebungs- und Spannungsempfindungen" etc. verbunden und sagt: „Die genannten, bei der Tätigkeit des Aufmerkens zum Objekt hinzukommenden subjektiven und körperlichen Empfindungsinhalte sind sicher auffindbar, ebenso *sicher finden wir nichts in uns von einem Gerichtet-sein der Aufmerksamkeit auf das Objekt*. Der Ausdruck ist bildlich und wie es scheint vom Auge hergenommen, das allerdings hierhin und dorthin sich richtet und dadurch Gegenstände bald in den Umkreis des Gesichtsfeldes bringt, bald aus demselben entschwinden lässt" (S. 46, Husserls Hervorhebung). Im *Leitfaden*[1] unterstreicht Husserl bei Lipps' Ausführungen zur Aufmerksamkeit als einem „nicht näher beschreibbaren unmittelbaren Erlebnis", dass das unmittelbar erlebte Ich sich „mehr oder minder innig auf einen Gegenstand bezogen, darauf gerichtet, darin oder dabei" (S. 33), in der 2. Auflage von 1906 hingegen zeichnet Husserl an, dass ich mich bei der Aufmerksamkeit „mehr oder minder intensiv in einer Richtung tätig" fühle. „Die Aufmerksamkeit als unmittelbares Erlebnis ist ein Tätigkeitserlebnis. Darin liegt jederzeit zugleich die ,Richtung' ", schreibt nun auch Lipps (S. 59, Husserls Hervorhebung). Die 3. Auflage des *Leitfadens* von 1909 ist bezüglich der Aufmerksamkeit unverändert (S. 78ff., ohne Lesespuren Husserls).

zugeordnet seien (cf. S. 273f.). Im räumlichen Schema stellt
Pfänder den „alles vereinigenden Lebenspunkt der psychischen
Wirklichkeit, das psychische Subjekt oder Ich" als eine „kleine
Kugel" dar (S. 275). Innerhalb des Lichtkegels, welcher das
Gegenstandsbewusstsein repräsentiert (S. 276), „sei ein hellerer
Aufmerksamkeitsstrahl A vorhanden" (S. 276). Die Welt der
möglichen Gegenstände des Gegenstandsbewusstseins wird als
eine ein „Beachtungsrelief" aufweisende, „irgendwie gestaltete
Oberfläche" verbildlicht (S. 276), wovon ein Teil, nämlich der
jetzige Gegenstand des Gegenstandsbewusstseins, vom Lichtkegel getroffen wird. „Von diesem Teil ist ein Stück wieder
besonders herausgehoben und bevorzugt, es ist Gegenstand des
Aufmerksamkeitsstrahls A" (S. 276). Bezüglich Husserls bild-
licher Rede vom reinen Ich als Ausstrahlungszentrum der Richtungen der Aufmerksamkeit genügen diese Hinweise, um als
höchst wahrscheinlich hinzustellen, dass Husserl durch Pfänders
Beschreibungen des Gegenstandsbewusstseins mit seiner „Form"
der Aufmerksamkeit (cf. S. 348) „beeinflusst", ja sozusagen
„irregeführt" wurde. In Hinsicht auf den durch das Bild vom
Ichzentrum und den Aufmerksamkeitsstrahlen veranschaulichten
Sachverhalt ist aber schliesslich bedeutsamer, dass Husserl sich
alsbald auch der Fragwürdigkeit dieses Bildes in Anwendung auf
das reine Ich bewusst wurde, ohne allerdings der Sache hinreichend auf den Grund zu gehen (cf. oben, S. 171ff.).

8. Kapitel

HUSSERLS „IDEE DES REINEN ICH" IM VERGLEICH MIT KANTS LEHRE VOM „ICH DER TRANSZENDENTALEN APPERZEPTION"

§ 33. Uebersicht über die Ausführungen des Kapitels

Die Kapitel-Ueberschrift soll keine weit gespannten Erwartungen erwecken! Wir wollen in diesem Kapitel noch versuchen, einiges zum Verständnis des Verhältnisses von Husserls „Idee des reinen Ich" zu Kants Lehre vom „Ich der transzendentalen Apperzeption" in den in den vorangegangenen Kapiteln in Betracht gezogenen Jahren aus Husserls Denkweg beizutragen.

Im Rückblick auf Husserls Stellung zum Problem des Ich fallen uns mehrfache, über seinen ganzen Denkweg verteilte, bald direkte, bald von der Sache her nahegelegte Bezugnahmen auf Kant in die Augen. Vornehmlich im Hinblick auf die Sache, die bei Kant bzw. bei Husserl zur Frage steht, und nicht so sehr im Sinne eines auch die historischen Hintergründe ausreichend beachtenden Vergleichs, der viel weiter auszuholen hätte,[1] möchten wir im folgenden diesen Bezugnahmen nachgehen. Wir stützen uns dabei aber doch durchwegs auf die auf Kant bezüglichen Manuskripte der Zeit bis zu den *Ideen*. Eine entsprechende Bezugnahme auf Fichte, so interessant sie sachlich gesehen wäre, fällt

---

[1] Auf die umfassendste, bereits mehrfach erwähnte historisch-systematische Studie von I. Kern (1964) muss daher insbesondere an dieser Stelle hingewiesen werden. Zum viel engeren Rahmen unseres Vergleichs finden sich die wesentlichen Punkte, zwar unter vermehrter Heranziehung späterer Husserlscher Manuskripte, bereits in dieser Studie behandelt oder doch angezeigt. Siehe v.a. § 26, § 27, aber auch §§ 15, 17, 19, 20; zum Historischen die §§ 3, 4 und 5.

Die eindrückliche, für das Verständnis des allgemeinen Verhältnisses von Husserl zu Kant wertvolle Studie von Thomas Seebohm (1962) war infolge ihrer systematischen, besonders von Husserls später Philosophie (ihrer „Endstiftung") her gedeuteten Darlegungen hier wenig ergiebig. Es sei aber auf die, wie mir scheint, eher befremdliche Bemerkung zu Husserls „reinem Ich" in Beziehung auf Kants „Ich denke" aufmerksam gemacht. A.a.O., S. 185.

für uns dahin, da sich doch kein hinreichender historischer Anhalt in Husserls Manuskripten jener Jahre findet.[2]

In Husserls Verhältnis zu Kants Lehre vom Ich der transzendentalen Apperzeption „spiegelt" sich gleichsam noch einmal seine Stellungnahme zum Problem des Ich, wenigstens in Hinsicht auf die im Rahmen der Bestimmung der Einheit des Bewusstseins sich stellende Frage nach dem Ichprinzip. Mit anderen Worten, der in den vorangegangenen Kapiteln in Husserls Texten herausgestellte Wandel in der Stellungnahme zur Frage des Ich findet eine Entsprechung in Husserls Bezugnahmen auf Kants Lehre des Ich der reinen Apperzeption. Demnach gliedert sich unsere Darstellung in diesem Kapitel in zwei Abschnitte. In einem ersten, Husserls negativer Haltung zum reinen Ich entsprechenden Abschnitt (A) versuchen wir nachzuweisen, dass Husserls Verständnis von Kants Lehre des Ich der transzendentalen Apperzeption der Kantischen Fragestellung unangemessen erscheint. Seine scharfe Kritik am „anthropologisch" begründeten Apriori Kants aus der Position seiner „ichlosen" Phänomenologie erlaubt ihm nicht, das „tiefsinnig Wahre", das er der Lehre von der Einheit der Apperzeption doch auch zugesteht, in Hinsicht auf die Funktion des Ich für die Begründung der Möglichkeit der Erfahrung in Kants Sinne anzuerkennen (§§ 34, 35 und 36). In einem zweiten Abschnitt (B), der jener Zeit entspricht, in welcher Husserl selbst die Frage nach dem Ich innerhalb der reinen Phänomenologie in Betracht und schliesslich das Ich in die Phänomenologie selbst miteinbezieht, soll dann der neue Zugang zu Kant zur Darstellung kommen. Husserl versucht jetzt zu bestimmen, ob und inwiefern der von ihm allmählich gefasste Gedanke des reinen Ich mit Kants Lehre des Ich der transzendentalen Apperzeption zusammenhängt und evtl. dasselbe meint. Im § 37 versuchen wir, das Grundverständnis von Husserls Rezeption des Kantischen

---

[2] Von Interesse wäre hier der Bezug zu Fichte insbesondere deshalb, weil Fichte selber, worauf übrigens Husserl 1903 beiläufig anzuspielen scheint (cf. unten, S. 250), seine Wissenschaftslehre als nichts anderes verstanden wissen wollte als „die wohlverstandene Kantische" Lehre (*Zweite Einleitung*, Abschnitt 6, Medicus S. 52; I. H. Fichte, I, S. 468). Dabei hatte Fichte im Auge, dass sowohl nach dem „transzendentalen Idealismus" (Medicus, S. 58; I, S. 474) Kants wie nach dem der Wissenschaftslehre „alles Bewusstsein unter Bedingungen der ursprünglichen Einheit der Apperzeption" (S. 59; I, S. 475), d.i. des „reinen Ich" (S. 56; I, S. 472), des „Selbstbewusstseins" (S. 60; I, S. 476) stehe. Einige Bemerkungen zum evtl. Einfluss Fichtes auf Husserls spätere Bezugnahme auf die Einheit der Apperzeption geben wir im abschliessenden Ausblick (unten, 9. Kapitel, § 43e, S. 328f.).

,,Ich denke" herauszustellen, das in einer einseitig subjektiv-
orientierten Aneignung zu sehen ist. Die §§ 38 und 39 bieten dann
Korollare zur Veranschaulichung des neu gewonnenen Verhältnisses zu Kants Lehre von der Einheit der transzendentalen
Apperzeption.

Finden wir in den im ersten Abschnitt heranzuziehenden Tex-
ten eine auf ein ,,Missverständnis" oder doch auf ein ganz unzu-
reichendes Verständnis sich stützende *Ablehnung* der Kantischen
Fragestellung, bieten die im zweiten Abschnitt zu erörternden
Texte durchaus das Bild einer bewussten *Annäherung* an Kants
Lehre vom Ich der reinen Apperzeption. Ueberhaupt war ja Kants
Fragestellung von Anfang an in der reinen, transzendentalen
Phänomenologie sozusagen in Husserls Horizont. Husserl studierte in jenen Jahren ab etwa 1907 Kant besonders intensiv und
sah sich dessen Problematik der Begründung der Erfahrungs-
möglichkeit in der transzendentalen Subjektivität verpflichtet.[3]

Im abschliessenden § 40 möchten wir dann noch einige Bemerkungen vortragen, die auf eine wohl als prinzipiell zu bezeichnen-
de *Differenz* zwischen Kants und Husserls Begründung der Möglichkeit der Erfahrung und Erfahrungsgegenständlichkeit in der
transzendentalen Subjektivität aufmerksam machen sollen.

Im folgenden Kapitel dieser Arbeit, in dem wir einen Ausblick
auf Husserls spätere Stellung zum Problem des Ich geben, werden
wir Gelegenheit haben, Hinweise auf Husserls fernere Bezugnahme zu Kants Idee der Einheit der transzendentalen Apperzeption zu geben, welche das in der hier betrachteten Zeitspanne
sich bietende Bild von Husserls Aneignung der zentralen Kantischen Theorie wesentlich modifizieren werden (unten, § 43e).

A. Die Stellungnahme Husserls zum Ich der tran-
szendentalen Apperzeption zur Zeit der ichlosen
Phänomenologie

§ 34. Das Ich der transzendentalen Apperzeption als das gesamte
theoretische Apriori

In der ersten Phase, zur Zeit der *Logischen Untersuchungen*,
lehnt Husserl das reine Ich, das Ich der ,reinen Apperzeption', wie

---

[3] Vgl. oben, S. 55; I. Kern (1964), § 5, S. 29ff.

er in Anspielung auf Kant in den *Logischen Untersuchungen*
auch sagt, als einheitlichen Beziehungspunkt alles Bewusstseinsinhaltes als solchen ab.[4] Wir finden indessen Bezugnahmen auf
Kants Lehre der transzendentalen Apperzeption, die zeigen, dass
Husserl wohl deren zentrale Bedeutung spürt, sie in der von Kant
vorgetragenen Form aber teils verworren, unklar, ja falsch findet
und deshalb bemüht ist, der Lehre in einer Umdeutung den Gehalt zu geben, den sie haben müsste, soll sie nichts Mythisches,
Unwissenschaftliches enthalten. Diese Einstellung Husserls
kommt sehr ausführlich und klar in demselben grossen Brief an
W. E. Hocking aus September 1903 zum Ausdruck, welchen wir
im 2. Kapitel (oben, S. 25f.) zum Beleg für Husserls Wende zur
reinen Phänomenologie herangezogen hatten. Husserl schreibt
zuerst kritisch: ,,Sie dürfen sich nicht von den Unklarheiten
Fichtes und der Neufichteaner verführen lassen. Auch Fichte hat
die wesentlichen Probleme der Erkenntniskritik verkannt und
gerät daher auf seine mythische und schliesslich mystische Ich-
Metaphysik.[5] Auf ihn hat Kants unvollkommen gereifte und geklärte *Idee des Ich der transzendentalen Apperzeption*, die neben
tiefsinnig Wahrem auch reichlich Verworrenes und Falsches impliziert, einen unheilvollen Einfluss geübt". Daraufhin umreisst
Husserl, was in seinen Augen diese Idee zu bedeuten hat: ,,Der
echte Begriff des ,reinen Ich', und näher des theoretischen, ist *das
gesamte theoretische Apriori*, das Gesamtsystem der zu dem möglichen ,eigentlichen' Denken als solchen gehörigen Formen und
Gesetze, so wie es also die reine Logik zu umschreiben hätte. Ein
Ich, das, ideal zu reden, nicht denken könnte (und in allen Formen) wäre kein Ich; und denkt es – wir nehmen zunächst an:
nicht ,symbolisch', sondern ,eigentlich' –, dann gehören zu den
betreffenden Akten und Aktformen die und die Ideen, die deren
generelles Wesen ausdrücken; also die rein logischen Ideen. In
diesen Ideen gründen (sc. a priori) Ideen höherer Stufe, die Ideen
möglicher Verhältnis- und Komplexionsformen und zugehörige

---

[4] cf. V. LU, § 8, S. 340. Oben, 1. Kapitel, § 2, S. 5ff.
[5] Husserls Retraktation seiner Stellungnahme zum reinen Ich in der 2. Auflage
der *Logischen Untersuchungen*: ,,Inzwischen habe ich es zu finden gelernt, bzw.
gelernt, mich durch Besorgnisse vor den Ausartungen der Ichmetaphysik in dem
reinen Erfassen des Gegebenen nicht beirren zu lassen" (S. 361, Anm. 1) scheint auch
noch einmal jene frühere, gegenüber Hocking geäusserte Fichte-Kritik im Auge zu
haben.

Idealgesetze, die jedes a priori mögliche Denken (nicht bloss das
der Menschen und anderer Affen, Papageien etc.) umschreiben.
Ein angebliches Denken, das ihnen nicht gemäss wäre, wider-
spräche dem Wesen oder Sinn des Denkens, es wäre ein Denken,
das kein Denken ist. (Aehnliches gilt für das praktische, wertende
Ich als reines praktisches Ich, mit Beziehung auf Werte-Ideen
und Idealgesetze.) ⟨ . . . ⟩ Man kann zum reinen Ich nun auch
die Ideen und normativen Gesetze des uneigentlichen Denkens
hinzunehmen: die ideale Möglichkeit, symbolisch zu denken und
somit unter logischen Normen zu stehen, gehört auch mit zur
Möglichkeit eines Ich überhaupt. Jedes (eigentliche oder uneigentliche) Denken hat notwendige Beziehung auf das reine Ich
(ein schlechter, zu Missdeutungen einladender Ausdruck), aber
diese Beziehung ist eine ideale des Akts auf die Idee gewisser
Wesens- und Normgesetze – keineswegs eine reale Beziehung auf
ein überall notwendig vorhandenes Ichmoment, auf ein mythisches Zentrum, einen Einheitspunkt etc." (Brief an Hocking,
7.9.1903).

Im Hintergrund dieser kritisch gegen Kants Idee des Ich der
transzendentalen Apperzeption gerichteten Ausführungen steht
offenbar Husserls Lehre vom ,,echten logischen Apriori", bzw.
sein Vorwurf, Kants im Gedanken der transzendentalen Apperzeption fundierte apriorische Begründung der Möglichkeit objektiver, allgemeingültiger Erfahrung stütze sich auf ein psycholo-
gisch-anthropologisch verfälschtes Apriori eines bloss menschlichen Denkens, welches dessen Gültigkeit skeptisch-relativi-
stisch einschränke.[6] Unmittelbar erinnern nämlich die Ausführungen des Briefes an den § 64 der VI. Logischen Untersuchung, in
welchem Husserls vornehmlich auch, obzwar unausdrücklich, an
Kant gerichteter Vorwurf, das echte Apriori nicht erkannt zu
haben, unüberhörbar ist.[7] Dessen Ueberschrift: ,,Die rein logischen Gesetze als Gesetze jedes und nicht bloss des menschlichen
Verstandes überhaupt. Ihre psychologische Bedeutung und ihre
normative Funktion hinsichtlich des inadäquaten Denkens" (VI.
LU, S. 668) zeigt dieselben Themen an, die Husserl an Hocking,

---

[6] Diese Kritik Husserls an Kants Apriori ist bereits mehrfach von der Husserl-
Forschung ins Licht gestellt worden und braucht deshalb hier nicht des näheren
auseinandergelegt zu werden. Vgl. dazu etwa: Th. Seebohm (1962), § 3, S. 14ff.;
I. Kern (1964), § 9, bes. S. 59ff.; E. Tugendhat (1967), S. 163ff.
[7] Vgl. dazu auch *Prolegomena*, LU I, § 28.

übrigens unter Berufung auf die VI. Untersuchung, auseinander-
legt. Er betont in der VI. Untersuchung, dass die rein logischen
Gesetze ,,zu allen möglichen Organisationen überhaupt" (S. 669)
gehören, dass ,,das echte logische Apriori all das, was zum idealen
Wesen des Verstandes überhaupt gehört" (S. 670), betreffe und
dass die ,,Beziehung auf ,unsere' psychische Organisation oder
auf das ,Bewusstsein überhaupt' (verstanden als das allgemein
Menschliche des Bewusstseins)" bloss das reine und echte Apriori
gröblich verfälsche (S. 669f.).

　　Es dürfte die von Kant der transzendentalen Apperzeption zuerkannte *Funktion der Begründung* der Möglichkeit objektiver
Erfahrung und Erfahrungswissenschaft gewesen sein, in der
Husserl das ,,tiefsinnig Wahre" erblickte und die ihn veranlasste,
die Lehre von der transzendentalen Apperzeption mit dem von
der *reinen Logik* zu umgrenzenden gesamten theoretischen Apriori überhaupt in Vergleich zu setzen. Denn nach Husserl hat die
reine Logik, wie er in den *Prolegomena* ankündigt, ,,die Frage
nach den idealen Bedingungen der Möglichkeit von Wissenschaft,
bzw. Theorie überhaupt" (§ 65, S. 237) zu stellen, und er macht
alsbald ausdrücklich auf ,,die historischen Anklänge" an Kant
,,in der Form der Fragestellung" aufmerksam: ,,Wir haben es
offenbar mit einer durchaus notwendigen Verallgemeinerung der
Frage nach den ,Bedingungen der Möglichkeit einer Erfahrung'
zu tun. Erfahrungseinheit ist ja für Kant die Einheit der gegenständlichen Gesetzlichkeit; also fällt sie unter den Begriff der
theoretischen Einheit" (§ 65, S. 237), deren Bedingungen bei
Husserl eben die reine Logik zu erarbeiten hat. Kant handelt in
der Deduktion der reinen Verstandesbegriffe ,,von den Gründen
a priori zur Möglichkeit der Erfahrung",[8] und bei ihm ist bekanntlich ,,die *Einheit der Apperzeption* ⟨ . . . ⟩ der *transzendentale Grund* der notwendigen Gesetzmässigkeit aller Erscheinungen
in einer Erfahrung".[9] In Husserls reiner Logik geht es um ,,eine
Sicherung und Klärung der Begriffe und Gesetze, die aller Erkenntnis objektive Bedeutung und theoretische Einheit verschaffen" (LU II, Einleitung, § 1, S. 4f.). Kants ,,Erfahrungseinheit",
deren transzendentalen Grund die Einheit der Apperzeption ab-

---

[8] *Kritik der reinen Vernunft*, Ausgabe von K. Kehrbach (cf. I. Kern (1964), S. 428),
S. 112; A 95.
[9] Kehrbach, S. 135, Husserls Hervorhebung; A 127.

gibt, subsumiert Husserl unter seinen Begriff der theoretischen Einheit, deren Bedingungen im gesamten theoretischen Apriori gründen (Brief an Hocking), in den „Begriffen und Gesetzen, welche die idealen Konstituentien von Theorie überhaupt (die ‚Bedingungen ihrer Möglichkeit') ausmachen" (cf. LU I, § 66, S. 242). Als gesamtes theoretisches Apriori sprach Husserl aber den „echten Begriff des ‚reinen Ich' " an, um alsbald beizufügen, es sei „ein schlechter, zu Missdeutungen einladender Ausdruck" (Brief an Hocking). Es scheint also, dass Husserls an Hocking dargelegte Stellung zu Kants Idee des Ich der transzendentalen Apperzeption in diesem, nun in Kürze umrissenen, bereits in den *Logischen Untersuchungen* gültigen Rahmen der anti-psychologistischen bzw. idealen Begründung des Denkens in der reinen Logik zu sehen ist. Ganz in diesem Sinn spricht jedenfalls auch der Text der Beilage XV in Hu VII, *Erste Philosophie I*, der aus der Zeit der *Logischen Untersuchungen* stammt und in welchem Husserl ausführlich an Kants Begriff des Apriori Kritik übt.[10] Kant, heisst es dort, „subjektiviert nicht nur die Anschauungsformen, sondern auch die Verstandesformen. Auch sie (so scheint es wenigstens, und so wird es zumeist aufgefasst) sind blosse Formen des menschlichen Bewusstseins überhaupt. ⟨ ... ⟩ so gibt es keine objektive Erkenntnis überhaupt ⟨ ... ⟩ Erkenntnis überhaupt ist nur vom Standpunkt des Menschen gültig" (Hu VII, S. 355). Darin sieht Husserl „eine Wendung zum Relativismus und Anthropologismus" (S. 354).

Wie sieht die Stellungnahme zu Kant aber aus, wenn Husserl selber, was im zweiten Teil der *Logischen Untersuchungen* begonnen wurde, immer entschiedener sich zur Aufgabe macht, nämlich: die „phänomenologische Grundlegung der reinen Logik" (cf. LU II, Einleitung, § 1, S. 4) selbst und der Erkenntnis überhaupt aufgrund gegebener Denk- und Erkenntniserlebnisse?[11] Diese Aufgabe führte Husserl, wie wir im 2. Kapitel verfolgt haben, zur Ausgestaltung der Methode der phänomenologischen Reduktion.

---

[10] Der Herausgeber, R. Boehm, datiert auf „etwa 1903"; I. Kern (1964) ist der Meinung, der Text stamme schon aus 1897–98 (S. 17, Anm. 3). E. Tugendhat (1967) macht klar auf die Bedeutung dieses Textes aufmerksam, und er hebt, nach dem Vorgang von Kern, erneut den Unterschied in der Auffassung des Apriori Husserls und Kants hervor (cf. a.a.O., S. 163ff.; bei Kern diesbezüglich vor allem auch § 27).

[11] Vgl. dazu auch Beilage XX in Hu VII, *Erste Philosophie I*, S. 382 (aus 1908).

§ 35. Die phänomenologisch-apriorische Begründung der Erfahrung in der transzendentalen ichlosen Subjektivität und Kants Frage nach den Bedingungen der Möglichkeit menschlicher Erkenntnis überhaupt

Die intensive Auseinandersetzung mit Kant auf dem Boden der phänomenologischen Reduktion in den Jahren ab 1907 ist, wie sich alsbald zeigt, ebenfalls geprägt von der Bestimmung des Apriori, wie Husserl es von Anfang an als das, ,,was im Wesen gegebener Begriffe gründet und als davon unabtrennbar zu erschauen ist",[12] begreift und dem Kantischen Apriori der in Formen der menschlichen Subjektivität begründeten Notwendigkeit und Allgemeinheit gegenübersetzt.[13] Mit anderen Worten, auch jetzt ist in Husserls Bezugnahme auf Kants transzendentale Apperzeption nicht das Problem des *Ich* vordergründig, sondern der funktionale Aspekt der apriorischen *Begründung* der Erfahrung als solcher in der transzendentalen Subjektivität. Zwar konnte es Husserl ja nicht entgehen, dass bei Kants transzendentaler Begründung der Erfahrung gerade die Einheit des Ich der transzendentalen Apperzeption eine fundamentale Rolle trägt. Doch haben wir gesehen,[14] dass Husserl die transzendentale Subjektivität zunächst *ichlos* konzipiert hat. So treffen wir denn bei Husserls enger Anlehnung an Kants Fragestellung der Transzendentalphilosophie doch alles andere als das reine Ich als obersten Punkt der Bedingungen der Möglichkeit der objektiven Erfahrung a priori. Husserls ,,ichlose" Konzeption der transzendentalen Subjektivität dürfte sogar den Grund abgeben dafür, dass er Kants Lehre vom Ich der transzendentalen Apperzeption auch nach der methodischen Einführung der phänomenologischen Reduktion vorerst kaum zu würdigen verstand.

Bringen wir uns kurz einige Hinweise auf Kant aus jener Zeit der ersten Ansätze zur transzendentalen Phänomenologie der Konstitution in Erinnerung. In einem wohl im September 1908 geschriebenen Text, der ,,das Problem der Konstitution präzi-

---

[12] Hu VII, *Erste Philosophie I*, Beilage XV, S. 352.
[13] Cf. z.B. Hu VII, *Erste Philosophie I*, Beilage XVI; Beilage XIX, bes. S. 380f.; Beilage XX, bes. S. 387ff., S. 394. – Zur Interpretation des Verhältnisses von Apriori und transzendentaler Wende siehe Tugendhat (1967), S. 163ff., der das Entscheidende knapp und klar herausstellt.
[14] Vgl. oben, 4. Kapitel, bes. § 12, S. 67f.

sieren" will,[15] hält sich Husserl ganz an Kantische Formulierungen. Er betont, es gehe bei der phänomenologisch konstitutiven Aufklärung der Gegenständlichkeiten darum, ,,Erfahrung im Kantischen Sinn, und zwar rein phänomenologisch, zu zergliedern, und zwar Erfahrung des ‚Bewusstseins', nicht Erfahrung eines empirischen Individuums, das im Raum, in der Zeit, in der Welt existiert".[16] Husserl übernimmt in dieser Zeit auch in enger Anlehnung an Kant den Terminus ,,transzendental".[17] Er schreibt, es handle sich bei den ,, ‚transzendentalen Fragen' ganz allgemein um ‚Aufklärung' der Möglichkeit einer objektiv gültigen Erkenntnis", und er fügt bei: ,,Kant sucht in der Subjektivität bzw. in der Korrelation zwischen Subjektivität und Objektivem die letzte Bestimmung des Sinnes der Objektivität, die durch Erkenntnis erkannt wird. Insofern sind wir mit Kant einig, nur dass wir ‚Subjektivität' als die *phänomenologische* bestimmen und bestimmen mussten".[18] Husserl fühlt sich also zwar Kants Fragestellung nach den apriorischen Bedingungen der Möglichkeit der Erfahrung und Erfahrungswissenschaft nahe, er verwirft aber Kants Rückgang auf das ,,menschliche Bewusstsein", auf die Bedingungen der Möglichkeit, wie sie (faktisch) ,,bei uns Menschen" [19] auftreten, und stellt ihm den Rückgang auf die phänomenologische, die absolute Subjektivität, wie sie durch phänomenologische Reduktion, d.i. durch die Aufhebung der Beziehung des Bewusstseins auf das empirisch-menschliche Ich, gewonnen wird, entgegen.[20]

Auch in seinem ,,Dingkolleg" von 1907[21] stellt Husserl gerade in Beziehung auf die von Kant 1772 an Marcus Herz geäusserte Frage: ,,Auf welchem Grund beruht die Beziehung desjenigen, was wir in uns Vorstellung nennen, auf einen an sich seienden Gegenstand?",[22] indessen auch in kritischer Abhebung gegen die in Kants Frage implizierten dogmatischen Voraussetzungen von

---

[15] Ms. B II 1, S. 34a–42b; vgl. S. 41a. – Oben, § 11, S. 55 und § 12, S. 59ff.
[16] Ms. B II 1, S. 42a.
[17] cf. I. Kern (1964), § 19, S. 239ff.; vgl. oben, 3. Kapitel, § 10, S. 50ff.
[18] Hu VII, *Erste Philosophie I*, Beilage XX, wohl 1908, S. 386; m.H.
[19] Hu VII, Beilage XX, S. 386. – Vor allem in der Kehrbach-Ausgabe der *Kritik der reinen Vernunft* hat Husserl die entsprechenden Redewendungen (,,bei uns Menschen" etc.) immer wieder kritisch angestrichen.
[20] Vgl. dazu auch etwa Hu VII, *Erste Philosophie I*, Beilage XVI, etwa 1908, bes. S. 361.
[21] Hu XVI, *Ding und Raum*, Vorlesungen 1907.
[22] a.a.O., § 40, S. 139.

Dingen an sich und Realitäten der Psychologie (Seelen, Personen, Dispositionen, Erlebnisse),[23] in phänomenologisch reinem Sinn die Frage nach der „Erfahrung im Kantischen Sinn" heraus. Er schreibt: „Wir schalten alle urteilsmässige Setzung der erfahrenden Personen und der erfahrenen Dinglichkeiten aus, wir üben phänomenologische Reduktion und Wesensbetrachtung. Wir fragen: Was liegt im Wesen der Erfahrung, in ihrem originären ‚Sinn'? ⟨ . . . ⟩ Die Bedingungen der ‚Möglichkeit der Erfahrung' sind das erste. Bedingungen der Möglichkeit der Erfahrung bedeutet hier aber nichts anderes und darf nichts anderes bedeuten als das alles, was immanent im Wesen der Erfahrung, in ihrer essentia liegt und somit unaufhebbar zu ihr gehört. Die Essenz der Erfahrung, die die phänomenologische Erfahrungsanalyse erforscht, ist dasselbe wie die Möglichkeit der Erfahrung, und alles im Wesen, in der Möglichkeit der Erfahrung Festgestellte ist eo ipso Bedingung der Möglichkeit der Erfahrung".[24] Eben weil für Husserl „das echte Apriori des Erkennens apodiktische Einsicht in einen Wesenszusammenhang besagt", welchem „korrelativ das Apriori des Sachverhaltes, der so erkannt ist, entspricht",[25] gilt es ihm nicht nur, wie für Kant, notwendig und allgemein „auf Grund unserer faktischen Subjektivität",[26] vielmehr gilt es nach Husserl wesensmässig für ein Subjekt überhaupt, das soll erkennen können.[27] Der „Gesichtspunkt der transzendentalen Phänomenologie",[28] in welcher die Erforschung des letzten Sinnes der Geltung der Erkenntnis durch Rückgang auf die Ursprünge der Objektivität in der transzendentalen Subjektivität geschieht,[29] lehrt uns „Wesensartungen der Erkenntnis kennen, und in Korrelation die in ihnen sich konstituierende Welt".[30] Von diesem Gesichtspunkt aus erkennt man, dass solche und solche Bedingungen (z.B. als „Bedingungen der Möglichkeit von Dinggegebenheit") erfüllt sein müssen, das wird „a priori begreiflich, das hängt an Wesensgründen, die an der Korrelation von Wahrnehmungserkenntnis und dinglicher Gegenständlichkeit liegen

---

[23] cf. a.a.O., § 40, S. 140.
[24] a.a.O., § 40, S. 141f.
[25] cf. Hu VII, *Erste Philosophie I*, Beilage XVI, etwa 1908, S. 364.
[26] a.a.O., S. 364; vgl. S. 358f.
[27] cf. z.B. a.a.O., S. 364.
[28] cf. Hu VII, *Erste Philosophie I*, Beilage XX, wohl 1908, S. 384.
[29] cf. Hu VII, S. 382.
[30] Hu VII, S. 385.

und die auf das empirische Faktum menschlicher Erkenntnis nur übertragen werden".[31]

Wenn wir solche Feststellungen Husserls gegenwärtig halten, verstehen wir seinen Vorwurf, Kant dringe „nicht zum wahren Sinn der Korrelation zwischen Erkenntnis und Erkenntnisgegenständlichkeit durch, und somit auch nicht zum Sinn des spezifisch transzendentalen Problems der ‚Konstitution' ".[32] Dieses muss von der phänomenologisch reduzierten, reinen Subjektivität aus gestellt werden. Darin, dass von Kant „das eigentlich Phänomenologische nicht gesehen wird" (d.i. dass Kant die phänomenologische Reduktion nicht methodisch rein übt), sieht Husserl schliesslich den eigentlichen Grund, dass „die transzendentale Deduktion so verworren wird und dass *die transzendentale Apperzeption so viele Geheimnisse* hat und eine so unheilvolle Rolle spielt".[33] Bei dieser Rede von „Geheimnissen" und „unheilvoller Rolle" denkt Husserl vermutlich an die früher von ihm gerügte mythische und mystische Ich-Metaphysik, in welche Kants Gedanke des Ich der transzendentalen Apperzeption bei seinen Nachfolgern ausgeartet sei. Somit befinden wir uns am Eingang der methodisch durchgeführten reinen Phänomenologie, was Husserls Auffassung der Kantischen Idee des Ich der transzendentalen Apperzeption betrifft, entsprechend seiner „ichlosen Bewusstseinstheorie" vor ähnlicher „Verständnislosigkeit" wie zur Zeit der *Logischen Untersuchungen.* Der Gehalt der Kantischen Lehre hinsichtlich der Begründung der Einheit des Bewusstseins im numerisch identischen Ich, in der transzendentalen Apperzeption,[34] bleibt Husserl noch fremd: der Grund der Einheit des Bewusstseins, der cogitationes, liegt nach ihm allein in den Gesetzmässigkeiten des ursprünglichen Zeitbewusstseins.

§ 36. *Die apriorische Bestimmtheit des absoluten Bewusstseinsflusses und die Frage nach der Deduktion aus der Einheit der transzendentalen Apperzeption*

Einer der wenigen uns bekannten Texte der ersten Zeit der methodisch durchgeführten transzendentalen Phänomenologie,

[31] cf. Hu VII, *Erste Philosophie I*, Beilage XX, S. 385.
[32] a.a.O., S. 386.
[33] Hu VII, *Erste Philosophie I*, Beilage XX, wohl 1908, S. 387; m.H.
[34] cf. *Kritik der reinen Vernunft*, A 107.

in denen Husserl selbst von der Funktion der ,,Transzendentalen Apperzeption" spricht, handelt von ihr im Zusammenhang der Frage nach der apriorischen Bestimmtheit des absoluten Bewusstseinsflusses, und zwar wiederum nicht in Hinsicht auf ein Ich, das zu diesem Apriori gehörte, sondern allein in Hinsicht auf apriorische Strukturen des absoluten Zeitflusses. Wir lesen in diesem, von Husserl auf ,,1908 oder 1909" datierten Manuskript,[35] in welchem er nach der ,,psychischen Kausalität", nach der ,,Einordnung der ‚psychischen Akte' in die Naturordnung" fragt: ,,Fluss des Bewusstseins. Er ist ein bestimmter. Er ist ein unendlicher. Kann es in ihm eine Bestimmtheit geben, die nicht eine Berechenbarkeit ist? Muss nicht das Spätere durch das Vorgängige motiviert sein? Im Zeitfluss als solchem haben wir eine Zeitmotivation. Aber das reicht nicht aus. Wechsel, Veränderung, Unveränderung, das sind Titel für die Formen der Zeitinhalte, und diese sind bestimmt. Für uns bleibt da beständig tausenderlei unbestimmt. Wir warten, was da kommt. Aber kann man sagen, es sei a priori die ganze Folge des Bewusstseins inhaltlich bestimmt? Und dieses Apriori sei die Quelle jedes anderen, realen Apriori? Oder jedenfalls ein fundamentales Apriori, das nicht übersehen werden dürfe? *Was lässt sich aus der Bestimmtheit des absoluten Bewusstseins deduzieren? Aus der ‚Einheit der transzendentalen Apperzeption'?* Jedes Bewusstsein muss sich in die Einheit eines Bewusstseins einfügen lassen, und zwar so, dass das einheitliche Bewusstsein Erkenntnis in sich haben kann, die im voraus gesetzmässig bestimmt, was im Bewusstsein auftreten wird. Und ebenso in der ‚Vergangenheit'. Also Einheit der Gesetzmässigkeit. Aber warum Gesetzmässigkeit des *konstituierten* Seins und nicht Gesetzmässigkeit bloss des Bewusstseinsaktes, etc.? Oder gehört das als Bedingung ⟨zu⟩ einer Bewusstseinseinheit gegenüber einer Bewusstseinsvielheit?" (S. 3b). Zur Fortsetzung des Textes schreibt Husserl: ,,‚Die Einheit der transzendentalen Apperzeption', eine transzendentale Erwägung" (S. 4a). Er untersucht, worin, unter Voraussetzung einer festen Bestimmung des Flusses des absoluten Bewusstseins in seinem unendlichen Lauf (cf. S. 4a), *Regelungen* des Bewusstseins liegen, und er findet solche ,,in den Essenzen der reellen Bewusstseinsdaten"

---

[35] Ms. B I 4, S. 2–4. Husserl notiert nachträglich: ,,Wohl nur noch historisch, aus 1908 oder 1909. NB" (S. 3a).

sowie in den „im Bedeutungsbestand gründenden Wesensgesetzen, auch Gesetzen möglicher Geltung" (S. 4a).[36] Wenn solcherart der Fluss des Bewusstseins in infinitum bestimmt, die Unendlichkeit vorgezeichnet sein soll, dann müsse sich diese Unendlichkeit erkennen lassen (cf. S. 4b).

Husserls, auch Kant eigentümlicher Gedanke ist dabei der, dass nur eine *Ordnung* erkennbar ist. Husserl fährt fort, in der Rede von Bewusstsein sei vorausgesetzt: „1) Rezeptivität, Sinnlichkeit, 2) Spontaneität" (S. 4b). „Die Sinnlichkeit ist das fundamentale Substrat für alles höhere Bewusstsein", und so können „die bloss sinnlichen Inhalte ⟨ . . . ⟩ nicht in infinitum ungeordnet aufeinander folgen. ⟨ . . . ⟩ Es muss ⟨ . . . ⟩ eine Regelmässigkeit, eine ‚Gesetzmässigkeit' in der Koexistenz und Folge der Empfindungen herrschen (abgesehen von den sinnlichen Wesensgesetzen)" (S. 4b). Erinnern wir uns hier an Kants Begründung der Erkennbarkeit von etwas im Gedanken der Ordnung, der Regelbzw. Gesetzmässigkeit. Wir halten uns an den Dritten Abschnitt der Deduktion der reinen Verstandesbegriffe in der 1. Auflage der *Kritik der reinen Vernunft*. Kant stellt hier „vereinigt und im Zusammenhange" (A 115) vor, wie die drei subjektiven Erkenntnisquellen, Sinn, Einbildungskraft und Apperzeption, „die Möglichkeit einer Erfahrung überhaupt und Erkenntnis der Gegenstände derselben" (cf. A 115) begründen. Uns interessiert, was Kant unter der transzendentalen *Affinität der Erscheinungen* (cf. A 122f.; auch im Zweiten Abschnitt, A 112f.) versteht, denn an diese erinnern die obigen Ausführungen Husserls über die Notwendigkeit einer Gesetzmässigkeit der sinnlichen Inhalte für deren Erkennbarkeit.

Bei Kant lesen wir in der Darstellung des „nothwendigen Zusammenhangs des Verstandes mit den Erscheinungen vermittelst der Kategorien" „von unten auf, nämlich dem Empirischen" (cf.

---

[36] Wenn man schon wisse, „dass sich im Bewusstsein eine Natur konstituiert", fährt der Text hier zunächst noch fort, dann sei „damit eine sehr weitreichende weitere Bindung des Bewusstseins gegeben" (S. 4a). „Die sinnlichen Wahrnehmungen, die auftreten, ⟨ . . . ⟩ haben dann eine ins Unendliche gehende feste Regelung, hinsichtlich ihrer Möglichkeit. Es können dann nicht beliebige Wahrnehmungen und ebenso auch sinnliche Erinnerungen auftreten. Es muss sich aus ihnen eine Natur herauserkennen lassen" (S. 4a). Nicht aber liege darin, „dass die synthetischen Akte (die dem Urteilen zugrunde liegen, und die greifenden) auftreten müssen" (S. 4a). Es sei hier also zu überlegen, wie weit die Bindung des Bewusstseins *notwendig* reiche, „wenn Natur konstituiert ist (Natur ist)", und zwar „Natur als eine für viele Ich gemeinsam erkennbare Natur" (cf. S. 4a und b).

A 119): ,,Das erste, was uns gegeben wird, ist Erscheinung, welche, wenn sie mit Bewusstsein verbunden ist, Wahrnehmung heisst ⟨ . . . ⟩. Weil aber jede Erscheinung ein Mannigfaltiges enthält, mithin verschiedene Wahrnehmungen im Gemüthe *an sich zerstreuet und einzeln* angetroffen werden, so ist eine Verbindung derselben nöthig, welche sie *in dem Sinne selbst nicht* haben können" (A 120; m.H.). Diese wird von der Apprehension, d.i. der ,,unmittelbar an den Wahrnehmungen ausgeübten Handlung der Einbildungskraft", geleistet (cf. A 120). Die Einbildungskraft muss aber zugleich ,,ein reproductives Vermögen" sein, da die Apprehension des Mannigfaltigen allein keinen Zusammenhang der Eindrücke hervorbringt (cf. A 121), und diese Reproduktion muss ,,eine *Regel* haben, nach welcher eine Vorstellung vielmehr mit dieser, als einer andern in der Einbildungskraft in Verbindung tritt" (cf. A 121; m.H.). Dies ist der Punkt, auf den es uns hier ankommt; denn Kant wird auf die Notwendigkeit der Regelmässigkeit der Reproduktion aus Gründen der *Erkennbarkeit* der ,,Eindrücke" geführt. Er sagt, die Reproduktion der Vorstellungen müsse eine Regel haben, weil, ,,wenn Vorstellungen so, wie sie zusammen gerathen, einander ohne Unterschied reproducirten, wiederum kein bestimmter Zusammenhang derselben, sondern blos regellose Haufen derselben, mithin gar kein Erkenntnis entspringen würde" (A 121).

Aus derselben Einsicht in den Zusammenhang von Regelmässigkeit und Erkennbarkeit folgert Husserl, wie wir sahen, es müsse eine ,, 'Gesetzmässigkeit' in der Koexistenz und Folge der Empfindungen herrschen" (oben, S. 259). Bei Kant aber sahen wir auch bereits, dass die erforderliche Verbindung der im Gemüt an sich zerstreut und einzeln angetroffenen Wahrnehmungen in dem Sinne selbst nicht anzutreffen sei. Diesen Gedanken bekräftigt Kant in aller Form an unserer Stelle des Gedankenganges der ,,Deduktion", wo er von der Affinität der Erscheinungen als objektivem ,,Grund der Reproduction nach Regeln" (cf. A 121) handelt und diesen selbst im ,,Grundsatze von der *Einheit der Apperception*" (cf. A 122), also gar nicht mehr ,,in dem Sinne selbst" verankert. Lesen wir diesen Passus: ,,Es muss ⟨ . . . ⟩ ein objectiver, d.i. vor allen empirischen Gesetzen der Einbildungskraft a priori einzusehender, Grund sein, worauf die Möglichkeit, ja sogar die Nothwendigkeit eines durch alle Erscheinungen sich erstreckenden Gesetzes beruht, sie nämlich durchgängig als solche Data der Sinne anzusehen, welche an sich associabel und allgemeinen Regeln einer durchgängigen Verknüpfung in der Reproduction unterworfen sind. Diesen objectiven Grund aller Association der Erscheinungen nenne ich die *Affinität* derselben. Diesen können wir aber nirgends anders, als in dem Grundsatze von der Einheit der Apperception in Ansehung aller Erkenntnisse, die mir angehören sollen, antreffen. Nach diesem müssen durchaus alle Erscheinungen so ins Gemüth kommen oder apprehendirt werden, dass sie zur Einheit der Apperception zusammenstimmen, welches ohne synthetische Einheit in ihrer Verknüpfung, die mithin auch objectiv nothwendig ist, unmöglich sein würde" (A 122).[37]

Die Affinität der Erscheinungen ist also der Bedingung der ursprünglichen Apperzeption unterworfen und aus dieser Identität ,,deduziert" (im Sinne Kants). ,,Da nun diese Identität nothwendig in der Synthesis alles Mannigfaltigen der Erscheinungen, so fern sie empirische Erkenntnis ⟨d.i. Erfahrung⟩ werden soll, hinein kommen muss, so sind die Erscheinungen Bedingungen a priori unterworfen, welchen ihre Synthesis (der Apprehension) durchgängig gemäss sein muss" (A 113). Sollen die Erscheinungen mit der ursprünglichen Einheit der transzendentalen Apperzeption zusammenstimmen können, was als Bedingung der Möglichkeit der Erfahrung gilt, so ist eine durchgängige Affinität derselben erforderlich (cf. A 113–114). Der Grund der Notwendigkeit der Affinität der Erscheinungen wird von Kant also aus der obersten Bedingung der Einheit der Erfahrung, dem Ich der transzendentalen Apperzeption, zu dem alle möglichen Erscheinungen als Vorstellungen gehören (cf. A 113), aufgewiesen. *Weil* ,,das stehende und bleibende Ich (der reinen Apperception) ⟨ . . . ⟩ das Correlatum aller unserer Vorstellungen" ausmacht (cf. A 123), müssen die Data der Sinne an sich assoziabel und allgemeinen Regeln einer durchgängigen Verknüpfung in der Reproduktion unterworfen sein, denn anders könnten sie nicht zur Einheit der Apperzeption zusammenstimmen (cf. A 122). Die notwendig geforderte Gesetzmässigkeit der Sinnlichkeit wird als Bedingung der Möglichkeit der Erfahrung aus der ursprünglichen Einheit der

---

[38] Vgl. auch die Ausführungen des Zweiten Abschnittes, A 112f.

Apperzeption deduziert und ist selbst die Leistung der durch die Einheit der Apperzeption intellektuell gemachten reinen Einbildungskraft. „Durch das Verhältnis des Mannigfaltigen aber zur Einheit der Apperception werden Begriffe, welche dem Verstande angehören ⟨ . . . ⟩ zu Stande kommen können" (A 124), „welche die formale Einheit der Erfahrung und mit ihr alle objective Gültigkeit (Wahrheit) der empirischen Erkenntnis möglich machen" (cf. A 125). Ohne Verstand würde es daher überall keine „synthetische Einheit des Mannigfaltigen der Erscheinungen nach Regeln geben" (cf. A 126). „Diese aber als Gegenstand der Erkenntnis in einer Erfahrung mit allem, was sie enthalten mag, ist nur in der Einheit der Apperception möglich. Die Einheit der Apperception aber ist der transcendentale Grund der nothwendigen Gesetzmässigkeit aller Erscheinungen in einer Erfahrung" (cf. A 127).

Dieser Deduktion der Affinität der Erscheinungen aus der Verstandesgesetzmässigkeit gegenüber sieht Husserls Deduktion aus der „Bestimmtheit des absoluten Bewusstseins, aus der ‚Einheit der transzendentalen Apperception' " anders aus. Soll der Bewusstseinslauf bestimmt und als solcher erkennbar sein, dann muss die *Sinnlichkeit* als das fundamentale Substrat alles Bewusstseins *in sich selbst* von Regelmässigkeit, Gesetzmässigkeit durchherrscht sein.

Husserls Auffassung von der in sich selbst geregelten Sinnlichkeit bestätigt sich an seinen weiteren Ueberlegungen über den Aspekt der *Spontaneität*, der im Begriff des Bewusstseins vorausgesetzt ist (oben, S. 259). Er macht sich diesbezüglich folgenden Einwand, der zeigt, dass nach ihm der Spontaneität eine in sich geregelte Sinnlichkeit zugrunde liegen muss: „Nun wird man sagen: Die Denkspontaneität ändert nichts an den sinnlichen Unterlagen, aber die Willensspontaneität tut es doch. Kann nicht der Wille es sein, der die Regel gibt?".[38] Husserl gesteht zu, dass der Wille den Lauf der sinnlichen Inhalte bestimmen mag, „aber er kann nicht den Inhalt des unendlichen Laufs bestimmen oder gar ein erst Ungeordnetes geordnet machen. Es muss eine einheitliche Gesetzlichkeit gegebener Inhalte da sein, in welche der Wille eingreift, aber nicht, sie zu ändern, d.h. der Wille greift

---

[38] Ms. B I 4, S. 4b.

ändernd ein, aber alle möglichen Aenderungen stehen unter einer Gesetzlichkeit, und wo der Wille nicht eingreift, läuft die Sinnlichkeit geregelt ab in sich, wo er aber eingreift, so ändert er, aber innerhalb einer umfassenderen Gesetzlichkeit, die er vorher vorstellig hat" (S. 4b). Wenn allerdings der Wille eingreift, überlegt Husserl, bevor er die „transzendentale Erwägung" abbricht,[39] wäre eine feste Ordnung nur noch da, „wenn der Wille selbst nicht ein zufälliger ist im Bewusstseinslauf" (S. 4b).

B. Die Stellungnahme zum Ich der transzendentalen Apperzeption zur Zeit der Einbeziehung des reinen Ich in die Phänomenologie

§ 37. Der „Blick des reinen Ich" und Kants Begründung der Möglichkeit einer Verbindung überhaupt im „Ich denke, das alle meine Vorstellungen muss begleiten können". – Husserls einseitig subjektiv-orientierte Aneignung von Kants Lehre des Ich der transzendentalen Apperzeption

In diesem Zweiten Abschnitt des Kapitels versuchen wir, uns Husserls Annäherung an Kants Formel „Ich denke" zum Verständnis zu bringen.[40] Hier ist der Ort, noch einmal bei der Aufzeichnung „Blick-auf" aus Sommersemester 1911[41] den Ausgang zu nehmen, diesmal in Hinsicht auf deren Bezugnahme auf Kant. Wir treffen in diesem Text nämlich auf den frühesten uns bekannten Versuch Husserls, Phänomene, die er im Auge hat, mit Kants Lehre vom Ich der transzendentalen Apperzeption begrifflich zu bestimmen.[42] Der Text „Blick-auf" gerät durch Husserls nachträgliche, auf den Problemzusammenhang der „Grundprobleme der Phänomenologie" von 1910–11 verweisende Bearbeitung in die uns bereits hinlänglich bekannte Zweiseitigkeit der

[39] Ans Ende des Blattes setzte Husserl eine ganze Reihe von Punkten: „ . . . . "
[40] Kant selbst spricht bezüglich des „Ich denke" von der „Formel unseres Bewusstseins", cf. KrV, Paralogismen, A 354.
[41] Ms. A VI 8 I, S. 155 u. 156 und Ms. B I 9 I, S. 89. Vgl. oben § 17, S. 101ff. und § 22, S. 143ff.
[42] Es ist bemerkenswert, dass Husserl zu der Zeit, da er selbst das Ich in die Phänomenologie einzubeziehen erwägt, diesen Schritt alsbald mit Kants Lehre von der reinen Apperzeption in Vergleich setzt. Vermutlich steht im Hintergrund dieser Bezugnahme auch Husserls Beschäftigung mit dem Neukantianer Natorp, dessen Schriften, insbesondere die *Einleitung in die Psychologie*, er gerade wieder um 1909 intensiv studierte (cf. I. Kern (1964), S. 32).

auf das Ich führenden Motive.[43] Diese Zweiseitigkeit kommt indessen, was Husserls Bezugnahme auf Kants Lehre anbelangt, nicht zur Geltung; denn er bezieht sich nun auf Kants Idee des Ich der transzendentalen Apperzeption durchaus im Horizont der Frage der Bestimmung der Einheit des Bewusstseins. Zu dieser Frage, und zwar mit Rücksicht auf die Einbeziehung des Ich, wurde Husserl, wie die Ausführungen im 5. Kapitel zeigten, vornehmlich im Rahmen der intersubjektiven Problematik der „Grundprobleme der Phänomenologie" motiviert. Weil Husserl selbst vor allem in diesem intersubjektiven Problemhorizont zur Stellungnahme in der Frage der Bestimmung der Einheit des Bewusstseins bewegt wurde, finden wir besonders hier auch den Ausdruck bewusster *Annäherung* an Kants Idee der reinen Apperzeption.

Es ist die Frage der *Begründung der Einheit* der verfliessenden cogito, die Husserl im Text „Blick-auf" vom Sommer 1911 unter hypothetischer Ansetzung der Identität des reinen Ich stellt, welche ihn an Kants Idee des Ich der transzendentalen Apperzeption denken lässt. Nach der zu Beginn des Manuskripts gegebenen Aufzählung einiger Beispiele, worauf der „Blick" sich richten kann, und nach der Festsetzung dessen, was mit dem Ausdruck „Blick-auf" gemeint ist, nämlich „ein bestimmter Sinn von ‚meinender' und ‚setzender' Zuwendung", bringt Husserl unter starker Hervorhebung die Bestimmung des Blickes-auf in Beziehung zu Kant: „Der Blick-auf und die ‚Einheit der transzendentalen Apperzeption' Kants, das Ich denke, das alle meine Vorstellungen muss begleiten können".[44] Erinnern wir uns des weiteren Gedankengangs der Aufzeichnung, welchen wir oben in grossen Teilen kennenlernten, so können wir uns die Bezugnahme auf Kant etwa folgendermassen zurechtlegen.

Im Text von 1911 kommt die Einsicht zum Ausdruck, dass einerseits in den intentionalen Erlebnissen ein „Blicken-auf" statthat, ein Meinen, eine setzende Zuwendung – dies gehört wesentlich zu ihrer „Funktion" –, und dass andererseits die intentionalen Erlebnisse dadurch Verbundenheit und Einheit zu erfahren scheinen, dass *der* Blick von dem zu jenem übergeht, dass

---

[43] Vgl. oben 5. Kapitel, § 16, S. 88 und vor allem § 17, S. 101ff.; 6. Kapitel, § 22, S. 143ff.
[44] Ms. A VI 8 I, S. 155a.

nicht eine pure Mannigfaltigkeit von „Blicken auf" unverbunden nebeneinander bzw. nacheinander auftreten. So fragt sich Husserl, ob nicht der Einheit *des* Blickes zugrunde liegt das Phänomen des „Identischen", das er als das „,ich' blicke" beschreibt, um dann auch vom „identischen schauenden Ich-Blick",[45] vom „schauenden Blick der ‚reinen Apperzeption' " zu sprechen bzw. davon, dass die Rede vom reinen Ich meint: Identität im Blick.[46] Lesen wir den im 5. Kapitel (oben, S. 101f.) im Zusammenhang vorgestellten Passus nochmals: „Soll man das zur Idee des ‚reinen Ich' (‚der reinen Apperzeption')[47] in Beziehung bringen und sagen, wir unterscheiden hier einerseits verschiedene Blicke und andererseits sagen wir, *der* Blick geht von dem zu jenem über?".[48] Am Rande dieses Satzes steht mit Bleistift noch folgende Erläuterung: „*Eine* Setzung geht auf *a* und *b* und ist mehr als Setzung von *a* und Setzung von *b*; alles, was in die Einheit *einer* Setzung eintreten kann, gehört einem Bewusstsein an".[49]

Was Husserl in der Bezugnahme auf Kant in dieser Aufzeichnung im Auge hat, scheint das Problem zu treffen, das Kant in der 2. Auflage der *Kritik der reinen Vernunft* zu Beginn der „Transcendentalen Deduction der reinen Verstandesbegriffe" (B 129ff.). in den Paragraphen 15, 16 und 17 exponiert: die Begründung der Möglichkeit einer Verbindung überhaupt (Synthesis) (cf. B 129f.) in der Vorstellung der Einheit, die zur Vorstellung des der Verbindung vorgegebenen Mannigfaltigen hinzukommt (cf. B 130f.). „Diese Einheit, die a priori vor allen Begriffen der Verbindung vorhergeht" (B 131), ist als Bedingung der „Möglichkeit der Erkenntnis a priori" nichts anderes als „die transcendentale Einheit des Selbstbewusstseins" (cf. B 132), welches „die Vorstellung: *Ich denke*, hervorbringt, die alle andere muss begleiten können und in allem Bewusstsein ein und dasselbe ist" (B 132), die „durchgängige Identität der Apperception eines in der Anschauung gegebenen Mannigfaltigen" (B 133).[50]

---

[45] Ms. A VI 8 I, S. 156.
[46] Ms. B I 9 I, S. 89a, vgl. oben, S. 145.
[47] „der reinen Apperzeption" ist mit Rotstift eingefügt.
[48] Ms. A VI 8 I, S. 156b.
[49] a.a.O., S. 156b.
[50] Den entsprechenden Gedankengang in der 1. Auflage bringt Kant eingangs des Dritten Abschnittes der Deduktion der reinen Verstandesbegriffe (A 115ff.) vor, in welchem er das zuvor „abgesondert und einzeln" Vorgetragene „vereinigt und im Zusammenhange vorstellen" will (A 115). Er schreibt dort (wozu Husserl in einem

Versuchen wir nacheinander herauszustellen, was bei Kant und was bei Husserl des näheren gemeint ist; es wird sich zeigen, dass Husserl nicht den vollen Gehalt des Kantischen „Ich denke" aufnimmt und dass er mit seiner „Idee des reinen Ich" hier und auch in den *Ideen* die Kantische Fragestellung anders wendet.

Bei Kant vollzieht sich der Rückgang auf das „Ich denke, das alle meine Vorstellungen muss begleiten können" (§ 16, B 131f.) bekanntlich im Rahmen der transzendentalen Deduktion der reinen Verstandesbegriffe (B 116ff.), d.i. der „Erklärung der Art, wie sich Begriffe a priori auf Gegenstände beziehen können" (A 85, B 117). Einer solchen Deduktion bedarf es in Kants Theorie, weil davon, „dass Gegenstände der sinnlichen Anschauung ⟨ . . . ⟩ auch ⟨ . . . ⟩ den Bedingungen, deren der Verstand zur synthetischen Einheit des Denkens bedarf, gemäss sein müssen, ⟨ . . . ⟩ die Schlussfolge nicht so leicht einzusehen" ist (A 90, B 122f.). Eine Vorstellung ist für Kant aber „in Ansehung des Gegenstandes alsdann a priori bestimmend, wenn durch sie allein es möglich ist, etwas als einen Gegenstand zu erkennen" (A 92, B 125). Alle Erfahrung, mit der nach Kant alle unsere Erkenntnis anfängt (cf. A 1, B 1), enthält aber „ausser der Anschauung der Sinne, wodurch etwas gegeben wird, noch einen Begriff von einem Gegenstande" (A 92, B 126). Die Frage, worauf die transzendentale Deduktion die Antwort zu geben hat, ist also die, „ob nicht auch Begriffe a priori vorausgehen, als Bedingungen ⟨ . . . ⟩, ohne deren Voraussetzung nichts als *Objekt der Erfahrung* möglich ist" (A 93, B 125f.), bzw. „die ganze Nachforschung" der transzendentalen Deduktion aller Begriffe a priori hat das Prinzipium: „dass sie als Bedingungen a priori der Möglichkeit der Erfahrung erkannt werden müssen (es sei der Anschauung, die in ihr angetroffen wird, oder des Denkens)" (A 94, B 126).

Das Unternehmen der transzendentalen Deduktion der reinen Verstandesbegriffe ist, wie Kant in der 2. Auflage an der Stelle des „Uebergangs" zur Deduktion (§ 14 B 127f.) in Erinnerung

seiner Exemplare der *Kritik der reinen Vernunft* am Rand vermerkt: „Das ist der Weg der Deduktion der 2. Auflage"; Kehrbach-Ausgabe, S. 127 zu A 116): „Wollen wir nun den innern Grund dieser Verknüpfung der Vorstellungen bis auf denjenigen Punkt verfolgen, in welchem sie alle zusammenlaufen müssen, um darin allererst Einheit der Erkenntnis zu einer möglichen Erfahrung zu bekommen, so müssen wir von der reinen Apperception anfangen. ⟨ . . . ⟩ Dies Prinzip ⟨ . . . ⟩ kann das transscendentale Princip der Einheit alles Mannigfaltigen unserer Vorstellungen (mithin auch in der Anschauung) heissen" (cf. A 116).

bringt, gegen Lockes „physiologische Ableitung" und insbesondere gegen *Humes* skeptische Auflösung der synthetischen Einheit der Dinge der Erfahrung in bloss gewohnheitsmässig verbundene Impressionskomplexe gerichtet (cf. dazu auch B 119).
Kant sagt, da Hume sich „gar nicht erklären konnte, wie es
möglich sei, dass der Verstand Begriffe, die an sich im Verstande
nicht verbunden sind, doch *als im Gegenstande nothwendig verbunden denken* müsse, und darauf nicht verfiel, dass vielleicht der
Verstand durch diese Begriffe selbst Urheber der Erfahrung,
worin seine Gegenstände angetroffen werden, sein könne: so
leitete er sie, durch Noth gedrungen, von der Erfahrung ab
⟨ . . . ⟩" (B 127f.; m.H.). Mit diesem Hinweis auf Hume sind wir
aber auch schon auf den Kern des von Kant in § 15 unter der
Ueberschrift „Von der Möglichkeit einer Verbindung überhaupt"
eingeleiteten Gedankenganges der transzendentalen Deduktion
der reinen Verstandesbegriffe aufmerksam gemacht. Es dürfte,
wie noch zu zeigen sein wird, auch in Husserls Aufzeichnung vom
Sommersemester 1911, welche das Phänomen des Blick-auf mit
Kants „Einheit der transzendentalen Apperzeption" in Verbindung bringt, das eben von Kant angezeigte Versagen Humes der
Sache nach im Hintergrund stehen.

Kants Ausgang im Gedankengang, den er in Gegenwendung zu
Hume vollzieht, kann etwa wie folgt wiedergegeben werden: In
der Erfahrung, in der alle unsere Erkenntnis anhebt, haben wir
es mit *einheitlichen* Dingen zu tun, Mannigfaltiges erscheint hier
als im Gegenstande verbunden. Welches, wenn diese Erfahrung
nicht einfach als eine zur Begründung der „Wirklichkeit der
wissenschaftlichen Erkenntnisse a priori" (cf. B 128) unzureichende
„Gewohnheit" angesehen werden kann, sind die transzendentalen
Bedingungen a priori für die Möglichkeit von Objekten der Erfahrung und Erfahrungswissenschaft? Kant erläutert, was er
unter Objekt versteht, im § 17: „*Object* aber ist das, in dessen
Begriff das Mannigfaltige einer gegebenen Anschauung *vereinigt*
ist" (B 137). Dem voraus ist seine entscheidende These in § 15 die,
„dass wir uns nichts als im Object verbunden vorstellen können,
ohne es vorher selbst verbunden zu haben", dass die Vorstellung
dieser Verbindung (Synthesis) „nur vom Subjecte selbst verrich-
tet werden kann" (§15, B 130). Zum Begriff der Verbindung gehört dann, ausser jenem des Mannigfaltigen und der Synthesis,

derjenige der Einheit (B 130), und zwar der *Einheit des Bewusstseins* in der Synthesis der Vorstellungen, die in eine Verbindung,
in eine Vereinigung derselben sollen eingehen können (cf. B 137).
Diejenigen Vorstellungen, die vor allem Denken gegeben sein
können, nennt Kant Anschauungen. Was aber in mir vorgestellt
wird, muss nach ihm gedacht werden können (cf. B 132). Deshalb
sagt er: ,,Das: Ich *denke*, muss alle meine Vorstellungen begleiten
können'' (B 131), und ,,alles Mannigfaltige der Anschauung'' hat
eine ,,nothwendige Beziehung auf das: Ich denke, in demselben
Subject, darin dieses Mannigfaltige angetroffen wird'' (§ 16, B
132).[51]

Erkenntnis besteht nach Kant ,,in der bestimmten Beziehung
gegebener Vorstellungen auf ein Object'' (B 137). Weil nun das
Objekt sozusagen das einheitliche Syntheton der Synthesis der
Vorstellungen ist, die zu unserer Erkenntnis gehören, so müssen
die Vorstellungen selber in subjektiver Hinsicht in der Synthesis
,,auf die Identität des Subjects'' (cf. B 133 und B 134) beziehbar
sein. Dies ist Bedingung dafür, dass ich die Vorstellungen, die in
einer gewissen Anschauung gegeben werden, insgesamt *meine*
Vorstellungen nennen kann (cf. B 132 und B 134); ,,denn sonst
würde ich ein so vielfärbiges, verschiedenes Selbst haben, als ich
Vorstellungen habe, deren ich mir bewusst bin'' (B 134). Damit
aber wäre *Verbindung überhaupt* von Vorstellungen als vom
Subjekt des Verstandes geleistete unmöglich gemacht, und damit
jedes Denken und Erkennen von Objekten. Dieser Ausweglosig-
keit gegenüber lautet Kants oberster Grundsatz der Möglichkeit
aller Anschauung in Beziehung auf den Verstand: ,,dass alles
Mannigfaltige der Anschauung unter Bedingungen der ursprüng-
lich-synthetischen Einheit der Apperception stehe'' (B 136). Und
alle mannigfaltigen Vorstellungen der Anschauung stehen unter
diesem Grundsatz eben, ,,so fern sie in einem Bewusstsein müssen

---

[51] Den Zusammenhang der Vorstellungen und der Einheit des ,,Ich denke'' macht
Kant an der entsprechenden Stelle des Gedankenganges in der 1. Auflage auch wie
folgt deutlich: ,,Alle Anschauungen sind für uns nichts und gehen uns nicht im
mindesten etwas an, wenn sie nicht ins Bewusstsein aufgenommen werden können,
sie mögen nun direct oder indirect darauf einfliessen, und nur durch dieses allein ist
Erkenntnis möglich. Wir sind uns a priori der durchgängigen Identität unserer selbst
in Ansehung aller Vorstellungen, die zu unserem Erkenntnis jemals gehören können,
bewusst, als einer nothwendigen Bedingung der Möglichkeit aller Vorstellungen
(weil diese in mir doch nur dadurch etwas vorstellen, dass sie mit allem andern zu
einem Bewusstsein gehören, mithin darin wenigstens müssen verknüpft werden
können)'' (A 116; cf. B 132).

verbunden werden können; denn ohne das kann nichts dadurch gedacht oder erkannt werden, weil die gegebene Vorstellungen den Actus der Apperception: Ich denke, nicht gemein haben und dadurch nicht in einem Selbstbewusstsein zusammengefasst sein würden" (B 136f.).

So können wir abschliessend Kants Gedankengang zu Beginn der transzendentalen Deduktion dahin gehend kennzeichnen, dass er die „*Vorstellung Ich*" als transzendentale Voraussetzung der Möglichkeit von Objekten der Erfahrung ansetzt, insofern eben durch sie allein es möglich ist, etwas als einen Gegenstand zu erkennen (cf. § 14, B 125; A 92). Kant vermerkt dazu in der 1. Auflage in einer Anmerkung, welche Husserl stark angestrichen hat: „Es ist aber nicht aus der Acht zu lassen, dass die blosse Vorstellung Ich in Beziehung auf alle andere (deren collective Einheit sie möglich macht) das transcendentale Bewusstsein sei. Diese Vorstellung mag nun klar (empirisches Bewusstsein) oder dunkel sein, daran liegt hier nichts, ja nicht einmal an der Wirklichkeit desselben; sondern die Möglichkeit der logischen Form alles Erkenntnisses beruht nothwendig auf dem Verhältnis zu dieser Apperception als einem Vermögen".[52]

Kehren wir nun zu *Husserls Text* aus 1911 zurück. Gegenüber Kants „korrelativer" Bestimmung der Einheit des Objekts und der Einheit der transzendentalen Apperzeption fällt uns bei Husserl auf, dass er das reine Ich zwar, ähnlich wie Kant, im Ausgang von der phänomenologischen Bestimmung der *Identität des Gegenständlichen* in Betracht zu ziehen scheint, im Fortgang der Ueberlegung jedoch den notwendigen Zusammenhang der Einheit des Bewusstseins mit der Möglichkeit der einheitlichen Konstitution des Gegenständlichen, wie ihn Kant zugrunde legt, nicht erwägt oder doch nicht eigentlich fruchtbar macht. Kants in Husserls Augen regressivem Vorgehen des Fragens nach den Bedingungen der Erfahrbarkeit einer objektiven Welt und der Möglichkeit einer Wissenschaft von dieser Welt gegenüber hebt Husserl in der Methode der phänomenologischen Reduktion bei den reinen, subjektiven Bewusstseinsgegebenheiten an und sieht zu, was im Wesen des reinen Bewusstseins als „objektive" Gegebenheit sinnvollerweise überhaupt in Frage kommt. Diese

[52] cf. A 117, Anm.; vgl. Husserls Kehrbach-Exemplar, S. 128.

Betrachtungsweise stellt ebenfalls ,,Bedingungen der Möglichkeit der Erfahrung" heraus, das bedeutet aber für Husserl, wie wir bereits anführten, ,,nichts anderes und darf nichts anderes bedeuten als das alles, was immanent im Wesen der Erfahrung, in ihrer essentia liegt und somit unaufhebbar zu ihr gehört. ⟨...⟩ alles im Wesen, in der Möglichkeit der Erfahrung Festgestellte ist eo ipso Bedingung der Möglichkeit der Erfahrung".[53]

In unserem Text aus 1911 lesen wir nun unmittelbar nach dem Hinweis auf Kants ,,Einheit der transzendentalen Apperzeption" im Zusammenhang mit dem Phänomen des ,,Blick-auf": ,,Phänomenologie als Wesenslehre der puren Phänomene nach ihren reellen und nach ihren intentionalen Beständen. Ihrem Wesen nach begründen Phänomene Einheiten der Identifikation und Unterscheidung, sie treten in Einheitsphänomene der Identifikation und Unterscheidung durch ihr Wesen ein. Dabei aber sagen wir, es ist ,evident', dass die so in Einheit tretenden Phänomene ,dasselbe meinen', in dem Sinn, dass dasselbe ,Gegenständliche' in diesen Phänomenen ,bewusst' ist, dass dasselbe gedacht ist oder erscheint, anschaulich ist etc.".[54] Was als identisch erscheint, sind dabei nicht die Phänomene selbst, die vielmehr immer wieder andere sind, sondern das ,,Gegenständliche", das bald so, bald anders, bald deutlicher, bald weniger deutlich erscheint.[55] Der zunächst an Humes allerdings nicht methodisch geklärtes Vorgehen erinnernde Rückgang auf die reinen Bewusstseinsgegebenheiten (,,Daten"), deren einzig Verbindendes in der Gesetzmässigkeit liegt, welche die Erlebnisse nach Koexistenz und Sukzession regelt,[56] nimmt bei der Aufklärung des in den verschiedenen, verfliessenden Phänomenen als identisch Vermeinten eine Wendung zu Kants Fragestellung hin. Husserl hat mit dem phänomenologischen Befund, dass die in Einheit tretenden Phänomene ,,dasselbe meinen", im Auge, ,,dass ein meinender Blick, ein schauender, das Identische fassen kann", was der weitere Gedankengang herausstelle, wie er anmerkt.[57]

---

[53] cf. Hu XVI, *Ding und Raum*, Vorlesungen 1907, § 40, S. 141f., oben S. 256.
[54] Ms. A VI 8 I, S. 156a (S. 155b ist unbeschrieben).
[55] cf. Ms. B I 9 I, S. 89a.
[56] Vgl. Husserls spätere Kritik an Hume in Hu VII, *Erste Philosophie I* (1923–24), S. 158.
[57] cf. Ms. A VI 8 I, S. 156a, Randbemerkung. – Zunächst fragt er an dieser Stelle noch, ob dieser Befund ,,unmittelbar alle Phänomene oder nur seinssetzende oder quasi-setzende Phänomene", also die objektivierenden Akte, betreffe, und er schreibt: ,,Noch ist also nicht letzte Klarheit erlangt über das, was das Thema und den Sinn

Der weitere Gedankengang stellt indessen nicht so sehr die Korrelation des einen Blickes und der Identität des in mannigfaltigen Phänomenen Gemeinten heraus, als vielmehr das Problem der *Vereinigung der mannigfaltigen Phänomene zu einem einheitlichen Bewusstsein*. Dieses Problem lässt Husserl die Einbeziehung des reinen Ich, des Ich denke, das alle meine Vorstellungen (Phänomene) muss begleiten können, in Erwägung ziehen. Gegenüber Kant fällt dabei aber gerade auch auf, dass Husserl nicht vom „Ich *denke*" spricht, welches bei Kant zur Mannigfaltigkeit des in der sinnlichen Anschauung Gegebenen für die Begründung der Erfahrungseinheit, der Objekte der Erfahrung, hinzukommen muss, sondern vom „Identischen, das das ,*ich*' blicke ausmacht",[58] welches für Husserl auch unabhängig und vor allen Denkakten, z.B. in einem reinen Wahrnehmungsablauf, aufzuweisen ist. Was er mit dem „*ich* blicke" meint, haben wir bereits kennengelernt (oben, S. 101ff.). Er sieht in dem Phänomen des Dabeiseins des identischen Ich in denjenigen Phänomenen, auf die es seinen Blick werfen kann, den Ausweis für eine „Einheit des Ichbewusstseins".[59] Wenn er also *in diesem Zusammenhang* die Kantische Formel vom „Ich denke" heranzieht, legt sich die Auffassung nahe, Husserl habe in Kants Gedanken der Einheit der transzendentalen Apperzeption zunächst bloss diese „*subjektiv-orientierte*", von der Frage nach der Einheit der gegenständlichen Welt unabhängige Seite gesehen.[60] Gerade

der Phänomenologie ausmacht" (S. 156a). In einem wohl wenig später geschriebenen Text entscheidet sich Husserl dann dafür, dass es sich so „bei allen ,Akten' ⟨d.i. bei denjenigen Erlebnissen⟩, die nicht nur in sich phänomenologisch etwas sind, sondern ,Meinungen von etwas, Bewusstsein von etwas sind' ", verhält (cf. Ms. A VI 12 III, S. 54a; wohl um 1911–12).

[58] Ms. A VI 8 I, S. 156b.

[59] Ms. A VI 8 I, S. 156b.

[60] Diese Einstellung Husserls zu Kants Ich der transzendentalen Apperzeption in der Zeit der *Ideen* hat bereits I. Kern (1964) aufs deutlichste herausgestellt. Unsere Ausführungen bilden bloss eine bestätigende Ergänzung. Kern schreibt: „Mag Husserl zwischen diesem reinen Ich und demjenigen Kants auch eine Verwandtschaft erblickt haben – etwa eine Verwandtschaft hinsichtlich des Formcharakters bzw. der inhaltlichen Leere, worüber Kant in den von Husserl stark studierten Paralogismen ausführlich spricht –, so vermochte er von dieser Ichlehre der *Ideen I* aus doch dem eigentlichen Kantischen Gedanken der ,transzendentalen Apperzeption' als der Grundlage der Erkenntnis- bzw. Gegenstandseinheit noch keinen positiven Wert abzugewinnen. Denn Husserl sah auf dieser Entwicklungsstufe seiner Lehre vom Ich zwischen dessen Einheit und der Konstitution einer einheitlichen, d.h. unter apriorischen (ontologischen) Gesetzen stehenden Welt noch keinen notwendigen Zusammenhang: Das Ich wird von ihm bestimmt als ein solches, das in seinen cogitationes als identischer Pol erfasst werden kann, unabhängig davon, ob sich in diesen ,cogitationes' eine einheitliche (transzendente) Welt (ein Kosmos) konstituiert oder nicht" (a.a.O., S. 287).

so, wie er den ,,schauenden Blick der ,reinen Apperzeption' '',
des reinen Ich als das Identische ansetzt, das sich als ,, ,ich'
blicke'' durchhalten kann bei allen *meinen* Phänomenen, diese
solcherart als Einheit eines Ichbewusstseins ausweisend, liest er
Kants ,,Das: Ich denke, muss alle meine Vorstellungen begleiten
können'' anfänglich im Sinne der Begründung der Möglichkeit der
Verbindung aller Vorstellungen als *meiner* Vorstellungen zur
Einheit eines Bewusstseins, ohne Rücksicht darauf, ob dieser
Einheit korrelativ eine Einheit des Gegenstandes zu entsprechen
habe.

*§ 38. Husserls Hinblick auf die Einheit eines Bewusstseinsstromes
    in der Bezugnahme auf Kants ,,Ich denke'' bei den Hinter-
    grunderlebnissen*

Das im vorangegangenen Paragraphen herausgestellte Verständnis des Kantischen ,,Ich der transzendentalen Apperzeption'' finden wir in den paar Texten aus der Zeit der *Ideen*, in
denen Husserl sich ausdrücklich darauf bezieht, vollauf bestätigt.
Es kommt dabei aber auch alsbald das Bewusstsein zur Geltung,
diese Aneignung der Kantischen Formel sei vielleicht nicht ganz
in Kants eigenem Sinne begriffen. Zum einen handelt Husserl in
diesen Texten von den Hintergrunderlebnissen und ihrer Beziehung auf das ,,Ich denke'', zum anderen von der Frage der Einheit eines Bewusstseins in seiner phänomenologischen Abgeschlossenheit gegenüber anderen Bewusstsein in Beziehung auf
das ,,Ich denke''. Die Erörterung dieser Bezugnahmen kann zur
Veranschaulichung des im vorigen Paragraphen nachgezeichneten
Gedankenganges dienen. Die erste Gruppe von Manuskripten
sehen wir uns in diesem Paragraphen, die zweite, die intersubjektive Problematik einbeziehende im folgenden des näheren an.
    Im § 57 der *Ideen I*, der ,,Die Frage der Ausschaltung des reinen
Ich'' behandelt (S. 109f.), nimmt Husserl auf Kants Formel des
,,Ich denke'' im Zusammenhang einer kurzen Erörterung der
Hintergrunderlebnisse Bezug. Im selben Zusammenhang und
ausführlicher spricht er darüber auch im ursprünglichen Bleistiftmanuskript der *Ideen II* aus Spätherbst 1912.[61] In diesem letzt-

---

[61] cf. Ms. F III 1, S. 5b. Der fragliche Passus ist in Hu IV, *Ideen II*, §§ 26 und 27
in der Landgrebeschen Ausarbeitung veröffentlicht; siehe dazu Einleitung des
Herausgebers, Marly Biemel, S. XVIIf. – Zum Phänomen der Hintergrunderlebnisse
in ihrer Beziehung zum Ich siehe auch oben, 6. Kapitel, § 27, S. 201ff.

genannten Text lesen wir: ,,Das reine Ich muss alle meine ,Vorstellungen begleiten können', das hat einen guten Sinn[+], wenn wir unter ,Vorstellungen' hier alles dunkle Bewusstsein, alles im Bewusstseinshintergrund befindliche verstehen".[62] Vermutlich schon bei der Niederschrift fügte Husserl aber an der mit + bezeichneten Stelle über der Zeile noch ein: ,,auch nicht den Kantischen".[63] Es zeigt sich also, dass hier Husserls Berufung auf Kant in seinen Augen selbst nicht mehr ohne weiteres so zu verstehen ist, als käme bei Kant dasselbe zur Sprache, was er meine, vielmehr gibt Husserl hier dem Kantischen Satz vom ,,Ich denke" seinen phänomenologischen Gehalt, unabhängig davon, ob dieser auch in Kants Sinne sei oder nicht. Wir erinnern uns an das oben (S. 201ff.) über die Hintergrunderlebnisse in ihrer Beziehung zum reinen Ich hinsichtlich der Einheit des Bewusstseinsstromes Ausgeführte und sehen nun bloss noch zu, wie Husserl die dort herausgestellte Bewusstseinseinheit mit der Kantischen Formel in Vergleich setzt. Die aktuell vollzogenen Erlebnisse, die ständig mit einem Hintergrund unvollzogener Erlebnisse verbunden sind, sind sozusagen die aktuell vom reinen Ich *begleiteten* Erlebnisse. ,,Vorstellungen" dagegen (Kants Ausdruck) nennt Husserl hier alle im Bewusstseinshintergrund befindlichen, die ,,unvollzogenen (in gewissem festen Sinn unbewussten, unerwachten) intentionalen Erlebnisse ⟨ . . . ⟩ oder die in den Hintergrund gesunkenen, in das Stadium des nicht mehr vollzogen getretenen".[64] Wenn Husserl nun sagt, ,,das reine Ich muss alle meine ,Vorstellungen begleiten können' ", so ist sein Gedanke der, dass das Ich, das ,,nur im Vollzug, in den eigentlichen cogitationes" waltet, ,,in alles ⟨ . . . ⟩ seinen Blick hineinsenden *kann*, was den Ichblick eben aufnehmen kann".[65] Diese ,,Vorstellungen", die Hintergrunderlebnisse, haben Ichbezüglichkeit, sie können den Ichblick aufnehmen, weil sie zum *selben* Ich gehören wie der entsprechende Vordergrund, denn Vordergrund und Hintergrund sind einig, der Hintergrund ist Hintergrund seines Vordergrundes

---

[62] Ms. F III 1, S. 5b.
[63] In einem seiner Handexemplare der *Ideen I* vermerkte Husserl an der entsprechenden Stelle in § 57, noch deutlicher den historischen Bezug hintanrückend: ,,Ich lasse dahingestellt, ob in seinem ⟨scil. Kants⟩ Sinn und unbekümmert um seine Verwendungsweise dieses Satzes".
[64] Ms. F III 1, S. 5b.
[65] cf. Ms. F III 1, S. 5b.

und hat überhaupt nur Sinn in dieser Bezüglichkeit. Oder in umgekehrter Richtung gesagt: Nur potentiell zum *selben* Ich gehörige Erlebnisse gehören dem *Hintergrund* an, der eben mit dem
Vordergrund, dem aktuellen Ich, einig ist, und deshalb muss das
reine Ich sie begleiten können. So versteht sich Husserls Rede
vom reinen Ich, das alle meine ,,Vorstellungen'' muss begleiten
können, auch hier mit Beziehung auf die Einheit eines (meines)
Bewusstseinsstromes.

Im § 57 der *Ideen I* kommt eben dieser Gedanke knapp, aber
deutlich zum Ausdruck: ,,In jedem aktuellen cogito lebt es ⟨scil.
das reine Ich⟩ sich in besonderem Sinn aus, aber auch alle Hintergrunderlebnisse gehören zu ihm und es zu ihnen, sie alle, *als* zu
dem *einen* Erlebnisstrom gehörig, der der *meine* ist, müssen sich
in aktuelle cogitationes verwandeln oder in solche immanent
einbeziehen lassen; in Kantischer Sprache: ,,Das ,Ich denke'
muss alle meine Vorstellungen begleiten können' '' (S. 109; m.H.).

Im ursprünglichen Entwurf zu den *Ideen II*[66] fährt Husserl
nach dem eben besprochenen Gedankengang fort: ,,Damit hängt
aber noch anderes zusammen. Vermöge der Polarität, die zum
Wesen des cogito gehört, ist das wache Ich aktuell bezogen auf
die *Gegenständlichkeiten* der cogitationes, die es vollzieht. Sie sind
seine Gegenstände ⟨ . . . ⟩''.[67] Diese Aussage könnte die Erwartung wecken, dass hier nun Kants Problem der Korrelativität von
Bewusstseins- und Gegenstandseinheit zur Behandlung käme.
Doch diese auf die Begründung der Erfahrung einheitlicher Gegenständlichkeiten zielende Fragestellung kommt in Husserls Textfortgang nicht zur Geltung, sondern Husserls Gedanke geht dahin,
das ,,volle Blickfeld'' des reinen Ich zu bestimmen. Ob dieses
notwendig eine einheitlich erfahrbare und etwa naturwissen-
schaftlich bestimmte Welt darbietet, ist gar nicht in Frage; ja
ausdrücklich sagt Husserl, die Gegenstände des reinen Ich in
dessen cogitationes seien ,,genau als diejenigen, die sie in den
betreffenden cogitationes ⟨als⟩ noematische (vermeinte, gesetzte
und quasi gesetzte) sind''.[68] Diese Erläuterung lässt durchaus
Husserls oft erwogene Möglichkeit zu, die Gegenstände, auf die
ich intentional gerichtet bin, müssten ,,in Wirklichkeit'' gar nicht

---

[66] cf. Hu IV, *Ideen II*, § 27, S. 108f.
[67] Ms. F III 1, S. 5b.
[68] Ms. F III 1, S. 5b.

sein, sie könnten in der Vernunftbetrachtung, „im Fortgang der cogitationes" und ihrer Setzung, die „endlos Mannigfaltiges offenlässt",[69] der Ausweisung ermangeln.[70]

Was daher im Sinne der vorangegangenen Betrachtung Husserls über die Hintergrunderlebnisse zur Bestimmung des vollen Blickfeldes des reinen Ich allein in Frage ist, ist die potentielle Einbeziehung der intentionalen „Gegenstände der *unvollzogenen* Noesen, die im Hintergrund schlummern" sowie der „Gegenstände der *möglichen* Noesen, auf welche die zum Bestand des Bewusstseins gehörigen Bewusstseinsmotivationen hinüberleiten".[71] Diese Noesen machen „sozusagen das Feld der Freiheit des Ich" aus, und „so ist schliesslich die ganze Welt meine, des reinen Ich meines Bewusstseins, Umwelt, Welt für das reine Ich, desselben, das hic et nunc auf dieses Papier sieht und schreibend freie Tätigkeiten übt und sich dabei schreibend weiss. ⟨ . . . ⟩ Diese Umgebungswelt ist in jedem cogito durch das Hintergrundbewusstsein mitgesetzt, obschon nur implizite ⟨ . . . ⟩".[72] Alle wirklichen und möglichen Gegenstände als noematische *meiner* wirklichen und möglichen Noesen schliessen sich damit zwar zu einer „Einheit", nämlich zu „einer Welt" zusammen, indessen, die Konstitution der Einheit der Welt als Korrelat der Einheit meiner wirklichen und möglichen Noesen ist hier doch nicht im Thema.

§ 39. Husserls Bezugnahme auf Kants „Ich denke" bei der Frage nach der phänomenologischen Abgeschlossenheit eines Bewusstseinsstromes im intersubjektiven Problemhorizont

Schliesslich finden wir Bezugnahmen Husserls auf Kants „Ich der transzendentalen Apperzeption", die uns besonders deutlich an die im 5. Kapitel verfolgte Linie der Motivation der Einbeziehung des reinen Ich in die Phänomenologie erinnern. Auch in diesen Texten geht Husserls Verständnis der Kantischen Einheit der transzendentalen Apperzeption allein auf die „subjektive"

---

[69] cf. Ms. F III 1, S. 5b.
[70] Vgl. zu dieser Problematik zur Zeit der *Ideen* etwa den 4. Abschnitt der *Ideen I*, „Vernunft und Wirklichkeit", S. 265ff. Auf Husserls Idee der „Weltvernichtung" im Zusammenhang des „Ich der transzendentalen Apperzeption" kommen wir unten (9. Kapitel, § 43f., S. 329ff.) zurück.
[71] Ms. F III 1, S. 5b.
[72] Ms. F III 1, S. 5b.

Seite der Erlebniseinheit, ohne Rücksicht auf das Problem der einheitlichen Gegenstandserfahrung aufgrund der Einheit der Apperzeption.

In der intersubjektiven Motivationslinie lernten wir den Text „Blick-auf" aus Sommersemester 1911 bereits hinreichend kennen (cf. oben, S. 101ff.), als wir ihn im Hinblick auf Husserls Verweis auf die „Grundprobleme der Phänomenologie" von 1910–11 interpretierten. Die Art der Textüberarbeitung mit Rotstift anlässlich dieses Verweises zeigt deutlich, dass Husserl sich insbesondere auch in Hinsicht auf die durch den Verweis auf die „Grundprobleme der Phänomenologie" in den Vordergrund gerückte intersubjektive Problematik auf Kants Ich der reinen Apperzeption zu beziehen suchte. Diese Problematik war eben die der Bestimmung der Einheit eines Bewusstseinsstromes in phänomenologischer Abgeschlossenheit gegenüber jedem anderen unter Rückgang auf das Identische, das als „*ich*" blicke bei all den Erlebnissen, welche zu einem Bewusstseinsstrom gehören, sich durchhalten lässt, wohingegen die einfühlungsmässig vergegenwärtigten Erlebnisse eine derartige Ichidentifikation wesensmässig ausschliessen. Nicht ist gemeint, dass Husserl bei Kant ebenfalls eine intersubjektive Fragestellung vorzufinden glaubt, sondern einfach, dass Husserl das Kantische Problem der Bestimmung der Einheit des Bewusstseins, für welches Kant die Idee der transzendentalen Apperzeption bereithält, insbesondere *im Horizont der Frage nach dem intersubjektiven Bewusstseinszusammenhang* deutlich wurde. Angesichts der Problematik der intersubjektiven Bewusstseinseinheit wurde Husserl zur Frage der Bestimmung einer (meiner) Bewusstseinseinheit motiviert, wie wir es in der Darstellung von Husserls Gedankengang in den Vorlesungen „Grundprobleme der Phänomenologie" von 1910–11 nachzuweisen suchten (oben, §§ 16ff.).

Dieser intersubjektive Problemhintergrund scheint nun auch, worauf wir noch hinweisen möchten, in Husserls Bezugnahme auf Kants „Ich denke" nachzuwirken, welche wir in der „Vorform" des § 57 der *Ideen I* (wie sie das Fragment des Bleistiftmanuskripts zeigt)[73] sowie im ursprünglichen Bleistiftmanuskript zu *Ideen II* an der Stelle finden, wo Husserl von der Frage der Ge-

---

[73] Vgl. zum Textbestand, oben, S. 123, zum Text, S. 126f.

schlossenheit eines Bewusstseinsstromes in ihrer Beziehung zur Idee des reinen Ich handelt (oben, S. 139ff.).

Im Manuskriptfragment aus Herbst 1912 zu § 57 der *Ideen I* lesen wir folgenden Passus: ,,Jedes Erlebnis ist das meine, jedes fasse ich in der Form ,ich denke‘, in jedem aktuellen cogito lebe ich, und mein Blick geht ,durch‘ seinen Inhalt auf das Gegenständliche. ⟨...⟩ Das Ich braucht nicht zu reflektieren und braucht nicht in Hinblick auf die reflektiv erfasste cogitatio zu sagen ,ich denke‘, aber die Ichzugehörigkeit der cogitatio und die Zugehörigkeit aller cogitationes, die in dem einen und selben individuellen Bewusstseinsstrom dahinfliessen, zu dem identisch einen individuellen Ich (auf jedem Bewusstseinsstrom zu einem anderen) ergibt sich als eine Notwendigkeit des Wesens. Das ,ich denke‘ muss alle ,*meine*‘ cogitationes begleiten *können*. Es scheint doch, dass davon durch die phänomenologische Reduktion nichts verloren geht und ein reines Ich als *Prinzip dieser Notwendigkeit* übrigbleibt‘‘.[74] Ziehen wir gleich auch noch den auf Kant verweisenden Satz aus dem ursprünglichen Manuskript der *Ideen II* aus 1912 heran, ohne nochmals auf den oben (S. 140f.) entfalteten Zusammenhang zurückzukommen. Der Satz umgrenzt zusammenfassend die Einheit eines Bewusstseins in der Beziehung zum reinen Ich und lautet: ,,Alle Bewusstseinsdaten (alle Bewusstseinsstoffe und noetischen Formen), die von dem identischen reinen Ich eines wirklichen und möglichen ,ich denke‘ ,begleitet sein können‘, gehören zu einer Monade‘‘.[75]

Im Sinne dieser beiden Bezugnahmen auf Kants ,,Das: Ich denke, muss alle meine Vorstellungen begleiten können‘‘ (KrV, § 16, B 131) liegt es, dass hier für Husserl nicht so die *Möglichkeit* des Begleitens, das ,,Begleiten-können‘‘, entscheidend ist, sondern dies, dass von ,,*meinen*‘‘ Vorstellungen, die ,,*ich*‘‘ muss begleiten können, die Rede ist, und nicht etwa von Anderer Vorstellungen, einem anderen Bewusstseinsstrom angehörigen, von denen ,,ich‘‘ in meinen vergegenwärtigenden Akten zwar einfühlend Erfahrung haben kann, nicht aber im ursprünglichen, originalen Modus des ,,*ich* denke‘‘, des ,,*ich* blicke‘‘, welcher die *Möglichkeit der Ichidentifikation* voraussetzte. Als ,,*Prinzip dieser* Notwendigkeit‘‘: dass alle ,,meine‘‘ als zu dem einen und selben Bewusst-

---

[74] Ms. F III 1, S. 4a; m.H.
[75] Ms. F III 1, S. 6a; cf. Hu IV, *Ideen II*, § 29, S. 111.

seinsstrom gehörigen cogitationes, und nur diese, ,,von dem identischen reinen Ich eines wirklichen und möglichen ,ich denke'
,begleitet sein können' '', zieht Husserl hier das reine Ich unter
Bezugnahme auf Kants Satz vom ,,Ich denke'' in Betracht.
Noch einmal erweist sich diese Bezugnahme als solche, die nicht
an Kants Problematik des identischen Ich der objektive Erfahrung begründenden Kategorien, des obersten Einheitspunktes der
Konstitution objektiver Gegenständlichkeit rührt. Husserl hat
gerade im jetzigen Zusammenhang die subjektive Seite der ,,Ichzugehörigkeit'' aller ,,meiner'' Erlebnisse gegenüber Anderer
Erlebnissen in Hinsicht auf die Umgrenzung einer phänomenologisch abgeschlossenen Bewusstseinseinheit im Blick, und eine
eigentliche Brücke phänomenologischer Aufklärung zwischen der
subjektiv-orientierten und der objektiv-orientierten Phänomenologie (cf. *Ideen I*, § 80) ist noch nicht geschlagen. Zwar bringen
die *Ideen I* vornehmlich die objektiv-orientierten Konstitutionsanalysen zur Geltung, aber das reine Ich wird hier nur, weil es
,,ein notwendiges Dabei'' sei (§ 80, S. 161), ,,öfters berührt'' und
nicht wie bei Kant als Grund der Einheit des objektiv Konstituierten angesetzt.

§ *40. Bemerkung zu Kants vom Gesichtspunkt der Phänomenologie
gesehen transzendental-solipsistischer Begründung der Möglichkeit der Erfahrung von Objektivität*

An die letzten Ausführungen anknüpfend soll noch darauf hingewiesen werden, dass es auch für Kant wesentlich ist, dass das
Ich denke *meine* Vorstellungen muss begleiten können. Das liegt
an der Sache selbst, die im Blicke ist. Doch liegt bei Kant der
Akzent der Fragestellung anders als bei Husserls intersubjektiver
Perspektive der Begründung der Erfahrung.

Wenn Kant in der *Kritik der reinen Vernunft* die ,,Möglichkeit
der logischen Form alles Erkenntnisses'' zur Apperzeption Ich als
einem Vermögen notwendig ins Verhältnis setzt (A 117, Anm.),
darf daraus nicht entnommen werden, dass das Ich irgendeine
,,*überindividuelle*'' allgemeine logische Form, ein Allgemein-Ich
im Sinne eines ,,Ueber-Ich'' sei. Es ist vielmehr Ich meiner Vorstellungen. ,,Das: Ich denke, muss alle meine Vorstellungen begleiten können'' meint in Anwendung auf die vor allem Denken
gegebenen Vorstellungen des Mannigfaltigen der Anschauung,

dass alles Mannigfaltige der Anschauung auf das „Ich denke, *in demselben Subject,* darin dieses Mannigfaltige angetroffen wird", eine notwendige Beziehung hat (cf. § 16, B 132; m.H.). Der ganze Gedankengang des § 16 der „Transzendentalen Deduktion der reinen Verstandesbegriffe" in der 2. Auflage verliert allen einsichtigen Sinn, wenn nicht gesehen wird, dass Kant von der formalen Einheit des Bewusstseins je eines Subjektes, in welchem Anschauungen und Begriffe auftreten, spricht. Im Vollzug der Synthesis des Mannigfaltigen kann ich mir zur Einsicht bringen, dass das Mannigfaltige der Vorstellungen, meiner Vorstellungen, notwendig, a priori, auf mein „Ich denke" (die „Identität des Subjects"; B 133) bezogen ist, dass überall *ich* es bin, der die Vorstellungen hat, welche zur synthetischen Einheit kommen. „Synthetische Einheit des Mannigfaltigen der Anschauung, als a priori gegeben, ist also der Grund der Identität der Apperception selbst, die a priori allem *meinem* bestimmten Denken vorhergeht" (B 134, Kants Hervorhebung). Und weiter heisst es: „Ich bin mir also des identischen Selbst bewusst in Ansehung des Mannigfaltigen der mir in einer Anschauung gegebenen Vorstellungen, weil ich sie insgesammt *meine* Vorstellungen nenne, die *eine* ausmachen" (B 135, Kants Hervorhebung). Dies gilt nach Kant für jedes einzelne erkennende Subjekt, je für „meine" Vorstellungen, die je verschieden sind nach der Verschiedenheit der Subjekte, in denen die Vorstellungen angetroffen werden. Die formale Beziehung von synthetischer und analytischer Einheit der Apperzeption, welche das Ich der transzendentalen Apperzeption in den Blick bringt, gilt insofern „allgemein", d.h. für alle erkennenden Subjekte, als man, wie Kant sagt, den „an Inhalt gänzlich leeren Ausdruck Ich" „*auf jedes denkende Subject anwenden kann*" (A 355). Das Ich ist aber deshalb doch keineswegs als eine „intersubjektive", „überindividuelle Struktur" im Sinne eines „Allgemein-Ich" (etwa eines *genus,* an dem die einzelnen erkennenden Ich Anteil hätten oder das sie „verwirklichten", im Masse sie „richtig" denken), wohl aber als eine allgemeine Form alles möglichen *individuellen* Bewusstseins zu verstehen. Das beschriebene, von Kant gemeinte Ich, ist mit seinen eigenen Worten, „die blosse Form des Bewusstseins,[76] welches beiderlei Vor-

---

[76] Vgl. z.B. auch *Anthropologie in pragmatischer Hinsicht,* § 7, wo Kant das Ich als das „Förmliche des Bewusstseins" bezeichnet (Ak.-Ausgabe, S. 141).

stellungen ⟨Anschauung und Begriff⟩ begleiten und sie dadurch zu Erkenntnissen erheben kann" (A 382), oder die „transzendentale Einheit des Selbstbewusstseins", dasjenige, welches „die Möglichkeit der Erkenntnis a priori" (B 132) begründet. Die Erkenntnis ist aber je-subjektive Erkenntnis, Erkenntnis der einzelnen Subjekte, nicht eines Allgemein-Ich oder „Ueber-Ich". Wenn in Hinsicht auf Kants Aussage, die „Möglichkeit der logischen Form alles Erkenntnisses" beruhe notwendig auf dem Verhältnis zur Apperzeption Ich als einem Vermögen (A 117, Anm.), dieses Ich der transzendentalen Apperzeption als abstraktes, rein erkenntnistheoretisches Subjekt interpretiert wird,[77] ist es nichtsdestoweniger als Einzel-Ich, Einzelsubjekt, freilich nicht als das empirische, jederzeit im Fluss der inneren Erscheinungen wandelbare gemeint (cf. A 107). Im Sinne Husserls ist die Apperzeptionseinheit Kants nicht als individuell-*reales* Ich, sondern als das *reine*, numerisch für jeden Bewusstseinsfluss verschiedene, identische Ich zu verstehen.

Indessen, Husserls Problemstellung einer *Mehrheit* von konstituierenden Bewusstsein, in denen dieselbe Welt für alle erfahren wird, also die Aufklärung des transzendental-intersubjektiven Bewusstseinszusammenhanges, in welchem die Bedingungen der Möglichkeit der Erfahrung von identischen Objekten für eine Vielheit von Bewusstsein gründen, kommt in Kants subjektiver Grundlegung der Möglichkeit der Erfahrung nicht zur Geltung. Kants Ich der transzendentalen Apperzeption als oberster Grund der Möglichkeit einer einheitlichen Erfahrung ist, transzendental gesehen, ein *solus ipse;* die Objektivität, die Kant im Rückgang auf das Ich der transzendentalen Apperzeption und seiner Kategorien begründet, ist „Objektivität" vom Gesichtspunkt nur

---

[77] Vgl. H. Heimsoeth (1956) S. 235ff. und bes. S. 241ff. Heimsoeth wendet sich entschieden gegen die Auffassung des Ich der transzendentalen Apperzeption als ein abstraktes, überindividuelles Erkenntnisprinzip und betont, „das der Gedanke von der Apperzeptionseinheit nicht wegzuführen braucht vom *individuell-realen Ich*" (a.a.O., S. 241; m.H.). Es kann uns hier nicht um eine Auseinandersetzung mit Heimsoeths eindringlicher Kantinterpretation gehen, angemerkt sei bloss, dass bei der Behandlung des genannten Problems Kants Feststellung Rechnung getragen werden muss, „die blosse Vorstellung Ich" sei „das transzendentale Bewusstsein", wobei „nicht einmal an der Wirklichkeit desselben" etwas liege (KrV, A 117, Anm.). Dennoch glaube ich auch mit Heimsoeth, dass die „Formel", die „leere" Vorstellung Ich denke „keineswegs ausschliesslich eine wirklichkeits-gelöste überindividuell-erkenntniskritische Instanz bezeichnen" muss (a.a.O., S. 242).

eines Subjektes.[78] Dem Problem, *wie* – obwohl man die Grundlegung im Ich der transzendentalen Apperzeption „auf jedes denkende Subject anwenden kann" (A 355) – die je in einem denkenden Subjekt erfahrene Objektivität mit derjenigen anderer Subjekte *zusammenstimmen* und eine für alle Subjekte einheitlich
erfahrbare Welt zur Ausweisung kommen könne, bzw. wie es
transzendental zu verstehen sei, dass in Anwendung der logischen
Form aller Erkenntnis auf jedes denkende Subjekt nicht einfach
so viele unverbundene Welten sich konstituieren als erkennende
Subjekte angesetzt sind, sondern *ein und dieselbe* Welt für alle
Subjekte erfahrbar wird – diesem Problem gegenüber bleibt
Kants *Kritik der reinen Vernunft* fremd, und es ist wohl erst
durch Husserls phänomenologische Reduktion auf die reine,
phänomenologische Subjektivität allmählich zu scharfem philosophischen Bewusstsein gekommen. Jedenfalls ist dies auch
Husserls Meinung schon zur Zeit der *Ideen*.[79]

Zum Abschluss unserer Hinweise auf das Problem der solipsi-
stischen bzw. intersubjektiven Begründung der Möglichkeit der
Erfahrung lesen wir im ursprünglichen Bleistiftmanuskript der
Ideen II folgenden, von der Sache her zu Kants Vernunftkritik
Stellung nehmenden Passus, in dem zum Ausdruck kommt, dass
in Husserls Augen Kants Theorie der Erfahrung zur Aufklärung
der Konstitution der „intersubjektiven Einheiten"[80] Natur und
(Natur-)Wissenschaften unzureichend erscheint. Husserl schreibt:
„Kann sich Denken schon auf der Stufe des Einzel-Ich reichlich
betätigen, so gewinnt es offenbar eine ungleich höhere Bedeutung
auf der Stufe der gesellschaftlichen Erfahrung. Hier erwachsen

---

[78] Vgl. zur Sache oben, 4. Kapitel, § 11 u. § 13.
[79] Vgl. auch die spätere, explizit dieses Problem betreffende Kritik an Kant in
Hu VII, *Erste Philosophie I*, Beilage XVIII (wohl 1924): „Wenn Kant die Vielheit
der Subjekte voraussetzt und ihnen allgemeine Eigenschaften zuschreibt, so stammen
diese vorausgesetzten Erkenntnisse offenbar aus einer Rückübersetzung der empirischen Weltauffassung in die monadologische Philosophie Leibnizens. ⟨ . . . ⟩"
(S. 369). „Und niemals wird dabei, wie schon gesagt, die offenbar beständig benützte
Vielheit dieser Monaden (die doch Kant, wo er von ‚uns Menschen' spricht, allein
meinen kann, da die Leiber, gemäss der echt monadologischen, nur systematisch
weiter ausgeführten Interpretation der physischen Natur, in Mannigfaltigkeiten von
Erscheinungen ‚in uns', in den monadischen Innerlichkeiten ⟨nur bestehen⟩) in
transzendentale Erwägung gezogen. Dies genügt zu einer prinzipiellen Kritik, es
genügt zur Feststellung, dass Kants Erkenntniskritik in der Art ihrer Problemstellungen und Methoden dem der Erkenntnistheorie sozusagen eingeborenen Sinn
widerstreitet ⟨ . . . ⟩" (S. 374).
[80] cf. Hu XIII, *Intersubjektivität I*, Nr. 6, § 36, S. 183 (oben, S. 89).

verschiedene grosse Probleme. Zuunterst schon die Frage, was überhaupt die Bedingungen der Möglichkeit einer identischen Gegenständlichkeit für mehrere reine Ich und ihr Bewusstseinsleben sein müssen. Es gilt, sich hier klarzumachen, was vielen durchaus nicht klar werden will, dass im Sinn solcher identischen Gegenständlichkeit gefordert ist die Möglichkeit der Ausweisung der Identität ⟨ . . . ⟩ Fragt man dann weiter nach den Bedingungen der Möglichkeit des Verkehrs ⟨der reinen Ich⟩, so stösst man als a priori auf die Notwendigkeit, dass in der konstituierten Welt jedes der Verkehrenden ein Leib sein muss, als Eigenleib charakterisiert, und ein Leib als der Fremdleib charakterisiert. In höherer Stufe kommen dann die höheren transzendentalen Fragen, wie konstituiert die Gegenständlichkeit sein muss, mit welchem Sinne ⟨ . . . ⟩ Solche Probleme bewegen, obschon nicht vollkommen ausgereift, *Kants Vernunftkritik*, sie setzen aber offenbar eine Phänomenologie und eine Einsicht in die Konstitution der niederen Erfahrungsstufen voraus, eine Aufgabe, die Kant nicht erfasst und, wo er sie gestreift, sie doch in ihrer Grösse nicht geahnt hat. Daher fehlt bei ihm schon die richtige Formulierung des Problems. Das Problem der Konstitution überhaupt in ihren Stufen, die Notwendigkeit, in allen Stufen die zugehörigen systematischen Beschreibungen zu vollziehen, die Wesenszusammenhänge herauszustellen, die verschiedenen apriorischen Möglichkeiten zu erwägen, die im Rahmen des Festen, d.i. des reinen Ich und des reinen Bewusstseins mit all seinen Grundformen, offene Möglichkeiten sind, und diese dann so zu konstruieren, dass der Idee einer ‚objektiven‘ Erkenntnis genügt werden kann – all das ist Kant fremd, sosehr seine Vernunftkritik sich gegen diese Problematik hinneigt und sich ihr gelegentlich sehr annähert‘‘.[81]

---

[81] cf. Ms. F III 1, S. 33b und 36a; bzw. Hu V, *Ideen III*, Beilage I, §§ 5 u. 6, S. 127f.

9. Kapitel

AUSBLICK AUF HUSSERLS SPÄTERE
STELLUNG ZUM PROBLEM DES ICH

§ 41. Uebersicht über die Ausführungen des Kapitels

Unsere Darstellung von Husserls anfänglicher Stellung zum Problem des Ich hat zu zeigen versucht, dass Husserl die Unumgänglichkeit, es sei offenbar „so etwas wie reines Ich" im phänomenologisch reduzierten Feld als „etwas Phänomenologisches" gegeben und zu setzen (oben, S. 99), in zwei ganz verschiedenen Sachzusammenhängen zu Bewusstsein kam: einmal bei der phänomenologischen Aufklärung des intersubjektiv vereinheitlichten reinen Bewusstseins, vor welche ihn die Fragestellung der „Grundprobleme der Phänomenologie" von 1910–11 führte (oben, 5. Kapitel), das andere Mal bei der Bestimmung der Bewusstseinsform cogito, deren eigentümlicher Vollzugsmodus nach Husserl der der „Aufmerksamkeit", des Gerichtetseins-auf, der Zuwendung ist (oben, 6. Kapitel).

Zum Abschluss unserer Untersuchungen wollen wir nun noch einen Ausblick auf Husserls spätere Stellung zum Problem des Ich geben. Zunächst möchten wir anzeigen, dass die bisher kennengelernten Gedankenmotive im ganzen späteren Denken Husserls wirksam blieben. Wir gehen also zu Beginn der *Kontinuität* der zweiseitigen Motivation für das Ich in Husserls späteren Manuskripten nach (unten, § 42a und b). Dabei werden wir insbesondere eine gewisse Vertiefung der zweiten, von den Phänomenen der Aufmerksamkeit sich herschreibenden Motivationslinie in Husserls Rede vom Ich als „Pol der Affektionen und Aktionen" anzuzeigen haben. Die Verschiedenartigkeit der Motive bringt mit sich eine *Zweideutigkeit* in Husserls Ichbegriff, die in den Erörterungen der vorangegangenen Kapitel empfindlich wurde und die wir abschliessend noch eigens kennzeichnen möchten (unten, § 42c).

Im weiteren (unten, § 43) wollen wir einige Grundlinien von Husserls späterer *Ausgestaltung* seines Denkens über das Ich zur Geltung bringen. Dadurch möchten wir uns innerhalb des leeren „Rahmens" der Einbeziehung (Anerkennung) des reinen Ich, der unsere bisherigen Ausführungen in der Hauptsache gewidmet waren, ein anschaulicheres „Bild" von Husserls Auseinandersetzung mit dem Problem des Ich selbst zu verschaffen suchen. Bei der praktisch unüberblickbaren Fülle von Husserls Manuskripten zur Vertiefung seines Denkens über das Ich wird unsere Darstellung indessen doch nur Hinweischarakter besitzen. Dies aber in einem genauen Sinn, der erlauben sollte, sich mit Hilfe der angezeigten Texte eine konkretere Vorstellung von Husserls späteren Untersuchungen über das Problem des Ich zu machen. Selbstverständlich kommen in diesem Ausblick aber auch viele Problemaspekte nicht zur Sprache. Beispielsweise wird nicht erörtert das Verhältnis von Eidos und Faktum, das beim Ichbegriff eine einzigartige Ausprägung erfährt, und das zugehörige Problem der Einzigkeit des Ich (das keinen Plural zulässt, bzw. dessen plurale Bedeutung „Andere" meint).[1] Zu kurz kommen auch bei der Darstellung der Konstitution des reinen Ich als personales Ich die Fragen der Beziehung auf die Intersubjektivität, insbesondere die des Zusammenhangs von Ich-Du-Beziehung und Konstitution des personalen Ich, und in genetischer Hinsicht die Frage des Vor-Ich und der ersten Einfühlung beim Kind.[2]

[1] Vgl. dazu z.B. Hu XV, *Intersubjektivität III*, Nr. 22 (1931), Hu XIV, *Intersubjektivität II*, Nr. 2 (1921); Ms. B I 14, S. 124a ff. (1933 oder 1934); Ms. A VII 2, S. 6b (1934); Ms. F IV 1, S. 97 (wohl dreissiger Jahre). Einen klärenden Beitrag zu den angezeigten Fragen gibt I. Kern in der vor der Veröffentlichung stehenden Studie „Idee und Methode der Philosophie, Leitgedanken für eine Theorie der Vernunft" (cf. § 52a und b (Husserl)). Einige Hinweise zum Problem der Einzigkeit des Ich finden sich auch bei K. Held (1966), S. 160ff. Die Erwartung, bei Broekman (1963) Aufschluss über das Verhältnis von faktischem und transzendentalem Ich in der Phänomenologie Husserls zu erhalten, wird leider sehr enttäuscht. Der Autor verliert sich in eine verwirrende und schliesslich unergiebige Diskussion der mehr oder weniger einschlägigen Literatur, die das eigentliche Thema aus dem Blick entschwinden lässt. – Die Kritik an Husserls Begriff des reinen Ich unter Berufung auf das faktische Ich als Subjekt der konkreten Wahrnehmung in Asemissens wichtiger Arbeit (1957) leidet an verfehltem Verständnis der phänomenologischen Reduktion (cf. a.a.O., bes. §§ 9–11), welches Asemissen die ganze Problematik des *reinen* Bewusstseins fragwürdig erscheinen lässt.

[2] Diesbezüglich kann hier nur auf die drei Bände aus dem Nachlass „Zur Phänomenologie der Intersubjektivität" (*Husserliana XIII-XV*) verwiesen werden. Diese Texte führen die Schaffenszeit Husserls von 1905 bis in die letzten Jahre hinein eindringlich zu Bewusstsein. Wesentliches, was Husserl zum Problem des Ich zu sagen hat, kommt vornehmlich im Zusammenhang oder Hinblick auf seine Intersubjektivitätsproblematik zur Sprache.

Auch eine die bereits bekannten Forschungsergebnisse wirklich vertiefende und sie wohl auch aufgrund der in unserer Studie zur Geltung gekommenen Einsichten modifizierende Erörterung von Husserls späten Reflexionen über Ich und Zeit, besonders auch im Hinblick auf die Habitualitäten, kann in diesem Ausblick nicht gegeben werden.[3]

Im Ausgang von Husserls späterer Selbstkritik des Ansatzes des Ich in den *Ideen I* werden wir vor allem seinen Begriff des *personalen Ich*, als welches sich nach ihm das reine Ich notwendig konstituiert, in den Vordergrund rücken. Die Tragweite des Personbegriffs beruht gerade, wie wir andeuten werden, auf seiner Verknüpfung mit dem an Akte der Vergegenwärtigung gebundenen Begriff des reinen Ich. Um eine gewisse Einheitlichkeit der Darstellung zu erreichen, orientieren wir uns an einer längeren Aufzeichnung (wohl von 1915–16) und einer zugehörigen kritischen Note (wohl nach 1924), die von dem für den Begriff des personalen Ich zentralen Problem der Habitualitäten handeln (unten, § 43a). Im älteren Text klingen bereits die wesentlichen Themen an, die Husserl später zum phänomenologischen Begriff des personalen Ich und der Monade führen (unten, § 43b), in der kritischen Note kommen wichtige Präzisionen über die Voraussetzung der Personalität und die Unterscheidung von reinem Ich und Person zur Geltung (unten, § 43c). Von besonderem Interesse scheint uns im weiteren Husserls Idee des personalen Ich als „Ich der Konsequenz" in Korrelation mit seiner Umwelt (unten, § 43d). Diese Korrelation erörtern wir nach drei Hinsichten noch etwas genauer: Zunächst weisen wir auf den Zusammenhang mit Husserls neuartiger Bezugnahme auf Kants Idee des Ich der transzendentalen Apperzeption hin (unten, § 43e), danach auf den damit zusammenhängenden Gedanken der Auflösung der konstituierten Umwelt und des korrelativen personalen Ich (unten, § 43f). Ferner werfen wir noch einen Blick auf Husserls späteste Reflexionen über die Korrelation personales Ich–Umwelt, in denen ein ausgezeichneter Personbegriff zum Durchbruch drängt, der eine Unterscheidung des menschlichen Ich von allen anderen „Ichbesonderungen" zur Folge hat; im Anschluss an diese Erwägungen Husserls zeigen wir abschliessend noch die

---

[3] Vgl. G. Brand (1955) und K. Held (1966).

mögliche Aufhebung der Zweideutigkeit seines Ichbegriffs an (unten, § 43g).

§ 42. *Weiterführung der bisherigen Gedankenmotive zum Problem des Ich*

a) Die Kontinuität der Auffassung des Ich als Prinzip der Einheit eines Bewusstseinsstromes

In einer Aufzeichnung, wohl aus 1924, in der Husserl kritisch Stellung nimmt zu den beiden Stufen, in denen er 1907 (solipsistisch) und 1910 (in der intersubjektiven „Erweiterung") die Idee der Reduktion gewonnen hatte,[4] kommt der Problembestand zum Ausdruck, in dessen phänomenologischer Aufklärung die Kontinuität der ersten, oben im 5. Kapitel herausgestellten Motivation für das Ich in Husserls späterem Denken zu sehen ist. Wir lesen: „Wenn phänomenologische Reduktion nicht Reduktion auf meine private Subjektivität ist, so muss doch unterschieden werden zwischen meinem eigenen Sein und Leben, als in mir selbst original gelebtem und in der phänomenologischen Reflexion in erster Originalität vorfindlichem, und andererseits dem Sein und Leben aller für mich Anderen, das in mir selbst, aber als ‚Gespiegeltes' sich bekundet und in mir zu enthüllen ist, als wie es mit dem körperlichen Leib als mir original gegebenen induziert ist" (a.a.O., S. 436). Husserls Denken findet sich immer wieder vor das Phänomen des in phänomenologischer Reflexion in Originalität vorfindlichen und andererseits des darin sich bekundenden fremden Bewusstseins gestellt. Dieser rein phänomenologische Befund fordert eine prinzipielle Aufklärung, er stellt das Problem der Bestimmung der Einheit eines (meines) Bewusstseins in seiner phänomenologischen Abgeschlossenheit gegenüber anderen Bewusstsein. Wir können dieses Problem in der vertieften und konkreteren Bestimmung des späteren Husserl auch bezeichnen als die Frage nach der rein phänomenologischen Abgrenzung des „mir Eigenen", der „Originalitätssphäre" (oder „Eigenheitssphäre", „Primordi(n)alitätssphäre") vom „Sein und Leben aller für mich Anderen". In der phänomenologischen Aufklärung dieser fundamentalen transzendental-philosophischen Problema-

---

[4] Hu VIII, *Erste Philosophie II*, Beilage XX, cf. Titel der Beilage, S. 432.

tik wurzelt die unverlierbare Motivation der Einbeziehung des reinen Ich, welche wir im Ausgang von den „Grundproblemen der Phänomenologie" von 1910–11 herausgestellt haben.

In Husserls späterem Denkweg gewinnen die dort aufbrechenden Einsichten und das Bewusstsein ihrer Unausweichlichkeit noch an Schärfe. In prägnanter Weise formuliert Husserl etwa in einer Aufzeichnung, wohl vom Januar 1927, „Zur Klärung der Reduktion auf das Ego, also zur Abgrenzung der originalen Erfahrung",[5] den Gesichtspunkt seiner phänomenologischen Untersuchung[6]: „Da alles, was für mich ist, es nur durch mein Bewusstsein ist als darin intentional, als darin sich ausweisend, also auch fremde Subjektivität, so ist die Enthüllung meines Bewusstseins und meines reinen Bewusstseins das Fundament aller systematischen Enthüllungen. Die Klärung der Idee meines reinen Ich und meines reinen Lebens – meines Psychischen in seiner reinen Eigenwesentlichkeit und individuellen Einzigkeit ist das Fundament für die Klärung aller psychologischen und phänomenologischen Ideen" (S. 438). Zeigen wir mit einigen Hinweisen auf Husserls späteres Denken noch etwas bestimmter an, wie die phänomenologisch fundamentale Abgrenzung der originalen Erfahrung unumgänglich die reine Ichproblematik in Kraft treten lässt.

Durchgehend in Husserls Aufzeichnungen finden wir in diesem Problemzusammenhang Analysen zur prinzipiellen Klärung des Verhältnisses der Vergegenwärtigungen erinnernder Art zur Vergegenwärtigung der Art der Einfühlung, also gerade solche, welche die Phänomene betreffen, von denen wir in den „Grundproblemen der Phänomenologie" von 1910–11 und in den „Studien über Vergegenwärtigungen" von 1914–15 zum Nachweis der Motivation für das Ich als Prinzip der Einheit des Bewusstseins ausgegangen sind (oben, §§ 16–18). Die Untersuchungen stellen einen fundamentalen Unterschied in der Weise der Erfahrung in den Blick, den Husserl zur Zeit der „Grundprobleme der Phänomenologie" mit den Titeln „direktes" und „einfühlendes" Bewusstsein, späterhin meistens mit „originale" („primor-

---

[5] Hu XIV, *Intersubjektivität II*, Beilage LI, S. 435
[6] Diesen Gesichtspunkt nehmen unter den Veröffentlichungen Husserls auch die *Formale und transzendentale Logik*, die *Cartesianischen Meditationen*, das *Nachwort* zu den *Ideen* und die *Krisis* ein. Ueberhaupt wären beliebig viele parallele Stellen beizubringen, wie schon aus den folgenden Hinweisen ersichtlich wird.

di(n)ale") und „nicht-originale" („nicht-primordi(n)ale") Erfahrung kennzeichnet. Die prägnante Umgrenzung der Sphäre der
originalen Erfahrung ist von Anfang an eingeführt als Bestimmung meines Reiches wirklicher und möglicher Erfahrung,[7]
dessen, „was von mir als Bewusstseinssubjekt unabtrennbar ist"
(S. 382), im Gegensatz zum „Universum des in mir zwar Erfahrenen und Erfahrbaren überhaupt, aber nicht in der Weise origina-
ler Erfahrung", d.i. im Gegensatz zur fremden Subjektivität (cf.
S. 379f.). In einem Text, der „Mein Ego, mein Leben, mein
‚Psychisches', mir ichlich zu Eigenes ⟨im Gegensatz zum Nicht-
Ich⟩ "zum Thema hat und wohl aus Januar 1927 stammt,[8] macht
Husserl auf das Gemeinte mit folgenden Fragen aufmerksam:
„Das Universum *meiner* ,Vorstellungen', *meiner* Bewusstseinserlebnisse. Was charakterisiert meine Vorstellungen als *meine*?
Ich habe doch auch in meinem Bewusstseinsbereich die Vorstellungen Anderer? Warum sind diese Vorstellungen nicht meine?
⟨ . . . ⟩ Warum kann keine ,meiner' Vorstellungen die eines Anderen sein, nämlich als numerisch identisch uns gemeinsames Erlebnis ⟨ . . . ⟩? Eine vorgestellte Vorstellung, ein bewusstes Bewusstsein kann sehr wohl mein Bewusstsein sein. ⟨ . . . ⟩ Aber was
charakterisiert dieses ,mein' und dem gegenüber das ,nicht-mein'
im Vorgestellten, und zwar im vorgestellten Vorstellen (und vor-
stellenden Ich) ⟨ . . . ⟩? Es ist erstaunlich, dass man *diese Frage
nie im rechten Sinn gestellt* und demgemäss nie beantwortet hat"
(S. 428f.; m.H.). Gerade diese Frage war aber schon im Text der
Beilage XXVI zu den „Grundproblemen der Phänomenologie"
von 1910–11 leitend (cf. oben, § 16, S. 93ff.) und motivierte die
Idee des reinen Ich (oben, § 17). In Husserls späterem Denken
kommt diese Idee in aller Eindringlichkeit zur Geltung. In der
eben angeführten Aufzeichnung aus 1927 beantwortet Husserl
die Frage nach dem Charakteristikum des ,mein' folgendermassen: „Das *Meine* kann man nicht ursprünglich definieren durch
Beziehung auf meinen Leib, da mein Leib als der meine schon
eine ursprünglich erfahrbare Eigenheit des Mein voraussetzt;
ebenso das ,Andere' am anderen Leib. ⟨ . . . ⟩ Das ursprünglichst
Meine ist mein Leben, mein ,Bewusstsein', mein ,ich tue und

---

[7] Hu XIV, *Intersubjektivität II*, Nr. 19, S. 378ff.: „Zum Begriff der Originalität",
zwischen 1925 und 1928.
[8] Hu XIV, Nr. 24, S. 428ff.

leide', dessen Sein darin besteht, mir als fungierendem Ich ursprünglich vorgegeben, d.i. im Modus der Originalität, des Esselbst zugänglich, erfahrbar, erschaubar zu sein" (S. 429). Das ‚Mein' weist sich aus im Erfahrungsmodus der Originalität, bzw. was original erfahrbar ist, ist ‚mein', gehört zu meinem Leben. Diese „Ursprünglichkeit des Mein" will Husserl nun noch näher klären (cf. S. 429). In einem Text aus derselben Zeit definiert er „mein reines Leben, mein rein Psychisches als für mich ‚direkt' hinsichtlich seines Selbstseins zugängliches".[9] Diese Bestimmungen erinnern uns an die Ergebnisse der „Grundprobleme der Phänomenologie" und der „Studien über Vergegenwärtigungen", welchen wir schliesslich auch in Aufzeichnungen aus den dreissiger Jahren begegnen.

In vertiefter Weise durchdenkt Husserl vom radikalisierten Standpunkt der phänomenologischen Reduktion auf die lebendige Gegenwart das Verhältnis von Wiedererinnerung und Einfühlung,[10] die „in ihrer Wesenseigentümlichkeit von allen sonstigen Vergegenwärtigungen unterschieden" ist (S. 354). Die Wiedererinnerung gibt sich als „Deckung von meiner urmodalen Gegenwart und meiner jeweiligen Wiedererinnerungsgegenwart" (S. 343). „Alle vergegenwärtigenden Erlebnisse tragen in sich als Vergegenwärtigtes den Ichpol; sind es im weitesten Sinne Erinnerungen, so Deckung: *derselbe* Pol", „uroriginale Deckung", „Identitätseinheit" (S. 350; m.H.; cf. auch S. 515f). „Auch durch alle möglichen Erfahrungen ⟨ . . . ⟩ *Identität des Ich*, das jetzt für mich uroriginal bewusst wird auch durch alle phantasiemässigen Vergegenwärtigungen hindurch; auch da reicht die Deckung hinein" (S. 350f.; m.H.). So kommt Husserl zu folgender näheren Klärung des ‚Mein': „Mein Ich und alles mir Eigene – meine Bewusstseinsweisen, meine Akte, meine Bewusstseinsgegenstände – *das Meine hat seine Meinheit in dieser Ichzentrierung* durch ständig sich aktualisierende Deckung in jeder eintretenden Vergegenwärtigung ⟨ . . . ⟩" (S. 351; m.H.).[11] Bei diesen Vergegenwärti-

---

[9] Hu XIV, Beilage LI, S. 437.

[10] Vgl. etwa Hu XV, *Intersubjektivität III*, Nr. 20, S. 337ff., 20.–22. September 1931; Beilage XX, S. 350ff., Mai 1932; Beilage XXXII, S. 514ff., November–Dezember 1932; Nr. 32, S. 574ff., Mai 1933; Beilage L, S. 641ff., Januar 1934.

[11] Alsbald fährt Husserl dann fort: „Ich, das identische Ich, ist danach aufgewiesen worden in seiner Eigenheit und nicht charakterisiert worden durch Kontrast mit den sich für mich konstituierenden *Anderen*" (S. 351). Dies spricht keineswegs gegen unsere Darstellung, welche die eine *Motivation* der Einbeziehung des reinen Ich in

gungen führt „die subjektive Reflexion auf Identität des reflek-
tierten Ich (des Ich in der Vergegenwärtigung) mit dem uroriginalen Gegenwarts-Ich" (S. 355). Was dagegen die Einfühlungen
„vergegenwärtigen, führt, wenn ich Reflexion *in* ihnen vollziehe,
also auf das Ich und das Bewusstsein zurückgehe, das da vergegenwärtigt ist, nicht auf dasselbe Ich, das ich selbst bin, nur in
einer anderen Zeitmodalität, also nicht auf einen Bereich meiner
Lebenszeitlichkeit und meines in diesem Zeitbereich lebenden
(gelebt habenden einmal usw.) Ich" (S. 356). Nach Husserl ist
hier von einer „Ich-Du-*Einigkeit* der Ichpole durch das Medium
der Einfühlung hindurch" zu sprechen (S. 342; m.H.). „Im aktuellen Vollzug einer Einfühlung ‚deckt' sich so meine urmodale
strömende Gegenwart, mein urmodales Ich-bin ⟨ . . . ⟩ mit der
urmodalen Gegenwart des Anderen, die aber für mich nicht
urmodale, sondern appräsentierte ist" (S. 343). Diese „Einigkeit" in der Einfühlung ist aber nicht, und prinzipiell nicht,
Identität der Pole. „Aber es ist doch Gemeinschaft", lesen wir in
einem Text aus Mai 1933, „ein Modus von ‚Deckung' der Ichpole
in *Diskontinuität* des gedeckten Aktlebens etc." (S. 574 und 576;
m.H.). Nochmals, wie im Ansatz schon zur Zeit der „Grundprobleme der Phänomenologie" von 1910–11, umgrenzt Husserl
hier die „Einheit meines Ich in meinen Erinnerungen" (S. 574)
wie folgt: „Deckung mit dem in Wiedererinnerung Erinnerten in
der Weise der ‚Gemeinschaft' des Gegenwarts-Ichpols mit dem
Pol der erinnerten gegenständlichen Gegenwart. Vermöglicher
Uebergang aufwärts zu neuen Erinnerungen. Vermögliche Kontinuität der Erinnerung, die als Horizont in jeder Erinnerung beschlossen ist, bis zur lebendigen Gegenwart und ihrem sachlich
Gegenwärtigen. ⟨ . . . ⟩ Jede ⟨sc. Erinnerung⟩ hat mit jeder
‚dasselbe' Ich als Pol und dieselbe Zeitwelt (Natur), sofern jede
mit jeder nach Ich und Natur zu kontinuierlicher Einheit zu
bringen ist" (S. 576).[12] Und diese Einheit des Ichbewusstseins

Husserls Phänomenologie aus dem „Kontrast mit den sich für mich konstituierenden
Anderen" nachwies. Vgl. dazu oben, S. 119f.

[12] Im Text Nr. 20 in Hu XV, *Intersubjektivität III*, woraus wir (oben, S. 289)
ebenfalls zitierten, schreibt Husserl in ähnlicher Weise: „So kontinuierlich kann ich
innerhalb der Wachheit von jeder zu jeder Erinnerung kommen", und er bemerkt
dazu: „Wie die Kontinuität gewonnen wird, ja was sie eigentlich besagt, muss also
erst durch tiefere Ueberlegung herausgestellt werden. Hier muss gezeigt werden, wie
ich zu jeder Wiedererinnerung eine ‚kontinuierlich frühere' zu gewinnen vermag;
aber auch gezeigt werden, was dieses ‚kontinuierlich' eigentlich charakterisiert: die

hebt er hier, wiederum in sachlich den Einsichten der Zeit der „Grundprobleme der Phänomenologie" verwandten Gedanken, vom Bewusstsein der Anderen ab: „Es führt keine mögliche Kontinuierung von meinem Ichpol bzw. von meinem kontinuierlichen Untergrund der inaktiven Intentionalität und meinen Akten ⟨ ... ⟩ zum ‚anderen' Ichpol" (S. 577). Diese Hinweise müssen hier genügen, die Kontinuität des Problembestandes herauszustellen, der Husserl zur Idee des reinen Ich als Prinzip der Einheit eines Bewusstseinsstromes führte.

b) Die Kontinuität der Auffassung des Ich als Ausstrahlungszentrum von Akten der Form cogito

Werfen wir nun auch für die zweite, an die Bestimmung der Bewusstseinsform *cogito* gebundene Motivationslinie für das Ich einige Blicke auf Husserls späteren Denkweg. Wir lernten sie im 6. Kapitel insbesondere bei der Erörterung der „Aufmerksamkeit", die Husserl als Vollzugsmodus des cogito bestimmt, kennen (oben, § 23, S. 146ff.). Sosehr Husserl das Bewusstsein hat, die Rede von Ichblick, Ichstrahl, Richtung-auf etc. beim cogito sei nur eine bildliche, ein Gleichnis, hält er daran doch immer fest. Die Beschreibung des Bewusstseins cogito, der aktiven, eigentlichen Intentionalität ist immer ein Motiv, das reine Ich als Ausstrahlungs- und Vollzugszentrum einzusetzen. Beispielhalber sei ein Text, der wohl 1928 entstand, erwähnt,[13] wo Husserl von „spezifischen Akten" handelt und sie als „meinende im eigentlichen Sinn, spezifisch objektivierende intentionale Erlebnisse, in denen *das Ich* im eigentlichen Sinne auf eine jeweilige Gegenständlichkeit *gerichtet* ist", beschreibt. Es heisst hier weiter, zum reflektiv erschaubaren Eigenwesen dieser Akte gehöre „diese Struktur Bewusstseinserlebnis", „eine Struktur, die schon die Redeform ‚cogito' als ihren Sinn anzeigt" (S. 67a). Als „allgemeinen Begriff der Aufmerksamkeit" hält er daraufhin fest: „eben

---

Möglichkeit, mich aufmerkend zu richten auf das ‚soeben Versunkene' und es identifizierend als Wiedererinnerung zu verwirklichen ⟨ ... ⟩ (S. 346, Anm. 1). Gerade diese Möglichkeit hatte Husserl in seiner Aufzeichnung „Blick-auf" vom Sommersemester 1911 offenbar schon im Auge, und sie führte auf die Idee des reinen Ich (cf. oben, § 17, S. 101ff.).

[13] Ms. A VI 30, S. 67, auf einer Drucksache vom 10. Februar 1928. – Vgl. etwa auch Ms. B III 9, S. 59ff. (6.XI.1931), wo Husserl über Aufmerksamkeit handelt. Da ist zu lesen: „Das *Aufmerken* besagt hier also das Moment des Tuns, in dem ‚Richtung auf' liegt, dessen ‚Ausgangspunkt' das Ich als ‚Ichpol' ist" (S. 59b).

diese Form des Gerichtetseins der spezifischen Form (der doxi-
schen). Ich bin aufmerksam in der Wahrnehmung, in der Erinnerung, in der Erwartung, im leeren Vorstellen, aber auch im Urteilen auf Subjekte, Prädikate in Beziehungsformen, auf den
Urteilsinhalt" (S. 67a).

Im expliziten cogito, in dem sich ein vom reinen Ich ausstrah-
lender ,,Blick" auf den ,,Gegenstand" des jeweiligen Bewusst-
seinskorrelates richtet, tritt nach den *Ideen I* die Intentionalität
des Bewusstseins, die ,,Eigenheit von Erlebnissen, ,Bewusstsein
von etwas zu sein' ", zunächst entgegen (*Ideen I*, § 84, S. 168f.).
Die ,,funktionellen Probleme, bzw. die der ,Konstitution der Bewusstseinsgegenständlichkeiten' " bezeichnet Husserl denn auch
in den *Ideen I* alsbald als die ,,allergrössten", die zentralen der
ganzen Phänomenologie (§ 86, S. 176). Im Verfolg der phänomenologischen Aufklärung dieser Probleme in den Jahren nach den
Ideen vertieft er seine transzendentale Theorie der Konstitution
in beträchtlicher Weise durch die systematische Analyse der
passiv-assoziativ konstituierten *Vorgegebenheiten*. ,,Die Leistung
der Passivität und darin als unterste Stufe die Leistung der hyle-
tischen Passivität" beschreibt Husserl 1921 eben als diejenige,
die ,,für das Ich immerfort ein Feld vorgegebener und in weiterer
Folge eventuell gegebener Gegenständlichkeiten zu schaffen" hat.
,,Was sich konstituiert, konstituiert sich für das Ich ⟨ . . . ⟩ Für
das Ich ist bewusstseinsmässig Konstituiertes nur da, sofern es
einen affektiven Reiz übt, gegeben ist es, sofern das Ich dem Reiz
Folge geleistet, aufmerkend, erfassend sich zugewendet hat. Das
sind Grundformen der Vergegenständlichung. ⟨ . . . ⟩ Affektive
Einheiten müssen sich konstituieren, damit sich in der Subjektivität überhaupt eine Gegenstandswelt konstituieren kann".[14]

Ganz entsprechend Husserls Lehre vom Ich als Ausstrahlungszentrum oder, wie er nach den *Ideen I* auch sagt, Pol[15] der Aktio-

---

[14] Vgl. Hu XI, *Analysen zur passiven Synthesis*, S. 162. – Es würde in diesem kurzen
Ausblick auf Husserls spätere Ichproblematik zu weit führen, seine Theorie der
Passivität und Affektivität hinsichtlich der Ichbeziehung nach allen Seiten zu untersuchen. Einen wichtigen Beitrag gibt E. Holenstein (1972), bes. im 5. Kapitel, § 21a
und im 9. Kapitel, S. 192ff., bes. § 39a und §§ 40–42). In unseren Ausführungen
können wir uns weitgehend auf Holensteins Ergebnisse stützen; wir verdanken ihm
auch wichtige Hinweise auf Manuskripte.

[15] Husserl scheint bereits im Kolleg ,,Natur und Geist" vom Sommersemester
1913, für welches er den ursprünglichen Entwurf der *Ideen II* zur Vorlage nahm, den
Terminus ,,Ichpol" verwendet zu haben. Dies belegt die Vorlesungsnachschrift von
Fräulein M. Ortmann (vgl. Ms. N I 5, S. 63). In A. Grimmes Nachschrift (Ms. N I 10)

nen, der intentionalen Erlebnisse der spezifischen Form des cogito, treffen wir jetzt auch auf den Gedanken des Ich als Pol der *Affektionen*, als Einstrahlungszentrum – der Ichpol ist „Einstrahlungspunkt, Funktionszentrum für Affektionen, Ausstrahlungspunkt, Tätigkeitszentrum von Tätigkeiten, von Akten".[16]

Im Grunde genommen ist diese in Richtung auf die Affektion „erweiterte" Bestimmung des Ichpols angelegt in Husserls Begriff der „Aktregungen" in den *Ideen I*, der selber eine Erweiterung des spezifischen Begriffs des cogito, in welchem das Ich als vollziehendes lebt, darstellt und die „nicht vollzogenen Akte überhaupt" betrifft (cf. oben, § 27, S. 194ff.). War in den *Ideen* der „Hintergrund" hauptsächlich als Feld potentieller Setzungen, attentionaler Zuwendungen verstanden, ermöglichen die späteren Analysen der Intentionalität aufgrund der Einbeziehung des Reiches der Passivität und Affektivität eine viel differenziertere Beschreibung des Verhältnisses von Vordergrund- und Hintergrundbewusstsein. Beständig geht vom Hintergrund Affektion auf das Ich aus, „eine Hintergrundvorstellung, eine gerichtete, affiziert das Ich – darin liegt, es geht eine Tendenz auf das Ich".[17] Diese Affektion geht der „rezipierenden Aktion" (S. 84) voran. Reagiert das Ich mit der Zuwendung, so „nimmt die Vorstellung die Gestalt der erfassenden an, in der der Ichblick auf das Gegenständliche gerichtet ist" (S. 84). In der Linie der angezeigten Radikalisierung der Bewusstseinsanalyse beschreibt Husserl das Verhältnis von Vordergrund- und Hintergrundbewusstsein nuancierter mit der Begrifflichkeit des „Reliefs der Bemerksamkeit und Aufmerksamkeit" bzw. des „affektiven Reliefs",[18] und er scheidet die „Modi des Gegenstandsbewusstseins je nach der Art der Affektion, die noch nicht Attention geworden ist". Er spricht hierbei auch von der Affektion als einer „Vollzugsform der inten-

---

ist der Terminus nicht zu finden (vgl. oben, S. 124, Anm. 10). Auch im erhaltenen Teil des ursprünglichen Manuskripts der *Ideen II* von Husserl tritt das Wort Ichpol nicht auf. Der entsprechende „Sachverhalt" hingegen ist literarisch in den *Ideen I* von Husserl erstmals zur Geltung gebracht.

[16] Hu XIV, *Intersubjektivität II*, Nr. 2, S. 30.
[17] Hu XI, *Analysen zur passiven Synthesis*, S. 84.
[18] Vgl. Hu XI, *Analysen zur passiven Synthesis*, S. 167f. Besonders in diesen Analysen scheint eine gewisse Anlehnung an Pfänder, wenn auch in phänomenologischer Reduktion neu durchdacht, nicht von der Hand zu weisen. Es sei an Pfänders Bild vom „Beachtungsrelief der Aufmerksamkeit" erinnert (cf. oben, 7. Kapitel, § 32).

tionalen Erlebnisse bzw. als Art der Beteiligung des Ich an der Intentionalität".[19]

Die Lehre der graduellen Abstufung vom „Punkt" der eigentlichen Vollzugsform bzw. Beteiligung des Ich an der Intentionalität im cogito gegen Null hin[20] (Affektion vor der rezipierenden Aktion) macht die Rede von der Affektion als Vollzugsform der intentionalen Erlebnisse verständlich. Gemeint ist offenbar die sozusagen „negative" Form der Beteiligung, d.i. die „Nicht-Beteiligung", die zur Zeit der *Ideen* von den „Aktregungen" ausgesagt wurde. Die im „Wesen der Affektion liegende Gradualität"[21] zum Ausdruck bringend, fährt Husserl im zuvor zitierten Manuskript aus den ersten zwanziger Jahren fort: „Indem das Ich dem Reiz nachgibt, erhält das Gegenstandsbewusstsein einen sich neu wandelnden Modus der Ichbeteiligung, und im Moment, im Einsatzpunkt des Erfassens erhält es die attentionale Gestalt des Ego cogito".[22] In Hinsicht auf diesen „Auftritt" des Ich im eigentlich vollzogenen cogito spricht Husserl von der „spezifischen Affektion auf das Ich", nämlich von derjenigen, „die das Ich trifft, excitiert, zur Aktion sozusagen aufruft, weckt und evtl. wirklich aufweckt".[23] Umgekehrt gesehen gilt, dass „waches Ichleben" ein solches ist, „wo das Ich explizit affiziert ist, affiziert von Sondereinheiten, die eben dadurch für das Ich gegebene, erfassbare oder erfasste sind".[24] So sehen wir, dass streng korrelativ zur Attention (Aufmerksamkeit) und ihren Modi die Affektion in ihrer Gradualität in Beziehung auf das Ich in Betracht gezogen wird.

Durch die Einbeziehung der Passivität und Affektivität erreicht Husserl eine wesentliche Vertiefung in der Beschreibung der verschiedenen Vollzugsformen der intentionalen Erlebnisse, er analysiert in differenzierter Weise, was er in den *Ideen I* andeutete: „die (übrigens noch mehrfach zu verstehende und phänomenologisch zu erforschende) Ichzuwendung" (§ 84, S. 169).

Die oftmals später in den Analysen wiederkehrende Anordnung

---

[19] cf. Ms. M III 3 III 1 II, § 45, S. 165 (1921–23); zitiert bei E. Holenstein (1972), S. 221.
[20] Ms. M III 3 III 1 II, S. 165; vgl. auch etwa Ms. B III 9, S. 86b (21.XI.1931): „Die Affektivität verliert an Kraft und hat ihren Limes Null".
[21] cf. Hu XI, S. 163.
[22] Ms. M III 3 III 1 II, S. 165f.
[23] Hu XI, S. 166.
[24] Hu XI, S. 160.

des Reiches der reinen Subjektivität ist nun nach einer Aufzeichnung aus Bernau (1917 oder Frühjahr 1918), die wir beispielhalber heranziehen, die folgende: Zuunterst liegt „die Reduktion
auf die ‚ursprüngliche Sensualität' ". Sie ergibt „eine apriorisch
notwendige Struktur" für das Gebiet der „ ‚völlig ichlosen' sinnlichen Tendenzen ⟨ . . . ⟩ der Assoziation und Reproduktion" und
des „ursprünglichen Zeitbewusstseins". Husserl spricht dafür von
passiver Intentionalität[25] und sagt: „Hier ist das Ich auch als
Pol der Affektionen und Reaktionen ausser Spiel gedacht, oder
vielmehr davon abstrahiert".[26] In dieser Sphäre ursprünglicher
Passivität konstituieren sich die „vorgegebenen" affektiven Einheiten. In Beziehung auf diese Einheiten spricht Husserl von der
Stufe der „Irritabilität", vom „Reich der Affektionen und Reaktionen, das natürlich die erste Stufe ⟨sc. die ursprüngliche Sensualität⟩ voraussetzt".[27] Auf der neuen Stufe ist das Ich und die
Ichpolarisierung in Betracht.[28] In höherer, die vorigen voraussetzender Stufe treffen wir dann auf das „Reich des Intellectus
agens",[29] wo Vollzug von spezifischen Ichakten kategorialer Art
statthat.

An dieser Stufenordnung der reinen Subjektivität interessieren
uns hier die beiden unteren Gebiete. Die Einbeziehung des Reiches der Irritabilität in die Analyse des konstituierenden Bewusstseins führt dahin, den Titel „Ich" als „Zentrum", „Pol" nicht

---

[25] In den Vorlesungen über „Transzendentale Logik" von 1920–21 (teilweise als
Haupttext in Hu XI, *Analysen zur passiven Synthesis*, veröffentlicht) analysiert
Husserl im Anschluss an die Erörterung der Leervorstellungen „ganz allgemein solche
Bewusstseinssynthesen ⟨ . . . ⟩, die nicht das Ich aktiv gestiftet hat, sondern die in
reiner Passivität sich herstellen" (Hu XI, S. 76). Dabei beschreibt er in Zuordnung
zu dem in passiven Synthesen Vorstelligen den „Charakter der spezifischen ‚Intention' " auch als Charakter „des Richtungziel-seins, des Intendiert-seins, Vermeintseins", und im Blick auf das korrelative Vorstellen sagt er: „das Vorstellen ist nicht
bloss überhaupt vorstellendes Bewusstsein von seinem Gegenstand, sondern in sich
selbst auf seinen Gegenstand *gerichtet*" (S. 76; m.H.). Unmittelbar daran anschliessend erläutert er aber: „Diese Beschreibung hat nur insofern ihre Gefahr, als es sich
nicht um diejenige sehr übliche Wortbedeutung von meinen, gerichtetsein, intendieren handelt, die sich auf das Ich und seinen Aktus bezieht, wobei das Ich, und in
einem total anderen Sinn, Ausstrahlungspunkt einer Richtung, eines Sich-richtens
auf den Gegenstand ist. Hier helfen wir uns, in Ermangelung brauchbarer Worte,
mit dem Beisatz passiv, *passive* Intention" (S. 76; m.H.; cf. auch S. 84f., S. 90).
Hinter dem Mangel an „brauchbaren Worten" verbirgt sich aber vermutlich eine
unbefriedigende Sachklärung, wie wir am Ende dieses Ausblickes (unten, S. 298)
noch kurz anzuzeigen haben.
[26] Ms. L I 20, S. 3a (wohl um 1918).
[27] a.a.O., S. 3b.
[28] cf. a.a.O., S. 3a und b.
[29] a.a.O., S. 3b.

mehr nur der Bewusstseinsform cogito im spezifischen Sinn der
Ideen vorzubehalten, bzw. der Ichbegriff gehört nach Einbeziehung dieses Reiches nicht mehr bloss den aktiv vollzogenen intentionalen Erlebnissen in ihrem Vollzuge zu. Es wird deutlich, dass
dem aktiven Ich das passive Ich gegenübersteht, dass das Ich
,,immerfort, wo es aktiv ist, zugleich passiv, sowohl im Sinn von
affektiv als rezeptiv'' ist.[30] Husserls Rede von *Ich*affektionen und
*Ich*reaktionen liegt in der ,,Konsequenz'' des Begriffs cogito der
Ideen hinsichtlich der Momente der ,,Richtung'' bzw. des ,,Darin-
lebens im Vollzug'' von intentionalen Erlebnissen. So lesen wir
etwa in einem die ,,Eidetische Gestalt der seelischen Innerlichkeit'' bestimmenden Manuskript aus der Zeit von 1917–1918:
,,Die Reflexion findet ⟨ . . . ⟩ zeitlich vor dem cogito evtl. eine
Strecke der Affektion, des Reizes einer nicht erfassten Gegenständlichkeit auf das Ich, das also nicht nur im cogito lebt''.[31]

Anstatt, dass die Richtungsstrahlen wie beim cogito vom Ich
ausstrahlen, strahlen sie bei der Affektion auf das (passive) Ich
ein. Die ,,Ichbezüglichkeit'' der Affektion ist also vor allem darin
zu sehen, dass vom Affizierenden aus ein ,,umgekehrter Richtungsstrahl ,zum Ich hin' '' geht, wie es bereits in den *Ideen I*
beiläufig hiess (cf. § 80, S. 160). Gelegentlich versucht Husserl
aber sogar die Affektion dem eigentlich vollzogenen Bewusstsein
im Sinne des cogito als Ich-Aktualität einzuordnen, wodurch eine
Ausdehnung des Begriffs cogito gerade auf das in den *Ideen*
dem cogito entgegengesetzte Reich der ,,Aktregungen'' entsteht.
In einem Text, den er im September 1921 in St. Märgen verfasste,
kommt, was als solche Ausdehnung des Begriffs cogito zu bezeichnen ist, prägnant zum Ausdruck: ,,Das zentrale Ich ist der
notwendige Ichpol aller Erlebnisse und aller darin aufweisbaren
noematischen und ontischen Gegebenheiten der Subjektivität.
Er ist in absolut undurchstreichbarer Weise immerfort mit da
mit allem Erleben und Erlebten, das notwendige Ego für jederlei cogito, für jedes Tun und Leiden (Affiziertsein, das wir hier
einem weitesten Begriff des cogito einordnen)''.[32]

Andererseits ist es in Husserls Auffassung gegeben, bei Ein-

[30] cf. Hu IV, *Ideen II*, § 54, S. 213, letzte Göttinger Jahre, vor 1917.
[31] Ms. L I 17, S. 1a und S. 11a. Das Ms. stammt von einem der Bernauer Ferien-
aufenthalte Husserls, 1917 oder Frühjahr 1918.
[32] Ms. M III 3 XI, S. 21.

beziehung der Affektivität den Begriff cogito auch auf die Rezeptivität auszuweiten, da in ihr die „niederste Stufe der Aktivität" (die „Reaktivität"), eben die „niederste Ichspontaneität" zu sehen und von einem „spontanen Blick der Rezeptivität", den Husserl bereits als „Ichblick" bezeichnen kann, zu sprechen ist.[33]

Schliesslich ist noch darauf hinzuweisen, dass es in Husserls Konzeption der Intentionalität, wie sie uns aus den *Ideen* bekannt wurde (cf. oben, § 23, S. 146ff.), eigentlich nichts Erstaunliches hat, dass am Ende auch die niederste Stufe, die passive Konstitution als *ichzentriert* beschrieben wird, da für ihn der reine Ichpol „numerisch und identisch derselbe", „das eine einzige Zentrum der gesamten reinen Subjektivität" ist.[34] Wo anders nämlich als in der transzendentalen Subjektivität sollten sich die affektiven Einheiten, die „Vorgegenständlichkeiten", die notwendig der aufmerksam sich zuwendenden Konstitution vorgegeben sein müssen, konstituieren? Auch die noch so undifferenzierte und uneinheitliche „Ur-Hyle" ist vom rein phänomenologischen Standpunkt aus „untrennbar von der transzendentalen Subjektivität mit dem Urgefühl und dem Urtun (Kinästhese)".[35] Nur abstraktiv, sagte Husserl schon um 1918, sehe er in diesem Reich ursprünglicher Sensualität „von einem Ich und allem Ichlichen" ab.[36] *Als* Affizierendes – und anders ist es phänomenologisch verständlich überhaupt nicht ansetzbar bzw. aufweisbar[37] – hat es notwendig „Ichbezogenheit" im Sinne des „Einstrahlens" auf das Ich, auch wenn es nicht „vom Ich her" aktiv konstituiert wurde.

In den dreissiger Jahren erwägt Husserl darüber hinaus aber auch, diese niedersten Intentionalitäten als vom Ich *auslaufende* zu fassen; er spricht von „universaler *Triebintentionalität*", die von dem sich selbst zeitigenden Ich als Pol ausgeht.[38] Er hebt ebendort diese hypothetische Auffassung gegen seine frühere

---

[33] cf. Hu IV, *Ideen II*, § 54, S. 213, bzw. Beilage XII, § 2, S. 335 (Anfang 1917).
[34] cf. Hu IX, *Phänomenologische Psychologie* (1925), § 41, S 210.
[35] Ms. F IV 1, S. 28a, wohl dreissiger Jahre. - Vgl. auch etwa Ms. B III 9, S. 18a (4.X.1931): „Das hyletische Gegenwartsfeld oder die Koexistenz der einheitlichen Sinnesfelder als ‚Gebilde' der Urassoziation. Dieses Vorsein ist gleichwohl, auch wenn das Ich unwach ist, für das Ich Vorsein, das Ich ist in einem Sinne einheitlich dabei, in dem der ‚Unaufmerksamkeit', der In-sich-Versunkenheit als Urform der Versunkenheit als nicht waches Ich".
[36] Ms. L I 20, S. 3a; oben, S. 295.
[37] cf. Hu XI, *Analysen zur passiven Synthesis*, § 34, S. 163.
[38] cf. Hu XV, *Intersubjektivität III*, Nr. 34, September 1933, S. 595; m.H.

Konzeption der passiven Intentionalität ab, in welcher er zuerst „nicht vom Ich gesprochen, nicht sie als ichliche (im weitesten Sinn Willensintentionalität) charakterisiert" habe (S. 594f.). Später habe er die ichliche Intentionalität, d.i. die des cogito im spezifischen Sinn der *Ideen*, „als in einer ichlosen ('Passivität') fundierte eingeführt" (S. 595). So sahen wir es in den einige Jahre nach den *Ideen* entstandenen Aufzeichnungen dargestellt (oben, S. 294ff.). Jetzt indessen fragt Husserl: „Aber ist das Ich der Akte und der daraus entspringenden Akthabitualitäten nicht selbst in Entwicklung? Dürfen oder müssen wir nicht eine universale Triebintentionalität voraussetzen ⟨...⟩? Die Rückfrage und Rekonstruktion führt auf die ständige Zentrierung durch den Ichpol jeder Primordialität, der ständig Pol bleibt in ständigem Gang der Objektivation, in der auf der weltlichen Seite das objektivierte Ich mit seinem Leib steht" (S. 595).

Indessen, die Rede von der *Zentrierung im „Ich"*, welcher wir zuerst bei der Bewusstseinsform des aktiven cogito im Zusammenhang von Phänomenen der Aufmerksamkeit begegnet sind (cf. oben, §§ 24f.), wies uns bei der Konstitution der sinnlich erscheinenden Gegenstände auf das *leiblich* bestimmte Subjekt als „Zentrum" des Bewusstseinslebens. Umso bestimmter wären dann aber die in Husserls Sinne *passiven* Intentionalitäten als im leiblichen Subjekt „polarisierte", „zentrierte", und die sinnlich-affektiven Einheiten, die sich in ihnen konstituieren, als solche, die im fungierenden Leib die korrelative subjektive Einheit finden, zu beschreiben.

c) Die Zweideutigkeit in Husserls Ichbegriff

Der summarisch gehaltene Ausblick auf die Kontinuität der zweiseitigen Auffassung des Ich, auf welche wir in dieser Studie über Husserls Stellung zum Problem des Ich stiessen, bekräftigt schliesslich den in unseren vorangegangenen Kapiteln gewonnenen ersten Eindruck, Husserls Ichbegriff gerate in eine von ihm selbst nicht von Grund auf geklärte Zweideutigkeit. Diese wollen wir jetzt mit einigen Strichen noch deutlicher hervorheben.

In der ersten Motivationslinie fanden wir die Einbeziehung des reinen Ich bei der prinzipiellen Bestimmung eines einheitlich abgeschlossenen Bewusstseinsstromes an die Analyse von Akten der *Vergegenwärtigung* gebunden. Das Ich „in unbestimmter

Leiblichkeit (oder gar keiner) und in unbestimmter Persönlichkeit oder als pures, reines Ich" (oben, S. 110) stellte sich als ein gegenüber der zeitlichen Einheit des Bewusstseinsstromes eigentümliches Prinzip der Einheit meiner aktuellen und meiner vergegenwärtigten Erlebnisse heraus. In der zweiten Motivationslinie fanden wir die Einbeziehung des Ich bei der Bestimmung der Bewusstseinsform cogito an Phänomene der *Aufmerksamkeit* gebunden. Hier zeigte sich, dass Husserl das Ich nach Analogie mit dem Orientierungszentrum Leib als Zentrum des aktiven und affektiven Bewusstseinslebens anspricht und es solcherart im Grunde genommen in der Funktion eines leiblich bestimmten Subjekts auftreten lässt. Diese beiden Auffassungen des Ich sind bei Husserl nicht klar geschieden, so dass sein Ichbegriff als ein zweideutiger zu bezeichnen ist. Er trifft einmal als Bezeichnung des Prinzips der Einheit des Bewusstseins die reine subjektive Einheit der aktuellen und der vergegenwärtigten Akte, die nicht durch den Leib erfüllbar ist, das andere Mal als Bezeichnung des Einstrahlungs- bzw. Ausstrahlungszentrums der intentionalen Erlebnisse aber gerade das leiblich bestimmte Subjekt des aktuellen Bewusstseinsverlaufs, den fungierenden Leib.

Wie schon in den *Ideen* (oben, § 21 und §§ 25ff.), treten diese beiden Anwendungen des Ichbegriffs in Husserls späterem Denken immer wieder auf, was die Hinweise in den ersten beiden Abschnitten dieses Paragraphen ersehen lassen. Deutlich kommt dies auch bereits in den „Studien über anschauliche Vergegenwärtigungen" von 1914 oder 1915 zur Geltung, in welchen wir die im Prinzipiellen abschliessenden Einsichten über das Ich als Prinzip der Einheit eines Bewusstseinsstromes hervorhoben (oben, § 18). Die Ansetzung des Korrelat-Ich in den vergegenwärtigten Akten wird dort durchaus auch im Sinne des notwendigen Dabeiseins des Ich „als Zentrum der Orientierung, als Subjekt, auf das die Erscheinungen ⟨sc. in der Phantasie, Erinnerung etc.⟩ bezogen sind" (oben, S. 109), verstanden. Also selbst da, wo wir im Gedanken der Möglichkeit der Ichidentifikation bei allen „meinen" Erlebnissen auf ein echtes Motiv, das *reine* Ich in die phänomenologische Problematik einzubeziehen, gestossen sind, treten in Husserls Denken über das Ich auch Einsichten in Kraft, die den an das *leiblich* bestimmte Subjekt gebundenen Analysen des Aufmerksamseins etc. entstammen (oben, § 25): vom Ich, das sich

„als pures, reines Ich da hineinversetzt in die Korrelatfunktion"
(oben, S. 110), wird ebenda gesagt, es sei „bestimmt nur durch die
Akte der Betrachtung, der Aufmerksamkeit, das Haben der
Aspekte ⟨ . . . ⟩",[39] also im Grunde genommen doch auch wieder
durch den Leib bestimmt, wie Husserl selbst es in anderen, mit
diesen etwa gleichzeitig entstandenen Analysen erwog (oben,
§ 25, S. 171ff.).

Zwei Aufzeichnungen veranschaulichen uns diese Spannung in
Husserls Ichbegriff noch einmal sehr deutlich. Die erste ist in die
Jahre unmittelbar nach den *Ideen I* anzusetzen, die zweite ist
von Husserl selbst auf „Januar 1934" datiert; sie begrenzen also
Husserls Denkweg von der Zeit seiner ersten positiven Stellung-
nahme zum Ich bis in die Spätzeit seines Schaffens.

In der ersten, in die Jahre zwischen 1913 und 1915 fallenden
Aufzeichnung lesen wir: „Ich? Was gehört dazu? Könnte ein
isoliertes monadisches Bewusstsein Ich konstituieren?".[40] Die
Frage zielt auf die Möglichkeit der Konstitution eines personalen
Ich im solipsistischen Bewusstsein.[41] Ohne darauf näher einzugehen, fährt der Text dann fort: „In einem Sinn freilich gäbe es
das Ich, nämlich als ,ich denke' (reines Ich).[42] Das besagt aber nichts
anderes ⟨als⟩ es gibt *so etwas wie Zuwendung zu*, für alle Bewusst-
seinsarten (intentionalen Erlebnisse), und das wieder sagt, wenn
man das Gleichnis, das in der Rede von Zuwendung, Sich-richten-
auf etc. ⟨liegt⟩, ausschaltet: Ein Erscheinen kann die Eigentüm-
lichkeit haben, die eine ganz einzigartige ist, dass das Erscheinende Abgehobenes, Ausgezeichnetes, Bevorzugtes in gewisser
Weise ist, Deutliches. Und wenn ein anderes es nachher hat, so
habe ich zwei Akte im Modus der Zuwendung nacheinander.
Aber ich kann auch einen Modus der Abhebung haben, der beide
in eins abhebt, und das ist etwas anderes als zwei Abhebungen
nacheinander. Das Gleichnis drückt das aus. Aber soll im zweiten
Fall auch dasselbe Ich sich zuwenden? Liegt das im Phänomen
selbst, kommt das nicht herein eben durch die Ich-Subjekts-
Auffassung? die Realitätsauffassung? (Die Antwort wird nicht
erteilt!)[42] Die *Frage* ist nun aber: Ist etwa der *Leib* als Träger

---

[39] cf. Hu XIII, *Intersubjektivität I*, Nr. 10, S. 301; m.H.
[40] Ms. F I 44, S. 38a.
[41] Zu Husserls Begriff des personalen Ich vgl. unten, § 43.
[42] Der Ausdruck in Klammern ist eine spätere Bleistifteinfügung.

der Empfindungen, als Subjekt möglicher Reizaufnahmen und Reizreaktionen und weiter als Träger einer in dergleichen fundierten Bewusstseinseinheit *das Einheitschaffende*? ⟨ . . . ⟩".[43] Es kommt in diesem Text noch einmal zur Geltung, dass Husserl zur Beschreibung des Phänomens der Zuwendung den Begriff des Ich einsetzt, dabei aber alsbald zur Frage geführt wird, ob für dieses Phänomen nicht vielmehr der fungierende Leib als einheitschaffendes Ausstrahlungszentrum in Ansatz gebracht werden müsste. Die Anwendung des Begriffs des Ich in der Funktion des Zentrums des Bewusstseinsverlaufs erwies sich aber als Uebertragung der eigentlich dem leiblich bestimmten Subjekt zugehörigen Funktion der Zentrierung der Erscheinungen im Hier und Jetzt.

In der zweiten Aufzeichnung, aus „Januar 1934",[44] finden wir sozusagen die umgekehrte Versuchung; Husserl erwägt hier nämlich, sogar das von uns beständig mit dem reinen Ich in Zusammenhang gebrachte Problem der „Ichpol-Deckung" zur Unterscheidung von erinnernden und einfühlenden Vergegenwärtigungen gänzlich auf den Leib und die leibliche Deckung zu gründen. Er schreibt zunächst: „Mit der einfühlenden Vergegenwärtigung ist es ähnlich wie mit der Erinnerung an meine eigene Lebensvergangenheit. ⟨ . . . ⟩ Offenbar deckt sich hierbei das gegenwärtige und das vergangene Ich als dasselbe, in dem überhaupt ‚wirkliche' Gegenwart und vergegenwärtigte Gegenwart synthetisch sich decken in Differenz, und darin eben das Ich als identisch dasselbe" (S. 641). Soweit kennen wir den Gedankengang aus anderen Aufzeichnungen. Husserl fährt jetzt aber fort: „Der *Leib* als derselbe verharrend, das Wahrnehmungsfeld als original gegebenes und das erinnert vergegenwärtigte im Verhältnis des sich wechselseitig Verdrängens und abwechselnd Verdeckens ⟨ . . . ⟩. Ebenso hinsichtlich der Einfühlung. ⟨ . . . ⟩ Wir haben wieder Synthesis der originalen Gegenwart (im weiteren Sinn) mit der einfühlungsmässig vergegenwärtigten, Deckung in Differenz. Ausgelegt: Es ist, als ob ich von hier dorthin leiblich versetzt wäre und dort *leiblich walten* würde in meinen Möglichkeiten. ⟨ . . . ⟩ Das sagt doch eine Modifikation ‚meiner' Zentrierung aller ‚meiner' Affektion und Aktion, aller meiner doppelseitigen Tätigkeiten, Wahrnehmungen, Handlungen und ihrer

---

[43] Ms. F I 44, S. 38a; m.H.
[44] Hu XV, *Intersubjektivität III*, Beilage L, S. 641ff.

früheren Modifikationen als meiner Erinnerungen. ⟨ . . . ⟩ Da
rede ich ständig von mir. Worin besteht also die vielgenannte
Ich-Deckung, die des ,Ichpols'? Da versuche ich jetzt zu sagen:
Es ist nichts anderes als die *Leibzentrierung* aller ,Handlungen' im
doppelseitigen Sinn. In der Erinnerung spreche ich von Selbst-
identifizierung oder von Identität des Ichpols, ebenso in der
Phantasie. Aber ist nicht zunächst die Retention (auf der prim-
ordialen Stufe) eine kontinuierliche Modifikation, in der Leib
und Leibzentrierung in stetiger Abwandlung und dabei Deckung
sind? Dabei erhält sich der Leib als derselbe, als identischer Beziehungspunkt der Akte, als Orientierungsnull. ⟨ . . . ⟩ So ist aller
Wandel der Erscheinungsweisen der Körper und ihre jeweilige
Einheit, der erfahrene Körper selbst und als solcher, auf Kinästhesen bezogen, und diese selbst in einziger Weise einig mit dem
Leibkörper. Aber besagt das etwas anderes, als dass aller welt-
liche Erscheinungswandel in besonderer Weise ständig bezogen
ist auf den Leib bzw. auf die in ihm lokalisierten Kinästhesen?"
(S. 642ff.; m.H.). Diese ganz auf die lebendige Gegenwart und die
ihr zugehörige Retention sich stützende Erwägung, in der das
Ich mit dem Leib sich deckt, erscheint uns rückblickend in Husserls ersten, das reine Ich als Zentrum der Aufmerksamkeit nach
Analogie mit dem zentrierenden Leib beschreibenden Analysen
,,angelegt". Wir können diesen, den Ichpol als Leib bezeichnen-
den Text aus 1934 allerdings nicht etwa als ,,feste Lehre" des
späten Husserl bezeichnen, was schon aus dem fragenden Stil der
angeführten Stellen hervorgeht. Indessen bringt er uns noch
einmal die von Husserl selbst nicht aufgedeckte Zweideutigkeit
in seinem Ichbegriff, welche unsere Nachweise der doppelten
Motivation sozusagen aus der Wurzel zu verstehen erlauben, zu
deutlichem Bewusstsein. Wir werden am Ende des folgenden Aus-
blicks auf Husserls Weg von der Anerkennung des ,,Ichpols" zur
Lehre des personalen Ich Anlass haben, einen mit der eben herangezogenen Aufzeichnung aus 1934 fast gleichzeitig entstandenen
Text auf die mögliche Aufhebung der Zweideutigkeit des Ichbegriffs hin zu interpretieren (cf. unten, § 43g, S. 334ff.).

§ 43. Von der Anerkennung des Ichpols zum Begriff des personalen Ich

a) Ichpol nichts Isoliertes – Pol von Habitualitäten

In den *Ideen I* lasen wir, das erlebende reine Ich sei ,,nichts, was für sich genommen und zu einem eigenen Untersuchungsobjekt gemacht werden könnte. Von seinen ,Beziehungsweisen' oder ,Verhaltungsweisen' abgesehen" sei es ,,völlig leer an Wesenskomponenten ⟨ . . . ⟩ reines Ich und nichts weiter" (§ 80, S. 160). Die Einsicht, dass das reine Ich nicht *für sich* genommen werden kann, ist in den *Ideen* zwar ausgesprochen, sie kommt aber noch kaum recht zur Geltung, denn in der Art und Weise, wie Husserl dort vom reinen Ich als Ausstrahlungspunkt spricht, ist es doch noch nicht eigentlich als fungierendes Prinzip der Erlebnisse eingesetzt. Es ist zwar als ,,notwendiges Dabei" anerkannt (*Ideen I*, § 80, S. 161, cf. auch § 57, S. 109), aber die ,,objektiv-orientierten" Analysen der intentionalen Erlebnisse, indem sie es bloss als ein ,,Identisches", das zu jedem kommenden und gehenden Erlebnis gehört (cf. § 57, S. 109), ansetzen, lassen es doch als sozusagen ,,abtrennbaren" leeren Identitätspol, von dem eben auch ,,abgesehen" werden kann, erscheinen.[45]

Diesen unbefriedigenden Ansatz der *Ideen* hat Husserl später oftmals selbst kritisiert. Wenige Jahre nach den *Ideen I* schreibt er, auf Ausführungen, die uns nur bruchstückhaft vorliegen, zurückblickend: ,,Was habe ich bisher getan? Ich habe wohl erörtert: Was mein ist, wenn ich Ich sage. Welches sind die Tatsachen, die wesentlich zum Ich gehören und der Rede vom Ich Sinn geben, und zwar die originären Tatsachen, an denen sich die Ich-Rede orientiert? Das Ich ist nichts Isoliertes. *Das Ich kommt nur zur Gegebenheit mit dem cogito.* Das Ich ist aber kein einzelnes cogito. Das Ich ist insbesondere auch nicht das cogitatum, derart wie Sehding, Erscheinung etc., all dessen, was zwar den ,Stempel der Subjektivität' hat, aber dem Ich ,gegenüber' ist. Alle cogitationes, die meine sind, gehören zu einer Einheit, es ist die Einheit eines Flusses, eine Einheit, die zeitliche Einheit ist. ⟨ . . . ⟩ Zum

---

[45] Die Ausführungen im § 22 der *Ideen II*, die teils aber später als 1912 entstanden, liegen schon deutlicher in der Richtung dessen, was wir im folgenden herauszustellen haben.

Wesen des Ich gehört es, dass es Bewusstsein ‚hat', einen einheitlichen Fluss von cogitationes, die vielfältig verflochten sind, insofern Koexistenz haben, aber immerfort eben abfliessen. In dem
Bewusstsein steht überall das Ich ⟨ . . . ⟩ *Andererseits ist das
Bewusstsein nicht das Ich*: vielmehr ist das Ich eine identische
Einheit, die durch den Fluss der cogitationes hindurchgeht. Ich
bin derselbe, immerfort derselbe, die Identität des Ich ist etwas
zu diesem Fluss wesentlich Gehöriges, ein Konstatierbares, kon-
statierbar durch das Ich, durch ein eigenes Identitätsbewusst-
sein".[46]

Im Sinne dieser gegenüber den *Ideen* deutlicheren Auffassung
des Ich als nur *mit* dem cogito Gegebenes, das also nicht „isoliert"
zur Gegebenheit gebracht werden kann, verwirft Husserl später
ausdrücklich seinen Ansatz der Ichlehre: „In den *Ideen* habe ich
das reine Ich sozusagen als identischen Pol für alle Akte, für
jederlei cogito in der Einstellung der phänomenologischen Reduktion bezeichnet. Dieses reine Ich als Pol ist aber nichts ohne
seine Akte, ohne seinen Erlebnisstrom, ohne das lebendige
Leben, das ihm selbst gleichsam entströmt",[47] das reine Ich ist
„nicht leerer Identitätspol, sondern Pol von Affektionen und
Aktionen".[48] Dieser „Ichpol ist, was er ist, nicht Träger, nicht
Substrat für Affektion und Aktion etc., sondern eben Ich, Einstrahlungspunkt, Funktionszentrum für Affektionen, Ausstrahlungspunkt, Tätigkeitszentrum von Tätigkeiten, von Akten. Er
ist ‚in' seinen Zuständen (auch in seinen reaktiven Zuständen,
wie in den passiven Realisationen) und ‚in' seinen sich richtenden
Akten sich richtend ins Ichfremde, das affizierte".[49]

---

[46] Ms. K II 4, S. 43b – letzte Göttinger Jahre, zwischen 1913 und 1916; cf. 33a:
„vor 1917". Dass das Ich nur mit dem cogito zur Gegebenheit kommt, drückt Husserl
in einem der voranliegenden Blätter, auf die er sich im eben angeführten Text aus
Ms. K II 4 bezieht, auch so das: „Wie fassen wir nun das Ich? ⟨ . . . ⟩ Zur Grund-
tatsache des Ich gehört das ich-denke-etwas ⟨ . . . ⟩" (cf. Ms. A VI 10, S. 15a und b).
[47] Ms. E III 2, S. 5a, um 1920–1921.
[48] Ms. F I 36, wohl Mitte zwanziger Jahre. – Vgl. auch etwa: Hu IV, *Ideen II*,
Beilage II, S. 310; Hu XIV, *Intersubjektivität II*, Nr. 2, S. 23; S. 29f., Beilage II,
S. 43; Nr. 13, S. 244; Hu IX, *Phänomenologische Psychologie*, S. 208 und S. 211; Hu I,
Cartesianische Meditationen, § 31, S. 100; Hu VI, *Krisis*, S. 187; Ms. E I 4, S. 155a
(Jan.–Febr. 1922); Ms. E III 9, S. 18a; Ms. K II 4, S. 216a–b (um 1920).
[49] Hu XIV, Nr. 2, S. 30; St. Märgen 1920 oder 1921. – Bezüglich unserer jetzigen
Hinsicht auf Husserls Bestimmung der Unabtrennbarkeit des „Ich" von seinem
Fungieren, von seinen Tätigkeiten ist der sachlich zu machende Unterschied zwischen
Leibzentrierung und reinem Ich, je nachdem, um welcher Art Bewusstseinsakte es
sich handelt, sekundär (zur Kritik vgl. oben, § 25, S. 171ff. und §42c, S. 298ff.).

Die entscheidende Vertiefung des Denkens über das reine Ich, das nicht bloss ein leerer Pol, ein Träger seiner cogitationes sein kann, erreicht Husserl aber mit der Lehre der *Habitualitäten* des reinen Ich, welche zum Begriff des *personalen Ich* und in weiterer Konkretion zu dem der *Monade* führt.[50] Im eben zitierten Rückblick auf die *Ideen* fährt Husserl fort: „Das reine Ich ist auch nichts ohne seine *Habe*, die die seine ist, ⟨die⟩ das ihm jeweils passiv Vorgegebene ist, es affizierend, es ist nichts ohne das Ichfremde und dem Ich Entfremdete (wie alles dem Ich Entsprungene, aber nachher zur passiven Habe Gewordene), das doch im Rahmen der phänomenologischen Einstellung vorfindlich und, obschon nicht ichlich, nicht Ich-Entquellendes, doch ‚subjektiv‘ ist", und er vermerkt am Rande: „Die erworbene Habe hat aber ihr Korrelat in habituellen Stellungen (aus urstiftenden Stellungnahmen entsprungenen *Habitualitäten*)".[51] Von diesem reinen Ich mit seinem Erlebnisstrom und seiner Habe, seinen intentionalen Vermeintheiten,[52] sagt Husserl dann: „Vielleicht darf man dieses Ich als die monadische Subjektivität, oder schlechthin die *Monade* bezeichnen, so dass also zur Monade jedes Empfindungsdatum, jedes Sinnesfeld (in phänomenologischer Reduktion natürlich), jedes Gedankengebilde, das da auftaucht und so wie es da im Auftauchen sich gibt, gehört", und er ergänzt wieder am Rande: „aber auch der Ichpol und seine bleibenden ichlichen Habitualitäten".[53] Ziehen wir im folgenden einige Grundlinien des von der Anerkennung des „Ichpols" zum Begriff des personalen Ich und dem der Monade sich ausgestaltenden Denken über das Ich.[54]

In einem wenige Jahre nach den *Ideen I* geschriebenen Text, in welchem Husserl kritisch auf Humes Sensualismus zu sprechen kommt, für den das Ich zu den „complex ideas" gehört, fragt er: „Und ist da ein Bewusstseinsfluss etwas Denkbares, der ichlos wäre? Ebensowohl wie ein solcher, der nicht auf Objekte als von ihm gesetzte gerichtet wäre? Aber während diese nicht sein

---

[50] Auch in diesem Sinne findet sich mehrfach Husserls Selbstkritik des Ich als Ichpol; etwa, neben manchen der oben S. 304 in der Anm. 48 genannten Stellen, in Hu XIII, *Intersubjektivität I*, Nr. 15, S. 401; Ms. A VI 30, S. 54b; Ms. E III 2, S. 5a.
[51] Ms. E III 2, S. 5a, um 1920–21.
[52] cf. Ms. K II 4, S. 214a, um 1920.
[53] Ms. E III 2, S. 5b, um 1920–21.
[54] In summarischer Weise ist diese Linie in den §§ 31–33 der *Cartesianischen Meditationen* (Hu I, S. 100–103) gezeichnet.

müssen (in der Vernunftbetrachtung der Ausweisung ermangeln können), kann ein Bewusstsein als ohne wirkliches Ich gedacht werden? Und *ist dieses Ich denkbar ohne ein sich personal entfaltendes*, ein Ich der Vermögen *zu sein*? Das Ich spielt doch eine ganz andere Rolle als die intentional konstituierte ‚Objektivität‘, sachliche Wirklichkeit".[55]

Die hiermit angezeigte Frage nach der „Selbstkonstitution" des Ich nimmt Husserl in einer Aufzeichnung, die etwa zur gleichen Zeit (um 1915–16) entstanden sein dürfte und in der „alles Wesentliche gesehen" ist, wohl erstmals analytisch eingehend im Hinblick auf die Bestimmung der Habitualitäten auf.[56] Als Ausgangsbeispiel der Konstitution dessen, was er „habituelle Einheit", „Einheit der Konsequenz" nennt, deren individueller Stil Bekundung des Ich als personalen ist, scheint Husserl die *Erinnerung* analysiert zu haben, um alsbald auch auf das Urteil mit der „bleibenden Ueberzeugung", der „bleibenden Meinung" (das später am meisten wiederkehrende Beispiel) und andere Fälle einzugehen.[57] Er scheidet das aktuelle Erinnerungserlebnis (in

[55] cf. Ms. K II 1, S. 8a und b; wohl letzte Göttinger Jahre (vor 1917).

[56] In einer Notiz, die wohl nach 1924 geschrieben wurde, sagt er von jenem Text: „Diese alte Reflexion über Habitualität ist noch im Stande erster Unreife; obschon alles Wesentliche gesehen ist, ist die Beschreibung nicht präzis zu Ende geführt" (cf. Hu IV, *Ideen II*, Beilage II (S. 31of.), zum zweiten Abschnitt, S. 111ff.). – Die Zuordnung betrifft einen im § 29 des Haupttextes eingearbeiteten Text, dessen Originalunterlagen heute in die Konvolute A VI 30 und F III 1 zerstreut liegen. E. Stein hatte den Text leider zerstückelt und das von Husserl analytisch erarbeitete „Resultat" vorwegnehmend in ihre Ausarbeitung der *Ideen II* aufgenommen.
Eine psychologische Vorform der späteren phänomenologisch-genetischen Lehre von den Habitualitäten ist wohl in dem zu sehen, was Husserl im ursprünglichen Entwurf der *Ideen II* von 1912 bei der Erörterung der Abhängigkeit der „Realität" Seele von „Umständen" unter dem Titel der „*idiopsychischen* Seite der Seelenrealität" bzw. der „idiopsychischen Abhängigkeit" (neben der psychophysischen Abhängigkeit vom Leib und damit von der physischen Natur) befasst (cf. dazu Ms. F III 1, S. 11a). Idiopsychische Abhängigkeit meint: Bewusstsein gibt sich „als *abhängig* sozusagen *von sich selbst*", „die früheren Erlebnisse sind nicht spurlos verschwunden, ein jedes *wirkt nach*" innerhalb einer und derselben Seele. „Zum Wesen der Seele gehört eine kontinuierliche Neubildung oder Umbildung von Dispositionen unter den bekannten Titeln Assoziation, Gewohnheit, Gedächtnis, aber auch motivierte Sinnesänderung, motivierte Aenderung von Ueberzeugungen, von Gefühlsrichtungen ⟨...⟩, von Willensrichtungen, die sicher nicht ⟨...⟩ auf blosse Assoziation reduzierbar sind. Die Seele hat also Komplexe von Dispositionen und damit reale Beschaffenheiten, die sich in ihr bekunden als ihr selbst entsprungen, aus eigener Beeinflussung und nicht aus äusserer Reizung stammend. ⟨...⟩" (S. 11a). „Seelische Realitäten haben eben eine *Geschichte*" (S. 11b). – Vgl. auch Hu XIII, *Intersubjektivität I*, Beilage XLV, S. 357, Zeile 11ff. ⟨1916–17⟩.

[57] Cf. Ms. F III 1, S. 249a, S. 250, Ms. A VI 30, S. 27 (wohl 1915–16); Ms. A VI 30, S. 6 (November 1921). – In Th. Lipps' Abhandlung *Inhalt und Gegenstand* (vgl. oben, 7. Kapitel, S. 223ff.) finden sich bei der Erörterung der „Identität des Ich" Andeu-

seiner originären Dauer) und die „bleibende" Erinnerung als „etwas Dauerndes", die festgehalten und evtl. aufgegeben wird, ähnlich wie das Urerlebnis des Sich-erinnerns, das von Moment zu Moment der Dauer einer aktuellen Erinnerung (der Einheit in der phänomenologischen Zeit) ein anderes ist, zu scheiden sei von der Einheit, die da dauert und ebenfalls Erinnerung heisst.[58] Es ist ein erstes Erlebnis da, in dem ‚die' Erinnerung gestiftet ist, welche dann für alle Zeiten ‚besteht', solange nicht Motive auftreten, die sie aufheben und damit auch der ursprünglichen Erinnerung ihr Recht nehmen. Die Einheit ‚der' Erinnerung ist dabei kein „blosses Abstraktum", keine „Idee". Sie ist eine phänomenologisch eigentümlich charakterisierte und konstituierte Einheit, eine *Einheit der Konsequenz,*[59] eine immerfort in wiederholten wirklichen und möglichen übernommenen Erfahrungen, in Erinnerungen, die die Thesis „mitmachen", geltende subjektive Einheit.[60] Dieser identische „Erinnerungsverhalt" (ähnlich einem Sachverhalt eines Urteils) ist dabei „wesentlich auf das Erinnerungssubjekt bezogen, ein Identisches für das Subjekt, ein dem Subjekt Eigenes, von ihm in vorübergehenden Akten Erfasstes, aber nicht mit den Akten vorübergehend, sondern dem dauernden Subjekt zugehörig als ein ihm dauernd Verbleibendes". „*Das Subjekt hat also bleibende Eigenheiten* in Form solcher Erinnerungen. Es sagt auch: Ich habe Erfahrungen gemacht, und die Erfahrungen sind meine Erfahrungen, zu denen ich öfter zurückkehren kann".[61]

„Genauso" sei es, fährt Husserl dann fort, wenn ich „die Einheit des Urteils, meines Urteils, meiner Ueberzeugung" betrach-

---

tungen des Problems der Habitualitäten, die Husserl bei seiner Lektüre dieses Werkes im September 1908 zur Kenntnis nahm (vgl. IG, S. 631f. und S. 635).

[58] cf. Ms. A VI 30, S. 27b.

[59] cf. Ms. F III 1, S. 250a.

[60] cf. Ms. F III 1, S. 251f. und Ms. A VI 30, S. 28b. – Auf dem Blatt, das evtl. den Anfang der „alten Reflexion über Habitualität" darstellt (es trägt von Husserls Hand eine „1"), beginnt der Text wie folgt: „1) Die Einheit des Erlebnisses, als Einheit der Dauer in der phänomenologischen Zeit. 2) Die Einheit der Erinnerung, der Erwartung, der Ueberzeugung, der Freude, der Hoffnung, des Wunsches, des Entschlusses usw. als *habituelle Einheit* (Einheit der ἕξις, oder soll man sagen διάθεσις? Das scheint aber zu sagen, seine Stellung haben, oder auch auseinanderlegen und bestimmen)" (Ms. F III 1, S. 250a). Den Terminus διάθεσις, der das Moment der Thesis, die sich „durchhält" (διά), hervorhebt, braucht Husserl viel seltener als Hexis (z.B. in Ms. A VI 30, S. 48a, zwischen 1918 und 1921).

[61] cf. Ms. A VI 30, S. 28a und b.

te.[62] Und „ebenso" verhalte es sich „bei Akten jeder Gattung, bei Erlebnissen jederlei Qualifizierung".[63] Im Blick auf das all diesen Beispielen Gemeinsame heisst es dann: „Die Erinnerung scheint hier überall ihre Rolle zu spielen, und überall in gleicher Weise".[64] Und Husserl erläutert, in allen Fällen beziehe sich die Konstitution der Einheit des bleibenden Themas auf „die Erinnerung an das in der immanenten Zeit gegeben Gewesene, ⟨ . . . ⟩ die Reproduktion der früheren Wahrnehmung und ihres Wahrnehmungsthemas". „Das, was ein Akt des cogito setzt, das Thema, ist in Ansehung wiederholter Reproduktionen und ‚durch' die Kette der Reproduktionen hindurch sich erstreckender Wiedersetzungen des in ihnen reproduzierten ursprünglichen Themas ein Bleibendes, solange die Reproduktion eben nicht bloss überhaupt Reproduktion, sondern ‚Wiedersetzung', oder besser, aktuelle Mitsetzung, Uebernahme des ‚früher' Gesetzten ist",[65] wobei „das Mitmachen freilich nicht ein eigener Schritt ist, ein eigenes Ja; sondern in einer homogenen Einheit der Erinnerung steht das Erinnerte für mich da und geht die jetzige Setzungsqualität hinein in das Erinnerte".[66]

Die hiermit in den Hauptpunkten angezeigten Analysen bringt Husserl schliesslich in Beziehung zur wesensgesetzlichen Bestimmung und Erkenntnis der *Identität des Ich*. Wir geben diesen für die Ausgestaltung von Husserls Denken über das personale Ich zentralen Passus der Aufzeichnung von 1915–1916 ausführlich

[62] Ms. F III 1, 1. 252a; vgl. Hu IX, *Phänomenologische Psychologie*, § 41f., S. 211–215 (1925); Hu I, *Cartesianische Meditationen*, § 32, S. 100f. (1929).

[63] Ms. F III 1, S. 253a; cf. auch S. 249a.

[64] Ms. F III 1, S. 254a.

[65] Ms. F III 1, 1. 255a und b.

[66] Ms. F III 1, 1. 153a. – Husserl macht in der „alten Aufzeichnung" auch bereits auf den „Fall der Intersubjektivität und des intersubjektiven Uebernehmens" aufmerksam (Ms. A VI 30, S. 29a). Nach der Analyse des „Einzelsubjekts, des reinen Ich, das als forschender Phänomenologe die Reduktion übt und als reines Ich sich selbst und sein Reines erfasst" (S. 29f.), schreibt er: „Um es sogleich beizufügen. Diese Einheit der Meinung kann über das einzelne Ich hinausgehen und Einheit innerhalb einer Gemeinschaft von kommunizierenden Subjekten werden" (S. 31a). Im weiteren erläutert er noch, dass hier „zweierlei Uebernehmen, wie überall in der Intersubjektivität", zu unterscheiden sei: „einmal ein passives Folgen, die Thesis wird mitgemacht, aber in passiver Uebernahme. Das andere Mal ein Folgen in der nachverstehenden Aktivität ⟨ . . . ⟩ wodurch ein sekundäres Konstituieren, eine sekundäre Originalität erwächst" (S. 32a). – Zu Stiftung und Modalisierung habitueller Einheiten vgl. etwa auch späte Texte in Ms. B III 9, S. 26a–38, zusammengestellt am 12. Oktober 1931. Diese Blätter bringen u.a. Präzisionen über „Klarheit" und „Deutlichkeit" der Meinungen, Ueberzeugungen im Zusammenhang von „Stiftung" und „Stiftung im Urmodus" („Urstiftung", „evidenter Stiftung").

wieder: ,,Die Einheiten, die da bleibende ,Meinungen' eines und
desselben Subjekts heissen, sind von uns in gewissem Sinn habituelle genannt worden. Es handelt sich aber nicht um einen gewohnheitsmässigen Habitus, als ob das empirische Subjekt reale
Dispositionen, die da gewohnheitsmässige heissen, gewinnen
würde. *Jener Habitus*, um den es sich hier handelt, *gehört* nicht
zum empirischen, sondern *zum reinen Ich*. Die Identität des
reinen Ich liegt nicht nur darin, dass ich (wieder das reine Ich) in
Hinblick auf jedes cogito mich als identisch dasselbe Ich des
cogito erfassen kann, vielmehr: Ich bin auch darin und a priori
dasselbe Ich, sofern ich in meinen Stellungnahmen mir notwendig
konsequent bin: in einem bestimmten Sinn, dass jede ,neue' Stellungnahme eine bleibende ,Meinung' fixiert, bzw. ein Thema
⟨ . . . ⟩ fixiert, dass ⟨ich⟩ von nun ab, sooft ich mich als *denselben*
erfasse, der ich früher war, oder als denselben, der jetzt ist und
früher war, auch meine Themata festhalte, sie als aktuelle Themata übernehme, so wie ich sie früher gesetzt habe ⟨ . . . ⟩ Bin ich
dieser selbe, der ich bin, so kann sie ⟨sc. die Stellungnahme⟩ nicht
anders als ,bleiben' und ich bei ihr bleiben, ich kann nur eine
Aenderung der Stellungnahme dadurch vollziehen, dass die
Motive andere werden ⟨ . . . ⟩ Ich kann mir ⟨ . . . ⟩ nur dadurch
in meiner Stellungnahme ,untreu' werden, ich kann nur dadurch
,inkonsequent' werden, dass ich eben insofern selbst ein anderer
geworden bin, dass ich anderen Motivationen unterliege. In
Wahrheit bin ich mir aber nicht inkonsequent und untreu, ich
bin immerfort derselbe, aber derselbe bin ich im wechselnden
Strom der Erlebnisse, in denen öfters neue Motive sich konstituieren''.[67] Und Husserl hält dann mit Beziehung auf die Konstitution der Habitualitäten fest: ,,Ich sehe hier also eine *Wesens-
gesetzmässigkeit des reinen Ich*. Es gehört als dieses eine identische,
numerisch eine Ich zu ,seinem' Erlebnisstrom, der konstituiert
ist als eine Einheit unendlicher immanenter Zeit. Das eine reine
Ich ist konstituiert als Einheit mit Beziehung auf diese Stromeinheit, das sagt, es kann sich als identisches in seinem Verlauf
finden''.[68] Diese neuen Einsichten in die Stiftung bleibender
Meinungen eröffnen Husserl ein tieferes Verständnis des Seins des
Erlebnisstromes und seiner Beziehung auf das Ich: Das reine Ich

---

[67] Ms. F III 1, S. 248a und b; cf. Hu IV, *Ideen II*, § 29, S. 111f.
[68] Ms. F III 1, S. 248b; cf. Hu IV, *Ideen II*, § 29, S. 112.

,,kann also in Wiedererinnerungen auf frühere cogitationes zurücksehen und seiner als dasselbe Subjekt dieser wiedererinnerten bewusst werden. Schon darin liegt eine Art Konsequenz des Ich. Denn ein ‚stehendes und bleibendes‘ Ich könnte sich nicht konstituieren, wenn sich nicht ein stehender und bleibender Erlebnisstrom konstituierte, also wenn nicht die originär konstituierten Erlebniseinheiten wiederaufnehmbar, in Wiedererinnerungen zum Neuauftreten fähige und in Uebernahme ihrer Seinsqualität (als seiende in der immanenten Zeit) auftretende wären''.[69]

b) Ich als personales Ich und als Monade

In der eben herangezogenen ,,alten'' Aufzeichnung klingen die verschiedenen Problemkreise der Ausgestaltung des Denkens über das Ich an, die Husserl vor allem in den zwanziger Jahren in eingehenden Analysen immer wieder abschreitet. Die späteren ,,Präzisionen'' bringen den Begriff des *personalen Ich*, das eine ,,individuelle Eigenart'', einen ,,bleibenden Stil'' mit durchgehender Identitätseinheit, einen ,,personalen Charakter'' hat.[70] Die Begriffe Personalität, Individualität, Charakter beziehen sich eben auf die habituellen Einheiten, auf ,,das Feld der sich vom Ich her bildenden und es ichlich bestimmenden Ueberzeugungen''.[71] Es ist hier auch schon angelegt, dass das personale Ich, sosehr diese Apperzeption sich ,,passiv, vor der reflektiven Selbsterfassung'' bildet,[72] keine bloss ,,assoziativ-induktiv konstituierte Einheit'', in der sich ,,nichts von der Individualität'' bekundet, sein kann,[73] sondern dass es ein ,,Prinzip der Verständlichkeit, also Rationalität'' ist.[74] Das personale Ich ist solcherart ,,kein passiver Schauplatz von Erlebnissen, unter denen die Entscheidungen mitauftreten und auf dem alle Erlebnisse nach einer festen Regelordnung ablaufen''. Es kann ,,keine generelle sachhaltige Eigenart'' haben, vielmehr ist es ,,frei'' und ,,hat es seine Eigen-

---

[69] Ms. F III 1, S. 248b; *Ideen II*, S. 111f.
[70] Vgl. z.B. Hu XIV, *Intersubjektivität II*, Nr. 2, S. 23; Hu IX, *Phänomenologische Psychologie*, S. 215; Hu I, *Cartesianische Meditationen*, § 32, S. 101.
[71] Hu IX, S. 214 (Sommersemester 1925).
[72] cf. Hu XIII, *Intersubjektivität I*, Nr. 15, S. 431, Anm. 1; auch Hu XI, *Analysen zur passiven Synthesis*, S. 386.
[73] Vgl. Hu XIV, *Intersubjektivität II*, Nr. 2, S. 19ff. Hu XIII, *Intersubjektivität I*, Nr. 15, S. 434f., ,,Zur Kritik'', wohl in den zwanziger Jahren dem Text aus Bernau 1918 angefügt.
[74] Vgl. Hu XIV, Nr. 2, S. 17; Hu IX, S. 255; Ms. E III 2, S. 21b; Ms. A VI 25, S. 10ff. etc.

art in seiner Freiheit", „eine in den Stellungnahmen sich bekundende ,Eigenart', die dieses Ich auszeichnet".[75] Ich, als Person, bin eben nicht nur „ein momentanes Bestandstück ,ego' des Aktes, sondern *das* Ich, das all seine bisherigen Akte vollzogen hat und in diesen Akten insofern seine Art zeigt, sich motivieren zu lassen".[76] „In der Art, wie sich das Ich mit Beziehung auf die ihm bewusstseinsmässige Umwelt motivieren lässt zu den wechselnden Entscheidungen, und somit in der Art der Besonderheit seiner Entschiedenheiten selbst und ihrer Zusammenhänge bewahrt das Ich einen individuellen und herauserkennbaren Stil".[77] Der Ichpol hat eine in diesem Stil konstituierte, verständnisvoll zu enthüllende Einheit, da die jeweilige Motivation in den jeweiligen Motivationsverflechtungen für dieses Ich eindeutig ist.[78]

In all diesen hier nur hinsichtlich einiger Hauptthemen angezeigten Untersuchungen[79] geht es Husserl darum, einen phänomenologischen „*Wesensbegriff* von Person" [80] auszubilden. Obschon „das personale Ich individuelles ist", ist nach allgemeinen Wesensgesetzen zu bestimmen, „was dieses nur im Einleben in ein aktuelles cogito und den Zusammenhang der rückliegenden (habituell gewordenen) Stellungnahmen und die Motivationszusammenhänge zu erfassende Ich, was ich als identisch durchgehende Person Ich eigentlich finde".[81] Husserls Meinung ist aber auch, dass, „was wir *im eigentlichen Sinn Ich nennen* (abgesehen von der kommunikativen Beziehung auf ein Du oder Wir), ⟨ . . . ⟩ eine personale Individualität" meine.[82] Mit anderen Worten, „das Ich ist doch *immerzu ,konstituiert'* (in völlig eigenartiger Weise konstituiert) *als personales Ich,* Ich seiner Habitualitäten, seiner Vermögen, seines Charakters".[83] Also „im eigentlichen Sinn ist das ,Ich' der Ichpol mit den ihm aus seinem Leben und Stellungnehmen zuwachsenden Habitualitäten, Vermögen".[84]

---

[75] Vgl. Hu XIV, Nr. 2, S. 21ff.
[76] Hu XIV, Nr. 2, S. 18.
[77] Hu IX, § 42, S. 215.
[78] cf. Hu XIV, Nr. 2, S. 17f. und Hu IX, § 42, S. 215.
[79] Im Anschluss an die früheren Andeutungen über die „intersubjektiven Uebernahmen" bleibender Meinungen (oben, S. 308, Anm. 66) vertieft Husserl später den Begriff des personalen Ich vor allem auch in Hinsicht auf die Intersubjektivität.
[80] Hu XIV, Nr. 2, S. 21 (1920 oder 1921).
[81] Hu XIV, Nr. 2, S. 21 und S. 17.
[82] Hu IX, § 42, S. 215; m.H. (1925).
[83] Hu XIV, Beilage II, wohl Juni 1921, S. 44, Anm. 1; m.H.
[84] Hu XIV, Beilage XXXI, wohl 1921-22, S. 275.

„Aber dieses ist ein Abstraktum, konkret wird es, wenn wir sein ganzes konkretes Leben mit seiner Intentionalität dazunehmen".[85] Damit wird Husserl auf den (oben, S. 305) angezeigten Begriff der Monade geführt. Die Monade ist der Begriff der „Einheit des Subjektiven in phänomenologischer Reduktion", die reine Subjektivität „in ihrem konkret vollständigen Zusammenhang genommen",[86] „das in voller Konkretion genommene ego ⟨ . . . ⟩, indem wir hinzunehmen, *ohne was das Ich eben konkret nicht sein kann*".[87] Das meint, zum Ich gehört auch die Welt, eine immanente und transzendente „Umwelt",[88] und wie die ganze Welt, die für mich da ist, so gehören auch die anderen Ich, die nicht bloss wahre intentionale Korrelate, sondern selbst Ich sind, und gehören die verbundenen Ichgemeinschaften zur Konkretion meines Ich.[89] Zum Eigenwesen der Monade gehört auch, dass sie eine „Einheit unaufhörlicher Genesis" ist, dass sie eine Geschichte hat.[90]

Wenn das eigentliche „Ich" abstrakt bleibt, solange es nicht in dieser vollen monadischen Konkretion betrachtet wird, ist aber auch nicht zu übersehen, dass die Monade nur ist in der Beziehung auf das Ich: „Es ist die unvergleichliche Eigenheit eines monadischen Stromes (unvergleichlich mit allen eigentlichen ‚Strömen', mit allen Gegenständen überhaupt, die ihrerseits nur als in Monaden konstituierte denkbar sind), dass er nur ist und sein kann mit einer Ichpolarisierung. Dieser gemäss kann jedes ‚Bewusstsein' in einer Monade ⟨ . . . ⟩ nur sein als Bewusstsein ‚desselben' Ich, eines absolut identischen Ich".[91] Und auch hier gilt, dass das „Ich" „abstrakt und unbestimmt" bleibt, solange davon abgesehen wird, „dass es als monadisches Ich *notwendig ‚personal'* ist."[92] Die Erörterung des Ich als Subjekt seiner Vermögen und seines Habituellen darf also nicht übergangen werden;[93] denn der Begriff der Monade ist ein Begriff für die indivi-

---

[85] Hu XIV, Beilage XXXI, S. 275.
[86] Vgl. Hu IX, § 43, S. 216.
[87] Hu I, *Cartesianische Meditationen*, § 33, S. 102; auch Hu XIV, Beilage II, S. 44 (wohl Juni 1921).
[88] Vgl. Hu XIV, Beilage XXXI, S. 275; Beilage II, S. 46f.; Hu I, § 33, S. 102.
[89] Hu XIV, Beilage XXXI, S. 276.
[90] Vgl. z.B. Hu XIV, Beilage I, S. 34ff. (Juni 1921).
[91] Hu XIV, Nr. 2, S. 27.
[92] Hu XIV, Beilage II, S. 48, Anm. 1; m.H.
[93] Hu XIV, Beilage II, S. 44 und 46.

duelle Subjektivität, und es ist die Person, die ,,als die ‚Individualität' einer Subjektivität, einer Monade" zu bestimmen ist.[94] Diese Hinweise zum Begriff der Monade müssen hier genügen, denn ,,da das monadisch konkrete ego das gesamte wirkliche und potentielle Bewusstseinsleben mit befasst, so ist es klar, dass das Problem der phänomenologischen Auslegung dieses monadischen ego (das Problem seiner Konstitution für sich selbst) alle konstitutiven Probleme überhaupt in sich befassen muss",[95] und das würde zu weit führen!

c) Die passiven Habitualitäten als Voraussetzung der Personalität – Die Unterscheidung von reinem Ich und Person

Auf zweierlei, was in der ,,alten Reflexion über Habitualität" (oben, S. 306ff.) noch nicht zur Geltung kommt, müssen wir nun noch aufmerksam machen, da Husserl sein Denken über das personale Ich wenig später wesentlich zu vertiefen vermochte.

Zum einen fällt auf, dass bei den verschiedenen Thesen, Stellungnahmen, Meinungen immer nur von *einzelnen* Akten, die einzelne bleibende Themata stiften, die Rede war. Husserl überspringt dort noch das Reich der vorgebenden Passivität und Affektivität, in welchem eine dem entwickelten Menschen immer schon vorgegebene Welt sich ursprünglich und dann in einer immerzu geltenden Weltthesis habituell konstituiert hat, auf deren Grund die einzelnen, die Personalität und ihre habituelle Eigenart in aktiver Genesis konstituierenden Akte allererst gestiftet werden können.[96] Er übersieht noch, dass das psychische Leben dieser ,,unteren passiven Stufen" strengen Sinnes ,,überall die *Voraussetzung* der Personalität" ist.[97]

Eben diesen Punkt hat Husserl in einer kleinen selbstkritischen Note zur ,,alten Reflexion über Habitualität" auch im Auge, wenn er schreibt: ,,Man wird schon für die Affektion (deren Bereich die immanente Sphäre insbesondere mit ihren Abgehobenheiten ist) sagen können, dass als Niederschlag derselben im Ich

---

[94] Hu XIV, Nr. 2, S. 18.

[95] Hu I, § 33, S. 102f.

[96] Darauf hat bereits I. Kern (1964) hingewiesen, a.a.O., § 26, S. 288ff. Auch E. Holenstein (1972) kommt darauf zu sprechen, a.a.O., § 27, S. 138. Vgl. Hu I, *Cartesianische Meditationen*, § 38.

[97] cf. Hu IX, *Phänomenologische Psychologie*, S. 131; m.H.

eine *passive Habitualität* ist". Er fügt hier zwar an: „Das bleibt problematisch. Der Ichpol ist jedenfalls apriorisches Zentrum ursprünglicher Icheigenschaften".[98] Aber es ist schliesslich, wie andere Texte belegen, durchaus Husserls Meinung, dass „schon in der Rezeptivität ein Gesetz der Habitualität liegt",[99] dass wir am Ende „auf eine passive Genesis der mannigfaltigen Apperzeptionen als in einer eigenen Habitualität verharrender Gebilde" stossen, „die für das zentrale Ich geformte Vorgegebenheiten scheinen, wenn sie aktuell werden, affizieren und zu Tätigkeiten motivieren".[100] So spricht Husserl von der „Weltapperzeption als Habitus": „Das Ich, bestimmt durch Systeme der Weckung der unterichlichen psychischen Sphäre, entwickelt in sich (‚bestimmt', sagte ich, nämlich zu gewissen Trieben und reaktiven Akten) die raumdingliche Apperzeption aus, einen allgemeinen Habitus, der sich in besonderen Apperzeptionen immer wieder bekundet, in besonderen Wahrnehmungen usw., mit denen ein besonderes Dasein für das Ich zur Stiftung kommt, eine besondere habituelle Setzung. In der Subjektivität, zu der wesentlich Ich und ‚Bewusstseinsstrom' gehört, konstituiert ‚sich' die bleibende Welt für das Ich, aber das Ich, sosehr es in seiner Tätigkeit an dieser Konstitution beteiligt ist, schafft sie nicht, erzeugt sie nicht im gewöhnlichen Sinn, ebensowenig wie es sein vergangenes Leben erzeugt, seinen Strom ursprünglicher Sinnlichkeit erzeugt, obschon seine ganze Erlebnisvergangenheit ein Daseiendes für das Ich nur ist durch des Ich kenntnisnehmendes Erfassen, durch seine tätige Identifikation".[101]

Zum anderen wird in der alten Aufzeichnung über Habitualität noch nicht recht geschieden das selbst „nicht konstituierte", „unwandelbare" *reine* Ich als oberstes Subjekt und das *personale* „identische" Ich, das „stehende und bleibende personale Ich",[102] das sich durch die aktive Genesis seiner Ich-Eigenheiten bei allen Veränderungen doch als bleibendes konstituiert. Es sieht hier so

---

[98] Hu IV, *Ideen II*, Beilage II, wohl nach 1924, S. 310 und 311.
[99] cf. Ms. A VI 30, „Habe I", November 1921, S. 7a.
[100] Hu I, *Cartesianische Meditationen*, § 38, S. 113.
[101] Ms. A VI 30, S. 9b, November 1921. Auch S. 39a ff.: „Konstitution bleibender Habe und das mit ihr identisch verbleibende Ich", „das Subjekt der Umwelt – aus Habitualität", wobei ausdrücklich nur „die Sphäre passiver Vermögen", d.i. das im „passiv-assoziativen Stil" Konstituierte (cf. Hu XIII, S. 423, Anm.) in Frage war (cf. Ms. A VI 30, S. 40b). – Vgl. auch etwa Ms. A V 21, S. 103a und b.
[102] Hu I, *Cartesianische Meditationen*, § 32, S. 101.

aus, als sei das „reine Ich" in seiner Identität eben das „personale" Ich, das Ich mit seinem Habituellen, das Ich, sofern es mit sich in seinen Stellungnahmen notwendig konsequent ist, bzw. das Ich, das insofern selbst ein anderes wird, als es anderen Motivationen unterliegt (oben, S. 308 f.). In diesem Sinne wird gesagt, das „reine Ich" sei „konstituiert als Einheit mit Beziehung auf diese ⟨seine⟩ Stromeinheit" (oben, S. 309). Nichtsdestoweniger gilt indessen, was Husserl selbst alsbald betonen wird, dass sorgfältig zu *scheiden* ist zwischen reinem Ich und Person, sosehr das reine Ich immerzu als personales konstituiert ist. So schreibt Husserl in einem Text, der zwischen 1918 und 1921 anzusetzen ist: „Das reine Ich ist nicht die Person. Wie unterscheide ich beides? Die Person Ich ist das *Identische im Wandel* meines Ichlebens, meines Aktiv- und Affiziertseins, es ist in keiner Reflexion adäquat gegeben, prinzipiell weist sie ⟨auf die⟩ auf den unendlichen Horizont meines vergangenen Lebens bezogene Erfahrungsgegebenheit, auf eine Unendlichkeit des Fortschritts in der Vollkommenheit dieser Gegebenheit hin, auf eine reproduktive Wiederherstellung meines vergangenen Lebens, Eindringen in seine Endlosigkeit etc.".[103] Demgegenüber ist das reine Ich *unwandelbar*, in der Reflexion auf ein einzelnes cogito adäquat zu erfassen (oben, S. 208f.). Dieses „reine Ich", schreibt Husserl in der eben angeführten Aufzeichnung, „ist evidenterweise numerisch identisch dasselbe in allen absolut phänomenologisch erfassten cogitos, die ich in Wiedererinnerungen erfasse, und ist dasselbe als das in Reflexion auf die Erfassung zu findende erfassende Ich usw. *Dieses reine Ich liegt aber auch im personalen Ich beschlossen*, jeder Akt cogito des personalen Ich ist auch Akt des reinen Ich ⟨ . . . ⟩".[104] Es ist also richtig zu verstehen, dass „die einzige Aenderung, die ich als Ich erfahren kann", Aenderungen der in aktiver Genesis gestifteten personalen Ich-Eigenheiten (Ueberzeugungen, bleibende Erinnerungen, Hoffnungen, Erwartungen etc.) sind, dass „mit jeder geänderten sich etwas in mir selbst ändert" und doch „diese Aenderung, die Untreue gegen sich selbst, natürlich eine Aenderung innerhalb der Identität des Ich" ist.[105] Diesen Punkt verdeutlicht Husserl ebenfalls in

---

[103] Ms. A VI 21, S. 20b. Randbemerkung S. 20b: „Ausführliche Klarlegung der Scheidung von reinem Ich und Person".
[104] Ms. A VI 21, S. 21a und b; Husserls Hervorhebung.
[105] cf. Ms. A VI 30, S. 7b, November 1921; auch Hu I, § 32 und § 38.

der selbstkritischen Note zu den alten Blättern über Habitualität:
„Das Ich bleibt solange unverändert als es ‚bei seiner Ueberzeugung, Meinung bleibt‘; die Ueberzeugung ändern ist ‚sich‘
ändern. Aber in der Aenderung und Unveränderung ist das Ich
identisch dasselbe eben *als Pol*".[106]

d) Das personale Ich als „Einheit der Konsequenz" und seine einheitliche Umwelt

In der „alten Reflexion über Habitualität" aus 1915–16 (oben,
S. 306ff.) wird auch schon greifbar, dass das personale Ich sich
als „Einheit der Konsequenz", ausgerichtet auf „Selbsterhaltung", konstituiert.[107] Dieser Gedanke scheint uns noch von
besonderer Bedeutung, da er Husserls neuartige Bezugnahme auf
Kants „Ich der transzendentalen Apperzeption", die er unter
Ansetzung des personalen Ich vollziehen wird, wesentlich mit-
prägt. In Hinsicht auf das rechte Verständnis dieser neuen Bezugnahme auf Kant müssen wir also Husserls Gedanken des „Ich
der Konsequenz" noch etwas weiter verfolgen. Husserl bezeichnet
nämlich diesen Gedanken als den „*Quellpunkt des ‚Ich der transzendentalen Apperzeption‘* – betrachtet in Beziehung auf irgendeinen einzelnen Akt, in dem für mich ein Sachverhalt zum ersten
Mal als urteilsmässig so und so gedachter konstituiert ist".[108]
„⟨ . . . ⟩ Ich kann wiederholt Urteilsakte dieses Inhaltes (dieses
selben Noema) fällen und bleibe mir in diesen wiederholten Akten
konsequent. Zum Urteil gehört ein unbestimmt offener Horizont
solcher Konsequenz, in dem ich mich, der Urteilende als derselbe
mit mir einstimmige, als in dieser Hinsicht unverändert Bleibender bewahre, bekunde".[109] Das solcherart „konsequent, das
bleibend auf diesen Sachverhalt, auf dieses Urteil gerichtete Ich,
das bleibend so urteilende, so überzeugte, so denkende Ich" ist
„nicht ein abstrakt Identisches".[110] Das „Fest-Gerichtetsein-auf"
ist „als Habitualität" zu bezeichnen. Gibt das Ich eine Ueberzeugung preis, so „ändert es seine ‚Richtung auf‘ ", es ist indessen
„wieder und notwendig gerichtetes (und im Modus des bleibenden

---

[106] Hu IV, *Ideen II*, Beilage II, S. 311, wohl nach 1924.
[107] cf. z.B. Ms. A VI 30, S. 87ff.; S. 104b ff.; Hu IX, *Phänomenologische Psychologie*, S. 214.
[108] Ms. A VI 30, S. 44a, zwischen 1918 und 1921.
[109] a.a.O., S. 44a.
[110] a.a.O., S. 44a.

Ich gerichtetes), aber es hat sich gegenüber eine ‚andere' Umwelt
⟨ . . . ⟩, es ist dasselbe Subjekt der neuen Welt, aber andererseits, es ist dasjenige, das sich nach seinen Ueberzeugungen,
Wünschen, etc. geändert hat".[111] „Meine Umwelt ist so ein beständig wechselndes Reich von bleibenden Gesetztheiten" –
Husserl spricht auch von „bleibenden Noemata" –,[112] „und
korrelativ ändere ich mich selbst beständig als ihr sie konsequent
setzendes Subjekt. Ich ändere mich in Form der Inkonsequenz".
Es gilt aber: „Durch alle durch Inkonsequenz sich wandelnden
und immer neuen habituellen Ich geht hindurch, oder es konstituiert sich in ihnen, *ein konsequent bleibendes Ich* und als sein
Korrelat: *eine und dieselbe Umwelt* (Universum des aus meiner
Setzung her Geltenden)".[113]

Husserl führt zunächst in manchen Aufzeichnungen den für
das „Ich der transzendentalen Apperzeption" wesentlichen Gedanken der *Selbsterhaltung* ganz in dieser Linie des konsequenten
Ich durch. Er erörtert des näheren die „Idee eines absolut konsequenten Ich einer idealen Umwelt", etwa mit lauter mathematischen Gegenständlichkeiten, die in adäquaten, vollkommen evidenten Akten, mit denen keine neue Setzung streiten kann, zugänglich sind.[114] Er entwirft ferner „die Idee eines konsequenten
Ich bezogen auf eine reale Umwelt",[115] von welcher es „keine abschliessende Evidenz" gibt, da „jedes Reale Einheit unendlicher
Mannigfaltigkeiten" ist.[116] „Das Ich kann hier nur konsequent
sein in der Form, dass es im Fortgang der Erfahrung die Umwer-
tungen des schon gesetzten Seienden und des in der bisherigen
Erfahrung konsequent durchzuhaltenden so vollzieht, dass nach
der Umwertung immerfort eine einstimmige Welt sich konstituiert".[117] Als Voraussetzung dieser Möglichkeit stellt Husserl dann
heraus, „dass eine ‚wahre Natur' ‚ist', eine Natur ‚an sich', dass
die Idee einer apperzeptiven Einheit von Seiendem regulative
Geltung hat". Dieser Idee nachzugehen, sei „mit die Aufgabe der
idealen Selbsterhaltung".[118]

---

[111] a.a.O., S. 45b.
[112] z.B. Ms. A VI 30, S. 35b, 36a, 44a, 44b.
[113] Ms. A VI 30, S. 46b.
[114] Ms. A VI 30, S. 46b ff.; zwischen 1918 und 1921.
[115] a.a.O., S. 48b ff.
[116] a.a.O., S. 48b.
[117] a.a.O., S. 49a.
[118] a.a.O., S. 49a.

Aber auch schon in der Sphäre des im *passiv-assoziativen Stil*
Konstituierten erfährt das Ich „konsequent": „Konsequent laufen gegen es hin Reize, passiv konstituiert sich eine Einheit, die
dem Ich widerfährt, die ihm seine Habe eröffnen und es selbst
dadurch zum Habenden gestalten. Das Ich, dieses konkrete Ich,
erhält seine Konkretion in dieser Habe".[119] So konstituieren sich
„bleibende Empfindungseinheiten", „bleibende räumlich-zeitliche Einheiten, Phantome und Dinge". „Das Subjekt als Subjekt
dieser Apperzeptionen und dieser Sphäre der Freiheit und Bestimmung ist selbst konkret bestimmtes, es ist nicht nur überhaupt
abstrakter Ichpunkt und bezogen auf eine dingliche Umwelt,
sondern es ist als Subjekt, das diese Umwelt hat, Subjekt von
Vermögen (ein Subjekt, das ein bestimmtes ‚ich kann' hat) ⟨ . . . ⟩
Jeder Fortgang der erwerbenden Erfahrung ändert auch das
Subjekt und erhält es andererseits identisch ⟨ . . . ⟩ Notwendig
ist jede Erfahrung, nämlich das im Erfahren Erfahrene als solches, ein Bleibendes, ein Fortgeltendes, solange keine Gegen-
Erfahrung da ist; ⟨ . . . ⟩ das Erfahrene als Noema ist nicht Moment des Aktes, mit ihm vergehend, sondern ist Identisches er-
neuerter und frei zu erneuernder Akte ⟨ . . . ⟩ ein Ueberzeitliches
und nur auf diese Zeitlichkeit Bezogenes ⟨ . . . ⟩". Damit „besitzt
und erhält" das Ich „eine eigene Wesensbestimmung als Ich", „es
ist Besitzer dieser Habe als seiner Habe, Subjekt dieses bleibenden Gegenstandes ⟨ . . . ⟩ habituelles Subjekt dieser ‚Erfahrung'
⟨ . . . ⟩".[120]

Gleichgültig, ob es sich um räumlich-zeitliche Objekte oder um
ideale Gegenstände wie mathematische handelt: „das ‚stehende
und bleibende' Ich bleibt konsequent bei *seinen* ‚Objekten' ".[121]
In Hinsicht auf Husserls Interpretation des Ich der transzendentalen Apperzeption ist es wichtig, deutlich festzuhalten, dass
dieses „Ich der puren Konsequenz in allen seinen Akten, ja schon
in einem ‚bleibend erhaltenen' Akt, in einer dauernden ‚Stellungnahme', nur eine *ideale Möglichkeit* oder vielmehr eine im Unendlichen liegende Idee" ist,[122] weshalb Husserl auch entsprechend
von der „idealen Selbsterhaltung" des Ich spricht.

[119] Ms. A VI 30, S. 39a; zwischen 1918 und 1921.
[120] Ms. A VI 30, S. 39a und b, S. 40a.
[121] Ms. A VI 30, S. 45a.
[122] a.a.O., S. 45a; m.H.

Die Korrelativität „personales Ich – Umwelt" kann nach mehreren, eng zusammenhängenden „Möglichkeiten" näher bestimmt werden. 1) In Hinsicht auf „das eigentliche Problem", „das des echten Sinnes der transzendentalen Apperzeption und einer zugehörigen ‚transzendentalen Deduktion' " (unten, § 43e);[123] 2) in Hinsicht auf die Möglichkeit der Auflösung der Welt in ein Gewühl in Korrelation mit der Auflösung des Ich der transzendentalen Apperzeption (unten, § 43f);[124] 3) in Hinsicht auf die apriorische Begründung der Möglichkeit verschiedenartiger einheitlicher Umwelten in Korrelation mit verschiedenartigen „personalen" Subjekten (menschliche Umwelten, darunter die frühkindliche, die Umwelt der „reifen" Person als „normalen", die Umwelt der Primitiven, der Anomalen, der Kranken – demgegenüber die tierische Umwelt) (unten, § 43g).[125] Um uns in etwa eine Vorstellung von Husserls Denken über das personale Ich zu machen, wollen wir im folgenden diese drei Problemkreise anhand der Texte noch etwas veranschaulichen.

e) Husserls neue Bezugnahme auf Kants „Ich der transzendentalen Apperzeption"

Sehen wir zuerst zu, wie Husserl von seiner Auffassung des mit seiner Umwelt in Korrelation stehenden konsequenten (habituellen), personalen Ich Kants Gedanken des Ich der transzendentalen Apperzeption sich neu aneignet und für seine phänomenologisch-konstitutive Betrachtungsweise fruchtbar macht. Das Entscheidende für Husserl liegt offenbar in der *genetischen* Konzeption der Erfahrungskonstitution der Welt, welche mit der Lehre der Habitualitäten zum Ansatz kommt. Kants Lehre vom Ich der transzendentalen Apperzeption als der obersten Bedingung der Möglichkeit einstimmiger Erfahrung a priori bzw. Kants Begründung der Möglichkeit der Konstitution einer einheitlich durchhaltbaren, Naturwissenschaft ermöglichenden Welt in der reinen Ich-Einheit der transzendentalen Apperzeption hat

---

[123] Ms. A VI 30, S. 37–38; Mitte zwanziger Jahre. Vgl. Ms. A VI 30, Konvolut „N1", S. 43–55; bes. S. 54; S. 35–36 „zu N1"; Ms. A V 21, S. 101ff.; meist um Mitte der zwanziger Jahre.
[124] z.B. Ms. A VI 30, S. 52–53. Weitere Hinweise, cf. I. Kern (1964), § 27, S. 293ff.
[125] Texte vor allem aus den dreissiger Jahren, z.B. Hu XV, *Intersubjektivität III*, Nr. 10 (1931), Beilage VII (1930); Nr. 11 (1930 oder 1931), Beilage IX (wohl 1931), Beilage X (1934), Beilage XI (1930 oder 1931), Beilage XIII (wohl 1931); Nr. 35 (1933); Ms. A V 5 (1930 oder 1933).

Husserl sich im vollen Sinne der *Korrelativität* von Einheit der konstituierenden Subjektivität und Einheit der Welt wohl erst in fruchtbarer Weise zu eigen machen können, als er in phänomenologisch-genetischer Betrachtung die Lehre der Selbstkonstitution des Ich zum personalen Ich (oben, § 43b) und, in Korrelation, die Lehre von der ,,Weltapperzeption als Habitus" (oben, § 43c) gefasst hatte. In dieser Betrachtungsweise *verwandelt* sich aber Kants Problem in bedeutsamer Weise, wie schon aus den Andeutungen über das Ich der puren Konsequenz und idealen Selbsterhaltung (oben, § 43d) vorauszusehen ist.[126]

Husserls Konzeption des sich personal in seinen Habitualitäten konstituierenden reinen Ich ermöglicht ihm wenige Jahre nach den *Ideen I*, die Idee der Korrelativität der Einheit des ,,Ich" und einer bei allem Wandel doch einheitlich durchhaltbaren Welt als *Korrelativität des personalen Ich und seiner Umwelt* zu fassen.[127] Den in Kants Problematik dem einfachen, an Inhalt völlig leeren Ich der transzendentalen Apperzeption[128] zugedachten Ort nimmt bei Husserl in phänomenologischer Reduktion das *personale* Ich ein, für welches sich eine Umwelt (so und so veränderlich) konstituiert.

In Texten, die um 1917–18 anzusetzen sind, kommt Husserls genetische Betrachtungsweise des Problems des Ich der transzendentalen Apperzeption folgendermassen schon deutlich zur Geltung: Den Gedanken der ,,Einheit der Entwicklung" erörternd, schreibt Husserl, dass sich die Konstitution einer transzendenten, objektiven Welt, die zugleich auch Werte-, Güterwelt, Welt der Tat sei und andere, auf sie bezogene personale Ich als leiblich seelische enthalte, ,,sich notwendig stufenweise, den Fundierungen der betreffenden Gegenständlichkeiten entsprechend" vollziehe, und er fügt an: ,,Noetisch besagt das aber die Entwicklung von objektiven Apperzeptionen und, als Subjekt derselben (als Subjekt des freien Durchlaufens des ,wenn' der

---

[126] Wichtige Hinweise gibt bereits I. Kern (1964) in § 26 und § 27, S. 288ff. Es scheint mir aber, der Ansatzpunkt Husserls, sich auf Kants Ich der transzendentalen Apperzeption zu beziehen, käme nicht recht zur Geltung, weshalb nicht ganz deutlich wird, warum Husserl von einem *Ideal* der transzendentalen Apperzeption sprechen konnte.

[127] Vgl. oben, 8. Kapitel, § 37, S. 271f., wo wir zu betonen Anlass hatten, dass Husserls erste Bezugnahmen auf Kant dieser Korrelativität keine Rechnung trugen.

[128] Vgl. *Kritik der reinen Vernunft*, A. 381, A 355; *Anthropologie in pragmatischer Hinsicht*, Akademie-Ausgabe, S. 134, Anm.

motivierenden Umstände), des sich korrelativ notwendig mit-
entwickelnden Ich, der transzendentalen Einheit der Apperzeption: was aufzuklären und systematisch darzustellen eine schwierige Aufgabe ist".[129] Im selben Text spricht Husserl dann auch
vom „personalen Ich" als „einer beständig wandelbaren Gestaltung, die das ‚reine Ich', das ohne solche Gestaltung nicht möglich ist, in der ‚Entwicklung' annimmt".[130]

Ansätze zur eigentlichen Aufklärung des Problems des Ich der
transzendentalen Apperzeption unter Bezugnahme auf Kant
kommen nun in Texten, die in der Mitte der zwanziger Jahre geschrieben wurden, zur Geltung. Mit Beziehung auf die in den
obigen Darlegungen über das personale Ich als Ich der Konsequenz und idealen Selbsterhaltung herangezogenen Texte (oben,
§ 42d) schreibt Husserl, wohl 1926, selbstkritisch: „Was diese
Blätter bisher bieten, das ist nur ein Anhieb und reicht nicht aus,
das *eigentliche Problem* zur Klarheit zu bringen, das des echten
Sinnes der transzendentalen Apperzeption und einer zugehörigen
‚transzendentalen Deduktion'. In den ersten alten Versuchen[131]
war ich, wie früher immer, *zu formal* ⟨ . . . ⟩".[132] Im Fortgang der
Reflexion über seine früheren Versuche kritisiert Husserl gerade
den Ansatz der Bestimmung der *Einheit des Ich* bei der formalen
Idee der puren *Konsequenz*. Es heisst nach dem eben zitierten
Beginn der Aufzeichnung: „Und so sprach ich bloss vom Ich und
seiner setzenden Intentionalität und von der Idee eines ‚konsequenten' Ich, evtl. von einem auf Konsequenz strebend gerichteten. Darin sollte die Selbsterhaltung des Ich liegen. Ich ändere

---

[129] cf. Ms. F IV 3, S. 100a. Die Aufzeichnung „Naturale und personale Psycholo-
gie" (Ms. F IV 3, S. 98–113) datierte Husserl auf „1917?" und vermerkte „sehr gut,
wichtig". Von dieser Aufzeichnung liegt eine von Husserl stark überarbeitete
Maschine-Abschrift L. Landgrebes unter der Signatur Ms. M III 3 X vor (vgl. dort
S. 4a und S. 23a). Die S. 1a dieser Abschrift trägt von Husserls Hand u.a. folgende
Vermerke: „St. Märgen 1920 oder 21", „überholt", „lässt sich nicht durch Besserung
verwerten", „nur einige Partien brauchbar". – Vgl. zur Sache z.B. auch Ms. L I 17,
Bl. 9 und 10: „Eidetische Gestalt der seelischen Innerlichkeit", aus 1917–18.

[130] Ms. F IV 3, S. 105a und b; bzw. Ms. M III 3 X, S. 22a.

[131] Vermutlich bezieht Husserl sich hier auch auf die „Alte Reflexion über Habitualität", die uns als Ausgang der Darstellung seiner Konzeption des personalen Ich
diente (oben, § 42a, S. 306ff.); eine Reihe jener alten Blätter liegt nämlich im selben
Binnenumschlag („Habe II") im Konvolut A VI 30, aus welchem wir jetzt zitieren.
Ueberhaupt sind die im folgenden zu zitierenden Texte entweder „Beilagen", wohl
geschrieben bei Durchsicht der „alten Versuche", oder Randbemerkungen auf den
„alten" Blättern selbst (siehe die Nachweise im einzelnen an den betreffenden
Stellen).

[132] Ms. A VI 30, S. 37a.

mich, wenn ich meine Ueberzeugungen ändere. Aber schon da heisst es vorsichtig sein. Jede Ueberzeugungsänderung betrifft mich. Aber ist es für mich ein Telos, überhaupt nur ein Ich von festen und ohne subjektiven Streit in mir zusammenstimmenden Ueberzeugungen zu sein? Nun, das Hereinziehen des Telos ist insofern nicht zufällig, als doch zu meinem Wesen gehört, ein strebendes und auf das und jenes gerichtetes Ich zu sein und dann wohl auch mehr – so formal darf man nicht sein".[133] Das Ungenügen jener Idee der Einheit des Ich aufgrund der puren Konsequenz, des Sich-nicht-Widersprechens setzt Husserl in Vergleich mit der „Logik der Konsequenz", die „ein Wichtiges", aber „doch nicht volle, weil nicht konkrete und Wahrheitslogik" sei.[134] Die Frage nach dem, was Konsequenzlogik eigentlich ist, führt auf den „Hintergrund einer einheitlichen Vernunftmenschheit und einer universalen objektiven Wahrheit" als Voraussetzung ihres wahren Sinnes. Entsprechend fragt Husserl bezüglich der für die Bestimmung der Einheit des Ich bisher herangezogenen Idee der puren Konsequenz: „Was müssen wir für das ‚Ich' voraussetzen?".[135] Die Idee eines konsequenten Ich genügt, wie es scheint, nicht zur vollen, konkreten Bestimmung der Selbsterhaltung, der Einheit des Ich. Der echte Sinn des Ich der transzendentalen Apperzeption ist der, es „als Ich der Selbsterhaltung" konkret im Verband mit der „Frage der universalen Erfahrungsstruktur, bzw. der Konstitution einer standhaltenden Welt", also mit der zugehörigen „transzendentalen Deduktion" seiner einheitlichen Umwelt zu bestimmen.[136]

In dieser Linie führt Husserl an Kants Fragestellung sich anlehnende, sich von ihm aber auch distanzierende Ueberlegungen durch, die nachzuweisen suchen, dass „*Ich als Ich Einheit durch die Welt* habe, wenn sie wirkliche Welt ist, wenn sie Titel für ein

---

[133] Ms. A VI 30, S. 37a.

[134] a.a.O., S. 37a. – Vgl. zur Unterscheidung der Konsequenzlogik und der Wahrheitslogik *Formale und transzendentale Logik*, bes. §§ 14, 15, 76, 79, 80, 81, 89b, 90, 105, 106 und Beilage III.

[135] Ms. A VI 30, S. 37a.

[136] Vgl. Binnenumschlag-Aufschrift in Ms. A VI 30, S. 43a, und S. 44a nachträgliche Ueberschrift: „Das habituelle Ich, das Ich der transzendentalen Apperzeption, das Ich der idealen Selbsterhaltung – die bleibende Welt" und Randbemerkung: „Das habituelle Ich, das Ich als personales sich selbst erhaltendes – die universale Erfahrungswelt als Unterlage und Korrelat der Selbsterhaltung. Zur Lehre von der universalen Erfahrungsstruktur und Frage der Notwendigkeit einer seienden Welt als konstituierten". Vgl. auch Aufschrift auf Ms. A V 21, S. 101a.

Reich der Wahrheiten an sich ist".[137] Den Ausgang nimmt er
„vom Faktum des Menschen-Ich als Subjekt unter anderen
Subjekten in einer Erfahrungswelt". „Erfahrung, als Bewusstsein, Gegenstände selbst zu haben (aber auch in verwandtem Sinn
Werte, Zwecke), ist der Grund von allem setzenden Leben".[138]
Die Frage ist dann, „was Bestimmbarkeit der Natur mit der
Identität des Ich – als ‚Ich der transzendentalen Apperzeption' –
zu tun habe, wann bewahre ich meine Identität und wie weit?"
„Man könnte etwa sagen, wenn und soweit ich nach Wahrheit
strebe, was eben voraussetzt, dass es eine Wahrheit an sich ‚gibt',
als ein erzielbares Telos".[139] Würde ein Ding gesetzlos seine Bestimmungen wechseln, geht Husserls Gedankengang weiter, so
gäbe es für das Ding keine Wahrheit, es hätte kein An-sich-Sein,
und ich könnte für das Ding nur zufällige subjektive Meinungen
haben. „Sofern ich da in dieser Sphäre nichts hätte, was ich mir
als ein Gültiges, Wahres zueignen kann, für das ich mich ein für
allemal entscheiden kann, wäre ich ein Spielplatz vielfärbiger
bloss subjektiver Wahrheiten – von subjektiven Wahrnehmungs-
urteilen".[140] So muss die Welt „eine gewisse Struktur haben,
die und die", wenn anders „ich für eine vorausgesetztermassen
durch die Raumzeit dauernde Welt *feste* Erkenntnisziele, bzw.
ein festes Sich-entscheiden, das an der Erfahrung sein Mass hat",
soll haben können.[141] Andererseits muss ich als ein intentional
auf ein Reich des Nicht-Ich, das ich erfahre und erfahren habe,
bezogenes Ich „in mir potentiell die Möglichkeit einer zu erwerbenden festen Habitualität" tragen, denn „alles für mich Seiende
unter dem Titel Welt ist für mich selbstverständlich nur aus
meiner Intentionalität. Ich kann stehendes und bleibendes Ich,
identisches, nicht vielfärbiges nur sein, wenn diese Intentionalität, wenn mein ganzes intentional auf ‚Welt' bezogenes Leben,
und zu allererst Erfahrungsleben, eine feste Regel in sich trägt,
durch die ich unter dem Titel Welt der Erfahrung gerichtet bin
auf eine *ideale* Einheit der Ueberzeugung, in der alle einzelnen
Ueberzeugungen zur Einheit der Zusammenstimmung kämen".[142]

[137] Ms. A VI 30, S. 38b; m.H.
[138] a.a.O., S. 37b.
[139] a.a.O., S. 38a.
[140] a.a.O., S. 38a.
[141] cf. Ms. A VI 30, S. 38a.
[142] a.a.O., S. 38b; m.H.

So heisst es auch am Ende einer kurzen, mit der eben besprochenen etwa gleichzeitig entstandenen Aufzeichnung ,,Ich der transzendentalen Apperzeption": ,,Ichpol ist nicht Ich. Ich bin in
meinen Ueberzeugungen. Ich erhalte mein eines und selbes Ich –
mein *ideales* Verstandes-Ich –, wenn ich immerzu und gesichert
fortstreben kann zur Einheit einer Gesamtüberzeugung, wenn
eine Objektwelt für mich beständig erhalten bleibt, und mit der
offenen Möglichkeit, sie immer näher in Einstimmigkeit zu
bestimmen".[143]

Husserls nähere Bestimmung des Problems des identischen Ich
der transzendentalen Apperzeption und seiner einheitlichen Welt
unterscheidet sich demnach, wie nun deutlicher zu sehen ist, wesentlich darin von der Kants, dass er das Ich der transzendentalen Apperzeption als ein *ideales* Ich auffasst, während es für Kant
der oberste transzendentale Grund, das Prinzip der Einheit der
empirisch erfahrenen Welt ist und nichts von einem ,,Ideal" an
sich hat. Einerseits weist Husserl, wenn er seine eigene Ansicht
der Sache vorträgt, darauf hin, dass diese nicht mit Kants Auffassung übereinzustimmen scheine, andererseits interpretiert er
Kants Ich der transzendentalen Apperzeption im Hinblick auf
seine eigene Konzeption des personalen, durch alle Modalisierungen hindurch als identisches sich erhaltenden Ich.

Zum einen schreibt Husserl etwa, geleitet von der Einsicht,
dass es in einer realen Umwelt wie unserer transzendent-realen
Erfahrungswelt keine abschliessende Evidenz gibt, da jedes
Reale Einheit unendlicher Mannigfaltigkeiten ist, es müsse durch
meine Meinungen (Setzungen, Stellungnahmen) eine Gesetzmässigkeit gehen, ,,wonach es *möglich* wird, meine Meinungen zu
einem System der Endgültigkeit auszubauen – oder immer wieder
so zur Einstimmigkeit zu bringen", da es nur dann ,,für mich
(wahre) Objekte" gebe.[144] Die Meinungen stimmen zu dem einen
Objekt, auf das sie sich zusammenpassend beziehen, zusammen,
bzw. die Objekte sind ,,Einheiten einstimmig sich erhaltender

---

[143] Ms. A VI 30, S. 54b; m.H., wohl 1926. – Diese Gedanken zur konkreten Bestimmung der Einheit des Ich stellt Husserl schliesslich dann aber als ,,auch unzureichend" hin (Ms. A VI 30, S. 37a). Am Ende der beiden Blätter (37 und 38), deren
Gedankengang zur Bestimmung des ,,echten Sinnes der transzendentalen Apperzeption" wir in der Hauptsache eben wiedergegeben haben, notiert Husserl nachträglich
,,Ja, aber reicht das im mindesten aus, die *Einheit des Ich* zu verstehen?" (Ms. A VI
30, S. 38b).
[144] Ms. A VI 30, S. 54a, ,,Ich der transzendentalen Apperzeption", um 1926.

Meinungen und drücken *Ideen fortgesetzter Einstimmigkeit* von
Erfahrungen aus, bei denen ich bleiben kann. Ohne Objekt bin
ich nicht Ich". „Stände ich in einem Relativismus der Meinungen ⟨ . . . ⟩, dann wäre ich in Wahrheit nicht Ich, das absolut
identische Subjekt meiner ,Akte', als was ich mich sicher weiss".[145]
Für Husserl gilt nun aber, dass ich nur „*gewisse* Meinungen",
nicht alle, „von vornherein als die meinen und *endgültig* meinen"
erkenne, nämlich „die absolut evidenten",[146] also offenbar solche,
die Gegenständlichkeiten einer idealen Umwelt betreffen (oben,
§ 43d, S. 317). „Aber nicht alle ⟨sc. Meinungen⟩ kann ich als
solche unmittelbar erkennen, als endgültig meine etc. *Aber das
scheint nicht Kants Auffassung zu sein.* Alle Meinungen, die ich je
habe etc., müssen zusammenfassbar sein, sonst wäre es unmöglich,
ihrer Einstimmigkeit als meiner gewiss zu werden".[147] Diese Abhebung von Kant ist wohl so zu verstehen, dass nach Husserl bei
Kant *alle* Meinungen als endgültig meine zu erkennen sind und
deshalb Einstimmigkeit der Erfahrung sozusagen „ein für allemal" gewährleistet ist und die erfahrenen Objekte „ein für allemal wahre" und damit „wahr für jedermann"[148] sind, während
für Husserl die endgültige Einstimmigkeit der Erfahrung eine im
Unendlichen liegende Idee und die erfahrenen Objekte Ideen
fortgesetzter Einstimmigkeit von Erfahrungen sind, da Wahrheit
selbst wesensgesetzlich und nicht etwa nur für die „leider be-
schränkte menschliche Erkenntniskraft" „eine im Unendlichen
liegende Idee ist".[149]

Zum anderen liegen Texte vor, in denen Husserl Kant im Blick
auf die von ihm selbst herausgestellte Sache hin interpretiert. Er
bezeichnet die Identität des Ich in Beziehung auf seine identischen Noemata, Gesetztheiten, Meinungen durch den Terminus
„noetisches Ich" und sagt, man könnte „dann weiter von der
Veränderung des noetischen Ich als solchem sprechen, sofern es
sich zu Modalisierungen genötigt (motiviert) sieht".[150] Als Grund
dafür gibt er an, es gehöre „zum animalischen und menschlichen
Ich (in höherer Stufe zu jeder Person)", dass sich „nicht nur hin-

---

[145] a.a.O., S. 54a.
[146] a.a.O., S. 54a.
[147] a.a.O., S. 54a; m.H.
[148] Vgl. *Formale und transzendentale Logik* (1929), § 81, S. 178.
[149] a.a.O., § 105, S. 245.
[150] Ms. A VI 30, S. 36a, Randbemerkung, wohl um 1926.

sichtlich der ‚eingeborenen‘ Gegenständlichkeiten, sondern auch
der aposteriorischen, der Realitäten ⟨ . . . ⟩ eine einheitlich-reale
Welt konstituiert, also korrelativ das Ich seine noetische Identität durchhält".[151] Unmittelbar daran anschliessend schreibt er
dann noch: „*Kants Ich der transzendentalen Apperzeption* besagt
nichts anderes, als dass es so etwas wie ein identisches noetisches
Ich gibt durch alle Modalisierungen (noetischen Aenderungen)
hindurch".[152] Damit will Husserl wohl vor allem sagen: Was
Kant als Ich der transzendentalen Apperzeption ansetzt, kann
der Sache nach nur das meinen, was ich (Husserl) selbst als „identisches noetisches Ich" bezeichne. Dieses noetische Ich ist aber
nach Husserl, wie unsere Hinweise zeigten, eben nicht der „leere",
allen Inhaltes bare Ichpol, als welchen doch wohl Kants „stehendes und bleibendes Ich" der reinen Apperzeption (KrV, A 123)
bzw. „das Bestimmende in mir, dessen Spontaneität ich mir nur
bewusst bin" (KrV, B 158, Anm.), anzusehen ist; vielmehr meint
Husserl das identische Ich, insofern es als personales in seinen
ichlichen Habitualitäten sich konstituiert, und er spricht vom
„stehenden und bleibenden *personalen* Ich – in einem allerweitesten Sinn, der auch von untermenschlichen Personen zu sprechen
gestattet".[153] Dieses Ich mit seinen Ich-Eigenheiten ist für Kant
aber nur in der empirischen Apperzeption erfahrbar (cf. z.B., B
158, Anm.), während es für Husserl gerade in der reinenApperzep-
tion (in der phänomenologischen Reduktion) zu geben ist.

Die Konsequenz von Husserls Ansicht ist die bereits erwähnte
Konzeption des Ich der transzendentalen Apperzeption als „Ich

---

[151] a.a.O., S. 36a, Randbemerkung, wohl um 1926.
[152] Ms. A VI 30, S. 36a, Randbemerkung, wohl um 1926. – Das könnte zunächst
heissen: Nach Husserl ist *das* Kants Meinung (dies wäre als Kantauslegung wohl
„falsch"). In einer damit aber fast gleichzeitigen Aeusserung in den Vorlesungen
über „Phänomenologische Psychologie" vom Sommersemester 1925 lautet das Urteil
anders (und wohl als Kantauslegung „richtig"): „⟨ . . . ⟩ dieses reine Ich – das offenbar Kant im Auge hatte, als er vom Ich der transzendentalen Apperzeption sprach* –
ist nicht ein toter Identitätspunkt" (Hu IX, S. 208; im Ms. gestrichen steht noch an
der mit * bezeichneten Stelle: „obschon bei ihm der phänomenologische Boden
fehlte", cf. Hu IX, textkritischer Anhang, S. 585, zu S. 208, 31). Daraufhin entwickelt
Husserl in einigen Hauptlinien im Gegenzug zum Gedanken des „toten Identitäts-
punktes" seine Gedanken vom Ich als „Ich der Affektionen und Aktionen" (S. 208),
„als Quellpunkt aller Erzeugungen" (S. 209), zu denen korrelativ „die eigentümliche
Wandlung, die dadurch mit dem Ich selbst vonstatten geht", gehört, diejenige eben,
die es als personales Ich konstituiert, von welchem gilt, dass es „nicht ein leerer
ideeller Polpunkt" ist, sondern „in eins Pol von entsprechenden Habitualitäten"
(S. 210f.).
[153] Hu I, *Cartesianische Meditationen*, § 32, S. 101; m.H.

der *idealen* Selbsterhaltung", die bei Kant nicht herauszulesen ist. Bei Kant ist keine Rede davon, dass das empirische, relativ sich selbsterhaltende Ich sich allmählich dem „Ideal" des Ich der transzendentalen Apperzeption annähere. Gerade dies indessen kommt bei Husserl zur Geltung. Er schreibt, offenbar im Anschluss an seine Interpretation von Kants Ich der transzendentalen Apperzeption als „identisches noetisches Ich" [154]: „Aber das Ich ist nicht bloss identischer Ichpol und identisch dasselbe hinsichtlich seiner immanenten Wiedererinnerungen, es ist auch identisch in seiner Noesis im prägnanten Sinn, durch alle Modalisierungen hindurch; es gibt für das Ich in allen seinen ‚Objektivierungen‘, durch alle Setzungen und Setzungsgebilde hindurch eine identische objektive ‚Wahrheit‘, und zuunterst, in der individuellen Sphäre, eine wahre identische Natur, eine nicht gegebene, sondern aufgegebene, ein ideelles und vereinheitlichtes Polsystem, dessen Korrelat das nicht ‚empirische noetische Ich‘ ist, sondern das Ich der transzendentalen Apperzeption, das zwar keine psychologische Wirklichkeit ist, aber *eine Idee, die das empirische Ich in sich approximativ verwirklichen kann* in der Approximation an die Wahrheit. So zunächst für die Natur und dann für die Idee wahrer Geisteswelt".[155] Müsste sich aber nicht doch auch das Problem der *aktuellen Wirklichkeit* des Ich der transzendentalen Apperzeption stellen; denn ich bin doch auch schon jetzt, im Verlauf meines aktuellen Erfahrungslebens, wirklich Ich, und Ich der transzendentalen Apperzeption? Darauf können wir hier nur als Frage an Husserl hinweisen.

In der Linie des auf die im Unendlichen liegende Idee ausgerichteten Verständnisses des Ich der transzendentalen Apperzeption versucht Husserl, dieses Ich als *praktisches Ideal* der wahren Selbsterhaltung zu konzipieren und als Themen der Untersuchung zu formulieren: „Intellectus ipse, der Inbegriff des eingeborenen Apriori. Das Ideal des Ich der transzendentalen Apperzeption Gott, Liebesgemeinschaft, Streben nach Einstimmigkeit,

---

[154] Ms. A VI 30, S. 36a, Randbemerkung, wohl um 1926.

[155] Ms. A VI 30, S. 36b, Randbemerkung, wohl um 1926. – In einer Aufzeichnung etwa derselben Zeit ist auch zu lesen: „Jedenfalls sagt auch Kant ‚Das: *ich denke* etc.‘, er bezieht sich also nicht auf die handelnde *reale* Praxis. Er scheidet allerdings auch nicht bestimmt die Stufe der empirischen Selbsterhaltung des erfahrenden und denkenden Ich und das *Ideal* der absoluten Selbsterhaltung, bei dem die Frage ist, was zu ihm hinweist und was in ihm liegt" (Ms. A V 21, S. 123b).

ethisches Streben und Glückseligkeit",[156] also „Gott und Ich der
transzendentalen Apperzeption" [157] als Titel im engsten Zusammenhang zu sehen. In diesen in Husserls Augen allerdings ungenügend durchgearbeiteten Ausführungen[158] macht er selbst
unter einem teleologisch-theologischen Gesichtspunkt auf das
Problem der Wirklichkeit dieses Ideals des Ich der transzendentalen Apperzeption aufmerksam. Wir lesen: „Selbsterhaltung
eines Ich. Für jedes Ich überhaupt gilt das einzige und notwendige Ideal des ‚Ich der transzendentalen Apperzeption' ". Dabei
könne es sich „nicht nur um die Vermögen zur Konstitution einer
wahren *Natur* und Naturwissenschaft handeln", denn das Ich sei
auch „von Lustwirklichkeit und Lustmöglichkeit" affiziert und
übe „freie Spontaneität in Form des Wertens". „In diesem Spiel
der axiologischen Passivität und freien Aktivität, und in dem
Spiel der Willenspassionen und Willensaktionen (nach allen
apriorisch möglichen Modalitäten) konstituiert sich die Werte-
und Güterwelt, im weitesten Sinn gesprochen die Welt der
Kultur".[159] „Diese ganze Welt, die Welt, in der das Ich, in der
wir alle leben, ist einerseits jederzeit vorgegeben und durch
‚Erfahrung', durch entsprechende vielstufige Apperzeptionen
gegebene Erkenntniswelt, und andererseits eine Welt freier Wer-
tung und fortgesetzter realisierender Gestaltung, die diese Welt

---

[156] Ms. A V 21, S. 102a; „Abschrift aus der ersten Freiburger Zeit, ab ⟨1916⟩ der
des ersten an Sokrates-Plato anknüpfenden Einleitungskollegs". „Das Mäeutische".
„Sehr zu beachten". – Die in diesem Konvolut in grossen Grundlinien angeführten
Gedanken über das Ideal des Ich der transzendentalen Apperzeption sind wohl (was
hier nur als der Nachprüfung bedürftige Vermutung ausgesprochen sei) auch vom
Bemühen getragen, Gedanken Leibniz' und Fichtes der phänomenologischen Betrachtungsweise anzuverwandeln. Husserl fragt, ob die Welt im letzten Sinn „sein"
müsse, ob sie absolute Wahrheit habe, ob sie für die Menschheit einen Vernunftsinn
haben müsse als für sie vollkommenste Welt (a.a.O., S. 101a), und er bringt die erwogenen Gedanken auf den Satz: „Das Ichall entbindet sich selbst in der freien
Schöpfung seiner besten Welt, aber im göttlichen Trieb und aufgrund der göttlichen
Schöpfung der unenthüllten wahren Welt" (S. 102a). – Vgl. z.B. auch Hu XIV,
Intersubjektivität II, Beilage XXXVI, S. 290–292, wohl 1921–22. Im Zusammenhang
seiner „Drei Vorlesungen über Fichtes Menschheitsideal" (Ms. F I 22; Nov. 1917)
weist Husserl selbst auf die grosslinigen gedanklichen Beziehungen zwischen Leibniz
und Fichte hin. Er sagt: „Leibniz hatte den grossen Versuch gemacht, auf dem Boden
des Idealismus die naturwissenschaftliche Weltauffassung, die kausalistische, mit der
teleologisch-religiösen Weltauffassung zu versöhnen. ⟨ . . . ⟩ Ungleich radikaler ist
die Art, wie Fichte das Problem zu lösen und eine reine und ausschliesslich teleolo-
gische Weltauffassung durchzuführen suchte" (S. 25a). Vgl. auch unten S. 329,
Anm. 164.
[157] cf. Umschlagaufschrift Ms. A V 21, S. 101a.
[158] cf. a.a.O., S. 101a.
[159] Ms. A V 21, S. 104b.

immer neu gestaltet, um immer neue Gebilde erweitert. Das fordert genauere Erwägung, wie das Ich der transzendentalen Apperzeption, das ideale Ich aller Vermögen und das ideale Ich aller Wahrheit zu bestimmen, zu begrenzen ist".[160] Und schliesslich ist es „überhaupt das *Problem, ob und wie* dieses Ich der absoluten und universalen, vollständigen Wahrheit *als Wirklichkeit denkbar* ist, und korrelativ, wie die Erzeugung dieses Universums der Wahrheit selbst und der Erkenntnis alles wahren Seins denkbar ist". Dazu vermerkt Husserl noch: „Man merkt, dass wir hier vor der Gottesfrage stehen, da Gott das Subjekt aller Wahrheit sein soll", wobei „die Frage der Existenz Gottes ausser Spiel" gelassen und „zunächst nur Gott als Idee" betrachtet werden könne. „Für das empirische Ich ist die Idee allumspannender Wahrheit und die Idee einer universalen und absoluten Erkenntnis ein leitendes und in gutem Sinne *praktisches Ideal*, eine Zweckidee der Vernunftentwicklung des Ich, seiner echten und wahren ‚Selbsterhaltung' ".[161] „Das *Ideal wahrer Selbsterhaltung*: Das Ich kann nur zufrieden und glücklich sein, wenn es ein in sich selbst einstimmiges bleibt ⟨ . . . ⟩ Das Ich strebt (als Ich) notwendig nach Selbsterhaltung, und darin liegt ein Streben – implizite – gegen das Ideal der absoluten Subjektivität".[162] Etwas später, wohl spätestens Herbst 1925,[163] fügte Husserl noch an: „Der Mensch kann nur zufrieden sein, wenn er auf das Ideal seiner selbst als absolut vollkommenes Wesen hinleben und es selbsttätig in unendlichem Streben verwirklichen kann. Er muss den Gott in sich tragen".[164]

f) Auflösung der konstituierten Umwelt und Zersetzung des personalen Ich

Wie die Konzeption der Korrelativität von sich entwickelndem personalen Ich und seiner Umwelt es Husserl ermöglichte, Kants

---

[160] Ms. A V 21, S. 104b und 105a.

[161] a.a.O., S. 105b. – Husserl fügt noch an: „Doch liegen hier schwierige Probleme eben durch das Ineinander von Freiheit und ‚Notwendigkeit' (wiefern die Welt im voraus ein eindeutig Bestimmtes sei)" (S. 105b).

[162] Ms. A V 21, S. 106a.

[163] Vgl. Umschlagaufschrift, Ms. A V 21, S. 101a.

[164] Ms. A V 21, S. 106a. – Vgl. Husserls Fichte-Interpretation in „Drei Vorlesungen über Fichtes Menschheitsideal": „Das Ich ist absolut autonom, es trägt seinen Gott in sich als die seine Tathandlungen beseelende und leitende Zweckidee, als Prinzip seiner eigenen autonomen Vernunft. (Doch ist das vielleicht schon etwas freie Interpretation, die aber das Dunkel der Fichteschen Intentionen klären dürfte.)" (Ms. F I 22, S. 11b).

Lehre vom Ich der transzendentalen Apperzeption als oberstem
Grund der Möglichkeit der Erfahrung einer standhaltenden Welt
in Richtung auf das Ideal des Ich der transzendentalen Apperzeption hin auszulegen, so ermöglicht sie ihm auf der anderen
Seite, unter Einbeziehung seiner Lehre von der Faktizität der
Weltkonstitution, den Gedanken der Auflösung der konstituierten Umwelt in ein Gewühl von Empfindungsdaten und, korrelativ, der Zersetzung des personalen Ich.[165] Da die in den und den
Habitualitäten sich relativ standhaltend konstituierende reale
Umwelt des personalen Ich nie ,,endgültig" erfahrene ist, vielmehr die Erfahrung immer nur präsumtive ist, ist es immerzu
denkmöglich, dass die mannigfaltigen Intentionen nicht mehr zusammenstimmen, so dass schliesslich die Möglichkeit denkbar
wird, Natur brauche gar nicht zu bestehen. Die Empfindungsdaten der einen Auffassung könnten immer wieder durch eine
andere Auffassung konstitutiv aufgehoben werden, so dass gar
keine standhaltende Wahrnehmungsauffassung ermöglicht wäre.
Selbst unter Berücksichtigung der Konstitution in der Intersubjektivität ist die Frage, ob sich der bisher gewordene Stil
universaler Erfahrung ,,nicht in allen einzelnen in eins auflösen
könnte".[166] In einem der zahlreichen eben diesen Problemen
nachgehenden Texte ist zu lesen: ,,Die Frage ist dann, muss es
stehende und bleibende Ich als Personen oder zum mindesten eine
stehende und bleibende personale Allheit in möglicher Gemeinschaft geben, oder, wenn diese als Milieu einzelner Personen schon
im Begriff der Person aufgenommen gedacht ist – wiederum,
muss ich, muss jede Person sein? Liegt in der Evidenz des Ich-bin
mehr als die Evidenz der Person in Beziehung auf eine präsumtive Welt, und warum soll es nicht ein ,vielfärbiges' Selbst geben
können? Ist das Gegenteil nicht in der Tat denkmöglich, kann ich
nicht durch Abbau der assoziativen Erfahrungskonstitution sozusagen einen *personalen* Selbstmord begehen, während doch als
Unterlage für diese Möglichkeit *mein Leben*, wenn auch als objek-

---

[165] Vgl. zu diesem Problem I. Kern (1964), § 27. Kern weist darauf hin, dass
Husserl den Gedanken der Auflösung der Weltkonstitution schon gefasst hatte, als
ihm Kants Lehre des Ich der transzendentalen Apperzeption noch fremd war (a.a.O.,
S. 294ff.).
[166] Ms. A VI 30, S. 52a; Bleistiftergänzung zu einem Text zwischen 1918 und 1921.

tiv sinnloses, *verbleibt mitsamt der Ich-Polarisierung,* wennschon dieser Ichpol keinen personalen habituellen Sinn hat".[167]

In diesen Sätzen kommt in grosser Deutlichkeit und aufs knappste zusammengedrängt zum Ausdruck, was unser Ausblick auf Husserls Weg von der Anerkennung des reinen Ichpols zum Begriff des personalen, welthabenden Ich in einigen Grundlinien zu erfassen trachtete. Das Ich ist durch alle Veränderungen seiner habituellen Ich-Eigenheiten hindurch „stehendes und bleibendes Ich *als Person"* und hat korrelativ seine präsumtiv standhaltende, relativ einstimmige Umwelt. Aber darin liegt keine absolute Notwendigkeit. Die Selbstkonstitution des reinen Ich als personales, die „normalerweise" immerzu vonstatten geht, *muss* nicht unbedingt gelingen, das Ich könnte seine personale Beständigkeit zersetzen, auflösen – dann, wenn seine Erfahrungskonstitution jeder Einstimmigkeit entbehrte. Husserl spricht von der „Auflösung des Ich", von einer „Verwandlung in ‚Verrücktheit' (und nicht in eine natürlich zu erklärende, nach Art der gewöhnlichen Verrücktheit, die ein Naturvorkommnis der, wie wir sicher bleiben, exakten Natur ist)".[168] Aber auch dann noch bliebe „mein Leben mitsamt der Ich-Polarisierung", nur eben hätte dieser Ichpol „keinen personalen habituellen Sinn" mehr. Es bliebe eine Habitualität rein passiv-assoziativen Stils, in welcher sich nichts von Individualität, Personalität im eigentlichen Sinne bekundete und deren Korrelat eine rein „immanente" Umwelt, aber keine objektive, d.i. intersubjektiv-objektive wäre. Husserl fährt nach der Feststellung, dass dieser Ichpol keinen personalen Sinn hätte, fort: „Ja man könnte weiter sagen: Auch dann bin ich identisches Ich einer identischen Habitualität, auch dann habe ich meine bleibende Habe – nicht eine Umwelt als ‚objektive', aber die Einheit meines Lebens, die Mannigfaltigkeit meiner Empfindungsdaten in der Einheit der immanenten Zeit. Ich bin, aber ich bin nicht in Beziehung auf eine Natur, eine Welt und nicht in einer Welt, weltlos. Dann mögen immerhin andere Ich sein und in einer Welt und füreinander als Personen sein. Aber sie sind für mich nicht, aber auch ich nicht für sie, da sie mich nur erfahren können als Ich einer originalen Naturerfahrung, mit einem Leib

---

[167] Ms. A VI 30, S. 52b; m.H. Bleistiftergänzung zu einem Text zwischen 1918 und 1921; evtl. Mitte zwanziger Jahre beigefügt.
[168] cf. Ms. F IV 3, S. 57a; wohl Anfang zwanziger Jahre.

etc. – höchstens als verrückt. Aber auch der Verrückte muss, um Tier oder Mensch zu sein, etwas von naturalem Sein einstimmig erfahren".[169]

g) Das menschliche Ich als personales gegenüber allen anderen Ichbesonderungen – Anzeige der möglichen Aufhebung der Zweideutigkeit von Husserls Ichbegriff

Die letzten Ausführungen zeigen schliesslich auch den Zusammenhang mit dem dritten (oben, S. 319) genannten Problemkreis an, welchen Husserls Lehre vom personalen Ich vorzeichnete: Die Fragen nach der transzendentalen Begründung der Möglichkeit verschiedenartiger Umwelten in Korrelation mit verschiedenartigen ,,personalen" Subjekten, oder, die Probleme der ,,transzendentalen Konstitution der Welt von der Normalität aus".[170] Diesen Fragen widmete Husserl sich vornehmlich in den dreissiger Jahren.

Zum Abschluss wollen wir im Hinblick auf die entscheidende Vertiefung der Ichproblematik durch den Personbegriff noch einige Hinweise auf Husserls Erwägungen über die *Verschiedenartigkeit* der menschlichen und tierischen Umwelt in Korrelation zu den konstituierenden Subjekten geben. Diese Hinweise auf die spätesten Reflexionen Husserls über das personale Ich werden erahnen lassen, dass in deren ,,Konsequenz" in Husserls Denken selbst die *Möglichkeit* der Aufhebung der Zweideutigkeit seines Ichbegriffs (oben, § 42c, S. 298ff.) beschlossen liegt. Dies ist allerdings von einem interpretatorischen Gesichtspunkt aus gesagt und darf nicht bedeuten, Husserls eigene späteste ,,Lehre" über das Ich sei eine In-Frage-Stellung seiner früheren zweideutigen Rede vom Ich. Vielmehr: In seinen unermüdlichen, immer wieder neue Aspekte durchdenkenden Meditationen, die eben oftmals gar nicht die Art einer ,,Lehre" haben, sondern noch unausgedachte Ansätze zu vertiefender Selbstverständigung bilden, erwog Husserl unter anderem auch die uns im folgenden besonders interessierende Auffassung des personalen Ich, die indessen in der Fülle seiner späten Manuskripte sozusagen untergeht.[171]

---

[169] Ms. A VI 30, S. 52b. Beistiftergänzung zu einem Text zwischen 1918 und 1921.
[170] cf. z.B. Hu XV, *Intersubjektivität III*, Nr. 11.
[171] Die im folgenden zur Geltung kommende kritische Interpretation der späten

Noch in den *Cartesianischen Meditationen* von 1929 spricht
Husserl vom „stehenden und bleibenden personalen Ich – in einem
allerweitesten Sinn, der auch von untermenschlichen Personen zu
sprechen gestattet".[172] In den dreissiger Jahren finden wir aber
das Bemühen, „die menschliche Personalität (*gegenüber* der tierischen)" [173] prägnant zu charakterisieren, und es zeichnet sich am
Ende eine wesentliche Unterscheidung zwischen Mensch und Tier
ab, derzufolge Husserl den Begriff personales Ich dem Menschen
vorzubehalten erwägt. In einer Aufzeichnung „nach 1930, vielleicht erst 1933",[174] lesen wir als Schritt zur angezeigten Auffassung: „ „Das *Tier* lebt in der Gegenwart' und ist für sich selbst
konstituiert als ,*Gegenwarts-Ich*', obwohl es doch gelegentlich
Erinnerungen hat an seine Vergangenheit. ⟨ . . . ⟩ Die Umwelt ist
für das Tier in der Gegenwart das zeitlich gegenwärtige Wahrnehmungsfeld mit dem Wahrnehmungsraum, der seinen kinästhetischen Horizont hat als bekanntlich verfügbare Mitgegenwart
und als lebendige Voraussicht des Kommenden und je nach dem
Eingreifen so oder so Kommenden. Und in der Wiedererinnerung
an Vergangenes liegt in diesem als vergangene Gegenwart die
Modifikation davon beschlossen. Aber keineswegs ist die Um-
weltstruktur im wesentlichen dieselbe wie beim Menschen – ,nur'
dass menschliche Kultur fehle. Ja eben dergleichen weist auf eine
wesentlich verschiedene Struktur der menschlichen Personalität
gegenüber der tierischen zurück und auf die wesentlich verschiedene Art, wie allzeit die raumzeitliche Gegenwartsumwelt erfahren wird". Demgegenüber sagt Husserl von der „*menschlichen*
Person": sie „lebt nicht in der blossen Gegenwart, sie lebt in

Aufzeichnungen Husserls war mir nur möglich aufgrund der Lektüre der bisher noch
unveröffentlichten Studie „Idee und Methode der Philosophie, Leitgedanken für
eine Theorie der Vernunft" von I. Kern.
  [172] a.a.O., § 32, S. 101. – Vgl. auch in den Vorlesungen über „Phänomenologische
Psychologie" vom Sommer 1925: „Es fehlt leider ein allerweitester Begriff von
Person, der unentbehrlich ist, der auch das höhere Tierleben umgreift und nur ein
Wesen, das in ichlichen Spontaneitäten tätig ist oder affiziert wird und als ein solches
Ich bleibende Ich-Eigenschaften hat, bezeichnet" (Hu IX, S. 130).
  [173] Ms. A V 5, S. 2a; m.H.
  [174] Ms. A V 5, Umschlagaufschrift; dazu vermerkt „gut". Auf dem ersten Blatt
des 9 Blätter umfassenden Textes hingegen notierte Husserl: „ein flüchtiger Anhieb"
(S. 12a). Den Inhalt kennzeichnet er wie folgt: „Mensch und Tier. Menschliche Histori-
zität. Die Vorgegebenheit der menschlichen Person für sich selbst – die Struktur der
Selbsterfahrung des Menschen – gegenüber dem Tier. Selbstbezogenheit auf die
Universalität des Lebens. Individuelle und soziale Historie" (S. 12a). Das Tier gilt
Husserl in diesen Erörterungen „als eine phänomenologische Konstruktion und
wirkliche Interpretation aus unserer Konstruktion" (cf. Ms. A V 5, S. 17b).

ihrem *ganzen* Leben, ihr ganzes Leben, ihr personales Sein als gewesenes personales Sein und wieder als künftiges personales Sein, die ganze vergangene Personalität in der ganzen personalen Zeitlichkeit, der personalen strömenden Lebensdauer ist für die Person thematisch, ist Motivationsfeld, Feld spezifisch menschlicher Stellungnahmen, Wertungen und Wollungen".[175]

Die weiteren Ausführungen, durch nachträgliche Ueberarbeitung noch akzentuiert, betonen in deskriptiver Weise die spezifisch menschliche Selbsterfahrung, zuunterst als Selbstwahrnehmung und Selbsterinnerung, in höheren Stufen als „Zurückkommen" auf sich selbst und sein Leben in Kritik des vergangenen und als Vorgebung idealer, sich selbst verantwortender Ausrichtung des künftigen Fortganges, welche Möglichkeiten dem Tier abgehen.[176] Unter diesem Gesichtspunkt fragt Husserl dann „nach dem spezifisch Menschlichen in der menschlichen Umwelt gegenüber einer tierischen und einer unvollkommen menschlichen".[177]

Eine wesentliche Vertiefung dieser Darlegungen finden wir im Text der Beilage X in Hu XV, *Intersubjektivität III*, dessen Thema lautet: „Welt und wir. Menschliche und tierische Umwelt". Husserl hat ihn auf 1934 datiert. Hier kommen über die Beschreibung der festzustellenden verschiedenen Möglichkeiten von menschlichem gegenüber tierischem „Verhalten" hinaus Ansätze transzendentaler Aufklärung der *Bedingungen* dieser verschiedenartigen Möglichkeiten zur Geltung. Husserl geht daran, sich „schrittweise ein Verständnis für Menschheit und Umwelt" aufzubauen, und kommt in diesem Zusammenhang insbesondere auch auf das Tier und seine Umwelt zu sprechen. Zunächst lesen wir: „Tiere, animalische Wesen, sind wie wir Subjekte eines Bewusstseinslebens, in dem ihnen in gewisser Weise auch ‚Umwelt' als die ihre in Seinsgewissheit gegeben ist. ⟨ . . . ⟩ Ihr rein animalisch verstandenes Bewusstseinsleben ist zentriert, und im Reden von einem ‚Subjekt für Bewusstsein', für Bewussthaben

---

[175] Ms. A V 5, S. 12a und b; m.H.
[176] cf. Ms. A V 5, S. 12–14.
[177] Ms. A V 5, S. 15a. – Hier kehren die Gedanken der „echten und unechten Einheitlichkeit der, Selbsterhaltung', des Sich-selbst-Treubleibens" (Ms. A V 5, S. 18a), die Husserl in den zwanziger Jahren mit dem „Ideal des Ich der transzendentalen Apperzeption" in Verbindung gebracht hatte (oben, § 43e, S. 319ff.), wieder, und zwar, soweit ich sehe, ohne ausdrücklichen Bezug auf Kant und ohne den Titel „Ich der transzendentalen Apperzeption" noch zu verwenden (cf. Ms. A V 5, bes. S. 16b ff.).

liegt ein Analogon, oder ein Allgemeineres für das menschliche
ego seiner cogitationes von den und jenen cogitata: wofür wir
kein passendes Wort haben. Auch das Tier hat *so etwas wie eine
Ichstruktur*. Der Mensch aber hat sie in einem *einzigartigen* Sinn
gegenüber allen untereinander verwandten tierischen Ichbesonderungen; sein Ich – das Ich im gewöhnlichen Sinn – ist *personales*
Ich, und mit Beziehung darauf ist der Mensch für sich und alle
Mitmenschen Person" (S. 177; teils m.H.). Im folgenden umreisst
Husserl verschiedene Probleme des ,,Typus Person", der einen
,,Vollendungspunkt" (,,Reife") innerhalb des spezifisch dem personalen Wesen (dem Menschen) eigentümlichen generativen
Zusammenhangs darstellt (cf. S. 178f.). Demgegenüber kennzeichnet er in einer Skizze der ,,Fundamentalprobleme" das Tier
als solches, das ,,nicht zur Person reift" und dessen Umwelt
nicht menschliche Umwelt ist (cf. S. 180). Schärfer noch wendet
Husserl diesen Gedanken folgendermassen: ,,Eine menschliche
⟨sc. Umwelt⟩ ist nicht nur eine besondere tierische, nur differenzierter, so wie derartige Unterschiede zwischen niederen und höheren Tieren überhaupt bestehen. Nur so viel kann man sagen,
dass in der menschlichen Umwelt und im Menschen als ihrem
Subjekt eine abstrakt unterscheidbare Schichte ist, die als das
Tierische darin, bzw. als das Gemeinsame mit dem Tier *vielleicht*
abgehoben werden kann (was erst näherer Untersuchung bedarf)"
(S. 180).

Schliesslich trägt Husserl in einem ,,Zusatz Juli oder August
1934" (S. 183ff.) Gedanken vor, denen für unsere Absicht die
entscheidende Tragweite zukommt. Was Husserl in der Aufzeichnung von 1933 (oben, S. 333f.) dem ,,Gegenwarts-Ich" des Tieres
an Vermögen zuerkannte, stellt er jetzt in Frage. Es heisst da:
,,Man kann hier fragen: Haben die Tiere ⟨ . . . ⟩[178] eigentliche
*Wieder*erinnerungen, *anschaulich wiederholende*, und haben sie
anschauliche Phantasievorstellungen im selben Sinne wie wir?
Haben sie Horizonte, die sie wie wir anschaulich sich klarmachen

---

[178] Merkwürdigerweise unterscheidet Husserl hier dann doch wiederum (wie etwa
auch in der zuvor herangezogenen Aufzeichnung aus 1933 im Ms. A V 5) innerhalb
der Tiere und grenzt die ,,Haustiere" ab (cf. S. 183), um schliesslich zu fragen:
,,Sind sie nicht schon wirkliche Analoga von Menschen oder wirklich schon seiend in
menschlicher, aber *sehr niederer Personalität*, nur unfähig, sich wie unsere Menschen-
kinder über ihre Anfänge hinaus weiter zu entwickeln?" (S. 185; m.H.). – Die Fragen,
auf die wir hier abschliessend aufmerksam machen, *blieben* also für Husserl Fragen.

können? Haben sie Zielvorstellungen, Zweckvorstellungen als repräsentierende Vorbilder des Künftigen (oder möglicherweise) als eines dann Befriedigenden, als Ende eines praktischen Weges, eines selbst anschaulich vorstelligen?" (S. 183; teils m.H.). Husserl fragt, ob anstelle dieser Vermögen nicht ,,dunkle Triebe mit Trieberfüllungen" eintreten können, ob nicht eine ,,rein triebmässige, triebmässig auf Einstimmigkeit gerichtete Intentionalität" für die Konstitution tierischer Umwelt angenommen werden müsse, derart, dass die Tiere von dieser, ,,die wir ihnen in naiver Einfühlung zuschreiben", nichts wüssten (cf. S. 184). ,,Vergangenheit haben sie nur als Retentionalität und haben Selbigkeit von Dingen nur in der Form des primären Wiedererkennens, das noch kein Zurückgehen auf die Vergangenheit im Wiedererinnern (als quasi-Wiederwahrnehmen) kennt und kein Identifizieren der Zeit- und Ortsstellen, das Individualität der Dinge als seiender ermöglicht" (S. 184). Bezüglich des Menschen fragt Husserl in phänomenologisch-genetischer Hinsicht hier auch: ,,Ist die ursprüngliche Zeitigung in der Periode der *Urkindlichkeit* des Menschen eben von dieser Art, dieser tierischen?" (S. 184).

Das eigentliche transzendental-philosophische Problem deutet sich dann folgendermassen an: ,,Wie ist es verständlich zu machen, warum das Tier keine eigentliche Erinnerung, keine wiederholenden Anschauungen hat als wiederholende Wahrnehmungen und mit dem Vermögen des ,immer wieder', eben damit keine Konstitution von *Seienden* in der Seinsform der Zeitlichkeit?" (S. 184). Mit anderen Worten, welches ist die Bedingung der Möglichkeit eigentlicher Erinnerung, der Wiedererinnerung, die dem Tiere fehlt und den Menschen auszeichnet und ihn zur Konstitution *menschlicher* Umwelt in Stand setzt? Husserl sagt: ,,Beim Menschen vollzieht sich eben eine ständige Umwandlung der passiven Intentionalität in eine Aktivität *aus Vermögen der Wiederholung*. Ist das so als schroffe Scheidung richtig?" (S. 184; m.H.). Wiederholung ist nun nach Husserl aber der ,,Charakter" der *Vergegenwärtigung*. Im Text der Beilage XX in Hu XV' *Intersubjektivität III* aus ,,Mai 1932" z.B. schreibt Husserl: ,,In der uroriginalen Gegenwart bzw. in dem zeitmodal extendierten ⟨ . . . ⟩ Bewusstseinsstrom mit seinem identischen Ich ⟨ . . . ⟩ treten vermöglich die ,Erinnerungen' auf, und zu ihnen wie zu allen Akten gehörig die Vermöglichkeit der identifizierenden Wiederholung und der Reflexion. Alle Vergegenwärtigung ist selbst so etwas ⟨wie⟩ ‚Wiederholung' ⟨...⟩" (S. 355). Wenn Husserl dann in unserem Text der Beilage X aus 1934 bezüglich der Tiere schreibt: ,,Kennenlernen, Möglichkeiten entwerfen, wollen, erzeugen, wirken etc., Werke, Zweckgebilde, Mitteilungsgebilde, als ⟨die⟩ immer wieder dasselbe mitteilbar machen, all das ist ausgeschlossen. Tiere haben keinen ‚Satz' im engeren und im weitesten Sinne. Tiere verständigen sich, verstehen Lautäusserungen – und haben doch keine Sprache" (S. 184), so können wir, Husserls Anzeigen interpretierend, sagen, dass all dies ausgeschlossen ist, eben *weil* dem tierischen Bewusstsein das Vermögen der Wiederholung, das Bewusstsein der Vergegenwärtigung fehlt. Das Fehlen dieses Vermögens des Bewusstseins macht verständlich, ,,warum das Tier keine eigentliche Erinnerung" hat. Weil es nicht *ver*gegenwärtigen kann, ,,lebt das Tier in der Gegenwart und ist für sich selbst konstituiert als Gegenwarts-Ich" und ist seine ,,Umwelt in der Gegenwart das zeitlich gegenwärtige Wahrnehmungsfeld" (oben, S. 333f). Mit Beziehung auf die eben aufgereihten, für das Tier ausgeschlossenen Möglichkeiten intentionalen Bewusstseins und, korrelativ, intentional so und so gestalteter Umwelt, schreibt Husserl im Text von 1934: ,,Der Mensch hat ‚Vernunft'; ist das eben Gesagte Bezeichnung der untersten Stufe der ‚Vernünftigkeit'?" (S. 184).

Was hier als Husserls *Frage* aufbricht, verweist auf das Vermögen der Wiederholung, der Vergegenwärtigung als die grundlegende Voraussetzung für die Konstitution schon der ,,untersten Stufe" dessen, was als ,,Vernunft" soll auftreten können. So können wir am Ende mit den durch Husserls Denken selbst bereitgestellten Mitteln fragen: Wenn Husserl selbst schliesslich das menschliche personale Ich mit seiner Umwelt von allen anderen ,,Ichbesonderungen" als das mit dem Vermögen der Wiederholung, der Vergegenwärtigung, begabte unterscheiden müsste, und wenn er andererseits stets das personale Ich mit seinen Ich-Eigenheiten als das, was wir im eigentlichen Sinne ,,Ich" nennen, bezeichnete – muss dann nicht gesagt werden, dass strengen Sinnes von einem *Ich*subjekt nur da gesprochen werden darf, wo Akte der ,,Vernunft" in Frage stehen? Zu sagen ist dann aber auch, dass das Spezifische dieser Akte eben darin zu sehen wäre, dass sie in der Vermöglichkeit des Wiederholens, des Vergegenwärtigens gründen. Akte hingegen, die nicht der Gattung der Vernunftakte angehören, müssten sich als solche bestimmen lassen, die bloss in der Gegenwart verlaufen. Eine unzweideutige Rede dürfte diese Akte nicht mehr als Ichakte bezeichnen und dem Subjekt eines bloss in solchen Akten verlaufenden Bewusstseinslebens, dessen Umwelt eine von der ,,vernünftig", der ,,personal" geprägten spezifisch verschiedene Gestalt aufweist, keine ,,Ichstruktur" zusprechen. Mit anderen Worten: Ein ,,reines Ich", das sich nicht als personales Ich in Husserls Sinn konstituieren kann, verdient eigentlich auch den Titel ,,Ich" nicht; es ist Subjekt eines bloss in der Gegenwart verlaufenden Bewusstseinslebens mit passiven Habitualitäten und korrelativ sich konstituierender Umwelt (Habe).

,,Reines Ich" ist nur als Subjekt eines Bewusstseinslebens, das das ,,Vermögen der Wiederholung" hat, welches Husserl schliesslich als *Voraussetzung* dafür in Erwägung zieht, dass der Mensch als *personales* Wesen in einem gegenüber allen untereinander verwandten tierischen ,,Ichbesonderungen" *einzigartigen Sinn* sich auszeichnet (oben, S. 335). Kant, ohne den bewusstseinsanalytisch aufzudeckenden Bedingungen der ,,Vorstellung Ich" nachzufragen, sagt im ersten Paragraphen der *Anthropologie in pragmatischer Hinsicht,* den er mit ,,Vom Bewusstsein seiner selbst" überschrieb: ,,Dass der Mensch in seiner Vorstellung *das Ich* haben kann, erhebt ihn unendlich über alle andere auf Erden lebende Wesen. Dadurch ist er eine *Person* und vermöge der Einheit des Bewusstseins bei allen Veränderungen, die ihm zustossen mögen, eine und dieselbe Person, d.i. ein von Sachen, dergleichen die vernunftlosen Tiere sind, ⟨ . . . ⟩ durch Rang und Würde ganz unterschiedenes Wesen, selbst wenn er das Ich noch nicht sprechen kann, weil er es doch in Gedanken hat ⟨ . . . ⟩ Denn dieses Vermögen (nämlich zu denken) ist der Verstand".[179]

Im Rückblick auf Husserls Stellungnahme zum Problem des Ich sehen wir jetzt noch deutlicher, dass mit dem an Akte der Vergegenwärtigung gebundenen Begriff des Ich als Prinzip der Einheit eines Bewusstseinsstromes ein echtes Motiv für einen phänomenologischen Ichbegriff in Kraft trat. Und wir dürfen

---

[179] a.a.O., Akademie-Ausgabe, S. 127; teils m.H.

schliessen, dass hingegen der Begriff des „Ich", den Husserl nach Analogie mit dem leiblich bestimmten Subjekt als Ausstrahlungs- bzw. Einstrahlungszentrum von Aktionen und Affektionen auch dort ansetzte, wo das Bewusstseinsleben bloss in der Gegenwart verläuft, als *Ich*begriff zu verwerfen ist.

VERZEICHNIS DER ZITIERTEN SCHRIFTEN

Bemerkung zu unseren Zitaten: Diese sind philologisch exakt, wenn sie aber in einen fortlaufenden Satz eingeschoben werden, wird die evtl. rein grammatikalische Angleichung an den Satzbau nicht eigens vermerkt. Hervorhebungen in veröffentlichten Schriften werden nicht alle beibehalten, eigene Hervorhebungen als solche gekennzeichnet (m.H. = meine Hervorhebung). Die Bezeichnung ,,meine Hervorhebung" bei Zitaten aus den stenographischen Manuskripten Husserls ist weitgehend eine Ermessensfrage, da Husserl der Uebersichtlichkeit wegen sehr viel hervorzuheben pflegte, so dass sozusagen jede ,,eigene" Hervorhebung auch irgendwie Husserls Hervorhebung ist. Einfügungen in Keilklammern ⟨...⟩ in den Zitaten stammen nicht von Husserl.

I. SCHRIFTEN VON HUSSERL

A. Veröffentlichte Schriften

Für die vollständige Bibliographie von Husserls Werken und deren Uebersetzungen bis 1964 siehe:

VAN BREDA, HERMANN LEO, ,,Bibliographie der bis zum 30. Juni 1959 veröffentlichten Schriften Edmund Husserls": *Edmund Husserl 1859–1959, Phaenomenologica 4*, Den Haag 1959, S. 289–306.

MASCHKE, GERHARD und ISO KERN, ,,Husserl.-Bibliographie" (,,II. Ouvrages de Husserl (textes et traductions) publiés de 1960 à 1964"): *Revue Internationale de Philosophie*, 19 (1965), S. 156–160.

*

a) Zu seinen Lebzeiten veröffentlichte Schriften

LU I	*Logische Untersuchungen. Erster Teil: Prolegomena zur reinen Logik*, Halle ¹1900, ²1913; Tübingen ⁵1968.
LU II	*Logische Untersuchungen. Zweiter Teil: Untersuchungen zur Phänomenologie und Theorie der Erkenntnis*, Halle ¹1901, 2. Auflage in 2 Bänden, *I.–V. Untersuchung* 1913, *VI. Untersuchung* 1921; Tübingen ⁵(⁴)1968.
III. Bericht	,,Bericht über deutsche Schriften zur Logik

aus den Jahren 1895–1899": *Archiv für systematische Philosophie*, 9 (1903), S. 393–408.

„Philosophie als strenge Wissenschaft", *Logos*, I (1910/11), S. 289–341.

Ideen I   *Ideen zu einer reinen Phänomenologie und Phänomenologischen Philosophie. Erstes Buch: Allgemeine Einführung in die reine Phänomenologie.* Veröffentlicht in *Jahrbuch für Philosophie und phänomenologische Forschung*, Bd. I, 1913.

Formale und transzendentale Logik, Halle 1929. Sonderdruck aus: *Jahrbuch für Philosophie und phänomenologische Forschung*, 10 (1929), S. 1–298.

„Nachwort zu meinen Ideen zu einer reinen Phänomenologie und phänomenologische Philosophie": *Jahrbuch für Philosophie und phänomenologische Forschung*, 11 (1930), S. 203–225; neu aufgenommen in Hu V, *Ideen III*, S. 138–162.

b) Husserliana – Gesammelte Werke

Hu I, *Cartesianische Meditationen* — *Cartesianische Meditationen und Pariser Vorträge* (1929–31), hrsg. und eingeleitet von Prof. Dr. S. Strasser, [2]1963.

Hu II, *Die Idee der Phänomenologie* — *Die Idee der Phänomenologie. Fünf Vorlesungen* (1907), hrsg. und eingeleitet von Walter Biemel, [2]1958.

Hu III, *Ideen I* — *Ideen zu einer reinen Phänomenologie und phänomenologischen Philosophie. Erstes Buch: Allgemeine Einführung in die reine Phänomenologie* (1913). Neue, auf Grund der handschriftlichen Zusätze des Verfassers erweiterte Auflage, hrsg. von Walter Biemel, 1950.

Hu IV, *Ideen II* — *Ideen zu einer reinen Phänomenologie und phänomenologischen Philosophie. Zweites Buch: Phänomenologische Untersuchungen zur Konstitution*, hrsg. und eingeleitet von Marly Biemel, 1952.

Hu V, *Ideen III* — *Ideen zu einer reinen Phänomenologie und phänomenologischen Philosophie. Drittes Buch: Die Phänomenologie und die Fundamente der Wissenschaften*, hrsg. von Marly Biemel, 1952.

Hu VI, *Krisis* — *Die Krisis der europäischen Wissenschaften und die transzendentale Phänomenologie. Eine Einleitung in die phänomenologische Philosophie* (1936), hrsg. und eingeleitet von Walter Biemel, [2]1962.

Hu VII, *Erste Philosophie I* — *Erste Philosophie (1923–24). Erster Teil: Kritische Ideengeschichte*, hrsg. und eingeleitet von Rudolf Boehm, 1956.

Hu VIII,*Erste Philoso-phie II*	*Erste Philosophie (1923-24). Zweiter Teil: Theorie der phänomenologischen Reduktion,* hrsg. und eingeleitet von Rudolf Boehm, 1959.
Hu IX, *Phänomenolo-gische Psychologie*	*Phänomenologische Psychologie, Vorlesungen Sommersemester 1925,* hrsg. und eingeleitet von Walter Biemel, [2]1968.
Hu X, *Zeitbewusstsein*	*Zur Phänomenologie des inneren Zeitbewusst-seins (1883-1917),* hrsg. und eingeleitet von Rudolf Boehm, 1966.
Hu XI, *Analysen zur passiven Synthesis*	*Analysen zur passiven Synthesis. Aus Vorle-sungs- und Forschungsmanuskripten 1918-1924* hrsg. und eingeleitet von Margot Fleischer, 1966.
Hu XIII-XV, *Intersub-jektivität I, II, III*	*Zur Phänomenologie der Intersubjektivität. Texte aus dem Nachlass. 3 Teile:* Erster Teil: 1905-1920; Zweiter Teil: 1921-1928; Dritter Teil: 1929-1935, hrsg. und eingeleitet von Iso Kern, 1973.
Hu XVI, *Ding und Raum*	*Ding und Raum, Vorlesungen 1907,* hrsg. und eingeleitet von Ulrich Claesges, 1973.

c) Ausserhalb der ,,Husserliana'' erschienene Schriften

– ,,Entwurf einer ,Vorrede' zu den ,Logischen Untersuchungen' (1913)'', mit einer ,,Vorbemerkung'' herausgegeben von Eugen Fink: *Tijdschrift voor Filosofie,* I (1939), S. 106-133, S. 319-339.
– ,,Persönliche Aufzeichnungen'' (1906-1908), herausgegeben von Walter Biemel: *Philosophy and Phenomenological Research,* 16 (1956), S. 293-302.
– *Edmund Husserl, Briefe an Roman Ingarden.* Mit Erläuterungen und Erinnerungen an Husserl, herausgegeben von Roman Ingarden, Den Haag, 1968, *Phaenomenologica 25.*

B. *Unveröffentlichte Manuskripte (mit Index unserer Zitate)*

Wir führen die zitierten Manuskripte in der Anordnung an, die der Klassifikation des Husserl-Archivs in Leuven (Belgien) entspricht. Zur Datierung der Manuskripte vgl. die Angaben bei den Zitaten. Die Manu-skripte werden stets nach der Archivpaginierung der stenographischen *Originale* (a: Vorderseite; b: Rückseite) zitiert; diese Paginierung wird bei der Veröffentlichung in der *Husserliana* am Ende der Textkritischen Anhänge nachgewiesen und auch am Rande der Transkriptionen ange-geben.

A. *Mundane Phänomenologie*

A I 4	siehe oben:	S. 71
A I 6		S. 31
A I 8		S. 71
A I 17 I		S. 179
A I 18		S. 178f., 203
A IV 15		S. 124

B. *Die Reduktion*

E. *Intersubjektive Konstitution*

F. *Vorlesungen und Vorträge*

F I 17	S. 31, 40, 65
F I 22	S. 328, 329
F I 25	S. 31
F I 26	S. 25, 31, 39, 41, 56
F I 27	S. 31
F I 36	S. 304
F I 42	S. 31
F I 43	S. 87
F I 44	S. 212f., 300f.
F II 6	S. 26
F III 1	S. 123, 124, 126–129, 140–143, 159–168, 173, 185, 195, 196, 204, 208f., 211–214, 272–275, 277, 281f., 306–310
F IV 1	S. 66, 138, 284, 297
F IV 3	S. 321, 331

K. In der kritischen Sichtung von 1935 nicht aufgenommene Autographe (unter chronologischem Gesichtspunkt von H. L. Van Breda geordnet)

K I 69	S. 123
K II 1	S. 306
K II 4	S. 119, 138, 303f., 305f.

L. „Bernauer Manuskripte"

L I 17	S. 296, 321
L I 20	S. 216, 295, 297

M. Abschriften von Manuskripten Husserls in Kurrentschrift bzw. Maschinenschrift, vor 1938 von Husserls Assistenten in Freiburg ausgeführt

M III 1 I 8	S. 123, 124
M III 1 II 1	S. 123
M III 2 II 8a	S. 179, 203
M III 3 III 1 II	S. 294
M III 3 X	S. 321
M III 3 XI	S. 296

N. Vorlesungsnachschriften von Husserls Schülern

N I 5	S. 124, 205f., 292
N I 10	S. 124, 205f., 292

R. Briefe

R I	an William E. Hocking, s.o.S. 25, 27–30, 250f.

II. SCHRIFTEN VON NATORP, LIPPS UND PFÄNDER

a) NATORP, PAUL, *Einleitung in die Psychologie nach kritischer Methode*, Freiburg, i.Br. 1888

– *Allgemeine Psychologie nach kritischer Methode. Erstes Buch: Objekt und Methode der Psychologie*, Tübingen, 1912
b) LIPPS, THEODOR, *Grundtatsachen des Seelenlebens*, Bonn 1883
– *Leitfaden der Psychologie*, Leipzig 1903
– *Die Aufgabe der Psychologie*, München 1904 (Sonderabdruck aus der Beilage zur ,,Allgemeinen Zeitung", Nr. 101 vom 3. Mai 1904)
– *Inhalt und Gegenstand; Psychologie und Logik*, Separat-Abdruck aus den Sitzungsberichten der philos.-philol. und der histor. Klasse der Kgl. Bayer. Akademie der Wissenschaften 1905, Heft IV, München 1905.
– *Leitfaden der Psychologie*, Leipzig 1906, veränderte Auflage
– *Leitfaden der Psychologie*, Leipzig 1909, veränderte Auflage
c) PFÄNDER, ALEXANDER, *Phänomenologie des Wollens*, Leipzig 1900
– *Einführung in die Psychologie*, Leipzig 1904

III. SCHRIFTEN VON KANT

– *Kritik der reinenVernunft*, 1. Auflage 1781
– *Kritik der reinen Vernunft*, 2. Auflage 1787
(Im allgemeinen wird nach der gebräuchlich gewordenen Seitenangabe der 1. (A) und der 2. Auflage (B) zitiert; hinsichtlich Hervorhebungen Husserls der von ihm vor allem benutzte Text der Ausgabe von 1781 mit Beifügung sämtlicher Abweichungen der Ausgabe von 1787, hrsg. von K. Kehrbach, 2., verbesserte Auflage, Leipzig 1878.)
– *Anthropologie in pragmatischer Hinsicht, Kants Gesammelte Schriften*. Hrsg. von der Königlichen Preussischen Akademie der Wissenschaften, Band VII, Berlin 1907–17.

IV. SCHRIFTEN, DIE SICH AUF HUSSERL BEZIEHEN
(zitiert wird mit Namen und Erscheinungsjahr)

Für weitere Literatur über Husserl siehe folgende Husserl-Bibliographien:
PATOCKA, JAN, *Revue Internationale de Philosophie*, I (1939), S. 374–397.
RAES, JEAN, Ergänzung und Erweiterung der oben genannten Bibliographie, in *Revue Internationale de Philosophie*, 4 (1950), S. 469–475.
VAN BREDA, HERMANN LEO, Bibliographie (analytische) in *Institut International de Philosophie, La philosophie au milieu du vingtième siècle*, hrsg. von R. Klibansky, La nuova Italia editrice, Firenze 1958, S. 65–70.
ELEY, LOTHAR, Ergänzung und Erweiterung der Bibliographien von Patocka und Raes unter Benutzung der Bibliographie von Van Breda in *Zeitschrift für philosophische Forschung*, 13 (1959), S. 357–367.
MASCHKE, GERHARD und ISO KERN, ,,Husserl.-Bibliographie", *Revue Internationale de Philosophie* (1965), S. 153–202.

*

ASEMISSEN, HERMANN ULRICH, *Strukturanalytische Probleme der Wahrnehmung in der Phänomenologie Husserls*. Köln 1957 (*Kantstudien*, Ergänzungshefte 73).

BOEHM RUDOLF, ,,Elementare Bemerkungen über Husserls ,phänomeno-
logische Reduktion' " in *Bijdragen*, 26 (1965), S. 193–208; bzw. in
Vom Gesichtspunkt der Phänomenologie, Husserl-Studien, Den Haag
1968, *Phaenomenologica* 26, unter dem Titel ,,Die phänomenologische
Reduktion", S. 119–140.
– Einleitung des Herausgebers in Hu VII, *Erste Philosophie I*, Den Haag
1956, S. XI–XXXIV.
– Einleitung des Herausgebers in Hu X, *Zeitbewusstsein*, Den Haag, 1966,
S. XIII–XLII; bzw. *Vom Gesichtspunkt der Phänomenologie* (1968),
,,Das Konstitutionsproblem und das Zeitbewusstsein", S. 106–118.
DE BOER, THEODOR, *De ontwikkelingsgang in het Denken van Husserl –
Die Entwicklung im Denken Husserls* (mit deutscher Zusammenfassung),
Assen, 1966.
BRAND, GERD, *Welt, Ich und Zeit, Nach unveröffentlichten Manuskripten
Edmund Husserls*, Den Haag 1955.
BROEKMAN, JAN M., *Phänomenologie und Egologie. Faktisches und tran-
szendentales ego bei Edmund Husserl*, Den Haag, 1963, *Phaenomenologica*
12.
CAIRNS, DORION, *Conversations with Husserl and Fink* (in Vorbereitung
für den Druck in der Reihe *Phaenomenologica*).
FINK, EUGEN, ,,Das Problem der Phänomenologie Edmund Husserls":
Revue Internationale de Philosophie, 1 (1939), S. 226–270; bzw. *Studien
zur Phänomenologie 1930–1939*, Den Haag 1966, *Phaenomenologica* 21.
GEIGER, MORITZ, ,,Alexander Pfänders methodische Stellung", Sonder-
druck aus *Neue Münchener philosophische Abhandlungen*. A. Pfänder
zum 60. Geburtstag gewidmet von Freunden und Schülern, Leipzig
1933.
GURWITSCH, ARON, ,,Phänomenologie der Thematik und des reinen Ich.
Studien über Beziehungen von Gestalttheorie und Phänomenologie":
Psychologische Forschung, 12 (1929), S. 279–381.
– ,,A non-egological conception of consciousness": *Philosophy and
Phenomenological Research*, I (1940–41), S. 325–338.
HELD, KLAUS, *Lebendige Gegenwart. Die Frage nach der Seinsweise des
transzendentalen Ich bei Edmund Husserl, entwickelt am Leitfaden der
Zeitproblematik*, Den Haag 1966, *Phaenomenologica* 23.
HOLENSTEIN, ELMAR, *Phänomenologie der Assoziation. Zu Struktur und
Funktion eines Grundprinzips der passiven Genesis bei E. Husserl*, Den
Haag 1972, *Phaenomenologica* 44.
KERN, ISO, *Husserl und Kant. Eine Untersuchung über Husserls Verhältnis
zu Kant und zum Neukantianismus*, Den Haag 1964, *Phaenomenologica*
16.
– Einleitung des Herausgebers in Hu XIII, *Intersubjektivität I*, 1973.
– *Idee und Methode der Philosophie. Leitgedanken für eine Theorie der
Vernunft* (*Heidelberger Habilitationsschrift, im Druck, de Gruyter, Berlin*).
MISCH, GEORG, *Lebensphilosophie und Phänomenologie*, Darmstadt 1967.
OESTERREICH, KARL, *Die Phänomenologie des Ich in ihren Grundproble-
men*, I. Band, Leipzig 1910.
SARTRE, JEAN-PAUL, *La Transcendance de l'Ego: Bibliothèque des Textes
Philosophiques*, Paris 1965.
– *L'Etre et le Néant*, Paris 1943.
SCHUHMANN, KARL, *Die Dialektik der Phänomenologie I: Husserl über
Pfänder*, Den Haag 1973a, *Phaenomenologica* 56.

- *Die Dialektik der Phänomenologie II: Reine Phänomenologie und phänomenologische Philosophie.* Historisch-analytische Monographie über Husserls „Ideen I". Den Haag 1973b, *Phaenomenologica 57.*
SEEBOHM, THOMAS, *Die Bedingungen der Möglichkeit der Transzendental-Philosophie,* Bonn 1962.
SPIEGELBERG, HERBERT, *The Phenomenological Mouvement,* vol. 1, Den Haag 1960, *Phaenomenologica 5.*
TUGENDHAT, ERNST, *Der Wahrheitsbegriff bei Husserl und Heidegger,* Berlin 1967.

V. WEITERE LITERATUR

FICHTE, *Zweite Einleitung* 1797, hrsg. von I. H. Fichte, bzw. von Medicus.
VON HARTMANN, EDUARD, *Kritische Grundlegung des transzendentalen Realismus* (2. erweiterte Auflage von *Das Ding an sich und seine Beschaffenheiten*), Berlin 1875.
HEIDEGGER, MARTIN, *Kant und das Problem der Metaphysik,* Bonn 1929.
HEIMSOETH, HEINZ, „Persönlichkeitsbewusstsein und Ding an sich in der Kantischen Philosophie: *Studien zur Philosophie I. Kants. Metaphysische Ursprünge und ontologische Grundlagen.* Ergänzungshefte 71 zu den *Kantstudien,* Köln 1956, S. 227–257.
HUME, *A Treatise of Human Nature I,* hrsg. von T. H. Green und T. H. Grose, London 1882; bzw. *Traktat über die menschliche Natur I: Ueber den Verstand,* übersetzt und hrsg. von Th. Lipps 1895.
SCHELLING, *Philosophie der Offenbarung I,* hrsg. von K. F. A. Schelling in WW, 2. Abt., Bd. III, Stuttgart und Augsburg 1858.
SCHUPPE, WILHELM, *Grundriss der Erkenntnistheorie und Logik,* Berlin 1894.

PERSONENREGISTER